西北民族大学马克思主义理论学科建设文库

马克思主义
理论与实践研究

第 2 集

马福元 ■ 主编

中国社会科学出版社

图书在版编目(CIP)数据

马克思主义理论与实践研究. 第 2 集／马福元主编 . —北京：中国社会科学
出版社，2014.12

ISBN 978 - 7 - 5161 - 5226 - 3

Ⅰ.①马… Ⅱ.①马… Ⅲ.①马克思主义—文集 Ⅳ.①A81 - 53

中国版本图书馆 CIP 数据核字(2014)第 294512 号

出 版 人	赵剑英
选题策划	田　文
责任编辑	杨晓芳
责任校对	胡新芳
责任印制	王　超

出　　　版	中国社会科学出版社
社　　　址	北京鼓楼西大街甲 158 号（邮编 100720）
网　　　址	http://www.csspw.cn
	中文域名:中国社科网　　010 - 64070619
发 行 部	010 - 84083685
门 市 部	010 - 84029450
经　　　销	新华书店及其他书店

印　　　刷	北京君升印刷有限公司
装　　　订	廊坊市广阳区广增装订厂
版　　　次	2014 年 12 月第 1 版
印　　　次	2014 年 12 月第 1 次印刷

开　　　本	710×1000　1/16
印　　　张	30.75
插　　　页	2
字　　　数	519 千字
定　　　价	85.00 元

目　　录

第三篇　马克思主义民族理论与宗教观

第四篇　马克思主义中国化与思想政治教育

改革创新　团结奋进

（代序）

金雅声[*]

自从将高校思想政治教育课纳入马克思主义理论研究和建设工程以来，从教材内容、教学手段和教学方法等方面都发生了很大变化，对学生的吸引力有了增强。由于在《关于加强和改进思想政治工作的若干意见》中说，要"必须增强忧患意识，保持清醒头脑，提高政治觉悟，从巩固党的执政地位，完成党的历史任务的高度，抓紧研究解决加强和改进思想政治"教育工作。因为，"思想政治工作在党的全部工作中的地位不能变，各级党组织坚持不懈地抓思想政治工作的任务不能变，不断提高思想政治工作的质量和水平的要求不能变"。因此，为使全党同志和全国人民对思想政治教育工作的重要地位有一个清醒的认识和准确的定位，在马克思主义理论与思想政治教育研究中，将着力探讨经济全球化、政治多极化和文化多样化趋势下，尤其是在网络信息化，人们往往看重经济、科技发展而忽视社会主义意识形态的条件下，我们对青年学生应该如何强化地进行马克思主义理论与教育显得非常重要。所以，为了帮助学生树立科学的世界观、人生观、价值观、祖国观、民族观和宗教观，提高他们的思想道德素养和精神境界，在全校师生深入学习贯彻中央会议精神之际，我们组织召开加强学生思想政治教育及管理工作会议很及时，要认真总结思想政治教育工作中取得的成绩和经验，要深刻全面地认真分析现状和存在的问题，明确今后的发展目标等对改进大学生思想政治教育工作具有重要意义。同时，学校也针对学生的思想政治教育工作中存在的几个热点问题，

---

* 金雅声（1955—　），蒙古族，内蒙古通辽人，中共党员，教授，博士生导师。现任西北民族大学党委书记，中国共产党甘肃省第十一次代表大会代表，甘肃省第十届政协委员，国家教育部教学评估专家，中国青年语言学学会副秘书长。

要做专题调研并形成重要的调研报告，从而推进和加强马克思主义理论与实践的研究与教育和教学工作。

一　工作回顾

（一）党委重视，健全体制机制，始终把大学生思想政治教育工作放在学校各项工作的首位来抓

学校始终坚持正确的办学方向，把培养社会主义合格建设者和可靠接班人作为一切工作的出发点和落脚点，始终坚持把学生思想政治教育工作放在学校各项工作的首位来抓。学校形成了党委统一领导、党政工团齐抓共管、学院党总支具体落实、专兼职队伍相结合、全校教职员工紧密配合的思想政治教育工作新格局。学校多次召开党代会专门研究了学生思想政治教育工作，提出了加强和改进的目标；召开西北民族大学学生思想政治教育暨管理工作会议；召开了研究生思想政治教育与管理工作座谈会。学校圆满完成了国家民委委属院校大学生思想政治教育督导工作，甘肃省委关于高校思想政治教育评估和省高校思想政治工作评估等工作，取得了可喜的成绩。

（二）加强思想政治理论课建设，课堂教学的主渠道主阵地作用得到进一步发挥

近几年来，马克思主义学院充实了教学力量，积极推进中国化的马克思主义进教材、进课堂、进头脑的"三进"工作，充分发挥思想政治理论课教育的主渠道作用，坚持"新、活、实"的教学思想，积极探索教学的新途径、新方法，成立了"形势政策"教研室，并注重把实践教学与社会调查、志愿者服务、征文和演讲比赛以及专业课实习等相结合，组织学生赴会宁、腊子口等爱国主义教育基地考察学习；深化思想政治理论课改革，促进教育教学效果的提高。学生对专任教师教学效果的满意度不断提升，大部分学生学习政治理论课有较高的积极性和浓厚的兴趣。近年来，5门思想政治理论课已被评为校级精品课程，形势与政策课被评为省级精品课，有5项教改项目被立为学校的科研课题，学院申报了10多项省部级科研项目。

（三）创新教育载体和方法，大学生思想政治教育工作的针对性和实效性明显增强

首先，学校把社会主义核心价值体系教育贯穿于学生成长成才的全过程，积极探索大学生思想政治教育的新载体、新方法。坚持学生党建在思想政治教育工作中的重要地位，构建校院两级入党积极分子培养教育体系，重视学生党员的发展和教育工作。实现了本科生"低年级有党员、高年级有党支部"的目标。其次，表彰先进，树立典型。重视优秀生和学生典型的培育，注意用身边人、典型事教育和影响大学生。近年来先后出现了英勇救出落水少年和拾金不昧的先进事迹与典型人物，引起了省内外媒体的极大关注，产生了广泛影响。再次，学校充分利用网络阵地对大学生进行了教育和引导，时刻掌握网络思想政治教育工作的主动权和制高点。通过新生军训、入学教育、民族团结进步教育、党课团课、毕业生教育等系列活动，帮助学生树立正确的世界观、人生观、价值观、祖国观、民族观和宗教观。

（四）推进校园文化建设，以黄土地精神和黄河精神为核心的西北民大精神深入人心

学校注重环境育人和文化育人。以60周年校庆为契机加大对校史校情的挖掘研究和民大精神的培育提炼，确定校徽、校歌，建设了校史陈列馆等一批反映学校历史发展和核心价值的人文景观。无私奉献的黄土地精神和志存高远、奔流不息、百折不挠、勇往直前的黄河精神已经成为师生共同践行的目标。打造了形势与政策网、高雅艺术进校园等校园文化活动品牌。不少文艺大家和艺术团体到校演出，部分学院每周有教学实践汇报表演，两校区周末学生文化生活丰富，校园人文氛围日益浓厚。

（五）强化社会责任教育，社会实践和志愿者服务活动的育人功能不断彰显

自2009年以来，建立社会实践活动基地30多个，组建了暑期"三下乡"社会实践活动小分队101支，其中国家级小分队7支，省级小分队24支、校级小分队70支。深入西北少数民族地区，开展"三下乡"社会实践活动，完成了数篇较高水平的调研报告，锻炼了学生能力，增长了才干，增强了他们的社会责任感，提高了社会竞争力。学校连续12年获得了中宣部、团中央、教育部等部委"社会实践活动先进单位"的殊荣，得到了广大媒体和全社会的广泛关注和赞誉。

（六）坚持助人与育人相结合，大学生思想政治教育工作的亲和力和感召力进一步增强

学校坚持把解决学生的思想问题与实际问题相结合，着力解决学生生活、心理、就业等方面的困难。首先，建立教育与指导、课内与课外、咨询与自助相结合的心理健康教育工作体系，完善学生日常教育管理与心理测评、咨询、课程、活动、干预、社团相结合的心理健康教育工作机制，开展"心理健康教育宣传月"、"心理健康教育进学院"、"5·25心理健康教育周"等活动，充分利用网络、广播、校报等多种途径广泛宣传心理健康知识，心理困难学生得到有效帮扶。其次，高度重视毕业生就业工作，切实落实毕业生就业工作"一把手"工程，奖励先进，鞭策后进，保证经费，积极推行学生就业工作目标管理责任制。努力拓宽毕业生就业渠道，"走出去，请进来"，加大就业困难帮扶、就业指导、就业服务、政策宣传的力度。再次，通过开设课程、创业实践、信息收集、咨询沟通、社会实践等多种有效方式，提高了大学生的就业竞争力，创造了就业机会。

（七）加强师资队伍建设，大学生思想政治教育队伍素质明显提高

学校重视提高辅导员队伍的学习研究和业务工作能力，支持辅导员提高学历和在职进修，在待遇上向一线辅导员倾斜。注重加强辅导员、班主任和学生干部队伍建设。注重离退休老同志、专业教师、党政干部和学生骨干在学生思想政治教育工作中的作用。多名思想政治教育工作者获得"全省优秀党员"、"全省优秀党务工作者"、"甘肃省青年五四奖章"、"甘肃省优秀共青团干部"等荣誉称号。

二 工作体会

回顾近年的探索和实践，学校开展大学生思想政治教育工作有以下几点体会：

（一）坚持德育为先，坚持思想政治引领，是帮助大学生成长的首要基础

学校始终立足于民族地区经济和社会发展、民族高等教育改革和发展实际，始终从解决好"培养什么人"和"如何培养人"的高度，坚持把大学生思想政治工作作为学校工作的重中之重，全面体现德育为先。积极引导学生把文化知识学习和思想品德修养结合起来，坚持把社会主义核心价值体系与马克思主义"六观"教育融入教育教学的全过程，把培养社会主义事业合格建设者和可靠接班人作为大学生思想政治教育工作的根本任务。学校大学生思想政治教育工作定位准确，思路清晰。

（二）坚持全员育人，才能形成大学生健康成长的良好氛围

学校紧紧依靠全校教职员工育人的主观能动性和科学育人的智慧，创造性地探索出具有学校特色的教师深入学生、师生和谐互动的有效途径，并注重从制度上、程序上、机制上采取切实有效的措施，着力推进全员育人、全方位育人、全过程育人的"三全"育人工程，营造"三全"育人的良好氛围。

（三）坚持服务育人，有针对性地解决思想问题和实际问题相结合是增强思想政治教育实效性的有效途径

学校重视服务育人，针对学生中有经济、学习、心理、就业等"四难"的学生群体，分类开展帮扶育人工作，增强了大学生思想政治教育工作的针对性和实效性。

（四）坚持文化育人，推进特色校园文化建设，才能更好地培养积极向上的大学精神

学校十分重视校园文化建设，凝练和弘扬以"黄土地精神黄河精神"为核心的民大精神，塑造学生的健全人格，培养积极向上的精神风貌。目前我校大学生思想政治教育工作态势良好、成绩喜人，积累了好的经验，形成了好的传统。但是面临新形势、新任务，我们的工作还有一定的差距和不足，主要表现在：在进一步解放思想、创新管理体制和运行机制，充分调动广大教职员工参与的积极性、主动性，营造全员育人氛围等方面仍显不足；网络和其他新媒体思想政治教育工作的方法有待进一步探索；新

时期大学生理想信念教育的有效途径和载体创新提升的空间还很大，针对这些问题，我们将采取有效措施加以改进。

三　面临的形势与挑战

（一）在国际形势日益复杂的背景下，要始终把马克思主义国家观、民族观、宗教观教育作为思想政治工作的重要内容

当前，国际形势日趋复杂，西方国家对华围堵、遏制意图凸显。学校处于"三股势力"渗透的前沿阵地，境内外敌对势力时刻企图利用民族、宗教、人权问题同我们争夺青年学生。这就要求我们正确把握民族院校思想政治教育的特殊性，把马克思主义国家观、民族观、宗教观教育摆在突出位置，始终坚持开展民族团结进步教育活动，增强学生对祖国、中华民族、中华文化、中国特色社会主义道路的认同，引导学生正确认识和对待宗教问题和民族问题，了解党和国家关于民族、宗教的理论政策以及坚持"政教分离"的原则，把工作做得扎实、做得具体。

（二）在社会思想文化多元多变的办学环境下，要进一步引导大学生树立正确的世界观、人生观和价值观

当前，社会思想意识多元多变的趋势日益明显，导致部分大学生不同程度地存在理想信念迷茫、价值观念扭曲、社会责任感弱化等现象，个人主义、享乐主义滋长，要求我们务必进一步认清形势不动摇、牢记使命不怠慢，始终站在培养社会主义合格建设者和可靠接班人的政治高度更新观念，创新思维，革新载体，切实发挥好思想政治教育工作的生命线作用，引导大学生树立正确的世界观、人生观和价值观。

（三）在大学生群体特点和个性发展需求更加鲜明的状态下，要进一步贯彻"以人为本，助人成功"的办学理念

思想政治教育归根结底是做人的工作。人的工作必须以人为本，既要做到教育人、引导人、鼓舞人、鞭策人，又要做到尊重人、理解人、关心人、帮助人。要准确把握以"90后"、"鸟巢一代"为主体的当代大学生思想特点和成长规律，以及主流积极向上、个体特征鲜明多样、成才需求个性明显等特点，进一步贯彻"以人为本，助人成功"的理念，满怀深情地把党和政府对各民族学生的关怀和温暖落到实处。提高工作针对性，满足学生个性化发展需求，提高人才培养质量。

四　今后工作

目前正是学校实施"十二五"事业发展规划之际，学校正处于发展的关键阶段。国家颁布教育规划纲要，对高等教育的发展提出了新的目标和任务，这些为高校大学生思想政治教育工作提出了新挑战、新要求。

（一）牢固树立"育人为本、德育为先"的理念，把实现学生的全面发展作为学校的教育目标

学校教育，育人为本，德育为先。学校确立了"以人为本，助人成功"的办学理念，进一步强化了人才培养的中心地位。坚持育人为本，就是要树立以学生为本的思想，把学生作为学校教育的主体，把学生的呼声作为工作的第一信号，把服务学生发展作为工作的第一职责；把对学生的教育管理与关心爱护结合起来。把思想政治教育寓于深入细致的服务之中，真正提高少数民族大学生在和谐校园中学习、生活的幸福指数。要始终把立德放在人才培养的首要位置，贯穿于教学、管理和服务的全过程。深入开展公民教育、社会公德、职业道德和个人品德教育，引导学生自觉爱国守法、明礼诚信、团结友善、敬业奉献。要切实加强思想政治教育课程建设，使课堂教学做到"三贴进"，设立思想政治教育专项经费，加强教育研究，提高科研水平。

（二）努力创新工作载体和方法，不断提高大学生思想政治教育工作的科学化水平

要充分利用主题教育网站、网络社区、博客、微博等具有思想性、教育性、互动性的新媒体对学生进行教育和引导，努力提高大学生思想政治教育的覆盖面和影响力。校园文化是校风学风建设的灵魂，要全面贯彻中央全会精神，加强大学文化的传承创新，注重校园文化等软环境和软实力建设，力争依托专业优势建设一批参与人数多、时间长、影响大、育人功能强的特色项目，提升"一院一节一特色活动"的品位。要把课堂教学、科研水平、教育管理、学校服务与育人工作联系起来。充分挖掘校友资源，关注母校发展，推介学生、帮助学生就业。以实施学生管理目标责任制、就业工作目标责任制为抓手，使学生工作科学化、规范化运行。相关部门和学院要结合工作职能、专业特点，联系实际，邀请校内外专家举办讲座和宣讲活动，答疑解惑，切实解决学生存在的具体困难。

（三）大力加强队伍建设，切实提高大学生思想政治教育工作者的育人能力

要把建设高素质、高质量和高水平的教师队伍作为加强和改进大学生思想政治教育工作的重中之重。要以热爱学生、全面育人为核心，以"学为人师，行为世范"为准则，以提高思想政治素质、职业道德水平，树立正确的职业理想为重点，造就一支忠诚党的教育事业，师德高尚、业务精湛的高素质思想政治工作队伍和专任教师队伍。要按照政治强、业务精、纪律严、作风正的要求，建设一支教学团队。要强化研究生导师在研究生思想政治教育中的首要责任人作用，把育人效果作为遴选和考核研究生导师的重要内容。导师既要"一对一"地指导学业，更要"一对一"地引导思想，全面关心研究生的成长，用自己的科学精神和治学态度感染学生。

（四）健全和完善大学生思想政治教育的领导体制和工作机制，营造全校上下共同关心和参与的育人氛围

加强和改进大学生思想政治教育工作是全校上下共同的责任。各部门各单位都有育人的职能，每位教职员工都有育人的职责。要努力把思想政治教育融入教学、科研、管理、服务中，真正做到教书育人、管理育人、服务育人、环境育人。要进一步完善我校大学生思想政治教育的领导体制机制，健全科学可行的考核评价、奖惩激励体系和长效工作机制，切实把大学生思想政治教育工作落到实处。全体教职员工要结合本职工作，按照文件、讲话精神与要求切实肩负起立德树人、教书育人的光荣职责，关爱学生，严谨笃学，淡泊名利，自尊自律，以高尚师德、人格魅力、学识风范感染学生，做学生健康成长的指导者和引路人。要通过全校齐抓共管、相互协作，形成推进大学生思想政治教育的强大合力，营造人人真诚关心、人人热情支持、人人主动参与的良好育人氛围。

我们要抢抓机遇，改革创新，团结奋进，认真贯彻落实中央的讲话精

神，切实提高教育教学质量，大力提升人才培养水平，力争使我校大学生思想政治教育工作再上一个新台阶，为建设让人民满意的高水平民族大学、培养社会主义合格建设者和可靠接班人而努力！

第一篇　马克思主义理论学科建设

关于高校马克思主义理论学科
建设的几个问题

陈占安[*]

在我国学科体系中，马克思主义理论学科已经走过了将近 8 年的建设历程（2005—2013）。马克思主义理论学科是在 2004 年中央实施马克思主义理论研究和建设工程大背景下设立的。于 2005 年 1 月中央政治局常委会原则通过了《中宣部、教育部关于进一步加强和改进高等学校思想政治理论课的意见》，该文件指出学科建设是加强和改进思想政治理论课的基础。之后，又于 2005 年 5 号文件、2005 年 2 月 7 日颁发了文件。国务院学位委员会、教育部在 2005 年 12 月 23 日颁发相关学位的〔2005〕64 号文件决定，在《授予博士、硕士学位和培养研究生的学科、专业目录》中，要增设马克思主义理论一级学科及所属二级学科。现将马克思主义理论学科建设做如下说明。

一　基本情况

经过 2006 年 1 月的学科评审，进行了马克思主义理论一级学科的最初布局：博士一级学科点 21 个，二级学科点 105 个；硕士一级学科点 73 个，二级学科点 453 个。于 2005 年 64 号文件曾规定马克思主义理论一级

* 陈占安（1946—　），男，山东荣成人，北京大学教授，博士班导师，原任北京大学马克思主义学院院长，现任国务院学位委员会第六届学科评议组成员，教育部全国高校马克思理论课教学指导委员会委员，全国毛泽东哲学思想研究会副会长，中国马克思主义哲学史学会常务理事，中国领导科学研究会理事，北京思想政治工作研究会和企业文化建设协会常务理事，《思想理论教育导刊》和《高校党建和思想教育》等杂志编委。本文是经陈占安教授允许后根据其在首届全国民族（地区）院校马克思主义理论高层论坛上的讲话整理而成。

学科下设 5 个二级学科：马克思主义基本原理、马克思主义发展史、马克思主义中国化研究、国外马克思主义研究、思想政治教育。到了 2008 年 4 月 2 日，国务院学位委员会又颁发 15 号文件加设了中国近现代史基本问题研究二级学科。2010 年，国务院学位委员会进行一级学科增设工作，马克思主义理论学科经过 2011 年 3 月和 9 月两次审核批准（2010 年 11 月学位办发出通知，要求新批准的学科点必须重新审核思想政治理论课二级机构独立设置问题）。马克思主义理论一级学科博士点增加了 16 个（12 + 4），马克思主义理论一级学科硕士点增加了 133 个（78 + 55）。2010 年，国务院学位委员会又批准在 4 所高校中进行马克思主义理论一级学科博士点的建设计划，经过了 3 年的过程，2013 年 1 月通过验收，这 4 所高校的学科点获得批准：湖南科技大学、贵州师范大学、海南师范大学、新疆师范大学。

目前，马克思主义理论一级学科博士点 41 个（21 + 16 + 4），一级学科硕士点 206 个（73 + 133）。教育部考虑到有 19 个一级学科硕士点又批准了一级学科博士点，因而准确说来，目前一级学科硕士点应该是 187 个。另外，目前还保留有二级学科博士点 78 个（56 个单位），二级学科硕士点 212 个（130 个单位）。由于 2006 年 1 月进行马克思主义理论学科布局时只有 5 个二级学科，而 2010 年增设学科以及建设单位又直接是一级学科，因而至今中国近现代史基本问题研究二级学科都是自设的，没有准确的统计。但是，学科建制包括教育部、中国社会科学院、中央党校、军队院校四大系统。因此，全国民族院校的马克思主义理论学科点一级学科硕士点有 4 个：广西民族大学（2006）、中央民族大学、西北民族大学、中南民族大学（2010）。二级学科硕士点有 5 个：内蒙古民族大学（马克思主义基本原理、思想政治教育、马克思主义中国化研究）、西南民族大学、云南民族大学、青海民族大学（马克思主义基本原理、思想政治教育）和北方民族大学（思想政治教育）。

二　指导文件

于 2005 年 12 月，国务院学位委员会、教育部颁发学位〔2005〕64 号文件，即《关于调整增设马克思主义理论一级学科及所属二级学科的通知》。其中包括马克思主义理论一级学科及所属二级学科简介。到了

2008 年 4 月，国务院学位委员会、教育部颁发学位〔2008〕15 号文件，即《关于增设"中国近现代史基本问题研究"二级学科的通知》，其中包括中国近现代史基本问题简介。

于 2012 年 6 月，国务院学位委员会又颁发了学位〔2012〕17 号文件，即《关于进一步加强高校马克思主义理论学科建设的意见》。其中包括：①马克思主义理论学科建设的意义、基本原则和目标（3 条）。②马克思主义理论学科建设的主要任务和要求（6 条）。③加强领导、严格管理，为学科建设提供有力保证（3 条）。可以说，〔2012〕17 号文件与〔2005〕64 号文件、〔2008〕15 号文件一起构成了马克思主义理论学科建设的指导性文件，明确了马克思主义理论学科建设的基本规矩。特别是，17 号文件与教育部在 2011 年 1 月颁发的《高等学校思想政治理论课建设标准（暂行)》（〔2011〕1 号文件）一起，将中宣部、教育部〔2005〕5 号文件和〔2008〕5 号文件具体化，共同指导着高校的思想政治理论课课程建设、思想政治理论课教师队伍建设、马克思主义理论学科建设和思想政治理论课二级机构建设。同时，于 2013 年 1—3 月，教育部社科司组织了全国高校马克思主义理论一级学科博士点、硕士点和二级学科博士点基本情况的摸底调查；在春季学期，国务院学位委员会马克思主义理论学科评议组开展了学科评估。于 2013 年的上半年召开了高校马克思主义理论学科建设工作会议。

三　工作重点

第一，进一步明确马克思主义理论学科定位，尽快凝练学科研究方向。国务院学位委员会 17 号文件中指出："马克思主义理论学科是对马克思主义进行整体性研究的学科，是马克思主义学科体系的重要组成部分。"同时指出："马克思主义理论"学科是"马克思主义"学科系列中的重要组成部分，是目前马克思主义学科体系中唯一的一个一级学科，是直接与高校思想政治理论课相联系的学科。同时要明确地知道"马克思主义理论学科"的学科定位包括两层含义：一是它的更大的学科归属是马克思主义学科，其学科性质是马克思主义的，它是马克思主义学科系统中的一个重要组成部分；二是它与以往那种按照马克思主义哲学、政治经济学、科学社会主义等分门别类的研究不同，是注重对马克思主义进行整体性研究和把握的学科。只有把这两个方面结合起来，才是对马克思主义理论学科有了准确的定位。但是，我们需要明白的是马克思主义理论学科在已经有了马克思主义哲学、政治经济学、科学社会主义，还有中共党史等马克思主义学科之后新设立的理论学科。在一开始讨论这个新学科的时候，曾经想使用"马克思主义学科"这个名称。譬如，在 2005 年 5 号文件即《中宣部、教育部关于进一步加强和改进高等学校思想政治理论课的意见》中，使用的学科概念曾经叫"马克思主义学科"。后来在进行新学科论证中出现了两种意见：一种认为，马克思主义学科设立之后，应该把所有马克思主义理论研究方面的学科都归到这个学科之中；而另一种意见不赞成这样做，认为这个新学科应该在原先注重从分门别类的角度去研究、理解和把握马克思主义的基础上，另辟路径，注重从整体上、总体上、综合上去研究、理解和把握马克思主义。总之，在学界正是经过了反复讨论之后，因绝大多数学者都赞成了第二种意见，并且得到批准。到了2005 年 12 月，国务院学位委员会、教育部在 64 号文件中就把新学科的名称定为"马克思主义理论"。可是到目前为止，由于还有相当一些同志把马克思主义理论学科理解为马克思主义学科，或者认为马克思主义学科是马克思主义哲学、政治经济学、科学社会主义、中共党史等学科的相加，这需要认真加以解决。因此，马克思主义理论学科的承担者要必须明确自己的学科定位，要下定决心调整自己的学科归属，要尽快进入新的学科阵地，自觉担当起马克思主义理论新学科建设者的任务。同时，在明确了马克思主义理论学科定位的基础上，要尽快凝练其学科研究方向，准确把握马克思主义理论学科的内涵和特点，抓住学科发展中带有基础性、导向性和战略性的重要问题，组织力量，汇聚队伍，出思想、出成果、出人才。

第二，进一步明确学科建设基本任务，为思想政治理论课提供有力学科支撑。国务院学位委员会 17 号文件指出：马克思主义理论学科建设把为党的思想理论建设和为高校思想政治理论课教育教学服务作为学科建设的基本任务。为高校思想政治理论课提供有力的学科支撑是设立马克思主义理论学科的直接原因，离开思想政治理论课建设去谈论马克思主义理论学科建设是不正确的，而且这是高校马克思主义理论学科与其他系统马克思主义理论学科建设的不同点。学科建设的实质是科学研究的加强，马克思主义理论学科要突出整体性研究的特点，要深入五个方面的研究：①深入研究马克思主义经典著作历久弥新的思想价值；②深入研究马克思主义理论体系、教材体系、教学体系及其相互联系；③深入研究马克思主义在当代发展中的重大问题；④深入研究中国特色社会主义理论与实践的重大问题；⑤深入研究思想政治理论课教育教学中的重点难点问题。简而言之，马克思主义理论学科研究应该包括三个方面：一是学术问题研究：马克思主义基本原理研究、马克思主义发展史研究、马克思主义经典著作研究、比较理论研究。二是实际工作研究：重大社会实际问题研究、思想理论教育工作规律研究、思想理论教育工作经验研究。三是教育教学研究：思想政治理论课教学研究、思想政治教育工作研究、思想政治教育教学热点难点研究。

第三，要进一步明确学科建设队伍的主体，不断提高学科队伍的整体素质。在国务院学位委员会 17 号文件指出：思想政治理论课教师是高校马克思主义理论学科队伍的主体。由于这是设立马克思主义理论学科的又一个初衷，即为高校思想政治理论课教师队伍提供直接的学科平台。因此，思想政治理论课教师队伍应该自觉、自信、自强，要按照"一岗双能"、"一身二任"的要求，努力提高思想政治理论课教师自身的理论素养、业务能力和道德修养，不断增强学科意识，积极参与学科建设。所以，思想政治理论课不能满足于教书匠的工作，而应该坚定地走科研与教学并重的新路。不仅要成为思想政治理论课的教学能手，而且要做马克思主义理论学科建设的骨干。思想政治理论课教师应该在学生面前树立马克思主义理论学科的学者形象，以思想政治理论课教师的学者魅力去提高思想政治理论课的课程影响力，即形成学科—学术—学者。思想政治理论课教师应该全员树立马克思主义理论学科意识，即所有的高校（包括各级各类），所有的思想政治理论课教师都应该进入马克思主义理论学科前沿阵地，都应该承担起建设和发展马克思主义理论学科的任务，都应该走以马克思主义理论学科支撑思想政治理论课教学的路子。在学科意识的问题上不能有例外，不能讲特殊。所有的思想政治理论课教师都应该密切关注马克思主义理论学科建设的走势，积极参与马克思主义理论学科建设的工作，及时吸收马克思主义理论学科建设的最新成果。

第四，进一步规范学科建设组织机构，着力加强二级机构建设。在国务院学位委员会 17 号文件中指出：马克思主义理论学科要以独立的、直属学校领导的思想政治理论课教学科研二级机构为依托。自 2008 年 8 月以来，全国大多数本科高校贯彻 2008 年 5 号文件精神，陆续独立设置了直属于学校党政领导的思想政治理论课二级机构，其中取"马克思主义学院"名字的占 200 多家。但是，进展很艰难，发展很不平衡。到目前为止，还有一些高校没有真正落实二级机构建制，马克思主义理论学位点与思想政治理论课教学科研机构分离问题也有表现。不论是在重点高校，特别是具有马克思主义理论一级学科和准备建设一级学科的单位设置"马克思主义学院"（或称"思想政治教育学院"），还是在一般院校设置"思想政治理论课教学科研部"，都要求教学与科研两手都要抓，两手都要硬。独立设置了思想政治理论课教学科研组织二级机构，并不能完全解决问题，还需要努力建立健全内部的管理制度，形成有利于思想政治理论课教师教学科研两手抓的有效机制。像北京大学马克思主义学院自 1992年 4 月成立以来已经走过了 21 年的历程。在思想政治理论课教育教学方面坚持 8 个做法：教学组式教师组合、专题性课堂讲授、多种教学环节结合、多媒体教学手段、全年滚动排课、学生自由选课、灵活宽松考核、四位一体管理。同时也贯彻了 4 个理念：以服务学生为中心、以科学研究为支撑、以师资建设为关键、以管理改革为先行。在学科建设方面坚持每个人都有明确学科站位，都有相应研究成果。北京大学马克思主义学院教师每年的科研成果量排在北大文科 22 个单位的第 6 位。马克思主义中国化研究二级学科是北京市重点学科，学院对学术论文分特类、A 类、B 类进行奖励，特类每篇奖励 3000 元；A 类每篇奖励 1000 元；B 类每篇奖励600 元。在队伍建设方面：坚持和谐建学院，向管理要效益；师资队伍建设的政策向中青年倾斜，合乎条件的副教授也可以当博士生导师。在二级机构建设方面坚持自主、自立、自强，扎实改善自己的办学条件，努力解决经费支持等问题。在北京大学的支持下，马克思主义学院的办公条件已在 2009 年做到了一人一间办公室。

总之，我们要相信，马克思主义理论学科发展会比今天更好！

关于改进高校思想政治理论课
教学的若干思考

张存刚[*]

《中共中央宣传部、教育部关于进一步加强和改进高等学校思想政治理论课的意见》（教社政〔2005〕5 号）指出：高等学校思想政治理论课承担着对大学生进行系统的马克思主义理论教育的任务，是对大学生进行思想政治教育的主渠道。充分发挥思想政治理论课的作用，用马克思列宁主义、毛泽东思想、邓小平理论和"三个代表"重要思想武装当代大学生，是党的教育方针的具体体现，是社会主义大学的本质特征，是党和国家事业长远发展的根本保证。这是对高校思想政治理论课地位和作用的明确定位，既是高校进行思想政治教育系统和结构改革的主要指针，也是加强和改进高校思想政治理论课建设和改革的重要依据。

一　高校思想政治理论课在高校教育系统中的科学定位

高校思想政治理论课不同于专业课，其主要目的不是进行知识传授，而是进行思想政治教育，帮助学生树立正确的世界观、价值观和人生观，科学认识社会发展规律以及自身发展与社会发展的关系，坚定对马克思主义的信仰，对中国特色社会主义的信念，增强对改革开放和现代化建设的信心，正确认识肩负的历史使命，努力成为德、智、体、美全面发展的中国特色社会主义事业的建设者和接班人。

思想政治理论课承担着对不同学生进行育人功能和使命，是培养社会

＊　张存刚（1966—　），男，山西应县人，兰州商学院经济学院院长，经济学博士，教授，主要研究马克思主义基本理论与当代经济社会发展。

主义建设者和可靠接班人不可或缺的课程。但是，在人类还存在着国家、民族和不同的社会制度和意识形态的背景下，人类经济社会发展仍然要受到意识形态重要影响的情况下，相对来说，思想政治理论课的重要地位更加凸显，"学校教育，育人为本，德育优先"。因此，高校要正确处理学科和课程体系中不同学科和课程的关系，必须重视和加强马克思主义理论学科建设、课程建设。

高校思想政治理论课是高校思想政治教育的主渠道。在高校思想政治理论教育的有机系统中，思想政治理论课教学具有不可替代的重要功能和作用，是具有决定性意义的、基础性支撑的思想政治教育工作。这是因为，思想政治教育工作要实现知行统一的目标，首先必须解决理论武装和思想指导的问题，解决"行"的价值观问题，只有树立科学的世界观、价值观、人生观，科学认识社会发展和人自身发展的规律，才能在实践中有正确的取向和路径，才能取得良好的实践效果。只有理解了马克思主义和中国特色社会主义理论的科学性与现实价值，才能高度认同中国特色社会主义，自觉地以马克思主义和中国特色社会主义理论为指导，投身社会实践，在民族振兴和中国特色社会主义的伟大实践中实现人生价值。因此，高校必须高度认识思想政治理论课在思想政治教育中的主渠道和主阵地作用，在思想政治教育系统和结构优化中坚持思想政治理论课的主渠道地位和作用，不能排斥和削弱思想政治理论课的主渠道作用。

二　深刻认识思想政治理论教育教学的实效性

高校思想政治理论教育教学承担者对大学生进行系统的马克思主义理论教育的任务，通过教育使学生能够科学地认识社会发展规律，坚定理想信念，并能够运用马克思主义的基本立场、观点和方法分析解决实际问题，这就实现了思想政治理论课教学的实效性。马克思主义理论教学的实效性从根本上说就是解决对马克思主义理论的科学认识和自觉运用问题。而不是简单地"进教材、进课堂"，也不是指教学手段和方法，这些都是手段。用马克思主义理论的科学性、逻辑性和现实感召学生、使学生对马克思主义理论进行理性思考、自觉认同和主动运用才是教学实效性的根本实现。

在 100 多年来，没有哪一种理论、学说能像马克思主义那样，对历史发展、社会进步起到巨大的推动作用，对人类社会产生深远的影响。尽管时代发展波澜壮阔，但马克思主义依然是时代的旗帜；尽管人类历史风云变幻，但发展的总趋势并没有超出马克思主义所揭示的基本规律。原因在于马克思主义具有科学的精神内核，具有时代的理论品格，具有实践的本质特征。马克思主义是在批判地吸收前人优秀思想成果、总结人类历史经验的基础上创立的科学理论。深刻揭示了自然界、人类社会和思维发展的普遍规律，科学分析了资本主义社会的内在矛盾，提出了建立社会主义和共产主义的理想。是关于工人阶级、劳动人民和全人类解放的科学的思想体系，指明了人类社会的前进方向。在当代，马克思主义不仅为我们科学地认识资本主义的发展进程和现实矛盾、坚定中国特色社会主义的信念提供了科学的世界观和方法论，而且对于指导我们贯彻落实科学发展观、促进经济社会科学发展、和谐发展有着重要的现实价值。

在马克思主义理论教学中，必须突出强调马克思主义理论是科学性与阶级性的统一，不能将马克思主义的阶级性与科学性对立起来，用阶级性否定科学性，简单化地认为马克思主义只是一种意识形态，而不是一种科学。要深入地分析马克思主义的基本立场、基本观点和基本原理在揭示经济社会发展规律、代表人民群众利益和指导社会主义建设和发展方面的指导作用。

近年来在经济学的教学与研究中，马克思主义经济理论的指导地位被削弱和被边缘化。主要原因之一在于人们对马克思主义政治经济学对于我国社会主义建设的指导作用认识模糊甚至否认。在改革开放以前，传统的马克思主义教条主义扭曲了马克思主义政治经济学的面貌，马克思主义政治经济学被当作一种阶级斗争的理论，而不被人们认为是一种建设新社会的理论也一直"路径依赖"地反映到当前。因此，正确地认识马克思主义经济学所设定的研究对象——生产关系的研究对于解释和解决经济运行和资源配置问题的重要作用，正确认识当代中国马克思主义经济学的新发展对于建设中国特色社会主义的重大指导意义，是重新确立马克思主义经济学在经济学教育和社会主义市场经济发展中的主流指导地位的关键环节。

马克思主义经济学研究生产关系，揭示生产关系运动的规律，是由历史唯物主义生产力与生产关系的相互联系和相互作用的规律所决定的，研究生产关系的目的是推动人类社会生产力的发展和在生产力发展的基础上优化制度结构，实现人类自身的全面、自由地发展，因此马克思主义体现了对人类自身极大的"终极关怀"。在马克思主义经济学中，体现了科学性与阶级性的统一。马克思主义经济理论是科学，是因为马克思主义经济学研究经济结构的内部构成，作用机制，研究经济运行，揭示经济运动的现实规律。马克思主义经济理论有阶级性，因为它始终代表着先进生产力的前进方向，即适应先进生产力的发展要求，揭示社会制度、生产关系演变的方向。

马克思主义经济学对于资本主义生产关系和经济制度来讲，就是一种"批判的理论"，这种批判是基于资本主义的客观矛盾运动和社会发展规律的作用而从理论上揭示出的一种现实必然性。不仅如此，马克思对于分析当代资本主义经济和政治危机的根源同样具有令人信服的说服力。但这丝毫不会影响其对于社会主义建设也是一种"建设的理论"。这主要是因为，马克思主义经济理论在批判资本主义的过程中分析和揭示了社会化大生产和市场经济运行的一般规律与原理，对于我们今天发展社会主义市场经济和社会化大生产也具有指导意义。马克思主义经济学在遵循科学社会主义揭示的社会主义经济的一般原则、特征的前提下，研究中国社会主义生产关系的本质、实现形式并进一步上升到对经济运行和发展的分析，揭示社会主义经济建设的规律、特征和途径，从而服务于社会主义经济建设和发展。因此，那种认为马克思主义经济学不能在社会主义建设和社会主义市场经济中发挥指导作用的主张和观点是错误的。

马克思主义经济学对于我国社会主义经济建设的指导表现在立足中国社会主义经济建设的实际，不断与时俱进，丰富和发展。特别是改革开放以来，在解放思想、大胆实践的基础上总结实践经验，进行理论创新，形成了中国特色的社会主义经济理论，用来指导社会主义改革、开放和建设，开创了有中国特色的社会主义道路，我国成为世界第二大经济体，经济社会实现跨越式发展，中国社会主义制度的优越性充分体现，"中国模式"举世瞩目。这些成就的取得，应主要归功于中国特色社会主义经济理论即当代中国马克思主义经济理论的正确指导，而绝不是当代西方经济学的功劳。相反，在当代西方经济学的新自由主义理论的错误指导下，苏东社会主义国家实行私有化，改变了社会主义制度，导致了经济转型失败，给国家和人民带来了深重的灾难。

马克思主义理论教学和科学研究应当立足于深刻论证马克思主义理论

的科学性与现实价值，联系我国改革开放和经济社会可持续发展的矛盾和问题，深入发掘马克思主义经典文本和基本原理中蕴含的具有现实指导意义的思想，例如经济社会协调发展的思想、生态文明思想、促进人的全面发展等思想，研究马克思主义经济学研究对象——生产关系的具体和现实内容，强调马克思主义的基本立场——坚持一切为了人民、一切相信人民、一切依靠人民对于我国正确处理经济社会转型过程中人民内部矛盾，合理处理社会利益关系的指导作用。只有这样，才能解决对马克思主义理论的认同问题，激发当代大学生对马克思主义的学习兴趣，在学习研究中深化对马克思主义理论的认知，提高自觉运用马克思主义的立场、观点和方法解疑释惑、研究解决思想和现实问题的主动性与自觉性。

三　重视学科建设是加强思想政治理论教育的重要保障

《中共中央宣传部、教育部关于进一步加强高等学校思想政治理论课教师队伍建设的意见》中，明确要求各高校应当建立独立的、直属学校领导的思想政治理论课教学科研二级机构。该机构既是思想政治理论课教学部门和马克思主义理论研究机构，又是马克思主义理论学科点的依托单位。其职责是统一管理思想政治理论课教师，负责思想政治理论教学、科研；负责马克思主义理论学科建设、人才培养和教学科研梯队建设等工作。同时还提出要大力加强马克思主义理论学科建设，根据马克思主义理论学科的性质、特点和要求，进一步凝练学科方向，把思想政治理论课教学服务作为学科建设的重要任务来抓，要做好硕士生、博士生和专业学位研究生的培养及教师培养工作，为马克思主义理论研究和思想政治理论课教育教学培养高水平的人才。完善二级学科体系，为思想政治理论课提供对应支撑。

建立独立的思想政治理论课教学科研机构是思想政治理论课建设的基础保障，有利于教师队伍的汇聚、稳定和培养，有利于教学组织、教学规范和督导，有利于加强学科建设，有利于形成教学团队、集体备课，提高思想政治理论课的教学效果。学科建设对于提高教学效果具有重要的支撑作用，通过学科建设，才能逐步深化对教学内容的研究，提高教师的学术水平，培养高水平的师资，同时不断充实教学内容，从而提高教学效果。因此可以认为独立的机构设置、学科建设、师资队伍建设是加强思想政治理论课建设的三大支柱和三大重点。加强思想政治理论课建设，必须以建立独立的机构为依托，加强学科建设和师资队伍建设。

当前迫切需要解决在机构设置和学科建设方面存在的思想认识问题，消除一些人中存在机构设置不利于教师发展和学科建设的糊涂观念，类似认识问题的产生究其原因在于缺乏对马克思主义理论科学性及其现实意义的正确认识，没有看到马克思主义理论的学习和运用对于大学生成长成才的意义和价值，没有树立起对马克思主义教学和研究的自信，缺乏职业理想和荣誉感。由此要进一步加强对高校领导和思想政治理论课教师队伍的培训，提高各级领导的认识水平，使他们增强并高度重视思想政治理论教学和学科建设的自觉性，提出明确要求即各高校高度重视思想政治理论教学科研机构的建设和发展，保持组织机构的稳定，从长远发展的角度来谋划其发展，在各类经费投入、重点学科的设立、高层次人才引进和培养等方面给予支持。

四　教育管理部门应加强对思想政治理论教育的支持和督导

按照中共中央和教育部关于思想政治理论建设的意见、精神和课程建设标准为依据，各省教育厅要对省属高校思想政治理论课的领导体制、工作机制的落实情况进行检查；对图书资料建设、专项经费的投入落实情况进行评估检查；对思想政治课的实践教学在广泛调研的基础上，提出有关实践教学的可行方案，在真正落实实践教学方面加强组织管理，提供实践教学的环境和条件；出面组织思政课教师岗前培训以及学习考察；指导各高校制定合理的思想政治理论课教师的工作量、课酬计算标准，保证思政教师的待遇不低于其他专业课教师；设立思想政治理论课教学研究课题，并要求各高校也相应设立专项研究课题，并给予研究经费支持。高校应重视思想政治理论课程建设，要思想政治理论作为"第一课程"纳入校级精品课程，通过精品课程建设，不断丰富教学内容，创新教学手段和方法，探索行之有效的实践教学途径。

论民族院校强化马克思主义理论
学科建设的目标

——以西北民族大学省级重点培育学科为例

马福元[*]　　张志强[**]

马克思主义理论学科作为省级重点培育学科，在建设中若从整体性和功能定位看，其六个二级学科呈现出的学科体系突出了马克思主义基本原理的主体地位，体现了马克思主义理论发展的理论逻辑和历史逻辑，同时反映了马克思主义理论与实践相结合的科学品质。为强化该学科建设，提升教学水平和对少数民族大学生加强马克思主义世界观、人生观、价值观、祖国观、民族观和宗教观教育，要以马克思主义的基本立场、观点和方法不断地深化基础理论研究。由于坚持理论研究与现实问题研究并重，对认清马克思主义理论学科富有的当代价值、完整准确地把握马克思主义理论体系和蕴含的精神实质，乃至实现马克思主义理论学科建设的规范性都有重要的作用。因此，我们以西北民族大学马克思主义理论一级学科建设为例，要厘清该学科建设的基本要求、学科建设的优势和努力发展的方向特别重要。

一　马克思主义理论学科建设基本要求

根据教育部学位与研究生教育发展中心制并下发的学科评估简况表来看。在该学科建设中，首先在填写人文社科类表格时涉及的第一个表格要

---

* 马福元（1961—　），东乡族，博士，教授，硕士生导师，西北民族大学马克思主义学院院长，主要从事马克思主义理论、民族宗教问题研究。

** 张志强（1975—　），硕士，西北民族大学马克思主义学院管员，主要从事马克思主义中国化。

从五个方面完成：（1）师资队伍与资源，在"专家类别"栏中限填"千人计划入选者、长江学者特聘/讲座教授、国家杰青基金获得者、国家级教学名师、'马工程'首席专家、'四个一批'人才、教育部高校青年教师奖获得者、教育部跨世纪人才、百千万人才工程国家级人选、全国十大杰出青年法学家、教育部新世纪人才"。（2）在团队栏中要填写的是限于"教育部创新团队"。（3）在专职教师与学生情况中要求填写的"专职教师及研究人员总数"是指在统计时间点人事关系在本单位本学科的专职教师或研究人员总数。"在校博士/硕士生数"是指在统计时间点学籍在本单位的本学科博士/硕士生数即全日制攻读专业学位和学术学位的学生。"硕士生导师"是指上述"在校硕士生"的指导教师（包括指导硕士和博士的导师），"博士生导师"是指上述"在校博士生"的指导教师，以上均包括"兼职导师"。（4）在省重点学科中，要求填写的是省重点学科，包括一级/二级重点学科。同时，培育学科、建设学科和扶持学科也可填写。（5）在重点实验室中限填"教育部人文社科基地、省级哲学人文社科基地"。西北民族大学马克思主义理论学科申报中仅填写了"中国统一战线理论研究会民族宗教理论甘肃研究基地"。

其次，在科学研究栏中涉及的五项内容有：（1）近三年的科研获奖中限填"教育部高校科研优秀成果奖（人文社科）、全国教育科学研究优秀成果奖，省级哲学人文社科奖"。（2）在国家级、省部级和境外合作科研项目中，限填"国家社科基金、全国教育科学规划课题；境外合作科研项目；部委级科研项目；省级（哲学）社科基金项目、省级高校人文社科研究项目、省级教育科学规划课题；全国高校古委会项目、国家清史纂修工程项目"。（3）在其他重要科研项目中"属本单位本学科的到账经费"栏中，要填写本学科在统计时间段内实际获得并计入财务账目的经费，可包含配套经费（应有正式合同），不包括已拨付给子课题的经费。（4）本学科代表性学术论文质量的填写中，要求论文的归属按"通讯单位"计，没有"通讯单位"的按"第一署名单位"计，仅统计在"CSSCI期刊（含扩展库）"上发表的论文；在CNKI（中国知网学术期刊网络总库）"CSSCI（含扩展库）"中的"他引次数"是指排除论文"第一作者自引"（引用论文的第一作者与被引论文的第一作者为同一人）后的被引次数；若某篇论文同时被CSSCI与CSCD收录，仅选择其中一种填写。（5）在出版的学术专著栏中，填写的"专著"是指标有"著"字样的著作，"编著、译著、教材、教学用书"等不计入内；在统计时间段内再版的专著也可填写。

再次，在人才培养质量栏中有4项要求：（1）优秀教学成果奖限填"国家级、省级"，若同时获得国家级和省级教学成果奖，不重复填写。（2）在"十一五"国家级规划教材中限填写已出版的"'十一五'国家级规划教材"，未出版的教材不计入内。（3）在学生国际交流情况中，限填在校全日制攻读专业学位或学术学位的研究生赴境外交流学习或联合培养（时间超过三个月）的情况，出国（境）期间学籍需在本单位。（4）在授予境外学生学位情况中，限填在本单位攻读全日制博士/硕士学位的境外（含港、澳、台地区）学生。

二　马克思主义理论学科建设的发展历程及特色

第一，西北民族大学的马克思主义理论学科建设历史悠久。于1950年成立时就把师生的思想政治教育与学科建设放在首位，并以马列主义、毛泽东思想为指导，帮助学员树立为人民服务的人生观和平等团结的民族观为工作目标，在全国民族院校率先开设了《马克思主义民族理论与民族政策》课。于1957年根据中央教育部指示，为全国高校编写了《民族问题与民族政策教学大纲》，在丁汉儒、滕品文、郝天魁等学者的辛勤耕耘指导下有了较快发展，于2011年申报并获批了马克思主义理论一级学科。

第二，马克思主义理论学科有深厚学术积淀和学科基础。现有"马克思主义基本原理"、"马克思主义中国化"、"思想政治教育"、"马克思主义发展史"、"马克思主义民族理论与民族政策"和"伦理学"六个二级学科硕士点；有两个省部级重点学科，经多年积淀已形成以马克思主义理论为中心，门类齐全，互相交叉，优势互补的学科体系。

第三，马克思主义理论学科梯队建设与专业结构有很大改善（见表1）。

表1　　　　　马克思主义理论学科梯队建设与专业结构

总数	教授		副教授		讲师		助教	
	人数	比例（%）	人数	比例（%）	人数	比例（%）	人数	比例（%）
42	7	17%	13	31%	15	36%	7	17%

学历结构								
总数	博士		硕士		本科		专科及以下	
	人数	比例（%）	人数	比例（%）	人数	比例（%）	人数	比例（%）
42	5	12	30	71	7	17	0	0

年龄结构								
总数	≤30岁		31—40岁		41—50岁		51—60岁	
	人数	比例（%）	人数	比例（%）	人数	比例（%）	人数	比例（%）
42	9	21.43	15	35.71	15	35.71	3	7.14

学缘结构				
总数	本缘		外缘	
	人数	比例（%）	人数	比例（%）
42	7	17	35	83

目前该重点培育学科有专业教学人员 42 名，其中教授 7 人，副教授 13 人，获得博士学位的 5 人，在读博士 8 人，硕士学位的 30 人。发表论文 300 余篇，出版专著 30 多部；承担社科基金项目 5 项与国家民委、中央统战部和甘肃省社科规划等项目 20 余项；获国家民委社科优秀成果和省部级教学成果奖多项；5 名教师分别被评为国务院特贴专家、省级教学名师、省园丁奖和青年成才奖；多次被甘肃省委宣传部、组织部评为"思想政治工作"和"党的建设"先进单位等。

第四，马克思主义理论学科有鲜明的特色。首先，本学科已形成稳定的研究方向，总体规划科学，发展目标明晰。对马克思主义宗教观与西北地区宗教问题、马克思主义中国化及民族理论与政策、马克思主义基本原理与西部民族地区社会发展、思想政治教育与西部民族地区公民社会建设等方向的研究有特色。其次，本学科注重基本理论与基础知识、专门理论与专门知识、前沿理论与前沿知识相结合，在加强世界观、人生观和价值观的基础上，为了适应新时期要求加强了"六观"教育，特别是加强了马克思主义民族观、宗教观与祖国观的教育，现已成为西北民族地区重大社会现实问题研究，以及向少数民族本科、硕士和博士学生进行马克思主义中国化最新理论成果教育的基地。再次，本学科努力从立足西部地区、突出民族特色、维护社会和谐与加强民族团结需要出发，注重学科建设与人才培养相结合并以学科建设凝聚人才；注重教学与科研相结合并将成果运用于教学；注重理论研究和社会实践相结合，在教研理论的同时组织人员赴会宁、哈达铺和腊子口等地考察。

第五，本学科建立后充分利用"马克思主义民族理论与政策"与"马克思主义理论"省部的重点学科及"中国统一战线理论研究会民族宗教理论甘肃研究基地"所做的研究，为民族地区相关政策、法规与发展规划的制定等决策提供了咨询作用。本学科以马克思主义理论为指导，结合民族地区特点，进行相关民族宗教与社会发展问题的研究中取得的成果，有利于维护社会稳定、民族团结及宗教和谐，提出的对策被各级党政部门采纳，成为民族地区党政管理部门的重要参考资料。为民族地区培养了大批传播马克思主义的主力军，在担任全校本科生思想政治理论课教学工作的同时，肩负了为民族地区培养相关专业硕士人才与全校硕、博学生思想政治理论课的教学任务，使本学科培养的大批人才成了民族地区进行宣讲马克思主义理论、加强民族平等团结教育、维护祖国统一、实现宗教和睦相处、弘扬我国先进文化与科学发展的主要力量。本学科的教师积极参与社会服务活动，部分教师兼任了民族宗教文化研究员、政策咨询员和省委宣讲团成员。像李正元教授等 21 人被聘为中国统一战线理论研究会民族宗教理论甘肃研究基地研究员，马福元教授等 5 人被聘为兰州大学伊斯兰文化研究所兼职研究员，康春英教授等 4 人为中国回族学会理事，马毓新教授被甘肃省委宣传部聘任为民族地区国家经济社会发展及国际、国内形势与党的民族政策宣讲员。他们为弘扬优秀文化、推进科学理念和服务社会大众等方面做出了重要贡献，在学科研究中突出了马克思主义的指导地位。在西部民族地区多元文化、多元价值观和复杂的民族问题进行研究，特别是对诸多重大社会现实问题做研究时充分体现了马克思主义理论的政治性、综合性和应用性特点，故本学科的建立为加强马克思主义理论教研队伍，培养中青年教师为骨干的马克思主义理论学术团队有重要的战略意义。本学科研究人员取得的研究成果促进了本学科自身的发展。在国家级刊物、CSSCI 和国家级 A 类出版社等发表论著和主持的国家社科项目、民委项目和省部级课题，特别是在校党政的大力支持下出版的《西北民族研究》、《西北民族大学学报》和《马克思主义理论与实践研究》为学科自身的发展提供了内外专家继续交流的良好平台，为今后高举马克思主义理论旗帜，推动马克思主义理论一级学科更好、更快地发展将做出新的贡献。

三　马克思主义理论学科建设的总目标

西北民族大学马克思主义理论学科建设的定位是"两个中心、两个基地"。通过建设使该学科成为西部民族地区重大社会现实问题的研究中心，各级政府部门决策的咨询中心，成为向少数民族干部和学生灌输马克思主义基本理论的重要基地，成为马克思主义中国化最新理论成果的研究基地。在学科建设方向选择上要立足西部地区、突出民族特色、关注宗教信仰、维护社会稳定。整体目标是通过建设要做到"三个结合"：一是学科建设与人才培养相结合。以学科建设吸引人才、凝聚人才、培养人才，以人才智力支撑学科建设。二是教学与科研相结合。及时地将科研成果运用于教学，不断更新和充实教学内容，同时，从教学中发现新问题和新观点来促进科学研究。三是理论研究和社会实践相结合，要围绕以下几个方面进行：（1）进一步开展西部民族地区社会稳定的研究，提出保持西部民族地区社会稳定的具体措施，争取几项研究成果被报送到国务院有关部门，成为有关部门决策的依据。（2）进行遏制"三股势力"的策略研究，从个体政治心理和政治群体心理研究出发，分析"三股势力"的政治心理，并就心理干预提出具体办法。（3）马克思主义在民族地区的大众化研究及实践活动，在民族地区设立至少六个社会调查基地和宣传基地。（4）为民族地区培养和输送具有坚定马克思主义信仰的大批干部和学生，巩固马克思主义在意识形态领域的主导地位。

西北民族大学是一所民族高等院校，在多年的教学实践活动中，形成了宣传马克思主义理论的传统，政治立场坚定、政治方向明确。围绕马克思主义理论的研究和教学，已经形成了一支具有良好理论素养和强烈的事业心的科研队伍，他们来自于各个民族，具有坚定的马克思主义信仰，既懂得马克思主义理论，又了解各少数民族的实际情况，能很好地把握研究项目的整体目标和具体目标。马克思主义学院已经取得丰硕的科研成果，研究人员具备了从事马克思主义理论研究的技能和水平。无论教师还是学生，绝大多数都是少数民族，来自于西部地区，熟悉少数民族语言，与少数民族群众都有着广泛而密切的联系，他们是马克思主义在民族地区大众化的桥梁，是宣传马克思主义的主力军。马克思主义学院完全可以胜任马克思主义理论重点学科建设的任务。

四　马克思主义理论学科建设的主要目标

根据原有的学术积淀和研究人员的优势，马克思主义理论重点学科的研究方向凝练为四个：一是民族地区经济社会发展重大问题研究。二是马克思主义中国化与民族发展研究。三是马克思主义宗教观及西北地区宗教问题研究。四是西部少数民族的思想政治教育与道德建设研究。科学研究的重点是：马克思主义的社会发展理论与民族发展研究；马克思主义的和谐观与民族和谐研究；马克思主义的民族理论与民族共同性研究；马克思主义的宗教观研究；马克思主义宗教观在中国的发展研究；西部民族地区的宗教世俗化研究；少数民族传统和谐文化及其现代价值研究；少数民族的伦理道德资源及其现代化研究；民族地区马克思主义大众化研究；民族地区马克思主义理论教育的途径和机制研究；西部地区教职人员的政治社会化研究。

在马克思主义理论重点学科建设过程中，积极培育人才，依托马克思主义理论一级学科硕士学位授予点，招收少数民族生源，从思想、品德、学识、能力各方面进行培养，为民族地区的经济社会发展输送合格的人才。同时，在全国范围内招贤纳才，并从已有教师中发现人才，加强培养，使马克思主义理论学科成为人才聚集的高地，推出 2 名在全国有影响的学科带头人和 4 名学术带头人。

关于马克思主义理论学科
建设的几点思考

谢俊春 *

从学科建设的力量构成、学科建设的历史积淀和学科建设的社会需要来看，马克思主义学院学科建设的重点就是马克思主义理论研究。要通过科学管理，集中研究队伍，凝聚研究方向，努力形成马克思主义理论研究的"人才高地"和"信息高地"，将马克思主义理论学科建设成为民族高等院校乃至全国有一定影响的马克思主义理论研究基地、马克思主义理论高级人才培养基地和西部民族地区的少数民族公民中进行思想政治理论教育的宣传阵地。

一 马克思主义理论学科建设的历史与现实

西北民族大学的马克思主义学院历经几代学人的艰苦努力，形成了门类齐全、富有特色、结构合理的学科体系。首先，学科涵盖了马克思主义理论和民族问题研究两个一级学科和马克思主义基本原理、马克思主义中国化、思想政治教育、马克思主义发展史、民族理论与政策、伦理学六个二级学科。马克思主义学院是全校获得硕士学位授予权最多的单位。此外，学院承担的中国近现代史、思想道德修养和法律基础、形势与政策等公共课程，也为学科建设提供了便利条件。其次，具备了一支学术水平较高的师资队伍。马克思主义学院的教师来自于各民族，成长于西部地区，了解西部地区，对西部地区有深厚的情感，渴望西部的腾飞，渴望自己的

* 谢俊春（1963— ），博士，甘肃山丹人，西北师范大学马克思主义学院教授，研究方向为马克思主义理论与思想政治教育。

父老乡亲过上幸福生活。他们长期处于教学科研第一线，学术敏感性强，有事业心，关注社会现实，关注中国政治，热爱科学研究，也积累了丰富的从事社会科学研究的经验，这是我们进行学科建设的中坚和依靠的力量。再次，马克思主义学院有浓厚的学术气氛，传承了良好的学术传统，每个人都有追求学术的愿望和要求。最后，形成了一批有一定水平的学术成果，学术积淀比较深厚。但是，我们也要看到它存在着不足之处：一是学科优势尚不明显。二是还没有形成"人才高地"。"人才高地"就是创新人才聚集的地方。由于我们还没有构建起创新人才发挥作用的平台，没有形成创新人才聚集的效应，创新人才的缺失对学科建设造成了不良影响。三是服务于民族地区经济社会发展的意识不强。四是学术成果的独创性不够，重复研究多，有效信息少。

二　要围绕马克思主义理论进行学科建设

在学科建设中要解决的首要问题是选择哪个学科作为重点建设的对象。从目前西北民族大学马克思主义学院的情况看，只有选择马克思主义理论学科才是明智之举。因为：第一，选择马克思主义理论学科符合党和国家的需要。在全球化背景下，我们党和国家在意识形态领域遇到的挑战是空前的，无论是中国传统的儒家学说，还是西方各种的理论都不能解决我们党执政的合法性问题，只有依靠马克思主义理论才能解决中国遇到的一系列问题。由中央层面发起的马克思主义理论与建设工程说明马克思主义理论是党和国家的必需，是当代中国的"显学"。第二，马克思主义学院现有的研究人才绝大多数都集中在马克思主义研究领域。虽然，我们可以确定更为重要的学科，但是，对于绝大多数研究者来说进入陌生的领域并在同行中取得比较优势是有难度的。第三，马克思主义学院已经取得的研究成果也主要集中在马克思主义研究领域。经过多年的奋斗，在马克思主义研究领域有了一定的学术积淀，取得的一批成果将是我们继续研究的基础。而且，马克思主义理论已经被甘肃省确定为重点培育学科，也容易取得学校的支持。第四，除了马克思主义理论外的其他学科，如宗教学、民族学和伦理学，也可以向马克思主义理论学科靠拢。实际上，我们研究的宗教学就是马克思主义宗教学，民族学也是马克思主义民族学，伦理学更是马克思主义伦理学。为全校开设的中国近现代史、思想道德修养和法律基础、形势与政策等课程也与马克思主义理论学科密切相关，对于我们在马克思主义理论研究中应用跨学科研究方法奠定了坚实的基础。综上所述，马克思主义理论学科应该是西北民族大学马克思主义学院的学科建设重点。在马克思主义理论学科建设中要有自己的特色，以特色立足、以特色取胜，重点突出民族特色、地区特色、宗教特色和边疆特色，要在全国范围内取得一席之地。

西北民族大学马克思主义学院的学科建设的具体目标是申报博士学位授予点。从国家政策来看，申报博士学位授予点必须是一级学科。因此，申报的难度大大增加，不经过多年奋斗是难以成功的。与此同时，将马克思主义理论学科建设成为西部地区对少数民族进行马克思主义教育的重要阵地、马克思主义理论高级研究人才培养的重要基地、马克思主义理论与西部民族地区经济社会发展的重要研究基地、为西部地区各级党组织和各级地方政府决策提供咨询的重要基地。通过学科建设，使马克思主义理论学科在民族高等院校乃至全国范围同等学科中有一定知名度、有一定影响力，需要引进和培养出一批在马克思主义理论研究领域有话语权、学有所成和学界知名的专家学者。

三　要以学科建设和项目研究为纽带凝聚人才

目前，马克思主义理论研究人才的数量和质量是学科建设的一个瓶颈。随着知识经济初露端倪，人才已经不再是一个成本概念，而是一个资本概念，人才是比资金、物资更重要的资本，是战略资本。大学知名主要是拥有大师级人才，是提升学校和学院知名度的重要要素，同时也有利于学科建设和知识创新。马克思主义学院的人才计划必须坚持"两条腿"走路的方向：一方面，利用现有人才储备，培养高水平的研究者。马克思主义学院绝大多数教师都拥有研究生以上的学历，基本上都有知名大学求学和访学的经历，视野比较开阔，而且也具备了一定的研究能力，只要创造条件为他们进行科学研究搭建平台，他们就会很快成长起来成为学科建设的中坚力量。学院要善于压担子、给任务，对青年教师不断提出科研要求，鼓励他们攻读更高的学位。在学院承担的课题和项目中，积极吸收青年教师参加，让富有科研经验的教师带动青年教师从事科研活动，培养他们的学术意识和学术兴趣，提高他们的学术素养，同时鼓励已经获得学位的教师外出进修，到国内知名大学进行学术交流，感受这些大学的学术气氛。学院要创造各种条件促进他们的成长。另一方面，积极引进人才。学院要和在知名大学进修学习的教师保持密切联系，要求每一位教师都负有引进人才的义务，在所进修的大学宣传西北民族大学和马克思主义学院，联络感情。在人才竞争激烈的今天，我们不能守株待兔，等待人才上门，而是要主动出击，引进在马克思主义理论研究领域已经知名的学者和有培养前途的人才到学院工作，并配合学校在住房、配偶安排和子女上学方面提供便利，做好服务工作。学院还要处理好人才培养和人才引进的关系，两者并重，绝不能厚此薄彼，"引来女婿，气走儿子"。以学科建设培养人才、吸引人才和凝聚人才要做到以下三点：一是待遇留人。待遇留人是最关键的措施。只有提高待遇，分配向科研第一线的人才倾斜，在工资晋升和专业技术职称方面给予优惠才能吸引人才、留住人才。二是事业留人。真正的人才都是事业型而且有个人抱负。人才也总是选择那些能发挥自己才能、有事业可做的单位。有了事业，人才才能有成就感和价值感，才能为事业奋斗终生。三是感情留人。生活条件固然重要，但人才的情感需求同样重要。感情留人就是给予人才以信任、温暖、关心、友谊、理解和尊重。

四　要提升学术成果积极服务经济社会发展的能力

马克思主义理论研究既要解决重大的理论问题，进行基础理论研究，又要解决现实问题进行应用研究，为西部民族地区经济社会发展提供智力支持。西部民族地区党的各级组织和各级地方政府担负着决策者和执行者的职责，忙于具体日常事务，在价值导向的把握以及利益博弈中策略的选择方面往往存在着不足。高等院校及其学术机构要注重前瞻性研究，发挥"智库"的作用。在利益主体多元化情况下，马克思主义理论研究不仅要为党和政府部门提供咨询，而且要与民族地区的社会团体、企业密切联系，利用我们的智力优势服务于社会。从马克思主义学院的学术积淀和西部民族地区的需求来看，我们要以马克思主义的立场、观点和方法对西部民族地区面临的现实问题进行研究，力争有所突破。一是马克思主义理论与少数民族思想政治教育。西部民族地区在思想观念方面还是比较落后的，农牧民缺乏独立人格，具有相当浓厚的臣民意识、顺民意识和草民意识。如何实现马克思主义在少数民族地区的大众化还是一个悬而未决的问题。西部地区文化多元、宗教复杂，有着共同的地域，而没有共同的文化，整合西部地区广大民众是我们面临的首要问题。因此，必须大力研究和宣传马克思主义以及中国化马克思主义理论成果，用马克思主义理论教育广大民众，使他们具备科学的世界观、人生观和价值观。二是马克思主义民族政治研究。西部地区生活着 50 多个少数民族，许多民族还跨境而居。对民族政治文化、民族政治发展、民族政治历史、民族政治认同等领域的研究，还刚刚开始，这方面的成果无论是数量还是质量都是不足的。关于社会转型加速期西部地区民族融合的趋势、融合的方式、融合的路径等问题也没有答案。还有少数民族农民工和少数民族农民工新生代的城市融入问题，也是当前急需解决的问题。三是马克思主义宗教学研究。西部地区宗教复杂，包括了基督教、佛教、道教、伊斯兰教等几大宗教，有些民族是全民信教。西部地区还存在着一些原始宗教，萨满教也还有广泛的影响。如何做到宗教与社会主义社会相适应，宗教与政治彻底分离，发挥宗教在促进西部地区经济社会发展和保持西部地区稳定中的独特作用，也是亟待解决的问题。四是西部民族地区特别是边疆地区的政治社会稳定研究。西部地区的稳定不仅关系到边疆稳定和民族团结，也对全国的政治社会稳定产生影响。西部地区的群体性事件研究、反暴力恐怖势力研究、反宗教极端势力研究、反邪教研究、反民族分裂势力研究等等，都是我们需要开拓的新领域。五是西部民族地区经济社会建设研究。六是西部民族地区文化发展研究。西部地区文化多元，丰富多彩、博大精深的西部民族文化是我们进行社会主义文化建设的重要资源，怎样实现传统文化的现代化，弘扬优秀民族文化，消除落后文化，改造低俗文化，发展文化产业，也是我们需要研究的课题。增强学术研究服务于社会的能力，要求我们要善于抓热点问题、重大社会现实问题，要具备全球视野，将国际突发事件与西部民族地区存在的现实问题结合起来进行研究，给出合理的说明和解释，提供解决问题的正确答案。

五　学科建设和学院发展要有长效机制

马克思主义理论学科建设无论是人才的凝聚、方向的引导，还是学科的整合，关键都在于管理。创新管理机制，拓宽管理领域，强化科学管理和民主管理是当前面临的重要任务。学科建设管理的具体领域和具体做法应该包括：第一，编制规划、稳步前进。学科建设规划可以五年为期，明确学科建设的具体目标；要组织力量集体攻关，填补马克思主义理论学科研究的空白点，在全国范围内造成影响。与此同时，研究者的学历层次和技术职称得到提高。第二，凝聚方向、积极引导。在马克思主义理论学科建设中凝聚力量、凝聚方向的工作是不可缺少的。通过鼓励和分配的倾斜使现有的研究力量逐步转移到马克思主义理论研究上来，研究宗教学和民族学的教师在研究方向上要进行微调，努力形成马克思主义宗教学和民族学的研究方向，实现与马克思主义理论研究领域的契合。第三，搭建平台、助人成功。积极为教师和研究者争取各种资源，奠定学科发展的基础。具体要做的工作有：定期邀请出版社和杂志社的编辑到学院讲学和交流，形成长期合作的机制；为教师争取各种名誉称号；建设西部民族地区社会调查和社会实践的基地；聘请学科评审专家在学院兼职，不定期到学院讲学，为教师研究提供最前沿的资讯，便于教师掌握学科发展的最新方向；设置与马克思主义学科建设相关的研究机构，争取经费，保证运转。第四，完善规章、科学管理。要由"即时性"管理向"规章"管理转变，使管理更加规范化和科学化。在条件成熟的情况下，要制定比较严格的《科研成果奖励办法》、《学术著作出版资助办法》等，实现管理的制度化和规范化。第五，集思广益、民主兴院。现代社会信息繁杂，不良信息和反面信息铺天盖地，需要我们在处理各种信息和反馈信息的过程中发挥群体智慧，多方征求教师和研究人员的意见和建议，培育全体教师的主体意识、责任意识和大局意识，为西北民族大学马克思主义学院发展着想，积极为学科建设献计献策。马克思主义学院的管理者也要进一步养成民主作风，遇事多征询教师的意见，养成民主决策的习惯，善于集中全院教师的智慧为个人智慧，抓住机遇使马克思主义学院的学科建设迈上新台阶。

第二篇　马克思主义理论渊源研究

伦理道德是国家观形成的基础

——黑格尔道德思想研究[*]

马 进^{**}

根据笔者研究，由于黑格尔认为道德是主观的法，伦理是主客观结合的法；它们不仅是法的构成环节，是国家观形成的基础；而国家观是伦理道德与法的结合。因此，黑格尔对伦理道德的认识和理解与其他哲学家的不同之处就是他把伦理道德理解为法，即伦理道德是法的一个构成环节和表现形式，是人的精神的规定和实现。于是，黑格尔以此赋予伦理道德以新的和不同于以往的含义即伦理道德是法，不仅是精神的法，而且是实践的法，乃至是两者结合构成国家观基础的法。所以，黑格尔把法分成了三个阶段：抽象法阶段、道德阶段和伦理阶段。在伦理阶段包括家庭、市民社会和国家三个环节。实际上，黑格尔对伦理道德的看法反映了其国家观形成的基础。

一

伦理道德之所以是国家观形成和发展的基础，是因为黑格尔看来国家观和哲学观之间有密切相连的关系，也与他的意志观密切相关。

---

* 本文为甘肃省 2011 年哲学社会科学规划项目："转型时期甘肃少数民族社会心态建设与民族地区社会发展研究"；甘肃省 2011 年"十二五"教育规划项目"甘肃人口较少民族青年发展问题研究（GS〔2011〕GHBG028）"；2012 年国家民委民族问题研究项目："西北民族地区宗教对民族团结影响研究"（2012—GM—034）阶段性研究成果。

** 马进（1958— ），男，回族，教授，哲学博士，山西右玉县人，甘肃政法学院思想政治理论课教学部主任，行政学院院长，研究方向为马克思主义理论。

（一）黑格尔的国家观和哲学观

1. 黑格尔的国家观

黑格尔认为他把国家作为"一种理性的东西"与"一种伦理世界"来理解时，国家观就"是把法的东西安置在主观目的和私见之上，安置在主观感情和私人信念之上的"①。如果相反，就会导致"不仅使内心的伦理和公正良心毁灭，使私人之间爱情和权力毁灭，而且使公共秩序和国家法律毁灭"②。由此看来，黑格尔的国家观就是国家至上、国家大于个人，国家的基础是法，是伦理道德，更明确地说国家观就是法与伦理道德的结合。黑格尔认为无论法还是伦理道德都是自由精神的体现即通过人的意志表现出来。所以，伦理道德其实就是人的意志的发展，是国家观形成的基础。

2. 黑格尔的哲学观

在当时德国的有些人就把哲学看作是从个人的情绪、感情和灵感出发研究国家的制度的学问。但是，黑格尔不同意这个看法，他认为这会把人们对国家的理解引向邪路，不利于正确的国家观的建立。哲学应该为国家服务，应该从两个方面入手促进人们建立正确的国家观。其一，黑格尔认为："哲学的任务在于理解存在的东西，因为存在的东西就是理性。就个人来说，每个人都是他那时代的产儿。"③ 黑格尔认为存在的东西包括自我意识的精神理性和现实世界的理性。形式属于前者，内容属于后者，两者构成形式与内容的统一，也构成哲学的研究对象。所以，哲学是关于世界的思想。黑格尔认为世界由两类规律构成，即自然规律和法律。法律应该被哲学作为思想来理解。其二，黑格尔认为哲学研究的对象是理念，"法的理念是自由"。④

（二）黑格尔的意志观

黑格尔认为自由意志的定在就是法，法也是作为理念的自由。黑格尔认为法的出发点是意志，黑格尔的意志观包括以下五个方面的内容。

---

① 黑格尔：《法哲学原理》，范扬、张企泰译，商务印书馆 1996 年版，第 8 页。
② 同上。
③ 同上书，第 17 页。
④ 同上书，第 2 页。

1. 意志是自由的

正因为如此，意志就构成法的实体和规定性。意志为什么是自由的？黑格尔认为："精神首先是理智；理智在从感情经过表象以达于思维这一发展中所经历的种种规定，就是它作为意志产生自己的途径。而这种意志作为一般的实践精神是最靠近理智的真理。"① "意志没有自由就是一句空话；同时，自由只有作为意志，作为主体，才是现实的。"②

2. 意志与思维

在意志与思维的关系上，黑格尔认为思维与意志的区别是理论态度与实践态度的区别。意志是特殊的思维方式，是实现的思维。思维是普遍的意志，是没有实现的意志。两者的关系是一般与特殊、普遍与个别的关系。黑格尔认为："理论的东西本质上包含在实践的东西之中。"

3. 意志包含纯无规定性和纯反思

黑格尔把它表述为"空虚的自由"、"抽象的自由"，认为这就是宗教的印度式的"纯沉思的狂热"，转入现实就变成"破坏社会秩序的狂热"。黑格尔甚至认为法国革命的恐怖时期就是如此。

4. 意志的发展过程

是从无差别的规定性过渡到有差别的规定性，是个自我规定自我的过程。意志自由则是这个发展中的普遍性与特殊性、主观与客观的统一。这个统一就构成意志的第三个环节，这就是意志自由既存在于规定性中又存在于被规定性之中。意志自由同时是两者。意志自由不是任性，任性是有限的意志，"不是通过我的意志的本性而是通过偶然性成为我的；因此我也就依赖这个矛盾"。③ 黑格尔所说的意志本性指理性。"当我希求理性的东西的时候，我不是作为特异的个人而是依据一般的伦理概念行动。在伦理性的行动中，我所实现的不是我个人的事物……理性是人所共走的康庄大道，在这条大道上谁也不显得突出。"④

5. 意志的主观性和客观性

主观性的意志作为情欲、冲动是感性的、个别的、片面的。客观性的意志以自身为规定，以符合它的概念为尺度，欠缺自我意志的无限形式，

① 黑格尔：《法哲学原理》，范扬、张企泰译，商务印书馆 1996 年版，第 10 页。
② 同上书，第 12 页。
③ 同上书，第 27 页。
④ 同上。

是儿童意志、奴隶意志。自由意志在于扬弃主观性意志与客观性意志的矛盾，把意志的目的由主观变为客观。

黑格尔的国家观、哲学观，特别是他的意志观首先决定了他的伦理道德观，这就是他把伦理道德看作法，即"道德、伦理、国家利益等每个都是独特的法，因为这些形态中的每一个都是自由的规定和定在……法包含着自由的概念，即精神的最高规定，与此相比，任何其它东西都是缺乏实体的"。① 此外，黑格尔国家观、哲学观，特别是他的意志观奠基于他的辩证法的思维方法之上。黑格尔称之为的辩证法是概念运动的原则。其一，这个原则是否定的方法，是"把普通概念相反的东西看做它最后的成果"。其二，这个原则可以认识自由精神、自我意识自己发展到"理性的最高峰"。

二

黑格尔之所以把抽象法作为法的第一个发展阶段，是因为黑格尔把法理解为自由精神、绝对理念的定在、表现和发展阶段。在黑格尔看来，抽象法阶段就是抽象和法两个环节的合成，是我们直接看到的外部世界。黑格尔的所谓抽象就是直接性，"这就是说，一切规定都包含在概念中，但也不过是包含在里面而已，它们仅仅自在存在着，而尚未发展为自身内部的整体"。② 黑格尔的所谓法"只不过是一种可能性，因之法的规定仅仅是一种许可或能力"。③ 黑格尔也把抽象法称作形式法，他认为："所以在形式法中，人们不考虑到特殊利益、我的好处或我的幸福，同时也不考虑到我的意志的特殊动机、见解和意图。"④ 黑格尔认为法作为自由精神、绝对理念的定在，在抽象法阶段表现为以下特点。

（一）占有，即所有权

黑格尔认为财产是自由的最初的定在，人的精神对肉体的占有也是自由的定在。人为了理念而存在，必须给他的自由以外部存在，这个存在就

---

① 黑格尔：《法哲学原理》，范扬、张企泰译，商务印书馆1996年版，第38页。
② 同上书，第44页。
③ 同上书，第47页。
④ 同上。

是所有权。人之所以有所有权的原因，黑格尔认为有三点。

（1）人的权力。"人有权把他的意志体现在任何物中，因而使该物成为我的东西；人有这个权利作为他的实体性目的，因为物在其自身中不具有这个目的，而是从我的意志中获得它的规定和灵魂。这就是人对一切物据为己有的绝对权利。"①

（2）人的意志比物要高，对物有优越性。

（3）"当物成为我所有的时候，它不同于它原有的灵魂，我把我的灵魂给它。"②

所有权表现为直接占有、使用、转让三个方面。这三者分别是意志对物的肯定判断、否定判断和无限判断。直接占有表现为对物的身体把握、给物以定型和单纯的标志。

（1）身体的直接占有。这就是身体接触的所有物都属于我。这种占有是主观的、有局限性的占有。我给某物以定型，让某物有独立性的外观，某物就获得了独立性，也不受自我的主观性的限制了。

（2）"使用就是通过物的变化、消灭和消耗而使我的需要得到实现；这样物的无我性质就显示出来，该物也就完成它的使命。"③

（3）转让就是财产的转让。黑格尔认为构成人的实体性的规定的东西不能转让，它们是我的整个人格、我的普遍的意志自由、伦理和宗教。

（二）契约，即双方的关系

黑格尔认为契约是意志与意志之间的关系，所以，契约的本性就在于共同意志和特殊意志都获得表达。契约"作为中介，使意志一方面放弃一个而是单一的所有权，他方面接受一个即属于他人的所有权。这种中介发生在双方意志在同一中联系的情况下，就是说，一方的意志仅在他方的意志在场时作出决定"。④ 黑格尔认为契约从个人的任性出发，双方达到共同意志，而不是达到自在自为的普遍意志。黑格尔区分了契约与其他形式的非契约的关系。

（1）契约与约定。约定只是整个契约的个别部分、个别环节，是契

---

① 黑格尔：《法哲学原理》，范扬、张企泰译，商务印书馆1996年版，第53页。
② 同上。
③ 同上书，第67页。
④ 同上书，第81页。

约固定下来的形式。

（2）单纯的诺言与契约。单纯的诺言表示的是未来的信用，是意志的主观规定，可以改变。契约则表明人已经让渡的我的东西，我已经承认为他人所占有。

（三）在自身中区分的意志

黑格尔认为："作为生物，人是可以被强制的，即他的身体和外在方面都可被置于他人暴力之下；但是他的自由意志是绝不可能被强制的……意志只有达到定在的时候才是理念，才是现实的自由的……意志体现于其中的定在是自由的存在。"[1]　正因为意志不能被强制，所以意志在发展过程中，一方面表现为占有、契约等意志的主观形式，另一方面，意志能够把自在存在的普遍意志设定为自为存在的主观意志，这就会出现被黑格尔称为的"不法的意志"。这个"不法的意志"是偶然的意志，是与必然性对立的意志，是意志的主观性。这个主观性仅仅以外在的对象为定在。黑格尔认为在抽象法阶段，意志的定在是外在的东西，在意志发展的下一个阶段即道德阶段，意志的定在是主观的东西，表现为意志以本身为其对象。要达到这个阶段，必须扬弃意志的直接性才能实现，即通过否定之否定实现。

三

黑格尔把法看作自由意志的发展过程和发展阶段。在道德阶段，黑格尔认为意志不仅是自在的，也是自为的，是自在与反思的同一性。这个同一性把人规定为主体。在抽象法阶段，我的原则和我的意图是不存在的，在道德阶段则相继出现。黑格尔又认为："人的价值应按他的内部行为予以评估，所以道德的观点就是自为地存在的自由。"[2]　黑格尔还认为道德的观点，从它的形态上看就是主观意志的法。究竟什么是道德呢，黑格尔进行了新的解释。

---

① 黑格尔：《法哲学原理》，范扬、张企泰译，商务印书馆 1996 年版，第 96 页。
② 同上书，第 111 页。

（一）道德是主观意志的法

黑格尔认为道德的观点，从它的形态上看就是主观意志的法。

（1）道德是意志以承认的东西为自己的东西。黑格尔认为："意志规定自己在对象中承认的东西，使之成为意志的真实概念，成为表达它的普遍性的客观的东西。"① 黑格尔的意思是在道德中，自我规定未达到任何实用的事物，是一种关系的观点、应然的观点、要求的观点，是主观意志与它的概念的同一化，"即使人们在主观意志中被设定善，但这并不就是实行"②。

（2）道德是人的独特利益。黑格尔认为，人的独特利益之所以具有高度价值，乃至于人知道这个独特利益是绝对的东西，是自我的规定。黑格尔又认为，有教养和能够反省的人，希求他本身体现在他所做的事情之中。

（3）道德是主观的意志。其一，道德意志本身是自我主观的设定。其二，我的主观意志不存在的东西，我不承认是我的东西，我的行为表达的是我的主观意志。

（4）道德是主观意志的行为。道德是主观意志的行为按照黑格尔的话语，乃至于道德是我的东西，这就是主观的故意。主观的故意也是意图，其目的是福利，意志的绝对目的就是善。黑格尔认为："任何行为如果要算作道德的行为，必须首先跟我的故意相一致，因为道德意志的法，只对于在意志内部作为故意而存在的东西，才予以承认。"③ 黑格尔认为故意构成道德行为的基本价值，意图构成道德行为的相对价值，福利构成道德行为的绝对价值。

（二）道德构成的三个要素

1. 故意和责任

黑格尔认为道德的这个要素可以概括为"认识法"，即我虽然知道我的动机是什么，但是我不知道这个动机的结果是什么。故意就是我的动

---

① 黑格尔:《法哲学原理》，范扬、张企泰译，商务印书馆1996年版，第111页。
② 同上书，第113页。
③ 同上书，第117页。

机，也是我的主观意志，行动则是主观意志的定在。这个定在带有"我的东西"。在道德中，因为意志是主观的意志，动机是个人的动机，所以，意志是有限意志，包括一些有限的假定在内，动机是纯属个人的动机。所以，如果意志出现过错，动机产生消极后果，我就要负责任。黑格尔指出："在我面前有一个它物，它仅仅是偶然的东西，单纯外在必然性的东西，它可能与我相一致也可能与我不同。毕竟我只是与我的自由相关，而我的意志仅以我知道自己所作的事为限，才对所为负责。"① 总之，在故意和责任中，什么是偶然的结果，什么是必然的结果，不仅很难确定，而且偶然性和必然性互相转变，难以把握。

2. 意图和福利

黑格尔认为意图与故意的区别是意图不仅包括我知道的我的动机，而且包括我知道我的动机的结果。黑格尔从语源学解释意图的含义，即意图是对普遍性与特殊性的抽象。意图是通过动机与行为的统一肯定自己作为思维的主体所认识和希求的东西。福利则是意图的结果，是主观见之于客观的东西。黑格尔认为在这个阶段，福利是单个人的特殊福利，不是普遍福利、国家福利。福利还缺少法的普遍性，具有片面性和理想性的特点。黑格尔还认为意图和福利的一致是划分古代与近代的转折点和中心点。古代奉行主观自由的法，在历史观方面否定和贬低伟大的事业和伟大的人物。黑格尔把这种做法概括为"仆佣心理"，即"对他们说来，根本没有英雄，其实不是真的没有英雄，而是因为他们只是一些仆佣罢了"②。

3. 善与良心

黑格尔认为善是实现的自由，是世界最终的目的，由法和福利（目的）构成，即自由与目的的结合。其一，善不是特殊性，是普遍性。黑格尔认为在善中，福利（目的）不是单个的福利，是普遍的福利。个人主观的意志符合善才有价值和尊严。其二，善是主观意志的法。黑格尔认为主观意志的法，即凡是意志认为有效的东西，主观意志都认为是善。按照主观意志对外在行为的判断决定是善还是恶，是好还是坏。其三，善是人的主体性。黑格尔认为善的实现在这个阶段必须通过思维、依赖思维。这是人的主体性的表现。"凡是我的判断不合乎理性的东西，我应该不给

---

① 黑格尔：《法哲学原理》，范扬、张企泰译，商务印书馆1996年版，第119页。
② 同上书，第128页。

予承认……这是主体的最高法。"① 其四，善是义务。黑格尔认为善是普遍抽象的本质性，即义务。这个义务就是"行法之所是，并关怀福利——不仅自己的福利，而且普遍的福利，即他人的福利。"② 什么是善呢？黑格尔认为对善的一系列规定活动就是良心。其一，良心是自我主观性的限制和规定。因为善是普遍性，是抽象的，所以善的特殊性属于主观性。当这个主观性达到普遍性的时候就是绝对的自我确信，自我的特殊性就有了规定者、决定者和设定者。这就是良心。其二，良心是对权利与义务的醒觉。黑格尔认为良心绝对有权知道什么是权利与义务。道德是形式的良心，伦理是真实的良心。黑格尔特别批判了把良心看作是自我主观性的任意行为，特别是把主观性作为善恶标准的做法。黑格尔把这种做法概括为："行为的伦理本性完全是主观信念规定。"黑格尔认为："这是把自己看做是最终审的主观性的顶峰……自命为真理、法和义务的仲裁员和裁判员的主观性。"③

四

黑格尔认为，伦理就是主观的善与客观的善的统一。因为，抽象法阶段欠缺主观性的环节，道德阶段仅仅有主观环节。所以，无论抽象法阶段还是道德阶段都不能自为实存，它们必须以伦理的东西为基础和承担。伦理就是善与意志两者结合的真理。在黑格尔看来，伦理是活的善，即能够把主观性与客观性结合起来。"伦理性的东西就是理念的这些规定体系，这一点构成了伦理性东西的合理性。因此伦理性的东西就是自由，或自在自为地存在的意志，并且表现为客观的东西，必然性的圆圈。这个必然性的圆圈的各个环节就是调整个人生活的那些伦理的力量。"④

在伦理阶段究竟包含哪一些重要的内容呢？黑格尔认为包括伦理性的实体。其一，伦理性的实体即法律和权力是绝对的权威和力量，是人的主体性特有的本质，在这个特有本质中，主体感觉到自己的价值。黑格尔认为法律和权力的规定对于个人来说就是义务，是对主观意志的拘束力，表

---

① 黑格尔：《法哲学原理》，范扬、张企泰译，商务印书馆 1996 年版，第 134 页。
② 同上书，第 136 页。
③ 同上书，第 157 页。
④ 同上书，第 165 页。

现为："在义务中个人毋宁说是获得了解放，一方面，他既摆脱了对赤裸裸的自然冲动的依附状态……另一方面，又摆脱了没有规定性的主观性。"① 其二，伦理性实体包括与自己概念一致的自为存在的自我意识即家庭和民族的精神。其三，这个精神本身是客观化的精神，表现为各个环节的一种运动，即家庭、市民社会和国家。

（一）家庭

黑格尔认为家庭就是精神的直接实体性，以爱为规定。爱是对自身统一的感觉。黑格尔认为："所谓爱，一般说来，就是意识到我和别人的统一，使我不专为自己而统一起来……爱是感觉，即具有自然形式的伦理。"② 家庭包括以下四个方面的内容。

（1）婚姻。黑格尔认为婚姻不是契约，不是自由的爱，也不是单纯性关系，而是具有法的伦理意义的爱。黑格尔认为婚姻的主观出发点是双方特殊的爱慕；客观出发点是双方自愿组成一个人，即缔结婚姻。婚姻的伦理表现在："双方意识到这个统一是实体性的目的，从而也就在于恩爱、信任和个人整个实存的共同性。在这种情绪和现实中，本性冲动降为自然环节的方式，这个自然环节一旦得到满足就会消灭。至于精神的纽带则被提升为它实体性的应有的合法性地位，从而超脱了激情和一时特殊偏好等的偶然性，其本身也就成为不可解散的了。"③

（2）家庭财富。黑格尔认为家庭只有采取财富的形式才有实体性人格的定在。财富就是持久而稳定的产业。只有这样，个人才能产生对家庭这个共同体的关怀，也才能把家庭变成伦理性的实体。

（3）对子女的教育。黑格尔认为父母教育子女的方式是改变任性，清除感性和本性的东西，培养纪律观念，灌输伦理原则。

（4）离婚。黑格尔认为婚姻的基础是偶然、主观的感觉，即使是婚姻的伦理性环节的爱也仅仅是一种感觉，所以，夫妇可以离婚。黑格尔反对离婚，认为离婚是对伦理性的实体的破坏，婚姻应该不可离异。但是，也只能是"应该"而已。

① 黑格尔：《法哲学原理》，范扬、张企泰译，商务印书馆1996年版，第168页。
② 同上书，第175页。
③ 同上书，第178—179页。

（二）市民社会

黑格尔认为市民社会处于家庭和国家的中间阶段，是个人自由的社会，是每个人通过自己和他人得到满足的社会。"在市民社会中，每个人都以自身为目的，其它一切在他看来都是虚无。但是，如果他不同别人发生关系，他就不能达到他的全部目的，因此，其他人便成为特殊的人达到目的的手段。但是特殊的目的通过同他人的关系就取得了普遍性的形式，并且在满足他人福利的同时，满足自己。"[①] 黑格尔认为市民社会包括"需要体系"在内的三个环节。在黑格尔看来实际上这个体系包括了需要和满足需要的手段即劳动。因为，需要和劳动在市民社会里是一种为他人的存在。所以，为他人的需要和劳动的满足而劳动和活动就成为大家彼此能够满足的条件。因此，黑格尔认为，在需要体系中既包含着同别人平等的要求，还包含了"特殊性用某种突出标志肯定自己"，即每个人的自由。

---

① 　黑格尔：《法哲学原理》，范扬、张企泰译，商务印书馆 1996 年版，第 197 页。

马克思恩格斯自由而全面发展
思想的文献学解读

杨建毅[*]

通过对马克思恩格斯自由而全面发展思想的相关文献解读，可以认识马克思恩格斯自由而全面发展思想的基本构思、理路和内在思想的一致性，对澄清人们思想上的模糊认识以及促进现实社会发展具有一定意义。由于马克思恩格斯应用辩证唯物主义和历史唯物主义在考察人的时候，对人的自由全面发展问题不仅给予了高度的关注，而且还将其贯彻于他们的理论始终。虽然在马克思恩格斯的著作中关于人的自由全面发展思想未有专门论述的篇章，但是通过相关文献的解读，仍然可以清晰地发现马克思恩格斯关于人的自由全面发展思想的发展脉络。所以，他们关于这个问题的思想认识有一致性。

一 《1844 年经济学哲学手稿》提出了自由全面发展的人本要求

在《1844 年经济学哲学手稿》中，马克思认为人的基本活动是生产劳动，它是人区别于动物的根本特性，这个根本特性的本质就是自由。他说："劳动这种生命活动、这种生产生活本质对人说来不过是满足他的需要即维持肉体生存的需要的手段。而生产生命本来就是类生活。这是生产生命的生活。一个种的全部特性、种的类特性就在于生命活动的性质，而人的类特性恰恰就是自由的自觉的活动。"[①] 从这我们可以看出劳动是人

　＊　杨建毅（1967—　），男，教授，博士，甘肃省靖远人，兰州城市学院社会管理学院副院长，从事马克思主义发展史研究。

　①　《马克思恩格斯全集》第 42 卷，人民出版社 1979 年版，第 96 页。

的类本质，而这种人的类本质具有"自由的自觉的"特点。这篇文献的意义在于：首先，明确了人的类本质具有"自由的自觉的"特点，自由是人的本质要求等重要观点；其次，设计了人类自由社会的模式——共产主义。人的自由的实现要在解决人与自然的关系和人与人的关系中才能实现，共产主义就是"人向自身、向社会的（即人的）人的复归，这种复归是完全的、自觉的而且保存了以往发展的全部财富的。这种共产主义，作为完成了自然主义，等于人道主义，而作为完成了的人道主义，等于自然主义，它是人和自然之间、人和人之间的矛盾的真正解决，是存在和本质、对象化和自我确证、自由和必然、个体和类之间的斗争的真正解决"；① 再次，指出了人类发展的最终目标。虽然共产主义是人类自由社会的模式，但是"共产主义并不是人类发展的目标"，它只是"最近将来的必然的形式和有效的原则"，② 而人类发展的最终目标是"通过人并且为了人而对人的本质的真正占有"，③ "人以一种全面的方式，也就是说，作为一个完整的人，占有自己的全面的本质"；④ 最后，提出了劳动实践的观点。马克思在这篇文献的"异化劳动和私有财产"一节中特别论述了劳动对人的自由而全面发展的意义，指出私有制必然造成劳动的异化，只有在劳动实践中消灭私有制，人才能获得解放。

二　《德意志意识形态》阐释了自由全面发展的理论基础

马克思恩格斯在这部著作中首先对束缚人的社会现象进行分析和批判。他们指出分工与私有制是社会压迫之源，同社会压迫、社会强制联系在一起的不自由几乎都是从此而来。随着社会交往的增加和社会化过程的发展，对无产者说来，劳动已无任何自主活动的成分，而成为摧残其生命的活动，因此马克思恩格斯认为，无产者为保存自己的个性，应当消灭自己生存的条件。观念统治也是人不自由的一大表现，"我们要把他们从幻想、观念、教条和想象的存在物中解放出来，使他们不再在

---

① 《马克思恩格斯全集》第42卷，人民出版社1979年版，第120页。
② 同上书，第131页。
③ 同上书，第120页。
④ 同上书，第123页。

这些东西的枷锁下呻吟喘息。我们要起来反抗这种思想的统治"。① 其次这部著作从正面阐述人类自由与解放的理想。马克思恩格斯认为要使人的个性与能力获得自由而充分的发展需要有这样四个条件：（1）生产力的这种发展是绝对必需的实际前提。如果没有这种发展，只会有贫穷的普遍化，而在极端贫困的情况下，就必须重新开始争取必需品的斗争，也就是说，全部陈腐落后的东西都要死灰复燃。（2）共产主义是消灭现存状况的现实运动。"共产主义对我们说来不是应当确立的状况，不是现实应当与之相适应的理想。我们所称为共产主义的是那种消灭现存状况的现实的运动。这个运动的条件是现有的前提产生的。"② 这里讲的共产主义不仅仅是理想和应有，而是一种消灭现存状况与实现美好理想的运动，即争取自由与解放的运动。（3）无产阶级的普遍联合。过去一切革命的占有都是有局限性的，个人的自主活动受到有限生产工具和有限的交往的束缚，只有无产阶级的通过普遍联合，才能占有生产力的总和。（4）异化扬弃与人的全面发展。在扬弃了异化的共产主义社会，每个人都没有固定的活动范围，都可能在许多方面得到发展，因此人有比较多的时间和自由度来干自己想干的事。

由此可见，《德意志意识形态》中的人的自由而全面发展思想有了较为成熟的表述，这与唯物史观创立的进程是一致的，而唯物史观的创立又为人的自由而全面发展思想奠定了科学基础，正确把握唯物史观，对于科学理解和认识人的自由而全面发展思想具有重要意义。此外，这部著作还使无产阶级认识到了个性自由与创造性才能发展的条件。"为了保住自己的个性，就应当消灭他们至今面临的生存条件，消灭这个同时也是整个旧社会生存的条件，即消灭劳动。"③（这里所说的劳动是旧劳动，即具有旧的社会形式的劳动，特别是雇佣劳动）由于"社会关系实际上决定着一个人能够发展到什么程度"，④ 所以，共产主义社会是人充分得以自由而全面发展的唯一社会。

---

① 《马克思恩格斯全集》第 3 卷，人民出版社 1960 年版，第 15 页。
② 同上书，第 40 页。
③ 同上书，第 87 页。
④ 同上书，第 295 页。

三　《共产主义原理》创建了自由全面发展的政治学说

恩格斯在《共产主义原理》中较为系统地阐述了人的自由而全面发展思想。首先，提出了无产阶级获得解放的条件。自由是在人的解放基础上讲的，即从各种各样的压迫、奴役、剥削中解脱出来，且"被承认是人，是市民社会的成员"① 之后，才能谈得上自由而全面发展。那么，无产阶级如何获得解放？恩格斯指出："无产者只有通过消灭竞争、私有制和一切阶级差别才能获得解放。"② 没有无产阶级的自身解放，就无从谈起自由而全面发展。其次，指出了无产阶级获得全面发展的途径。恩格斯说："由社会全体成员组成的共同联合体来共同地和有计划地利用生产力；把生产发展到能够满足所有人的需要的规模；结束牺牲一些人的利益来满足另一些人的需要的状况；彻底消灭阶级和阶级对立；通过消除旧的分工，通过产业教育、变换工种、所有人共同享受大家创造出来的福利，通过城乡的融合，使社会全体成员的才能得到全面发展。"总之，通过这一系列过程，使全面发展成为可能，这也是"废除私有制的主要结果"。③ 再次，未来社会对人的全面发展的客观要求。人的自由而全面发展并非来自于主观，还来自于未来社会的客观要求。恩格斯说："有整个社会共同地和有计划地来经营的工业，更加需要才能得到全面发展、能够通晓整个生产系统的人。"④ 而社会这一客观要求的实现又是通过教育完成的，"教育将使年轻人能够很快熟悉整个生产系统"，"摆脱现在这种分工给每个人造成的片面性"，⑤ 从而得到全面发展。恩格斯除了着重阐述上面三个与人的自由而全面发展相关的问题之外，他还讲到了与无产阶级革命有关的两个问题：一是无产阶级革命建立民主的国家制度问题，无产阶级要用民主实行进一步的、直接的侵犯私有制和保障其自身生存与发展；二是共产主义者在建立共产主义社会的过程中如何对待其他政党的问题，共产主义者要在与其他政党打交道、支持、帮助的过程中最终取得成功。

① 《马克思恩格斯全集》第 1 卷，人民出版社 1995 年版，第 233 页。
② 同上。
③ 同上书，第 243 页。
④ 同上。
⑤ 同上。

《共产主义原理》的意义在于为《共产党宣言》的诞生奠定了基础，明确提出了"共产主义是关于无产阶级解放的条件的学说"，① 为未来社会是一个怎样的社会和无产阶级如何组织起来消灭私有制以及如何建立人的自由而全面发展的共产主义社会做了理论准备。

四 《共产党宣言》举起了自由全面发展的科学旗帜

马克思恩格斯在《共产党宣言》中对共产主义做了详细论述。他们认为共产主义就是彻底消灭私有制，消灭阶级，充分实现人的自由而全面发展。在《共产党宣言》中一方面指出了实现共产主义的途径，另一方面又具体描述了共产主义将是一个怎样的自由社会。关于实现共产主义的途径说："工人革命的第一步就是使无产阶级上升为统治阶级，争得民主。"然后"利用自己的政治统治，一步一步地夺取资产阶级的全部资本，把一切生产工具集中在国家即组织成为统治阶级的无产阶级手里，并且尽可能快地增加生产力的总量。"② 由此可见，自由社会的实现需要有一定的政治基础和经济基础。

那么，共产主义究竟是一种什么样的自由社会呢？马克思恩格斯说："在发展进程中，当阶级差别已经消灭而全部生活集中在联合起来的个人的手里的时候，公众的权力就失去了政治性质"，而"代替那存在着阶级和阶级对立的资产阶级旧社会的，将是这样一个联合体，在那里，每个人的自由发展是一切人的自由发展的条件。"③ 这就是说，只有到了共产主义社会，由于个人之间地位和利益的相同与无差别，每个人的自由发展，不但不会限制或妨碍别人的自由发展，而且还会促进别人的自由发展，这时候人（人类）才能真正实现自由。这段话也曾被恩格斯用来作为《新纪元》的题词，它集中反映了马克思恩格斯对人类社会新纪元的基本思想和成熟观点。

文章最后写道："共产党人不屑于隐瞒自己的观点和意图。他们公开宣布：他们的目的只有用暴力推翻全部现存的社会制度才能达到。让统治

---

① 《马克思恩格斯选集》第 1 卷，人民出版社 1995 年版，第 230 页。
② 同上书，第 293 页。
③ 同上书，第 294 页。

阶级在共产主义革命面前发抖吧。无产者在这个革命中失去的只是锁链。他们获得的将是整个世界。"① 与此同时，马克思、恩格斯向全世界无产者发出了联合起来的战斗口号，从此无产阶级真正走上了追求自由而全面发展的科学道路。

五　《1857—1858 年经济学手稿》指明了自由全面发展实现途径

在这篇文献中，马克思进一步论证了人的类本质同自由的关系，并提出自由就是主体通过劳动自我实现的过程。马克思说："诚然，劳动尺度本身在这里是由外面提供的，是必然达到的目的和为达到这个目的而必须由劳动来克服的那些障碍者提供的。但是克服这种障碍本身，就是自由的实现，而且进一步说，外在目的失掉了单纯外在必然性的外观，被看作个人自己自我提出的目的，因而被看作自我实现、主体的物化，也就是实在的自由，——而这种自由见之于活动恰恰就是劳动。"② 而在劳动中可以支配的自由时间越多，人的自由也就越充分（这一思想在《资本论》中得到了进一步发展）。在《1857—1858 年经济学手稿》中，马克思还论述了人类社会发展演变的三个阶段，即前资本主义社会，资本主义社会和"自由的社会个性"的公有制社会。这三个社会阶段恰恰也是人的自由的演变和发展阶段，即人从一个不独立的个人到对物的依赖关系上的个人独立，再到通过劳动使个人自由充分实现。此外，马克思在这篇文献中还批判了资本主义社会中资产阶级先知们对个人自由的错误认识，即把自由竞争中的自由就认为是个人自由，把自由竞争看成是人类自由的终极发展，否定自由竞争就等于否定个人自由。

这篇文献在研究人的自由而全面发展思想上的重要意义在于：一是把自由与主体结合在一起，认为自由就是万物之主体的人的内在本质要求，是他区别于客体的根本属性；二是把自由与主体的自我实现联系了起来，说明人的生产活动实际上是一个有目的地利用外在必然性，通过克服障碍，实现自己的目的的活动；三是揭示出了自由的社会性和历史性。自由

① 《马克思恩格斯选集》第 1 卷，人民出版社 1995 年版，第 307 页。

② 《马克思恩格斯选集》第 3 卷，人民出版社 1960 年版，第 112 页。

的社会性和历史性就是劳动的社会性和历史性，二者在本质上是一致的，即全面发展的个人，不是自然的产物，而是历史的产物，是在普遍交往的基础上产生的；四是展示出了自由而全面发展的实现模式和基本目标，力求从现实生活世界来寻求自由而全面发展的实现途径，进而在现实层面上为人提供了一种理解、把握和实现人的自由而全面发展的广阔场域。总之，《1857—1858 年经济学手稿》这篇文献在马克思恩格斯人的自由而全面发展思想研究中占据十分重要的地位。

当然，除了以上五篇重要文献外，马克思恩格斯在他们其他著作中也有许多关于自由而全面发展的论述。如在《论犹太人问题》中马克思表达了人从物的支配下解放出来，消灭私有制并对社会进行改造是实现人解放的途径；在《〈黑格尔法哲学批判〉导言》中马克思强调"物质力量只能用物质力量来摧毁"，① 这个物质力量就是无产阶级，首次明确地阐述了无产阶级的历史使命；恩格斯在《反杜林论》中讲到了自由的产生是历史发展的产物，自由与必然的关系以及认识自由和实践自由等问题；在《自然辩证法》中恩格斯不仅系统阐述和科学论证了"劳动创造了人本身"，② 而且指明劳动是由必然王国通向自由王国的途径。总之，通过对这些著作研究，我们可以把握马克思恩格斯关于人的自由而全面发展思想的基本构思线索，即从抽象到具体，从理论到现实，从目标到道路，这也从一个侧面体现出马克思主义具有科学性、革命性和实践性的完美统一。

通过以上文本研究，我们不难看出马克思恩格斯人的自由而全面发展思想既建立在对人的科学认识的基础上，也建立在对资本主义深刻批判的基础上，而不是脱离人类社会历史的空洞的虚幻。其理论出发点和落脚点都是现实的人，是无产阶级乃至全人类的解放。实现自由而全面发展是马克思恩格斯思想的核心，这一核心思想的确立不仅使他们发现了衡量人类社会历史发展的重要尺度，而且还找到了实现这一目标的锁钥。

关于此需要说明两点：一是马克思恩格斯虽然非常重视人的自由而全面发展，但并没有绝对地夸大自由。自由不是不受任何限制的为所欲为的，自由总是要和社会发展相适应，总是要受到时代的经济、政治和文化的制约。如果只是一味追求自由而不顾社会发展状况和制约条件，自由也

---

① 《马克思恩格斯选集》第 1 卷，人民出版社 1995 年版，第 9 页。
② 《马克思恩格斯选集》第 4 卷，人民出版社 1995 年版，第 374 页。

终将化为乌有。所以，自由是绝对性和相对性的统一，这样的自由也是人
的全面发展的前提和保证；二是具体到每个人来讲，由于每个人的生活经
历、志趣爱好不同等等，每个人获得的自由而全面发展也将各不相同。所
以，自由而全面发展具有形式上的普遍性和内容上的具体性。

　　通过对马克思恩格斯人的自由而全面发展思想的文本研究，我们可以
清晰地把握马克思恩格斯关于人的自由而全面发展思想线索，即从理论研
究到实践分析，从未来描述到现实追求。不仅如此，我们还可以从中看出
马克思恩格斯关于人的自由而全面发展思想的内在一致性以及这一思想的
科学性、革命性、实践性和完整性。对马克思恩格斯人的自由而全面发展
思想的文本研究对我们当代社会追求人的自由而全面发展也具有一定意
义。当今，我们选择了以人为本的科学发展道路，坚持以人为本就是要体
现出人的自由意志，凸显出人的本质追求，焕发出人的创新精神，使人在
和谐互助、共享共存的社会氛围当中，在自由自觉、拥有人格和尊严的劳
动实践当中，实现人的自由而全面发展的理想追求。

葛兰西的"文化领导权"理论及其当代意义

赵夫鑫* 张存刚**

在当今国际竞争中各国更加重视文化软实力的竞争。"西方马克思主义"的鼻祖安东尼奥·葛兰西提出的"文化领导权"理论，强调如何在文化领域和日常生活取得领导权，进而从更多层面来赢得广大民众支持，促进民众的文化自信和文化自觉，巩固马克思主义意识形态的领导权。由于西方资本主义国家在全球化浪潮与新科技革命的强劲推动下，利用自身经济和科技的巨大优势，对我国进行广泛、深层次的文化渗透。因此，如何能有效捍卫我国的文化安全和巩固意识形态领域的领导权已成为迫切需要应对的课题。所以，对意大利共产党创始人之一，即"西方马克思主义"鼻祖安东尼奥·葛兰西提出的"文化领导权"理论进行研究有非常重要的学术价值和借鉴意义。

一 葛兰西文化领导权理论的基本观点及含义

（一）葛兰西文化领导权理论的基本观点

我们分析葛兰西的文化领导理论就不可避免地涉及其市民社会理论。因为，在葛兰西的这一理论中谈到西方国家的政治权威统治只是一个外围形式，其坚强后盾则是市民社会的支撑，如要改变市民社会的结构，就必须先夺取这个社会的文化和意识形态的控制权，赢得社会大众的支持。这

* 赵夫鑫（1982— ），男，山东平邑人，山东商业职业技术学院工商管理学院教师，主要研究马克思主义基本理论。
** 张存刚（1966— ），男，经济学博士，教授，山西应县人，兰州商学院经济学院院长，主要研究马克思主义基本理论与当代经济社会发展。

个市民社会的内容就包括了整个思想文化关系和知识精神生活，作为上层建筑的一个重要的组成部分。文化领导权取得还需要"有机的"知识分子来教育大众。

一个国家政权的巩固与否，不仅仅看政治权威的统治，而且更要看文化和意识形态领域统治。当今世界的绝大多数国家政治上意识形态控制都正在逐渐弱化，而其他领域的意识形态正在加强。尤其是从当今国际政治实践来看，在这个各种文化相互冲突时代，更应掌握文化领导权，从思想、意识、信仰以及思维方式来影响民众的日常生活。因为日常生活已经成为社会变革重要阵地。只有掌握了文化领导权才能有效增强执政的合法性，从精神文化和思想来赢得广大民众，从而更好地巩固执政党在意识形态领域的领导地位。

（二）葛兰西"文化领导权理论"的内涵

葛兰西认为，所谓"领导权，就是指一个阶级的世界观和价值准则在意识形态领域居于支配地位，控制和掌握着大众的头脑。从领导方式上看，它是指统治阶级除了依靠强力来维持社会经济秩序之外，还通过意识形态的领导，来争取被统治者的自发同意和拥护，从而使其统治合法化"。①

第一，领导权体现在文化或意识形态上。葛兰西通常使用的是狭义上的领导权，即文化或意识形态的领导权，"工人阶级夺取政权之前，必须首先夺取文化意识形态的领导权"。社会主义在取得革命成功之前，必须取得文化领导权。而无产阶级夺取政权后，更不能忽视文化领导权，革命成功并不意味着"领导权"一劳永逸地掌握在自己手里，它仍处在不断得到认同的过程中，否则仍有旁落的危险，否则就会危及政权的巩固，更加严重会导致社会性质的"变色"，苏联的解体和东欧剧变就是旁证。

第二，领导权体现在过程性和阶段性上。葛兰西认为，领导权是一个过程。从静态意义上说，领导权是政治、精神、道德等的综合体；从动态意义上看，领导权是一定阶级及其发展过程中的一定阶段。领导权阶段表明该阶级的运动及认识的自觉和成熟，表明理论和实践的统一。这一阶段，就是破坏敌人在意识形态的领导权，从而确立革命阶级的领导权的阶

---

① 余华：《葛兰西：上层建筑理论家》，《中共宁波市委党校学报》2000年第4期。

段。在这一阶段中，可以看出领导权的获得也是一个互相斗争的过程。

第三，领导权是无产阶级取得政权的必要条件，但不是充分条件。无产阶级革命是一个总体过程，不仅包括经济、政治方面，而且也包括思想文化方面，后者是一个重要前提。在西方国家，工人阶级应该首先争取自己精神上的解放，用自己独立的文化价值观吸引其他受压迫的社会阶层，为最终夺取政权创造条件。

第四，思想上的一致性是领导权的实现方式，换句话说，领导权的实现是通过同意和意见一致体现出来的。葛兰西认为："领导权的特征是广大人民群众自发地同意主要的统治集团对社会生活作总的指导。"① 它不是靠强制手段来实现的，而是同工人阶级的同意和平等联系在一起的。

第五，领导权的主要载体是市民社会。葛兰西认为，市民社会是上层建筑的重要组成部分，也是国家政权结构的一个重要方面。他提出了一个著名公式："国家 = 政治社会 + 市民社会。"② 按照其观点，市民社会就是上层建筑的思想文化领域，涉及市民的世界观、行为准则、道德观念等；市民社会也涉及意识形态领域的斗争，不同的利益集团可以通过不同的意识形态在市民社会中表达其利益需求，统治阶级则是通过对意识形态的论证和建设，把自己装扮成整个社会公共利益的代表者，用舆论来说服市民社会，从而赢得被统治阶级的拥护。

二　市民社会与文化领导权的关系

葛兰西的文化领导权理论是基于对西方资本主义的国家结构和市民社会的分析而得来的学说。在葛兰西所处的西方资本主义社会里国家包括了政治社会和市民社会两个层面，国家不仅是政府机构，而且也是"民间的"领导权机构或市民社会，"可以说国家 = 政治社会 + 市民社会，即强制力量保障的霸权"。③

葛兰西认为，西方资本主义的国家政权不再仅仅是强制、暴力的象征，国家职能不再局限于暴力统治和强力镇压，而且还具有设法赢得被统

---

① 毛韵泽：《葛兰西、政治家、囚徒和理论家》，求实出版社 1985 年版，第 168、126 页。

② ［意］安东尼奥·葛兰西：《狱中札记》，人民出版社 1983 年版，第 222 页。

③ ［意］安东尼奥·葛兰西：《狱中札记》，曹雷雨等译，中国社会科学出版社 2000 年版，第 218 页。

治者积极同意的功能。恰如葛兰西所说,西方资本主义社会的国家政权"采取各种平衡形式的强力与同意的配合,而且避免强力过于显然地压倒同意;相反地,甚至企图达到表面上好像强力依靠大多数的同意"。① 资产阶级国家是政治社会和市民社会的结合体,其中"直接统治"功能是由政治社会完成的,表现为政治领导权和强制性的国家机器;而市民社会的政权形式表现为"文化领导权",是通过家庭、学校、教会、工会、媒体等社会团体,将符合资产阶级利益需要的世界观、价值观灌输给被统治者,使被统治者认同其统治的合法性和有效性。而现在的西方发达资本主义国家日益倾向于通过市民社会维护本阶级的统治,获得本阶级政权的合法性和有效性。

市民社会在维护和巩固资产阶级政权方面所起的重要作用,决定了市民社会已经成为无产阶级社会主义革命过程中一个非常重要的斗争领域,而且其中的斗争不同于强制性的政治组织。西方资本主义国家的社会主义革命要想取得胜利,必须先取得市民社会领域的文化领导权,占领文化意识形态的阵地。

三 获取文化领导权的路径选择

(一) 文化领导权获取与巩固的基础——大众的同意、认同

在文化领导权的获取过程中,葛兰西特别强调广大民众对意识形态的同意、认同。葛兰西认为,国家的前提是同意而且要求同意。"文化领导权"的确立不是统治阶级单方面自上而下的"文化操纵"过程,而是一个在从属阶级积极参与过程中,不断获取他们的同意、认同的过程。在葛兰西那里,"同意"被归结为一种心理状态,包括对社会政治制度或秩序等某些重要领域的认可,它是与大众日常生活中未加批判的"常识"直接相连的,是被群众自觉信奉与服从的。那是一种发自内心的政治认同,而不是权威的强制。就如同经过长期沉淀形成的文化自觉。只有更好地获得大众积极的"同意"与自觉服从,才能为无产阶级领导权融入市民社会塑造大众的思想基础。

---

① [意]安东尼奥·葛兰西:《狱中札记》,人民出版社 1983 年版,第 197—198 页。

（二）文化领导权获取与巩固的实施场所——大众日常生活领域

葛兰西认为，文化领导权的获取与巩固均离不开市民社会。在葛兰西看来，晚期资本主义国家是由政治社会和市民社会构成的有机整体。其中，政治社会是带有强制性的、暴力的国家机构，主要通过监狱、法庭、军队等专制机构行使强制职能，所以其不太可能首先成为文化斗争的场所。教会、学校、新闻机构、文艺团体等在内的市民社会是制定和传播统治阶级意识形态的民间机构，因此，市民社会才可能是文化领导权现实的实施场所。葛兰西认为，市民社会不具有必然的阶级性，它可以与任何阶级结合，关键是看这个阶级能否得到大众"自觉的"同意与认同。因此，无产阶级在夺取政治社会的政治领导权这一核心之前，就应在市民社会这一外围获取文化领导权，谁获得了市民社会的文化领导权，谁就获得了民心、就能得到社会广泛成员的拥护与支持，进一步就能够获得这个社会政治领导权。

在文化领导权的获取与巩固过程中，作为市民社会有机组成部分的学校、出版社、群众性的宣传工具，在传播统治阶级意识形态过程中发挥着重要的作用。

（三）文化领导权获取与巩固的主体——知识分子

在葛兰西那里，无产阶级在市民社会获取与巩固文化领导权的过程，离不开知识分子，特别是"有机的"知识分子的组织与传播作用。"有机"知识分子是指在理论与实践相统一的基础上，能够对群众实践活动提出的原则和问题加以研究并整理成为一个完整的体系，从而同这些群众组成一个文化和社会集团的知识分子。"有机的"知识分子发挥着指导、组织、教育、治理方面的职能。借助这些职能的发挥，无产阶级"有机的"知识分子可以传播无产阶级的意识形态的过程中整合其他阶级、阶层的知识分子，使大众在这种潜移默化的熏陶中"自愿"地认同统治集团的统治。

四　葛兰西文化领导权理论的当代意义

（一）从文化的功能和马克思主义中国化看其当代启示

第一，葛兰西把思维的触角伸展到文化领域，关注社会进步的文化动力，具有创新意义。为什么从马克思主义创始人到列宁、毛泽东，再到邓小平、江泽民、胡锦涛等都把文化纳入视野之内？这是由文化的价值和功能决定的，是由意识形态在无产阶级革命和建设中的重要性决定的。我们可以看到，当今世界上，社会主义和资本主义两种意识形态的斗争、东方文明和西方文明的碰撞以及所谓的"文明的冲突"，都是从意识形态或文化上争夺控制权，我们提出了文化强国，更要促进文化自觉和自信。这也是我们审视葛兰西文化领导权的现实价值所在。我们不仅要进行意识形态的思想政治教育，也要更加在关乎人们日常生活的教育方面做足工作，以免被外来文化掌握领导权。

第二，赢得广大民众同意、认同也是推进马克思主义中国化的前提，这同样要求我们应注重马克思主义与大众日常生活习俗、常识的融合。尤其是儒家思想作为中国人几千年来做人处世的依据并由此长期形成的爱国主义精神作为维系、协调、凝聚民族成员间的精神纽带已被中国最广大的人民群众和世界各地炎黄子孙的认同和接受，是大众共同的社会心理基础。在推进马克思主义中国化的进程中，要善于发掘我国传统文化的精华，用符合大众认知心理和语言形式，形成更加具有自己民族思维和深度价值认同的马克思主义中国化理论。

在推进马克思主义中国化过程中用马克思主义中国化最新成果武装全党、引导人民的过程中，也应注重发挥大众传媒和大众文化的作用。一方面，通过国家的主渠道、主流媒体弘扬主旋律，可以借助人们喜闻乐见的方式，在社会成员中间有效地宣传马克思主义，避免单纯"灌输性"方式所造成的强制服从的负面效应。另一方面，大众传媒为马克思主义与大众心理之间的良性互动架起了沟通的桥梁与纽带。在充分反映民生的基础上，可有效地促使马克思主义内化为社会心理层次的动机、认知、态度和文化性格、转变为人民的自觉追求，进而成为人们所内在的自觉信仰与拥护，真正达到人民内心的文化自觉和自信，实现最大范围的文化精神领域的认同和统一。

（二）从领导权的内涵和外延看其理论意义

在马克思、恩格斯和列宁那里，领导权基本上都是一种策略，葛兰西则把它提高到一般原则的高度，而且在包含着领导权思想的国家观中，凸显了国家的民主内涵，这同传统的把国家看成阶级压迫的强制性工具的观点相比，无疑是一个重大突破和进展，而且将其扩大到文化层面，从广泛的文化领域来强调文化领导权，这对社会主义国家的民主政治建设具有重大意义。

（三） 充分发挥知识分子主体作用的借鉴价值

从对知识分子的分析看，葛兰西对知识分子的地位和作用的认识也有独到之处，先进知识分子的教育功能、传播文化功能和领导作用在任何社会都是不可或缺的。在社会主义现代化建设时期需要大批先进的知识分子，不论是在经济基础方面还是上层建筑方面没有拥有先进文化的先进知识分子，是不能实现经济发展和政治民主的。

葛兰西所提到的"有机的"知识分子更要发挥好其作用。知识分子在文化领导权的获取与巩固过程中发挥着重要的作用，这一点也适用于当代马克思主义中国化的进程。在注重马克思主义与民族特色相结合，构筑社会共同心理基础的同时，与时俱进地推进理论创新。确保无产阶级政党始终代表着先进文化的发展方向，又要大力推进社会的知识分子化，即发挥知识分子作为文化创造者和传播者作用，借助于教育等方式推进普通民众的知识分子化，提高人民的知识水平。

（四） 从巩固党的领导与执政能力看具有很强的借鉴作用

从党的领导地位看，领导权尤其重要，如何加强党的执政能力，提高执政水平，又是一个非常现实的问题。在葛兰西看来，市民社会对革命形势和社会发展具有重要作用。对广大民众不仅在政治上掌握领导权，还要在文化、思想、信仰等精神方面取得领导权，这才是更加重要的。

从党和群众的关系看，葛兰西认为，无论是社会主体的参照方面，还是在思想的同一性方面，工人阶级与党之间的任何差异不复存在。工人们的普遍意愿就是该"意愿"在其中得到确认的那个党的意愿。但是，这个党只有在能够把自己的思想与意愿变为全体工人的思想意识的情况下，才能够成为自己所说的那个党，否则，这个党是否会得到广大民众的继续承认和支持就是一个很大的问题。这样，执政党的执政基础以及执政的合法性就都会产生动摇甚至削弱。

冲动是道德的起源*

陆喜元**

西方学者费希特认为道德是自然冲动与精神冲动相结合的产物。道德作为自我确立主体意识后的产物其起源是冲动。由于冲动分为两类：第一类自我原始的自然冲动，构成道德起源的基础；第二类自我原始的精神冲动，构成道德起源的原因。自我冲动是对自我冲动的限制和提升，有了精神冲动就有了自我，有了自我就有了道德。因此冲动的这两个类即冲动的两个客观自我、两个天然自我决定了冲动是主观与客观、认识与活动、高级欲求与低级欲求、自我保存与自我欲求等相结合而共同构成了冲动的实体原则，促成了道德的产生。

在费希特看来"高级方面扬弃了活动的纯粹性，在低级活动方面扬弃了当前的享受"① 就出现了自我的道德，这就是黑格尔指出的费希特的自我＝自我。由于费希特认为实体性原则把高级欲求能力与低级欲求能力结合起来就是伦理学的建立，即"只有把高级欲求能力与低级欲求能力综合统一起来，才得到一门伦理学，它必定是实在的"。② 费希特由此认为自我冲动就是道德的起源。但是，在费希特之前的伦理学家通常解释道德起源时都没有离开人性的善恶限制。或者认为道德起源于对人性恶劣一面的抑制即西方流行的社会契约论的观点。或者认为道德起源于人性善，即儒家和宗教学派的后天培养说的观点。因此，费希特独辟蹊径并以冲动解释了道德的起源，创立了新的道德起源学说。在费希特的冲动是道德起

* 本文为兰州市哲学社会科学规划项目："兰州市公民道德意识的培养与提升研究"（项目批准号：2009—A26）阶段性成果。

** 陆喜元（1974— ），男，硕士，甘肃政法学院行政学院副教授，研究方向为伦理学。

① 费希特：《伦理学体系》，梁志学、李理译，商务印书馆 2010 年版，第 130 页。

② 同上书，第 131 页。

源的语境中已经隐隐约约地透露了马克思主义的"人的身份和尊严"（马克思语）是社会主义成就的寓意，开创了西方后现代主义关于"回到自己内心寻找规范"（哈贝马斯语）的思想脉络。

一

费希特认为自我的原始、自然的冲动与自我感受的结合是构成道德起源的基础。在费希特看来，冲动首先是人的原始的自然的、与生俱来的、无法摆脱的、如影随形的东西。这是人性的自然的一面，是人存在的基础，也是人之为人的条件。那么，我们怎么知道我有这个原始的、自然冲动呢？费希特认为这个原始的、自然冲动只能依赖感受认识其存在的客观性和必然性。舍此之外，别无他法。对于人来说，没有冲动就没有存在，没有感受，冲动无从感觉。感受就是对冲动的感受，冲动就是感受到的冲动。冲动与感受不可分割，是主客的统一、认识与活动的统一。这是人的道德形成的基础。原因如下：

（一）冲动是人的感受的主观和客观的统一

费希特认为自我的客观性绝不是一种存在，而是活动。自我的活动不仅包括客观方面，也包括主观方面。这个主观方面就是"绝对的自由活动能力"。[①]"这种活动从客观方面看，就是冲动。"[②] 人的感受则是对主客这两个方面的结合和统一。由于冲动与感受相结合，冲动就有了下列特点。

（1）冲动是感受的自由。费希特认为如果自我原初依靠冲动设定，那么，自我也是依靠对冲动的感觉设定。由此可见，"我们就会得到一个直接必然的认识，我们可以把其余的意识组成的序列与它协调起来"。[③]这个意识链都以自由的活动为前提。

（2）冲动是感受的不确定性。费希特认为客观的东西不依赖人而存在，主观的东西依赖人而存在。我的感受能力就是对主客统一的感觉，

---

① 费希特：《伦理学体系》，梁志学、李理译，商务印书馆 2010 年版，第 104 页。
② 同上。
③ 同上书，第 105 页。

"对冲动的这种感觉叫做渴望，即：对需要不确定性的感觉"。①

（二）冲动是人的感受的认识与活动的统一

费希特认为原初的自我"不仅是一种存在的规定性，也是一种思维的规定性"。② 费希特把人的主观存在的活动叫作感受。把人的客观存在的活动叫作冲动。感受就是对冲动的感受。

（1）冲动是认识。这个冲动中因为有主观的活动就表现为认识的活动，认识的活动"都已经假定了一种自由地制定目的的概念"。③

（2）冲动是活动。认识就是活动，因为认识里包括冲动，认识就是对冲动的认识活动。

（三）冲动是感受的限制

费希特认为："在我有感受活动时……我在任何方面都完全受到了束缚，我甚至没有在任何表象中存在的自由。"④ 冲动之所以是感受的限制，原因就是冲动不自由。"我在客观上被设定为受冲动的，在主观上被设为感受这种冲动的。"⑤ "我怎样感受和不感受，不取决于自由，反之，我怎样思维和行动，则应该仅仅取决于自由。"⑥ 冲动是感受的限制可以解释如下。

（1）冲动是最初的行动。费希特认为自我的最初的行动就是对冲动的满足。因为自我是感受的我、思维的我、冲动的我、依靠自由做出决断的我是同一个我。

（2）冲动是被规定的目的。费希特认为冲动可以被规定为目的的概念，表现为另外一种客观性。冲动的这个客观性与原初的自我中存在的冲动不一样，表现为道德规律。这个道德规律就是自我满足。

费希特得出结论说道德是自我的满足，可从两个方面达到目的。一方面，自己规定自己。费希特认为："自我是一切运动、一切生命、一切业

---

① 费希特：《伦理学体系》，梁志学、李理译，商务印书馆 2010 年版，第 105 页。
② 同上书，第 104 页。
③ 同上书，第 105 页。
④ 同上书，第 106 页。
⑤ 同上。
⑥ 同上。

绩和一切事件的第一本源。"① "我的天然的东西就其应该以冲动为内容而言，是被设想为自己规定自己，因为只有这样，我们才能理解冲动。"② 另一方面，冲动只能在我之内满足。费希特认为冲动作为一种天然的东西，必须"从本源方面"得到解释和满足，这个本源方面就是"同一个我"即："有所感受的我与进行思维的我、受冲动的我与靠自由意志作出决断的我，其实是同一个我。"③ 道德就是这个我的满足。

由此可见，冲动与感受的关系，表现为两个方面：其一，是自我与存在的关系。这是因为冲动的原始性、自然性都把感受限制在仅仅感觉、发现、知道冲动的存在而已。感觉在与冲动的关系上除了感觉之外再不做什么其他事情。费希特认为："在这一点上，人完全是植物。如果植物能反思，它在生长时就感觉到自己是茁壮的。"④ 其二，感觉与冲动的原始性、自然性一样，也具有自发和天生的特色。感觉与冲动这时在一个层面上存在，不具备理性的能力。费希特指出："简单地说，感觉到或者不感觉到一个特定的冲动，并不处于我的控制之下；但是，满足不满足这个冲动，则处于我的控制之下。"⑤

二

费希特认为两个自我冲动的结合是道德的起源。自我的原初的自然冲动，为冲动的第一客观性、第一天然的东西。冲动还有第二客观性、第二天然的东西。第一客观性、第一天然的东西乃是自然冲动，第二客观性、第二天然的东西乃是精神冲动。费希特也把第二客观性、第二天然的东西称作道德规律。这就是说，自我分为第一个自我与第二个自我。道德起源于第二个自我。现分述如下：

（一）两个客观自我

费希特认为精神冲动与道德规律作为自我的第二客观性、第二天然的

---

① 费希特：《伦理学体系》，梁志学、李理译，商务印书馆 2010 年版，第 92 页。
② 同上书，第 109 页。
③ 同上书，第 106 页。
④ 同上书，第 129 页。
⑤ 同上书，第 125 页。

东西，与自然冲动作为第一个自我的客观性的区别如下：第一个客观自我的特点，是一个有局限性的自我的客观性，它是自我无法回避的天然、原初的客观性。第二个客观自我的特点，是没有局限性的自我的客观性，由自我的理性和自由构成。

（1）两个客观自我来源不同。第二个自我不是产生于冲动，而是产生于自我之外的绝对独立性。正因为如此，第一个自我不被自我的客观性强制感受。第二个自我则被自我的客观性强制感受。

（2）两个自我的关系不同。第二个自我与自由相关，第一个自我与自由无关。"因为道德规律是支配自由的规律。"①

（3）两个自我导致的两种判断力。第一个自我通过判断能力的机械过程就能够理解。第二个自我则颠倒机械的思维，进行反思和怀疑。前者是统摄的方法，后者是反思的方法。

（二）　两个天然自我的关系

（1）第一个天然的自我。第一个天然的自我就是不依赖自由而得到确定和规定的自我，由冲动和感受构成，存在于我之内。

（2）第二个天然的自我。第二个天然的自我是依赖理性和自由而确定和规定的自我，由冲动和道德构成，存在于我之外。

（3）两个天然自我的区别。其一，两者互为中介，第二个天然的自我是理解第一个天然自我的中介。其二，没有第二个天然的自我，第一个天然的自我就不能被理解。但是，第二个天然的自我必然从自我的本源方面才能解释清楚，并且必须从整个自然系统中推导出来，才能加以证明。其三，第二个天然的自我是自由，自由的存在产生于思维，所以，第二个天然的自我自己规定自己。其四，第二个天然的自我具有的规定性就是第一个天然的自我具有的规定性。

费希特得到的结论是："除了我的思维的自由，并不存在另一个规定整体界限的根据。"②"如果这时要设想一个自由存在物，那么，这个概念就其最严格、没有丝毫改变的意义来说，的确不被看做冲动概念，而被看

---

① 费希特：《伦理学体系》，梁志学、李理译，商务印书馆 2010 年版，第 107 页。
② 同上书，第 115 页。

做绝对自由的概念。"① 由此可见，两个自我的关系是自由和不自由、认识和本能的关系。费希特认为：第一个自我是被机械的因果规律决定，第二个自我被社会的因果规律决定。第一个自我来自我们的身体的生理机制，第二个自我来自我们理性的思维机制。

三

费希特认为冲动的两个客观自我、两个天然自我的结合表现为造形冲动。"造形冲动"即按照自然的必然规律把各个适合的部分组织成为互相结合的整体过程，是"主动造形与接受造形的统一"。② 造形冲动的表现就是自我保存和自我欲求的结合。自我保存就是人对自己的生存和人之所以为人的努力和奋斗。自我欲求则是造形冲动，产生了自我的低级欲求能力和高级欲求能力。

（一）"自我保存"

自我也是这个"造形冲动"的自然产物。自我的每一个部分都与其他部分保持统一的冲动，即"自我保存的冲动"。费希特认为在自我之内有一种冲动产生于自然，涉及自然的各个对象，目的是把我的本质与自然统一起来。这种联系不是依靠自由活动，而是依靠"自然的造型规律"。

（1）自我保存的冲动。费希特认为："自我保存的冲动不是有人通常觉得可以假定的那样，是一种只追求一种单纯存在的冲动，而是一种追求特定存在的冲动，即一事物成为并且继续成为它所是东西的冲动。"③ 这种自我保存的冲动的两个特点是：其一，自我保存的冲动来自自我天然的东西，我的天然的东西预先规定了应该为我存在的东西，我的努力和渴望也包容了它。其二，我的这种冲动也是我反思的对象。通过这个反思，自我出现了本身并不了解的渴望。

（2）自我实现的冲动。费希特认为冲动是自然的产物，冲动在这个意义上与我无关，因为是给定的。但是，我可以依靠它，也可以不依靠

---

①　费希特：《伦理学体系》，梁志学、李理译，商务印书馆 2010 年版，第 114 页。

②　同上书，第 119 页。

③　同上书，第 121—122 页。

它，受它驱使，或者，不受它驱使，或者造成结果，或者不造成结果。

（二）"自我欲求"

费希特认为造形冲动的结果一方面是自我的统一体的形成，另一方面也是自我欲求的出现。自我欲求是对自我渴望的规定的产物。自我欲求产生了三个结果。

（1）低级欲求。费希特把来自当前的欲求称作低级欲求或者低级欲求能力。低级欲求的特点是与自我的原初冲动同时指向一个客体。低级欲求在自我中可以找到依据。

（2）单纯的享受。费希特认为以自我追求自然事物的满足为目的的冲动的满足叫作单纯享受。

（3）高级欲求。费希特认为自我欲求不满足于停留在低级欲求和单纯享受。自我必然对冲动进行反思。对冲动进行反思，自我才能成为自我，才能成为意识的主体。自我成为意识主体产生的冲动就是高级冲动，这种冲动产生的欲求能力叫作高级欲求能力。自我具备高级欲求能力才能产生道德。

综上所述，费希特的造形冲动就是把人的各个部分统一起来结合成一个整体的活动，是人作为自然存在物与作为理性存在物的结合。费希特还借助康德的概念说明自我的统摄能力和自我反思能力，通过造形冲动得到统一。统摄能力是对生存的要求，反思能力是对道德的要求。因为人有了造形冲动才能不局限在自我保存的范围内，仅仅追求属于自我的东西，而是向着人的另一面发展，产生体现社会价值与自我价值结合的道德。

四

费希特把冲动与感受的结合、自我的两个客观性、两个天然的东西以及造形冲动概括为"实体性原则"，进一步说明道德的起源是上述各个要素的结合，是自我冲动的组合。

（一）实体性原则

（1）构建。按照费希特的定义，"实体性的原则"是构建原则，是融合、统一的原则，可以把各个适合人的原素都组织在一起构成自我的存在统一体，在人的统一体里不可分割，互相需要，紧密结合。

（2）组织。费希特认为实体性原则，即"我发现我自己是一个组织起来的自然产物，每个部分的本质都在于一种保持其他特定部分与它自身统一的冲动"。① 自我的每个冲动都包含所有这些原素。整个宇宙布满这个被规定的冲动。道德就是这个冲动的产物。

（二）实体性原则与道德起源

费希特认为实体性原则是"我们得到的巨大收获"。② 因为实体性原则解决了道德起源的问题，其作用如下：

1. 统一了道德的两种冲动

费希特认为实体性原则表明自我的自然冲动与精神冲动是完全可以统一起来的，这样道德的起源问题也迎刃而解。道德就是这两种冲动统一的产物。费希特认为："我是主客统一体，我的真正存在就在于两者的同一性和不可分割性……这时就同时回答了下列问题：这完全对立的东西作为两种冲动怎么可以出现在一种应该绝对统一的存在物中。两者其实也是统一的。而全部自我性就在于表现为不同的东西，在两者间划分的界限就是反思。"③

2. 确立了道德的自我的独立性

费希特认为实体性原则是为了回答道德的自我独立性问题而提出来的："绝不存在自在的或孤立的自然或天然的东西，我的天然的东西和为了解释我的天然的东西而设定的其它一切天然的东西都不过是发现我自己的特殊方式。"总之"通过上述反思，自我摆脱了一切要在自我之外存在的东西，把自己置身于自我自身的支配之下，并且把自身树立为绝对独立的"。④

3. 确立了道德的自由学说

其一，费希特认为在道德的自我学说中，自我的规定来自理智，理智的本质是绝对自由。道德就是自我最大限度的自由。其二，费希特认为在道德的自我学说中，自我是绝对自主的。在自我的自由序列里，每一个环

---

① 费希特：《伦理学体系》，梁志学、李理译，商务印书馆2010年版，第120页。
② 同上。
③ 同上书，第130页。
④ 同上书，第132页。

节，自我规定自我，自我决定自我。在费希特看来，道德就是自我决定、自我发展和自我实现。其三，费希特认为在道德的自我学说中，自我冲动已经完全被自由和理智的力量控制，因此，冲动产生的结果，将是道德规律对自我作用的结果，不是自然冲动的结果。这就是说，冲动的结果将是对自我、他人、社会双赢的结果。费希特说："这种结果虽然是我用一种自然力量造成的，但这种力量却不再是自然的力量，而是我的力量。因为支配它的是超越一切自然事物的原则，是概念。"①

在费希特看来，实体性原则是支配自我行动的原则，更是支配自我产生道德的原则，正因为如此，费希特认为："任何人若没有任何道德感，就绝对不可能存在。"② 因为实体性原则的建立，费希特认为人就出现了"高级冲动"，即"这种冲动给我们提供尊严感，要求我尊重自己，并且给我规定了一种高于一切自然事物的尊严；这种冲动绝不以享受为目的，而是以贬低一切享受为目的；这种冲动藐视一切享受，仅仅以维护我的尊严为宗旨，而我的尊严就在于绝对的独立不倚和自力更生"③。

结束语

纵观费希特关于道德起源的思想，我们可以得到重要的结论。其一，道德不是离开人性的非人性、反人性、压抑人性的东西，而是与人性紧密结合在一起的人化的产物，是人之为人不可或缺的东西。费希特告诉我们道德是自然冲动与精神冲动不能分开的产物，是高级享受与低级享受互相结合的产物，是人与生俱来的造形冲动的欲求，离开了人的基本需求，道德就成为无源之水、无本之木，无法存在和发展。费希特认为："没有冲动就没有自我意识。"其二，构成道德的要件是自由学说。自我决定、自我发展、自我实现是道德命题中应有之义。自我需要道德，就是需要自由，自我需要自由，就是需要道德。其三，道德展示的是理智的力量。理智对于道德的重要作用就是自己规定自己。因为费希特把这个意思表述为人的反思能力，没有反思就没有精神欲求，没有精神欲求就没有道德。由

---

① 费希特：《伦理学体系》，梁志学、李理译，商务印书馆 2010 年版，第 134 页。
② 同上书，第 137—138 页。
③ 同上书，第 141 页。

此可见，道德是反思的产物，是精神世界的作品，不能够自然而然产生出来的，需要自我的努力，更需要自我具备理智的能力。所以，费希特把道德也称作"从反思中出现的新的力量"。① 对不道德的东西如何避免，费希特也以反思作答。费希特指出："大家确实能够压抑不正常的欲求，办法在于对它们不进行反思，对它们置若罔闻，而从事某种别的事情，尤其是脑力劳动。"②

---

① 费希特：《伦理学体系》，梁志学、李理译，商务印书馆 2010 年版，第 139 页。
② 同上书，第 127 页。

道德就是人的独立性[*]

王瑞萍[**]

费希特提出的道德就是人的独立性命题，在伦理学思想史上是独创。由于人不仅独立于自然界且独立于自己的冲动，人在理想和理智的指导下按照道德规律的要求，通过反思驾驭和控制自然冲动，追求精神完美。因此，费希特看到仅依靠个人无法实现自我，必须依靠他人、社会、教会和国家实现自我的独立性。为此，他构建了一个理想国即学术共同体作为保证人实现独立性的家园。实际上，该学术共同体就是解决国家、社会与个人在实现独立性时存在冲突并设法解决冲突的理想国。费希特认为："独立性（道德）是我们最高目的。"① 所以，费希特希望通过该命题要确立人的主体地位，期望解决国家与个人在权威、法律、自由和良心等方面的冲突。

一

费希特说："道德规律的终极目的都是绝对的独立性或自主性。这个目标是不可能达到的，但毕竟有一个永远接近它的过程。"② 人就是按照这个目标对待自我的行动。"我应该是一个独立的自我，这就是我的终极目的，我应该为此利用各种外在的事物以促进这种独立性的一切东西，这

* 本文为甘肃省 2010 年哲学社会科学规划委托项目："关注民生问题，让人民生活得更幸福、更有尊严研究"（项目批准号码：2010007）阶段性成果。

** 王瑞萍（1977—　　），女，哲学硕士，甘肃政法学院行政学院讲师，研究方向为伦理学。

① 费希特：《伦理学体系》，梁志学、李理译，商务印书馆 2010 年版，第 218 页。

② 同上书，第 211 页。

就是它们的终极目的。"① 但是，人在追求独立性的过程中，难免会遇到自我本身的冲动。独立性就是对自我冲动问题的解决。

（一）自我的三种冲动

费希特认为，自我有三种冲动。

1. 原始的冲动

其一，是自然的冲动，是"在我们之内属于我们的人格而不通过自由存在的东西，诸如诞生、健康和天才等等……一种单纯的冲动"。② 其二，冲动是多种多样的，我们可以从中选择某种冲动给予满足，也可以不选择某种冲动不予满足。所以，冲动"在某些方面，它对于我这种真正的、自由独立的自我来说，始终是某种客观的东西"。③ 其三，"如果我自由地决定满足它，它就在一种迥然不同的意义上变成我的渴望"。④ 渴望"在概念中通过理论认识为我所占有，也可以在现实中通过自我规定为我所占有"。⑤

2. 我的冲动

其一，是自我规定的冲动，是对自然冲动的终结。其二，由于自我规定的介入，自然冲动被反思设定为一个物质躯体，集中包含了所有的自然冲动。"我也把我自己看成是双重的，使我自相分裂，谴责我自己，如此等等。"⑥ 其三，躯体是我们的感觉的工具，自然冲动通过我们的躯体才能被感觉，被满足。自然冲动变成我的冲动"是以我们的躯体的保存、培养与健康为目的，简言之，以我们躯体完善为目的"。⑦

3. 我的最高冲动

因为"我的最高冲动是追求绝对独立性的冲动……那种冲动的满足或一切道德性应该是给我的行动有意识设定唯一的目的。"⑧ 所以，躯体境界是道德行动和适用的工具，表现为三点：其一，躯体绝不是终极目

---

① 费希特：《伦理学体系》，梁志学、李理译，商务印书馆 2010 年版，第 212 页。
② 同上书，第 214 页。
③ 同上书，第 213 页。
④ 同上。
⑤ 同上书，第 214 页。
⑥ 同上。
⑦ 同上书，第 216 页。
⑧ 同上书，第 217 页。

的，其二，躯体是自由的，"扼杀感觉与欲求，使体力变得愚钝，是根本违背职责的。"① 其三，躯体的任何享受必须以信念为指导，适可而止。

（二）自我的能动性

费希特认为解决自我冲动的问题就是确立自我的能动性。自我的能动性被费希特称为理想活动，表现为理智力量。费希特认为：只有我自己的理智力量，才能把道德规律颁布给我自己，在我自己的理智力量的限定内，才有道德规律。这是解决自我冲动的最佳方法。自我的能动性包括道德规律、自我的个体性、自我独立性的限定。

1. 道德规律

费希特认为道德规律有三条。其一，否定性道德规律，即不考虑你认识之外的东西，独立进行研究。其二，肯定性道德规律，即竭尽所能培养你自己的认识能力。其三，限定性道德规律，即把你的一切思维与你的职责联系起来。

2. 自我作为个体的确立

费希特认为这一条就是要求自我有个体性意识。个体性意识的产生顺序是：首先，自我通过第一次反思，借助理智力量察觉自己的自然冲动；其次，通过第二次反思产生自我的能动性，对第一次的反思进行限定。第二次反思的产生一方面来自对自然冲动的限定，一方面来我之外的现实理性存在物对我的限定。只有我把自己设定为这个现实理性存在物的对立面，这个现实理性存在物也把我设定为与他有联系的个体，我作为个体才能真正诞生。

3. 自我独立性的限定

费希特认为："我的自我性以及全部独立性都是由另一个个体限定的；所以，我的追求独立性的冲动绝不以毁灭另一个个体自身的可能性条件或自由为目的。我绝不应该按照追求独立性的冲动来行动，也绝不应该按照任何其它冲动来行动。"② 费希特认为我限定我自己的独立性，就是限定我自己的自由，目的是给其他人留下自由的空间，保证其他人的独立性。费希特的结论是"我不可能，也不可以是一切，并成为一切，因为

---

① 费希特：《伦理学体系》，梁志学、李理译，商务印书馆 2010 年版，第 216 页。
② 同上书，第 223 页。

还有一些别的存在物，它们也是自由的"。①

二

费希特认为大家都追求独立性，这样就产生了一个二律背反的矛盾。其一，我要让一切存在的东西服从我追求独立性的终极目的。其二，我不要让某些存在的东西服从我的终极目的。怎样解决这个矛盾呢？费希特设想了如下方法。

费希特认为，一个自由存在物的合乎目的对其他自由存在物也合乎目的而存在，一个自由存在物的解放也是其他自由存在物的解放。

1. 要以全部理性存在物的独立性为自我行动的归依

费希特认为，追求独立性是自我冲动的目的，我是独立性的主体。别人也是独立性的主体。所有一般自我的共性都是追求独立性。这样就形成了一个由理性存在物组成的理性序列。大家都要求道德，你要求道德与我要求道德就成为共同的要求。所以，要以全部理性存在物的独立性为行动的归依。

2. 要以全部理性存在物的自相一致作为自我存在的条件

其一，费希特认为，人们的自相一致可以在社会中实现，"每个人都应该在他自身之外，在他意识到的一切人当中，创造绝对的自相一致，因为只有在这种自相一致的条件下，他本人才是自由独立的"。费希特的意思是说每个人只有通过社会生活的实践才能自相一致起来，费希特甚至认为这一条就是"道德命令"。其二，费希特认为人们的一致性可以克服自我的自私性。"谁在道德方面只关心自己，谁就连自己也关心不了，因为他的终极目的是关心整个人类。"② 所以，费希特反对遁世修行、离群索居、独处静思。

3. 要以教会和国家作为自我具有共同信念的共同体

费希特认为教会是道德共同体，但是教会仅仅是我们信念的象征，也就是教会是联系大家的纽带，不是大家信仰的对象。如果教会变成大家信仰的对象，一方面会产生僧侣主义，另一方面会使自我丧失独立性。国家

---

① 费希特：《伦理学体系》，梁志学、李理译，商务印书馆 2010 年版，第 227 页。
② 同上书，第 237 页。

是"按照共同权力协议建立起来的共同体"。"与其他人结成一个国家，是绝对的道德责任。谁不想这么做，谁就完全不能让人容忍。"① 费希特认为国家有两种：一种叫作应急国家，即大家的信念尚不一致、未做到公正合法的国家，是一个应该发展的国家。一种叫作理智国家，即大家的信念一致、是公正、合法的国家，已经达到了国家应该的状态。前者要向后者过渡。不论哪种国家形式，费希特提出"我绝不背离我的祖国"。② 费希特之所以这样做，是因为他认为人不仅是一般的理性存在物，也是个别的理性存在物。虽然人作为一般的理性存在物是按照普遍的理性规律思考和行动，但是人作为个别的理性存在物是按照个体力量思考和行动。为了保证人的个体力量不出现违背道德规律的问题，就必须使个人与他人和社会结合，以便把个体的力量与群体的力量统一起来，实现自我独立性与他人的独立性的一致。按照费希特的说法，"这种相互作用的范围越广，真理（从客观方面看）的收获就越多"。③ 费希特认为在国家共同体中所有的人都必须服从国家的要求，特别是国家的法律。因为国家的要求是国家的普遍信念，国家的法律是国家的象征。

三

费希特把人的独立性，即道德性的维护和实现看作国家的任务。费希特为此构想了一个理想的国家即学术共同体，我们会看到这个理想的国家实际上是学者的国家、学者的世界。此种观点与柏拉图的理想国即由哲学家统治的观点竟然有异曲同工之妙。

（一）学术共同体的基本情况

费希特把他构建的理想国家称作"学术共同体"④。

1. 学术共同体的人

在费希特看来，在这样的国家里人是经过挑选的精英，人的自由是得到保障的。"每个人亲身具有和亲自意识到的自由，即怀疑一切，自由

---

① 费希特：《伦理学体系》，梁志学、李理译，商务印书馆 2010 年版，第 239 页。
② 同上书，第 241 页。
③ 同上书，第 249 页。
④ 同上书，第 250 页。

地、独立地探讨一切的自由，应该也在外部变为现实和得到表现。"① 在费希特看来，在这样的国家里人不接受教会和国家这些权威的限制，人有自己的精神天地。不过，在这样的国家里人也不是无拘无束的思考和行动，人的职责在于按照道德的原则思考和行动，传播对大家有用的信念，以加强和巩固国家这个学术共同体。

2. 学术共同体的特征

"学术共同体的突出特点是思维的绝对自由和独立自主。学术共同体的构建是这样一条原理：绝不服从任何权威，对一切事情都要立足自己的独立思考，断然否定没有经过自己独立思考确认的东西。"②

（二）国家、教会和学者在学术共同体的职责

1. 国家和教会的职责

费希特认为国家和教会的职责就是必须对学术事业采取宽容的态度。"国家和教会必须对学者们宽容；否则，他们会在自己的良心上受到强制，而且也没有一个人能凭良心在这样的国家或这样的教会生活下去。"③ "国家和教会必须对学者们宽容；这就是说，对于一切构成学者们本质的东西，即绝对的和毫无限制的思想交流，国家和教会必须宽容。"④

2. 学者的职责

其一，费希特区分了学者与非学者的分别。学者"以自由的决断，将其独立自主的理性自觉地定为整个理性的代表"。非学者"他对于国家和教会的那一套看法是从他的时代最流行的意见中得出的结论。他不过是独自确信，他的时代舆论恰好就是如此"⑤。其二，费希特把学术共同体定义为"绝对的民主共同体"。在这个共同体里学者身兼二职：一方面，"真正的学者，即仅仅作为学者的学者，本身间接的也是国家官员，因为他是民众教师与直接官员的教育者"⑥。费希特认为学者只有在这个意义上作为学者才能接受国家监督，领取国家薪水。另一方面，在学术领域学

---

① 费希特：《伦理学体系》，梁志学、李理译，商务印书馆 2010 年版，第 250 页。
② 同上书，第 251 页。
③ 同上书，第 252 页。
④ 同上。
⑤ 同上书，第 251 页。
⑥ 同上书，第 253 页。

者则可以自由发表意见，进行学术的自由研究。所以，费希特认为学者的职责是在学者的地方，即学术研究中可以是自由的，在官员的地方则是不自由的，要凭良心办事，忠于国家，"禁止他把这样的信念带到讲坛上，却是完全应该的"。① 总之，费希特希望通过学术共同体的构建，解决国家、社会和个人在法律、权威、自由、良心之间的冲突和矛盾，找到自我独立性实现的途径。

结束语

费希特的道德是人的独立性的命题，是为了找到解决国家、社会和自我的冲突和矛盾设定的命题，具有鲜明的时代特色。为了平衡那个时代急剧上升的资产阶级和依然占据统治地位的封建地主阶级的日益加剧的阶级冲突和阶级矛盾的产物。费希特想通过对人的独立性的辩护，为新兴的资产阶级找到思想自由的领域。他构建的学术共同体的理想国只不过是资产阶级进行思想革命和精神革命的地方，是不扰乱封建地主阶级统治的另一个世界。从伦理学思想史的角度看，这个命题的学理意义更加引人注目。在人与国家和社会的关系上，费希特对人的独立性即人的自由自觉性的强调，对于自我道德的形成和发展至关重要。自我如果不在精神上、思想上独立起来，形成为我的道德就很难建立完善自我的心理和机制，培养自我发展、自我奋斗的独立人格。我们很多时候在个人与国家、社会的关系上侧重强调国家和社会的重要性，而对人的独立性则有所忽视，这在一个时期、一个阶段是毋庸置疑的。但是，从长远看，特别是国家和社会进入一个矛盾多发期、问题多发期阶段的时候，更需要强调个人的独立性对国家和社会发展的重要性和长远性。我们最终要靠人来建设和发展国家和社会，人的独立性不仅仅是一个精神状态、发展能力的问题，更是一个道德问题。实质上，一个人是否完善、是否能够成为对国家和社会有益还是无益的人的问题。所以，研究费希特关于道德就是人的独立性的命题就显得很有意义。

---

① 费希特：《伦理学体系》，梁志学、李理译，商务印书馆 2010 年版，第 254 页。

道德就是人的职责[*]

乔　娟[**]

西方学者费希特认为人有三种冲动，即自然冲动、纯粹冲动和伦理冲动。伦理冲动产生了职责，人的职责就是道德，而构成这个命题则有四个要件：善良意志、信念、良心、自由。在笔者看来，费希特提出道德是人的职责的解释富有新意。在费希特前没有人把道德与人的职责联系起来进行考察。由于亚里士多德认为道德是善的出现和实现；亚当·斯密认为道德是同情的对象化；康德认为道德是绝对命令的发出和落实；孔子认为道德是规范；孟子认为道德是人性天生的品质。因此，费希特提出道德是职责的命题富有新视野、新思维，对于我们认识和理解道德的含义、创新道德研究和推进社会主义核心价值体系并建立中国风格的道德体系有借鉴和参考意义。

一

费希特关于道德就是人的职责的命题，建立在他对冲动理解的基础之上。费希特把冲动分为自然冲动、纯粹冲动或高级冲动、伦理冲动等。他认为前两种冲动仅仅构成道德产生的基础，并不能直接产生道德。伦理冲动则直接产生道德，伦理冲动产生的道德就是职责。当自我有了职责概念后就可以反过来产生伦理冲动。

---

　* 本文为甘肃省 2010 年哲学社会科学规划委托项目"关注民生问题，让人民生活得更幸福、更有尊严研究"（项目批准号码：2010007）阶段性成果。

　** 乔娟（1978— ），女，哲学硕士，甘肃政法学院行政学院讲师研究方向是伦理学。

（一）关于职责

费希特认为，人的职责就是做我们所能做的事情，我们所能做的事情就是服从道德规律。"道德规律也不并不无条件要求得到实现，而是仅仅要求我们竭尽我们全部的力量，只做我们所能做的事情……道德规律要求的，只不过是我们不要做违背我们的职责的事情。"[1] "为了职责应该牺牲一切，牺牲生命和荣誉，牺牲所有对人珍贵的东西。"[2] 费希特认为职责包括三个确定的含义：确定的行为、确定的行为方式、绝对服从道德规律的行为。

（二）职责与伦理冲动的关系

1. 两者都要求为自由而自由

费希特认为，伦理冲动为什么能够产生职责呢？因为伦理冲动要求为自由而自由，自由指我的行动的自由，我的行动的自由就是我作为理智存在物应该按照一定方式行动。他用概念规定自己才能自由，而这个规定自己的概念就是职责。概念在职责中作为绝对命令存在。因为职责把一切都置于我们之下，显示出来人的崇高性。

2. 两者都要求一致的道德原则

费希特认为道德原则有两个规定：其一，"我完全应该经过深思熟虑、有意识地去行动，而不应该按照单纯冲动、盲目去行动"。[3] 其二，"我绝不应该违背我的信念去行动"。费希特把这两条规定概括为"要永远按照对于你的职责的最佳信念去行动"或者"你要按照你的良心去行动"。[4] 费希特认为这就是"行动的道德性"。

（三）三种冲动的概念

1. 自然冲动

费希特认为："自然冲动单纯为了物质而指向某种物质的东西，即为了享受而指向享受。"我之中的自然冲动不是原本的自然冲动，是"我通

---

[1]　费希特：《伦理学体系》，梁志学、李理译，商务印书馆 2010 年版，第 197 页。

[2]　同上。

[3]　同上书，第 154 页。

[4]　同上。

过自由反思，使这种因果性受到我（理智的力量）的控制"。费希特把这种冲动也叫作"自私冲动"。

2. 纯粹冲动或高级冲动

费希特把纯粹冲动也称作高级冲动。因为"它按照我的本质，把我提高到自然之上……我不仅不是自然序列的环节，而且还能独立自主地干预自然序列。"① 费希特认为："纯粹冲动则指向行动者本身对于自然冲动的绝对独立性，即为了自由而指向自由。因此，我应该把我自己设定为某种积极的东西或现实行动的依据，而绝不应该设定为无所作为或玩忽职守的依据。"② 纯粹冲动是指向绝对独立性的冲动，"只有自我不失为自我，自我就在这时就不可能变得独立不倚"。③ 费希特认为必定存在一个序列，自我可以设想去接近绝对独立性。费希特把这个序列称为"完成有限理性存在物的道德使命的过程"。

3. 伦理冲动

伦理冲动与纯粹冲动的区别是：纯粹冲动表现为指向绝对独立性的活动。伦理冲动表现为指向特定行动的冲动。伦理冲动是综合冲动，表现为从纯粹冲动中获得形式，以自身为目的，在内在满足中与自然冲动融为一体，同指一个行动。费希特把伦理冲动也叫作"不自私冲动"。

二

费希特认为，道德就是人的职责的命题要有四个条件：善良意志、信念、良心、自由。

（一）善良意志

费希特认为："所谓道德性，也叫善良意志。"④ 费希特认为意志活动是一种从不确定性到确定性的绝对自由的过度。

（1）意志是决断能力。费希特把这个能力叫作"意志的形式自由"，他认为自然冲动给予的客体就是渴望和欲求的客体，意志可以明确决断这

---

① 费希特：《伦理学体系》，梁志学、李理译，商务印书馆 2010 年版，第 141 页。
② 同上书，第 146 页。
③ 同上。
④ 同上书，第 157 页。

个客体是否为我们所需要。

（2）意志是选择的能力。费希特把这个能力叫作"意志的内容自由"，他认为不存在随意的意志，意志要在各种行为中作出选择。意志具有把自己限定在特定结果的能力。意志是"一种在满足自私的冲动（自然冲动）与满足不自私的冲动（伦理冲动）之间的选择"。①

（二）信念

费希特认为，因为既然道德就是职责，职责就是绝对按照你对于你的职责的信念去行动。那么如果信念不正确就没有完成职责，还可能与职责背道而驰。所以就必须确立正确的信念。"应该有一种对于真理性和真实性的感受，作为我们所寻找的那种评判我们职责信念的正确性的绝对标准。"②

1. 正确的信念必须包含理论命题

"按照这个理论，道德规律会直接包含某些理论命题，它们不必进一步加以检验，也不管在理论上是否让人确信，似乎一定被人认为是真的。"③ 伦理冲动这时就表现为追求特定的认识的冲动。

2. 正确的信念必须被实践检验

"各种理论能力并不包含评判这些东西正确性的标准，而是这个标准包含在实践能力里。实践能力才是人具有的首要和最高的东西，是人的真正的本质。"④

3. 正确的信念必须包含实践能力

费希特认为信念要求有确定的行为，该做什么不该做什么都要明确下来。这个实践能力就是追求认识的冲动与认识结合在一起。"只有依据实践的冲动，各个客体对我们才完全存在。"⑤

4. 正确的信念必须产生道德感受

费希特认为道德感受就是内心平静与满足的结合。这种感受只能来自正确的道德信念。费希特认为："这种感受又与焦虑结合在一起，因为这

---

① 费希特：《伦理学体系》，梁志学、李理译，商务印书馆 2010 年版，第 167 页。
② 同上。
③ 同上书，第 165 页。
④ 同上。
⑤ 同上书，第 170 页。

里所述的事情比任何其它事情都更重要。"①

5. 正确的信念必须是坚持真理的信念

费希特引用康德《纯粹理性界限内的宗教》的话："意识到我想从事的行为正当，是无条件的职责"说明这个道理："谁完全确信自己的事业，谁就会必定基于这种确信的本身，敢冒被永远罚入地狱，受到诅咒的风险。如果他不想这么做，那他就暴露了他的信念不坚定。"②

6. 正确的信念是经验的自我与纯粹的自我的统一

费希特以原始的自我表示自我的自然性，以经验的自我表示自我的现实性，以纯粹的自我表示自我的道德性。费希特认为：正确的信念就是"经验的自我与纯粹的自我的完全符合，而纯粹的自我是我们的唯一真实的存在，是一切可能的存在和一切可能的真理"。③

（三）良心

费希特引用康德的话说，良心是一种本身属于职责的意识。费希特认为这是一句正确的、崇高的箴言。费希特认为"良心就是我们特定职责的直接意识"。良心的作用是提供道德的自明性，认可具有终极目的的信念。费希特认为当产生了行为的合目的性和适用性的冲动就等于完整地规定了自我。完整地规定自我意味着物获得了终极目的。"道德规律的目标在于对于每个物都按照终极目的加以对待。"④ 费希特对良心从以下两方面进行了阐述。

（1）良心是纯粹原始自我的直接意识。费希特认为良心的这个特定决定了良心的两个特点。其一，没有任何其他意识超越良心，其二，其他意识也不能检验和超越良心。

（2）良心是自我行动的来源。费希特认为自我依靠良心行动，自我行为的对错也靠良心判断。良心是"自我中存在的和为自我存在的一切东西的最终依据"。良心"本身就是评判一切的法官，而绝不承认有任何

---

①　费希特：《伦理学体系》，梁志学、李理译，商务印书馆 2010 年版，第 167 页。
②　同上书，第 168 页。
③　同上书，第 169 页。
④　同上书，第 172 页。

别的法官"。① 费希特认为："良心决不能让权威引导。"②

由此认为一切不经过良心检验的行为"都绝对是罪恶"。③

（四）自由

费希特认为自由就是独立性和自主性。自由在职责里的表现是选择准则，确定合目的性和适用性的行为。

1. 自由就是反思

费希特认为人有两个反思：其一，是低级反思，这是对自然冲动的感觉。其二，是高级反思，这是自由的反思，是人对自己作为理性存在物的反思。"人同样有可能立即把他提高到最高的反思观点，如果他没有这样做，其原因则在于他没有运用自己的自由。"④

2. 自由就是自我做主

费希特认为如果人能够自己做主，不受有害哲学的束缚就会产生追求绝对独立性的冲动，就会进入自由境界。"只有人自己做主，他就会经过或长或短的时间后，靠自己的力量使自己上升到更高的反思观点。"⑤

3. 自由塑造人的天性

"人的天性原初既不是善的，也不是恶的。人的天性是通过自由，才成为善的或恶的。"⑥ 因为人是自由的，所以人的自由的出发点就不容易确定，有的人可能从自私出发滥用自由。费希特认为这就是康德说的恶根在人身上与生俱来，然而又在自由中有起因。费希特认为人停留在低级反思阶段，恶在人身上就是天生的，人上升到高级反思阶段就会根除这个恶根。费希特以此为依据批判了爱尔维修的人天性自私的观点，也批判了当时流行的社会好、个人才能好的取消人的自决性的观点。费希特的结论"谁想把自己培养成为有道德的，谁就必须把自己培养为有独立性的"。⑦

---

① 费希特：《伦理学体系》，梁志学、李理译，商务印书馆 2010 年版，第 174 页。

② 同上书，第 175 页。

③ 同上书，第 177 页。

④ 同上书，第 183 页。

⑤ 同上。

⑥ 同上书，第 189 页。

⑦ 同上书，第 185 页。

三

费希特认为与职责相违背的就是非伦理冲动，也是不道德的冲动。费希特认为这种冲动产生了两个与人的职责相违背的结果。

（一）盲目冲动

费希特认为："出自那种盲目与无视规律的追求绝对的独立性的冲动……是绝对不想听从职责、本分和规律的任何陈述。"[①] 盲目冲动有如下特点：

（1）思维方式的特点："英雄式的思维方式"（费希特语）。其一，自以为是。"他们认为能够要求的——因为正是追求独立性的特点——是一切事物都屈从我们的意志，即一切事物都按我们的思维方式作出。"[②] 其二，自高自大。把自己做出的道德努力看得高于一切，"对于发现我们的善良高尚得几乎无法令人想象，我们感到喜悦"。[③]

（2）感情特点：感情偏激。"对我们来说，只存在伟大、高尚和可嘉行为，只存在无法估量的劳作。"对于这种人，费希特说，他们把上帝、自然和其他人都看做自己的奴仆，我们对他们做的一切都是"恩惠和善举"（费希特语）。

（3）行为特点：行为偏激。"我想做的事必将完成，我所说的话必将永存——这是把他们发动起来的唯一原则。"[④]

（二）人的恶根问题

人的恶根一词来自康德，本意是人的自私性。费希特继续在康德的意义上使用这个词。费希特认为人的恶根来自选择自己行为的自由。这个自由就是"不按这个反思从事行动的原始惰性。因此可以说，这是一种真正的、肯定的原恶"。费希特认为人的恶根表现如下：

1. 惰性

[①] 费希特：《伦理学体系》，梁志学、李理译，商务印书馆 2010 年版，第 187 页。

[②] 同上书，第 188 页。

[③] 同上。

[④] 同上书，第 190 页。

费希特认为这是人的第一恶根。"那么，任何人，甚至最坚强有力、积极有为的人，也都有他因循守旧的方面，并且他将必须终生与这个方面作斗争，这就是我们天性中的惰性力量。"①

2. 怯懦

费希特认为这是人的第二恶根，具体表现是：其一，"在人们当中盛行的肉体奴役与道德奴役，即卑躬屈膝，人云亦云"。② 其二，"我害怕在独立思考时劳神费心，而宁愿相信别人的权威性，以尽快打发别人向我提出的要求"。③

3. 虚伪

费希特认为这是人的第三恶根。人的这个恶根表现为面对压迫自己的人顺从，不敢表达自己真实的思想。"所有的虚伪、所有的谎言、所有的欺诈和诡计之所以会产生，都是因为有压迫人的人；任何奴役别人的人都不得不面对这样一个事实。只有懦夫才是虚伪的。"④ 总之，费希特认为产生两种与人的职责相违背结果的原因就是人没有把追求独立性的冲动提高到明确意识的高度。因为其一，道德准则的崇高性被动摇而出现了比道德准则更高的行为准则。其二，"有人对自己的职责抱有明确的意识，但在付诸实施的时刻却十分自觉地决定不履行自己的职责"。⑤ 即"人们掩盖了对自己职责的明确要求"⑥。

结束语

费希特的道德就是人的职责的命题提出了新的观点：其一，人的根深蒂固的恶根的克服是人解救自己的主要途径。人在这方面获得解救的标志就是人的职责的建立，是人对于自己力量的意识和对于自己力量的推动者。费希特说："人究竟缺乏什么？人并不缺乏力量，但他没有对于力量的意识，没有运用力量的推动者。"⑦ 其二，职责是人之为人的榜样。通

---

① 费希特：《伦理学体系》，梁志学、李理译，商务印书馆 2010 年版，第 201 页。
② 同上书，第 203 页。
③ 同上。
④ 同上。
⑤ 同上书，第 192 页。
⑥ 同上。
⑦ 同上书，第 205 页。

过职责"个人必定会看到一个榜样，这个榜样提高了他的精神境界，给他展示了他如何生存的形象"。① 其三，职责是通往道德境界的必由之路，从而表明"人觉得自己能作恶，也表明人注定要为善"②。虽然人会产生盲目冲动和恶根，但是职责的出现则使人可以克服这些东西，促进人的完善。费希特认为"你觉得这些特点卑鄙，这恰好证明了人类的高尚和伟大"③，即"只有通过自己的职责才能使自己上升到道德境界"。④ 由此可见，职责成为费希特解决所有道德问题的寄希望者，乃至灵丹妙药，是费希特的道德就是职责命题富有更深刻的含义。

---

① 费希特：《伦理学体系》，梁志学、李理译，商务印书馆 2010 年版，第 205 页。
② 同上书，第 204 页。
③ 同上。
④ 同上。

人应该成为有道德的人[*]

赵　菁^{**}

在伦理学研究中，费希特于 1798 年发表的《伦理学体系》一文的核心观点就是人应该成为有道德的人。在德国哲学家费希特看来至今困扰我们的问题：人如何才能够成为有道德的人？费希特提出并回答这个问题的过程中，虽然没有脱离德国古典哲学先验唯心论体系的根基而表现出了思辨哲学家重视人的精神活动、夸大精神作用的特点。但是，笔者认为正确地认识和理解西方学术思想不仅对我们继承和学习人类创造的优秀思想文化成果，即以古为鉴有重要的学术价值，因为马克思恩格斯在创立马克思主义理论时曾批判地汲取了人类优秀文化遗产，而且对我们建设中国特色社会主义先进文化也有重要的参考作用和诸多学术意义。

一

费希特认为伦理学就是实践的哲学，即"实践哲学也要彻底阐明一种必然的思维体系，即存在符合和产生于我们的种种表象"。^① 费希特认为实践哲学研究的对象与理论哲学研究的对象是相反的。理论哲学研究主观的东西产生于客观的东西，实践哲学研究的对象是客观的东西产生于主观的东西，即"存在产生于概念"（费希特语）。在这个基础上，费希特把自我设定为能动的主体，费希特认为这个能动的主体就是伦理学的出发点。费希特把自我的这种能动性也称作"我的效用性"，他认为我的效用

* 本文为甘肃省 2010 年哲学社会科学规划委托项目："关注民生问题，让人民生活得更幸福、更有尊严研究"（项目批准号码：2010007）阶段性成果。

** 赵菁（1968— ），女，哲学硕士，甘肃政法学院行政学院副教授，研究方向是伦理学。

① 费希特：《伦理学体系》，梁志学、李理译，商务印书馆 2010 年版，第 2 页。

性"绝对不可能从外部给予我，而必定是存在于我自己之内的，我不能通过经验把握它，而是必定直接认识它，这就意味着，我本身是所发生变化的最终依据"①。

1. 自我的能动性具有区分和统一的能力

费希特认为自我的能动性可以把"认识的力量"与"真实的力量"区分开来，也可以把两者统一起来。有了这个区分和同一，"我才能把自己设定为自由的，也就是说，我才能把现实性设想为依赖于我那种受单纯概念支配的实在力量……"②

2. 自我的能动性具有自我确定目的的能力

费希特认为自我的能动性受到客观东西的制约，被客观的东西加以规定。这是意识的规律，也是全部理论哲学的原则和课题。但是，目的的概念不能由客观的东西规定，绝对由自我规定。

3. 自我的能动性就是自由

费希特认为自我的能动性的自由就是概念的因果性，也就是能够制造概念的能力。"能动性在其形式方面，仅仅为主观的东西、为理智力量本身所具有。我之所以说在形式方面，是因为……规定中属于内容的东西是应该在另一个方面由客观的东西规定的。"③ 费希特也把自我的能动性产生的概念叫作单纯的概念。认为："确实有单纯的概念（即所谓绝对命令中绝对的东西）的一种独立性和自主性。"④

4. 自我的能动性就是意志活动

费希特认为既然概念能够产生客观的东西，概念对我而言就是客观的东西，我之内的精神活动则是概念产生的原因，也表现为自我能动性的意志活动。

费希特认为，人能够成为有道德的人的关键是人能够从自我的能动性出发运用理智力量设立规则，是人能够成为有道德的人的基础。费希特认为这是"一条规律"，是"绝对命令"，是属于人所有的真正的自由。这个自由的特点是：其一，"自由绝对不服从任何规律，而是单纯在它自身就包含着它的规定的依据，而它的规定性属于一种在后来被设想为存在根

---

① 费希特：《伦理学体系》，梁志学、李理译，商务印书馆 2010 年版，第 3 页。
② 同上书，第 82 页。
③ 同上书，第 10 页。
④ 同上。

据的思维"。① 其二，"我们能够在一个固定的规则下设想自由，关于这个规则的概念当然只能是自由的理智力量予以制定，只能由自由的理智力量通过自己的自由，照这个规则予以规定"。② 由此可见，费希特的自由是与道德联系的自由。这个自由就是用来规定自身和建立道德的规则。费希特认为人虽然是自由的，但是人必须以规定的自由活动，不能随心所欲。"应当使自己的自由服从一种规律……这种规律只能是关于绝对独立性的概念，这种规律是毫无例外适用的，因为它包含着自由存在物的原始规定。"③ 可见，费希特认定的人的自由就是在道德规则指导下的自由，是道德规则对自我的约束，表现为人能够成为有道德的人。费希特还认为人的这种道德的自由其实是"一种思想，决不是感受或直观……是一种纯粹的思想……必然的思想"。④ 这就是说，人成为有道德的人不是偶然的，而是必然的，是不可抗拒的规律。

二

费希特明确地提出了伦理学"是一门研究知识的学说；具体地说，它是关于我们的一般道德本性的意识的理论，是关于我们特定职责意识的理论"。⑤ 因此，伦理学研究主要包括以下几个方面。

（一）人的道德本性

费希特认为："可以断言，在人心中会表现一种驱迫感，要求全然独立于外在目的，去做一些事情，即单纯为了它们会发生而去做它们，并且要求同样对立于外在目的，不做一些事情，即单纯为了它们不会发生而不做它们。就人毕竟是人，因而这样一种驱迫感在他心中必然要表现出来而言，我们把人的这种状态称为他的一般道德本性或伦理本性。"⑥ 费希特认为人对道德本性的两种态度：其一，将这种道德本性仅仅作为人的信

---

① 费希特：《伦理学体系》，梁志学、李理译，商务印书馆 2010 年版，第 57 页。
② 同上书，第 55 页。
③ 同上书，第 60 页。
④ 同上书，第 59 页。
⑤ 同上书，第 17 页。
⑥ 同上书，第 15 页。

仰、作为人的认识的结果、作为人的最高使命对待。其二，探究人的道德本性的来源。费希特认为根据自我的最高原则，即"自我性"或"合理本性"，可以演绎出人的道德本性的来源。费希特就从第二个方面探讨了道德本性的起源。

（二）道德本性特点

费希特从五个方面论述了道德本性的特点。

1. 人的道德本性具有知识学的基础

费希特认为人的道德起源具有知识学的基础。什么是知识学的基础呢？费希特认为："每个人在我们的体系里都把自己定为他自己的哲学基础，所以，他的哲学在那种不能这么做的人看来就显得没有基础。"① 费希特所说的自我有其特定的含义。费希特指出："物的完全与物对立的自我（理性存在物）之所以恰好分开，是由于物只需单纯存在，而不必对自己的存在有丝毫的知识，但在作为自我的自我里，存在和意识则需结合起来，没有自我的自我意识，就不可能有自我的任何存在。"② 黑格尔认为费希特的自我＝自我。这个评价无疑是正确的。

2. 人的道德本性具有必然性

"那种在我们之内的驱迫感，除了是一种对我们有强制作用的思维，一种必然的意识，它本身究竟还会是什么呢？"③ 费希特认为这种思维和意识对人而言是首要的和以自身为根据的。"一种首要的东西无非是指一种不是由其它东西推导出来的东西，一种以其自身为根据的东西无非是指一种不以任何其他东西为根据的东西。"④ 费希特由此把这个首要的和以自身为根据的东西设定为"单纯的自我"、"与一切不是我的东西分离开来的自我"这个自我的表现就是意志活动。"意志活动本身是一种首要的、绝对的和唯独在其自身之上有其根据的东西。"⑤

3. 人的道德本性是原初存在的意识

这是在思维前的意识状态，费希特也把它称作"一切理性普通的原

---

① 费希特：《伦理学体系》，梁志学、李理译，商务印书馆 2010 年版，第 27 页。
② 同上书，第 31 页。
③ 同上书，第 19 页。
④ 同上书，第 26 页。
⑤ 同上。

始思维形式"、"主体本身"。这个原初存在的意识只能通过自我具有的绝对直观能力发现。费希特批驳了认为意识认识意识是荒唐可笑的观点。费希特指出："不懂哲学的人对于我们应该意识到一种意识，可能会觉得离奇可笑。然而，这种人除了以此证明他们对哲学的完全无知和无能为力，却不能证明别的什么东西。"①

4. 人的道德本性是自己规定自身的自由

费希特认为人的道德本性就是自己规定自身，是人的自由表现。为什么人具有自己规定自身的自由呢？其一，人自己在规定自身之前就是自由的。物则因为有自然本性而在它的规定后才能存在。其二，人的自由作为一种理智的力量以概念的方式存在人自身之中。在费希特看来只有自由的东西才能被设想为理智的力量，理智的力量必然是自由的。"由此可见，只有理智的力量能被设想为自由的，理智的力量只有把自己理解为理智的力量，才会变成自由的。因为只有这样，理智的力量才能在某种高于一切存在的东西中，即在概念中，拥有自己的存在。"② 通过自己规定自身的自由，人才能够认识和理解自己，得到自己真正想要的东西。其三，"有理智者绝不可能具有自然本性或本质加以规定，也绝不可能由自己包含的倾向、冲动、偏好或者某种东西加以规定。"③

5. 人的道德本性体现的是完整的自我冲动

费希特认为完整的自我冲动既不是主观的东西，也不是客观的东西，而是两者的一种同一性。"这种完整的自我，就它既不是主体，也不是客体，而是主客同一体来说……是一种推动实体的冲动。"④ 费希特把这种自我冲动称作"自我中的原初关系"、"存在的绝对原装"。费希特认为："我们获得了一个绝对以一种思想为开端的系列，这种思想不以任何其它东西为依据，也没有被联系到其它东西上。"⑤ 完整的自我冲动性表现的是"理智直观"，即"对于理智力量单纯作为理智力量的规定性的直接意识……是撇开自己的规定性而对内在绝对自觉性所作的单纯直观"⑥。

---

① 费希特：《伦理学体系》，梁志学、李理译，商务印书馆 2010 年版，第 33 页。
② 同上书，第 37 页。
③ 同上书，第 39 页。
④ 同上书，第 31 页。
⑤ 同上书，第 43 页。
⑥ 同上书，第 47 页。

三

费希特认为："伦理（道德）概念完全不涉及现实存在的事物，而是涉及应当存在的事物。这个概念是不掺杂任何异质成分，纯粹从理性的本质出发，并且除了独立性以外，决不要求任何东西。"①

（一）道德概念的独立性

费希特认为，道德概念具有独立性，不受外在东西的制约和支配，其特点如下：一方面，这个独立性是"一种理念"、"一个设想"。费希特认为，道德概念的独立性意味着自我已经有了意志活动，获得了自由决断的可行性，可以规定我的世界、规定我自己、改变我自己，创造我自己。另一方面，这个独立性是自律原则。"在这里遵从道德规律的可能性不是（以他律的方式）取决于一种陌生的、在这种规律之外存在的原则，而是（以自律的方式）取决于道德规律本身。"②

（二）道德概念的客观现实性

费希特认为："我们不是靠思辨开始我们的生活，而是恰恰靠生活本身开始我们的生活。"③ 所以，费希特认为道德概念除了具有主观的独立性外，还有客观的现实性，表现为两个制约。

1. 条件制约

费希特把道德概念的这个客观现实性表述为"条件制约"。费希特认为："以此类推，我们将获得一个由许多条件组成的不间断的链条。"④ 这些链条就把道德概念与人的道德行为联结起来。

2. 因果制约

费希特认为道德概念的独立性使自我可以自由设定自己的道德行动目的，但是，道德概念的客观现实性则对这个道德行动目的给予限制。道德概念的这个主我和非我的统一，"自我就可以被认为自我具有一种在自身

---

① 费希特：《伦理学体系》，梁志学、李理译，商务印书馆 2010 年版，第 48 页。
② 同上书，第 46 页。
③ 同上书，第 76 页。
④ 同上书，第 79 页。

之外的感性世界里的因果性"。① "因此，既没有基于非我的因果性，也根本没有基于非我的自我。"②

（三）道德概念的三个自由

道德概念赋予人以三种自由。

1. 思维自由

费希特认为道德概念的客观现实性是"基于经验观点的原始思维"，道德概念的主观独立性则是基于本能的抽象思维。前者直接，后者间接。人的自由就是两种思维的综合，双方是"同一瞬刻的思想"。所以，"你如果不同时在同一种意识中察觉你的自由应当指向客体，就不能察觉你是自由的"。③

2. 自我自由

费希特认为人的自由就是把自己的所有行动都设想为通过自我决定而产生的一种必然性。这个必然性就是人的自由能力。人的自由能力不是来自现实，而是来自人的道德概念，道德概念作为人的思维"应该作为最初的、直接的东西的能力开始"④。原因是我可以选择行动，这又取决于自我的思维自由。

3. 意志自由

费希特认为人的自由活动由思维的自由活动和意志的自由活动构成。思维的自由在于创造人的行动的目的，而意志的自由则在于实现这个目的。当思维的自由创造出来人的行动的目的的时候，这个目的处于理想和主观状态。意志的自由则要把主观的东西与客观的东西结合起来，起到过渡和实现目的的作用。费希特指出："也就是主观的东西到客观的东西的过渡的表象（由绝对的自动性促成），因为这种过渡正是自由意志的普遍形式。"⑤ "我的意志活动就是活动本身。"⑥

从上述来看，道德概念的独立性、客观现实性都是人的自由能力的表

---

① 费希特：《伦理学体系》，梁志学、李理译，商务印书馆 2010 年版，第 78 页。
② 同上书，第 90 页。
③ 同上书，第 79 页。
④ 同上书，第 81 页。
⑤ 同上书，第 86 页。
⑥ 同上书，第 87 页。

现。费希特认为自我如果不察觉道德概念的这两个特点就不能认为自我有任何自由能力。这个自由能力的表现是道德概念赋予的，道德概念包括人的原初的思维即理智直观，也包括人的实现目的的努力即意志自由，同时包括自我意识，即对人的实际活动的知觉。费希特认为，理智直观使人置身于理智世界，自我意识使人置身于现实世界，意志自由把两者连接起来。"我们的理智世界里生存的是道德规律，我们在感性世界里生存的是实际行动，两种生存的连接点是自由，它是用前一种生存规定后一种生存的绝对能力。"① 道德概念的独立性是自我的标志，道德概念的客观现实性则是非我的标志。道德概念的自由是自我与非我的统一。当这种统一形成的时候就是人成为有道德的人的时候。因为这时候理性在人那里就不是胡乱拼凑起来的大杂烩，而是一个臻于完善的整体，人的道德就此开始于对这个理性整体的意识。这个意识就是道德意识。

结束语

纵观费希特对人能够成为有道德的人的论述后可得出结论。

（1）费希特认为人能够成为有道德的人是建立在其先验唯心论体系之上需要深思。"对先验哲学来说，主观的东西是第一位的东西，而且是一切实在的唯一根据，是解释其它一切的唯一原理。"② 把人的精神力量视作产生道德的本源就把物质与精神的关系颠倒了。

（2）费希特认为人能够成为有道德的人建立在精神变物质而不是物质变精神命题之上。此命题对精神能动性的强调表明费希特在人与物的关系上更看重人的作用，更注重人的独立性和能动性。在费希特看来，人绝不是机械的受动客体，绝不是任物质世界摆布的没有自我主见的玩偶，更不是淹没在物欲横流、金钱至上海洋中的无足轻重的尘埃。费希特与莎士比亚同样把人看作是多么了不起的物种。人"并不像人们通常认为的那样，是非我影响自我，而是自我影响非我，并不是非我冲过来，闯入自我，而是自我走出去进入非我"③。费希特认为我们所受到的限定并不是

---

① 费希特：《伦理学体系》，梁志学、李理译，商务印书馆 2010 年版，第 91 页。
② 谢林：《先验唯心论体系》，梁志学、石泉译，商务印书馆 2006 年版，第 10 页。
③ 费希特：《伦理学体系》，梁志学、李理译，商务印书馆 2010 年版，第 92 页。

受到限定范围的狭小，而是自我的限定所致。自我不能掌握自己，没有以理性存在物自居就导致了画地为牢、作茧自缚的结果。

（3）费希特认为人能够成为有道德的人建立在对自我的自信的基础之上。费希特认为："自我是一切运动、一切生命、一切业绩和一切事件的第一本源。"① 这个带有浓厚先验唯心论的命题充分表明费希特的人学观继承了西方人文主义的传统，强调一切依靠人，一切为了人，一切由人共享的人本精神内涵。

（4）费希特认为人能够成为有道德的人建立在自我努力的基础之上。费希特说："我不会希望，一个像我们现在这样的时代会将其自身视为人类的永恒不变的时代。"② 费希特希望的是通过自我的努力而出现一个自我的活动被道德规律支配的世界。费希特认为自我 "的本质是绝对的活动，并且只是活动"③。支配自我的活动的是 "道德规律"。在费希特看来，受到道德规律支配的人的活动是包含认识的活动，换句话说，这种活动就是自我努力的活动。没有这种自我努力，意味着自我的停滞不前和非理性的存在。

综上所述，费希特想要告诉我们的是要把自我的重要作用充分发挥出来，就要从自我的精神世界的升华、充实、丰富和完善开始，从对自我的信心开始，崇尚知识和理性，投身生活的实践。费希特的先验唯心论体系在这点上颇为引人注目。"对于理性的普遍运用来说，除了我在这个基本命题，就根本没有什么直接确实的东西。"④ 人应该成为有道德的人则是 "我在" 这个一切真理中 "最个别的真理"⑤ 的标志。

---

① 费希特：《伦理学体系》，梁志学、李理译，商务印书馆 2010 年版，第 92 页。
② 同上书，第 94 页。
③ 同上书，第 104 页。
④ 谢林：《先验唯心论体系》，梁志学、石泉译，商务印书馆 2006 年版，第 11 页。
⑤ 同上。

我是道德规律实现的手段[*]

我是道德规律实现的手段 [*]

赵军魁[**]

从费希特的研究来看，由于他提出的"我是道德规律实现的手段"命题给人设定了职责。在费希特看来，道德规律不是别的而是对人的职责的要求，他提出实现道德规律要履行的职责是意志原则、平等原则、生命原则、爱的原则、不强制原则、"善的本源"原则和开诚布公原则。其出发点是人，归宿点还是人，是为人的发展和完善而建立的道德规定。费希特提出的观点反驳了康德提出的"每个人都以自身为目"[①]的命题。在费希特看来只有把人看作是实现道德规律的手段，才能体现"真正的德行则在于行动"[②]，人才能成为"自由规定，自我选择"，而成为"真正的、纯粹的自我"，[③]人是"促进理性的目的，是一切人的唯一职责"[④]。因此，费希特开宗明义指出："探索和传播那种或者对整个时代，或者对绝大多数同时代人只有理论意义的真理，是一个特定阶层的工作，即学者的职责。这种真理应该变为有实践意义的，但不能立即突然变为有实践意义的，因为在人类不断完善的道路上任何一个步骤都不可超越，这个阶层是在为未来的时代工作。"[⑤] 所以，我们研究费希特对道德的命题不仅可以使我们认识德国古典哲学中道德学说的深刻和独特之处，感悟人类文明成果震撼人心的效果，且对我们探索和建立富有中国特色社会主义伦理学体

---

[*] 本文为甘肃省 2010 年哲学社会科学规划委托项目："关注民生问题，让人民生活得更幸福、更有尊严研究"（项目批准号码：2010007）阶段性成果。

[**] 赵军魁（1972— ），男，硕士，甘肃政法学院行政学院副教授，研究方向为思想政治教育。

[①] 费希特：《伦理学体系》，梁志学、李理译，商务印书馆 2010 年版，第 257 页。

[②] 同上书，第 258 页。

[③] 同上。

[④] 同上书，第 327 页。

[⑤] 同上书，第 293 页。

系也有重要的学理和实践意义。

一

　　费希特对道德规律的认识是与理性、人性结合在一起的，费希特指出："道德规律诉诸理智的力量""自我必然是理智力量……只有我在理智力量的范围内才有道德规律。"[①] 所以，费希特赋予道德规律相当浓厚的理性化色彩。与此同时，费希特把人看作道德规律的承载者、实现者和被支配者，从而把职责的设定与人的活动紧密结合。费希特认为道德规律与人的职责的关系就是人的职责体现了道德规律的全部要求。道德规律体现人的全部价值。人履行职责就是实现道德规律的要求。两者一体两面，互相结合，共同构成人的理性和人性结合的道德世界。所以，费希特认为人必须成为道德规律实现的手段。

（一）道德规律的含义

　　什么是道德规律呢？在费希特看来，道德规律的含义有三条：

　　1. 人的一般理性的表达

　　这就是应该做什么和不应该做什么的原则和规定，具有普遍的适应性和有效性是其特点。如果只对某些人适用和有效，对另一些人不适用和无效的原则和规定都不是道德规律。道德规律的普遍性表现为对全部人适用和有效。费希特指出："我们生活的目的并不是满足个人的偏好，而是促进理性的目的。"[②]

　　2. 人的自我限定的表达

　　费希特认为人可以在道德规律的限定下，发现自己是自己，开始完善和发展自我的道德意识和道德能力。费希特指出："道德规律就它与经验的人相关而言，有它的范围的一个特定出发点，在这个限定中，个人首先自己发现了自己，所以是出现了个人的。"[③]

　　3. 人的特性的表达

<hr />

① 费希特：《伦理学体系》，梁志学、李理译，商务印书馆 2010 年版，第 218 页。
② 同上书，第 272 页。
③ 同上书，第 166 页。

费希特指出："每个人应该绝对必须做自己的处境、心思与见解命令自己做的事情，而不做任何其它事情，也就是说每个人都应该必须并且绝对必须不做自己的处境、心思与见解禁止自己做的事情。"①

（二）体现道德规律的人的职责

"我是道德规律实现的手段"的理由是我被道德规律掌握、支配和控制，这是我无法摆脱和离开的现实。我要承认和接受这个现实时才能成为道德存在物。费希特说："我是受委托执行道德规律的存在物；但道德规律的目的却在我之外。因此，对我来说，即对我自己的意识来说，我不过是手段，单纯是道德规律的工具，决不是目的。"② 费希特认为在我的意识之内作为道德规律实现手段的我才是反思和受命行动的客体，我才能在我之内贯彻道德规律的要求，"这就决定了我要关心我自己，但在这样的条件下，这种关心变成一种职责。"③ 费希特认为职责一旦确定就必须无条件执行，主要表现如下。

（1）间接、有条件的职责。间接职责是道德规律以我们的一切活动为客体，有条件的职责是道德规律以一切理性存在物的存在为条件，道德规律在间接、有条件的职责里实现的条件就是"我成为实现这个目的的适用和灵巧的工具"。④

（2）直接、无条件的职责。对待整个理性共同体的职责是直接和无条件的职责，也是"最高和绝对要求的职责"。

（3）普遍职责。不能转交给别人的职责是普遍的职责，是所有人的职责。费希特认为劝说所有的人有道德就是普遍职责。

（4）特殊的职责。能够转交给别人的职责是特殊职责，是职业阶层的职责。例如国家把道德教育的任务交给道德教师完成。

（5）各个阶层的职责。费希特把阶层分为两个：其一，由脑力劳动者组成的高级阶层。其职责是直接为国家这个理性共同体服务。例如，学者的职责是培养人的理智，道德教师的职责是培养人的善良意志，文学艺术家的职责是培养人的审美感，国家官员的职责是按照法律的要求工作。

---

① 费希特：《伦理学体系》，梁志学、李理译，商务印书馆 2010 年版，第 272 页。
② 同上书，第 257 页。
③ 同上书，第 259 页。
④ 同上。

国家要提供完成履行这些职责的设施。其二，由体力劳动者组成的低级阶层，其职责是为"直接作用无理性存在物，以便使自然事物适合理性存在物的目的"。① 例如，工人和农民的职责就是提供生活必需品，为此，这个阶层特别要注意完善提高自己的手艺。费希特认为这个阶层是"经验世界里的人类砥柱"。费希特认为："高等阶层是人类这个巨大整体的精神，低等阶层是这个整体的四肢；前者是思考者和谋划者，后者是执行者。"②

二

费希特认为如果仅仅让大家自发实现道德规律，大家的行为可能会互相妨碍，互相抵触，所以，需要各个阶层联合起来，大家各负其责，各尽所能。要做到这一点，各个阶层就必须承担本阶层的职责。费希特认为：我们最重要的职责就是普遍职责和特殊职责。

（一）普遍职责建立的条件

费希特认为普遍职责来自"我是道德规律在感性世界的工具"③。"如果我设想自己服从于道德规律的统治，我便接到命令，要尽我的能力。"④普遍的职责表现为两个方面：

1. 道德的思维方式

费希特认为这个思维方式就是信念坚定，一往无前，永不动摇。"对于合乎道德的思维方式来说，享受本身决不是目的。如果有人十分肯定地预言'你预期的事情虽然会得到实现，但你从来都没有分担其中的一个部分，在它出现之前，等待你的是毁灭'，那么，我一定会以辛勤的劳动，致力于它的实现。"⑤

2. 自我保存的两条禁令

"首先应该从否定的角度看做一项禁令，即你不要做任何按照你自己

① 费希特：《伦理学体系》，梁志学、李理译，商务印书馆 2010 年版，第 361 页。
② 同上书，第 363 页。
③ 同上书，第 261 页。
④ 同上。
⑤ 同上书，第 262 页。

的意识来说，可能给你自己的上述意义的保存带来危险说的事情。其次，应该从肯定的角度看做一项禁令，即你要做任何按照你最佳的信念来说，能够增进你自己的这种保存的事情。"①

（二）普遍职责的两条禁令的含义

1. 第一条禁令是从否定的角度强调躯体的保存

躯体的保存分为维护身体健康和维护精神健康。"精神的活动依赖躯体的健康。禁止饮食会削弱和麻痹精神，饮食无度或暴饮暴食，特别是纵欲过度，会使精神低沉颓废，丧失其一切振奋能力。"② 费希特认为不动脑筋和用脑过度都会妨碍精神的发展。费希特特别反对拿健康的躯体和生命去冒险，认为凡是职责不要求这样做就不要这样做。职责要求这样做，就应该冒着一切风险这么做。费希特认为道德规律实现的领域是现实世界，所以，"在任何时候都不能允许离开尘世生活……因此，不仅现实的自杀行为，而且连那种不想再活下去的愿望也违背职责，因为这是一种不再想按照唯独我们能够设想的工作方式进行工作的愿望。"③ "真正有德行的人在每个时刻都完全致力于他当前必须做的事情，其它一切事情都不属于他操心的范围，他把它让给了那些操心他们的人们。"④ 费希特认为出于绝望情绪导致的自杀行为和出于免遭屈辱与诋毁导致的自杀行为都是不道德思维方式产生的结果，从来不是有道德信念的人应该抱有的目的。"与道德高尚的人比较，自杀者是懦夫，与卑鄙无耻的人比较，自杀者是英雄。"⑤

2. 第二条禁令是从肯定的角度强调躯体的健康

它分为促进身体健康和促进精神健康。费希特认为身体必须健康，此外，必须拥有身体健康的经济条件。"由此可见，我必须精打细算，勤俭持家，完全把我的财产情况料理得井然有序和合乎常规。这不仅是忠告，也是一种职责。"在精神活动方面的职责是锻炼脑力，从事脑力活动，运

---

① 费希特：《伦理学体系》，梁志学、李理译，商务印书馆 2010 年版，第 263 页。
② 同上书，第 264 页。
③ 同上书，第 168 页。
④ 同上书，第 268 页。
⑤ 同上书，第 270 页。

用"感性享受和审美艺术……使躯体和精神活跃起来"①。

（三）特殊职责建立的条件

（1）选择职业。费希特认为要按照最佳信念，根据自己的力量的大小、受教育的程度和其他条件选择最适合自己的职业。

（2）培养健康的身体和健康的精神。费希特认为农民身体要强健，工人身体要灵巧，学者要系统发展自己的理智。工人农民和其他阶层的理论修养能够正确判断是非和开展工作就足够。

（3）理性居于支配地位。费希特认为人的活动的终极目的，"可以概括为这样一个公式：他希望，理性并且只有理性在感性世界中居于支配地位，必须使一切有形的力量从属理性"②。费希特认为美好的、合理的东西都是理性的产物，理性在人的行为方面表现为道德规律，所以，美好的、合理的东西借助道德规律才能出现。因此，职业必须与理性发展相结合。

（4）自由的确立。费希特认为："任何不借助自由出现的行为都是不道德的……一切理性存在物都应该是道德的，而绝没有例外。"③

（四）特殊职责中的自由

费希特认为人的特殊职责的自由是道德规律规定的，一方面表现为躯体的保存的自由，一方面表现为行为的自由，即"对世界影响的自由"。

1. 躯体自由

费希特认为躯体自由是道德规律的要求，躯体是存在的，自由才能成为道德规律实现的手段。由于躯体自由的条件是与善良意志结合，与理性结合。而与善良意志结合才能保证人的自由和独立性，才能不依赖任何外在力量。而与理性结合才能把躯体作为道德规律实现的手段。因此，道德规律对躯体自由的要求是"别人躯体和生命的健康、坚强与保存应该是我们的目的……你要像恰恰关心你的幸福那样，关心你的每个同胞的幸福。你要像爱护你自己那样爱护你的邻人。"④

---

① 费希特：《伦理学体系》，梁志学、李理译，商务印书馆2010年版，第271页。
② 同上书，第277页。
③ 同上书，第272页。
④ 同上书，第282页。

2. 行为自由

费希特把这个自由称作"影响世界的自由"。费希特认为："道德规律的这种规定从否定角度来看，就得出了一个禁令，就是绝对不要把别人引向谬误，不要向别人说谎，不要欺骗别人……我必须在我的良心面前负责。简单地说，无论对于什么人，我都应该绝对忠诚坦率，我不可说任何违背真理的东西。"① 在这个自由方面，费希特尤其强调在手段和目的的关系方面，要注意一致性，不能因为目的是善的，手段就可以不善，两者都要善。费希特认为："不考虑手段单纯实现那种善，并不是你的道德命令。善应该根据道德原则加以实现，否则就不成其为善。正因为你放弃了道德形式，而只把内容作为你的目的，但惟独在这种形式中有善的本质，你才暴露了你自己，原来你在那种善中关心的，根本不是伦理要求，而是某种利益。"② 费希特特别指出："在这里应该永远戳穿那种认为可以抱着好的意图说谎的借口，从说谎产生的结果决不是好的。"③

3. 躯体自由和行为自由的前提

费希特认为这个前提就是"我的财产"。有了"我的财产"，我才能得到社会的承认，社会才愿意为我提供基本保障。道德规律从否定方面对"我的财产"做出规定："决不要损害或以某种方式减少别人的财产，也决不要妨碍财产所有者使用他自己的财产。"④ 在这个禁令下，费希特提出道德的"四个命令"。其一，国家应该为每个人提供一份财产。这样每个人才能自由行动，也才能不去妨碍别人的自由。其二，每个人都应该保留属于自己的东西。这样每个人才能既维护自己财产的合法性也维护别人财产的合法性，保证互相自由存在。其三，增加财产是人的职责。因为财产是自由的条件和工具，所以增加财产就是增加自由。其四，以理性掌控财产的占有、使用和增加。费希特认为理性的自由是最大的自由，让理性与财产相联系，就是要让财尽其用。为此，费希特提出两条理性原则："每个人不仅关心致力于自己的财产应用和私人目的的实现，而且关心和致力于一切人的财产的最合乎目的的应用和一切人特殊目的的实现。"⑤

---

① 费希特：《伦理学体系》，梁志学、李理译，商务印书馆 2010 年版，第 285 页。
② 同上书，第 286 页。
③ 同上书，第 287 页。
④ 同上书，第 295 页。
⑤ 同上书，第 301 页。

三

"我是道德规律实现的手段"，对于人而言就是一切人应该是自由的。但是，如果大家都追求自由，必然会互相妨碍，互相矛盾，那么，人与人之间解决自由带来的矛盾就必须依靠道德规律。费希特认为应该提出一些实现道德规律、履行职责的七个重要原则。

（一）实现道德规律、履行职责的七个原则

1. 意志原则

费希特认为在实现道德规律的过程中，我们会遇到许多二律背反式的矛盾，例如：道德规律要求我应该以维护我的生命作为实现道德规律的手段，道德规律也要求别人也应该以维护他的生命作为实现道德规律的手段。对于这个矛盾，费希特认为，我不以牺牲自己的生命为代价，完成道德规律的要求，别人也不以牺牲别人的生命为代价，完成道德规律的要求。费希特认为在这个问题上，由统治世界的"道德规律的意志"决定对这个矛盾的解决。"道德规律的意志"从两个方面解决这个矛盾。其一，我个人必须尽职尽责。正如谁是实现道德规律的最好工具我们无法选择一样，我们的理智是有限的，只能做职责之内的事情，超出这个范围我们的意志就无能为力。其二，"道德规律的意志"也会尽职尽责。在费希特看来看，"道德规律的意志"自然会选择正确的，避开错误的。我们将会看到一个好的令人满意的结果出现。

2. 平等原则

费希特认为侵犯财产绝对违背道德规律。但是，"我的财产与另一个人的财产同样处于危险境地，在这种情况下，我的财产必然居于得到拯救的优先地位"[①]。原因是我们都是道德规律实现的手段，是完全平等的，所以，我既然首先看见我的财产处于危险之中，那么，我就有了拯救我的财产的优先权。

3. 生命原则

这是生命优先原则在人的职责里的体现。费希特指出："我应该阻止

---

① 费希特：《伦理学体系》，梁志学、李理译，商务印书馆 2010 年版，第 308 页。

掠夺财产的行为，这是绝对命令……拯救同胞的生命比拯救他们的财产占有优先地位。"①

4. 爱的原则

费希特指出："道德善良的人没有任何个人的敌人，也不承认这样的敌人。除了恶之外，他不讨厌敌视任何东西，也不设法阻挠任何东西。"②这是因为道德善良的人奉行的是爱的原则，爱一切人。费希特强调"病象的爱"则是偏爱、离开爱的原则的爱。

5. 不强制原则

"只有不受丝毫的强制，不要丝毫的外因，而靠自己自由决断的做出的事情，才能称为合乎道德。"③

6. "善的本源"原则

费希特认为每个人都有"无法根除的善的本源"。这是"不考虑利害，无私地尊重某种东西的潜力，也是尊重自己的冲动，是使人不至于沉沦到漠然和泰然蔑视自己的可耻地步的潜在能力。"④

7. 开诚布公原则

费希特认为："在人的品质中，决没有任何一种特点比开诚布公更出色，也决没有任何一种特点比隐瞒真情更危险。⑤"费希特也把这个要求称作公开性原则。

（二）人在日常生活中的职责

1. 人在两性关系中的职责

费希特认为人在两性关系中的职责是：其一，追求爱情。爱情就是"女人的一种使她自己献身的冲动，一种不是为了她自己，而是为了别人的冲动。这样一种冲动就叫爱情。爱情是自然和理性最原始的统一。"其二，必须结婚。"因为做一个完整人的目的，要比其它任何一个目的高尚。"⑥"人的品质有许多方面。而恰恰是其中最高尚的方面只能在婚姻中

---

① 费希特：《伦理学体系》，梁志学、李理译，商务印书馆2010年版，第309页。
② 同上书，第313页。
③ 同上书，第315页。
④ 同上书，第321页。
⑤ 同上书，第325页。
⑥ 同上书，第334页。

形成，诸如，那种女人要奉献自身的爱情；男人的那种要为自己的伴侣牺牲一切的宽宏大量；一种不为自己，而为配偶，要成为值得尊重人的必要感；一种只有在婚姻中才必然产生，因而有可能真正存在的友谊、父母情，如此等等。"①

2. 父母对子女的职责

费希特认为这个职责表现在：其一，抚养孩子。抚养孩子就要爱护和促进他们的自由，不能剥夺他们的自由。其二，开展道德教育。费希特认为道德教育的两个方面的内容是：首先，培养孩子创造性的技能，使他能够成为实现道德规律的手段。此外，指出孩子道德方面努力的方向。费希特特别反对对孩子的强制，认为"在这样一些情况下，孩子的行为没有丝毫的道德可言，因为他的行为是被逼出来的"②。孩子对父母的服从则建立在对父母高尚品德信任的基础之上。

结束语

综上所述，费希特提出的"我是道德规律实现的手段"的命题的目的是为了给人设定职责。费希特之所以把人的职责看得这么重要，是因为人的职责不仅仅体现了工作的特色、行为的特色和职业的特色，更重要的是与人的责任和使命密切相关。人作为理性存在物和自由存在物，承担了实现理性要求和自由要求的双重责任。人的最终目的是落实这些责任，成为自由、理性和纯粹的我。这个责任是一般和普遍的责任的统一，只有通过每个人具体的职责才能实现。所以，职责既是人的现实世界，也是人的理想世界，是理论形态的东西，也是现实提出的要求，而且是贯通两者的桥梁和纽带，作用非同一般。在费希特看来，可以把人的职责划分为不同种类，但是，无论哪一类职责都是与道德规律的实现密切相关。各种职业都是道德规律实现的最佳地方。道德规律为人的自由的实现提供了广阔的天地，以道德规律的眼光看世界，"他就会看到大自然中充满活力，看到勃勃生机和奋发向上，看到美"。③ 所以，费希特的这个命题出发点是人，

---

① 费希特：《伦理学体系》，梁志学、李理译，商务印书馆 2010 年版，第 335 页。
② 同上书，第 339 页。
③ 同上书，第 354 页。

归宿点还是人，是为人的发展和完善而建立的道德规定，来自人，服务于人，实现于人。费希特指出："道德规律也是我本身。"我们建设中国特色社会主义的伦理学体系，也应该从中受到启发和感悟，探索和研究如何通过人的职责的确立和规定，实现人的自律与他律的结合、权利与义务的结合、目的与手段的结合、理性与非理性的结合，促进人的全面发展和自我完善。在这方面，我们任重道远。我们期待本土也能够产生类似费希特这样一本指出道德建设方向和道德建设道路的非凡的优秀的伦理学著作。

从海德格尔的在世存在看
马克思的感性实践

蒋邦芹*

马克思由古典主义转向了现代，转向了人的现实生活世界。从现代主义者代表海德格尔的视角出发来看这种转向表现得更加鲜明。当我们从此在的角度来翻译 Dasein 时，对马克思的思想就会有一种新的理解；当我们从技术的"集置"性来看马克思对异化劳动的批判时就可以更深刻地把握马克思批判异化劳动的原因；当我们结合海德格尔的"思"来研究马克思时也许能更好地实现理性的社会状态。

由于自从 20 世纪 80 年代引入德国思想家马丁·海德格尔的《存在与时间》以来，我国学界就展开了对海德格尔和马克思之间的比较研究。当时的比较研究主要集中于海德格尔的《存在与时间》与马克思的《1844 年经济学—哲学手稿》。随着比较研究的深入人们逐渐将视野扩展到二者不同时期作品的研究中，譬如从海德格尔的人生在世理论与马克思的感性实践活动特点的关系；海德格尔的技术"集置"理论与马克思的异化劳动的关联；海德格尔的存在的历史与马克思的历史唯物主义的区别等。因此，海德格尔就现代人处于一个异化状态下"无家可归"状态的思考，从关注人的生存、关注理想社会的实现角度来看，海德格尔与马克思之间有共通性和差异性。

一　海德格尔与马克思相遇于 Dasein 中

在德文中，"Dasein"原本是一个普通的日常用语，它的基本含义是

* 蒋邦芹（1976—　），女，河南信阳人，哲学博士，中南民族大学马克思学院讲师，研究方向为现代西方哲学和西方马克思主义哲学。

指"此时此刻的存在"、"在此的存在"、"在那儿的存在"等。但是，在康德、黑格尔、马克思的哲学当中就已经是一个非常重要的概念，它因为海德格尔的《存在与时间》而备受关注。在海德格尔看来，人与世界万物的关系既不是感性或理性意义上的外在认识关系，而是一种相互包含对方的一体关系，作为此在的人总已经被抛于、筹划于、沉沦于世界之中，世界也总已经在此在的世界中存在的活动中揭示自身。因此，在海德格尔那里作为此在的"Dasein"是其追问一切存在问题的起点和基点。那么我们如何理解马克思的"Dasein"呢？

马克思在《1844 年经济学—哲学手稿》中用德文说：

Ihrer wirklichen Existenz ist dies ihr*bewegliches* Wesen verborgen. Zum Vorschein, zur Offenbarung kömmt es erst im Denken, in der Philosophie, und darum ist mein wahres religiöses Dasein mein *religionsphilosophisches* Dasein, mein wahres politisches Dasein mein *rechtsphilosophisches* Dasein, mein wahres natürliches Dasein das *naturphilosophische* Dasein, mein wahres künstlerisches Dasein das *kunstphilosophische* Dasein, mein wahres *menschliches* Dasein mein *philosophisches Dasein*. Ebenso ist die wahre Existenz von Religion, Staat, Natur, Kunst: die Religions-, Natur-, Staats-, *Kunstphilosophie*. Wenn aber nur die Religionsphilosophie etc. mir das wahre Dasein der Religion ist, so bin ich auch nur als *Religionsphilosoph* wahrhaft religiös, und so verleugne ich die *wirkliche* Religiosität und den wirklich *religiösen* Menschen. Aber zugleich *bestätige* ich sie, teils innerhalb meines eignen Daseins oder innerhalb des fremden Daseins, das ich ihnen entgegensetze, denn dieses *ist* nur ihr *philosophischer* Ausdruck; teils in ihrer eigentümlichen ursprünglichen Gestalt, denn sie gelten mir als das nur *scheinbare* Anderssein, als Allegorien, unter sinnlichen Hüllen verborgne Gestalten ihres eignen wahren, id est meines *philosophischen* Daseins. ①

这一段话用中文可翻译为：在它们的现实存在中它们的运动的本

---

① Karl Marx, *Ökonomisch-Philosophische Manuskripte. Geschrieben von April bis August* 1844 *Nach der Handschrift*, Verlag Philipp Reclam Jun. Leipzig, 1970, pp. 245 – 246.

质是隐蔽的。这种本质只是在思维中、在哲学中才表露、显示出来。因此，我的真正的宗教存在是我的宗教哲学的存在，我的真正的政治存在是我的法哲学的存在，我的真正的自然存在是我的自然哲学的存在，我的真正的艺术存在是艺术哲学的存在，我的真正的人的存在是我的哲学的存在。同样，宗教、国家、自然界、艺术的真正存在＝宗教哲学、自然哲学、国家哲学、艺术哲学。但是，如果只有宗教哲学等等对我来说才是真正的宗教存在，那么我也就只有作为宗教哲学家才算是真正信教的，而这样一来我就否定了现实的宗教信仰和现实的信教的人。但是，我同时确证了它们：一方面，是在我自己的存在中或在我使之与它们相对立的那个异己的存在中，因为异己的存在仅仅是它们的哲学的表现，另一方面，则是在它们自己的最初形式中，因为在我看来它们不过是虚假的异在、譬喻，是隐蔽在感性外壳下面的它们自己的真正存在即我的哲学的存在的形式。①

　　从上述译文来看，其总的意思并无大错，但从翻译的细节上来说却不够严谨，因为不严谨也就容易造成理解上的混乱，从而不能真正地把握和理解马克思说的这段话的意义。这种不严谨主要表现在两个方面：首先，在这段译文中统统把"Dasein"（不包括指示代词在内一共出现14次）翻译成了"存在"，而在德文中，"存在"的专有名词是"Sein"。从尊重文本本身而言，既然马克思用的是"Dasein"，而不是"Sein"，我们好像没有理由非要把它都译为"存在"。我们认为，在这里马克思之所以用"Dasein"而不用"Sein"是有特别用意的。一方面，表明马克思用"Dasein"表达的是作为人的存在，而非物的存在；另一方面，也说明了马克思的哲学明显表现出对黑格尔的观念论的"颠倒"。其次，译文将Sein、Dasein和Existenz一律翻译为"存在"，没有做出相应的区分，这种译法使其明显与马克思的原意相悖。在我们看来，这三个词完全可以分别译为"存在"、"此在"和"实存"；这样不仅不会造成理解上的混乱，而且会更加忠实于作者的原意。根据德文原文，我们将这段话重新翻译为：

　　在它们的现实实存（Existenz）中它们的运动的本质是隐蔽的。

①　马克思：《1844经济学哲学手稿》，人民出版社2000年版，第110—111页。

这种本质只是在思维中、在哲学中才表露或显示出来；因此，我的真正的宗教此在（Dasein）是我的宗教哲学的此在，我的真正的政治此在是我的法哲学的此在，我的真正的自然此在是我的自然哲学的此在，我的真正的艺术此在是艺术哲学的此在，我的真正的人的此在是我的哲学的此在。同样，宗教、国家、自然界、艺术的真正实存：宗教哲学、自然哲学、国家哲学、艺术哲学。但是，如果只有宗教哲学等等对我来说才是真正的宗教此在，那么我也就只有作为宗教哲学家才算是真正信教的，而这样一来我就否定了现实的宗教信仰和现实的信教的人。但是，我同时确证了它们：一方面，是在我本己的此在（eignen Daseins）中或在我使之与它们相对立的那个异己的此在（fremden Daseins）中，因为异己的此在仅仅是它们的哲学的表达，另一方面，则是在它们本真的最初形式中，因为在我看来它们不过是虚假的另一个存在（Anderssein），是比喻，是隐蔽在感性外壳下面的它们本己的真正此在、即我的哲学的此在的形式。

上述论断是马克思主要针对黑格尔的观念论哲学展开的论述。由于黑格尔有时也用"此在"来规定人，因为在他看来一个人想要成为真正的人，就必须首先是一个特定的存在，一个具有感性确定性的存在，没有"此在"的存在，人们就无从获得任何知识。但是，在黑格尔那里，"此在"是服务于其认识论体系，他指出人们又绝不能停留在作为"此在"的存在这一阶段上，这是因为虽然"此在"通常也被看作最丰富的，它具有绝对的确定性和真理性，但是，这仅仅是就其感性确定性而言的，而它所包含的思想内容却是最贫乏的和最抽象的。它只是"具有一种规定性的存在，而这种规定性，作为直接的或存在着的规定性就是质。此在返回到它自己本身的这种规定性里就是在那里存在着的东西，或某物"。①这种存在随着观念的发展最终遭受被扬弃的命运。

我们通过上段文字可以看出，马克思的"此在"明显与黑格尔的"此在"相区别，如果说黑格尔的"此在"仅仅是一种知性概念或逻辑规定，因而与根本不和真实的世界发生实质性关联的话，那么，马克思的

---

① 黑格尔：《小逻辑》，贺麟译，商务印书馆1981年版，第202页，译文根据德文原文有所改动；贺麟先生把Dasein译为"定在"或"特定的存在"。

"此在"恰恰是与世界发生密切联系的。这种思想在马克思的早期手稿中就已经有所表露，他为写博士论文做的笔记中明确指出："在哲学史上存在着各种关节点，它们使哲学在自身中上升到具体，把抽象的原则结合成统一的整体，从而打断了直线运动，同样也存在着这样的时刻：哲学已经不再是为了认识而注视着外部世界；它作为一个登上了舞台的人物，可以说与世界的阴谋发生了瓜葛。"① 在这里，马克思所说的"关节点"就是指一种新的哲学，这种新的哲学将打破传统的哲学原则，同时宣告一个崭新的研究方向。哲学开始了一个实践运动，即"与世界的阴谋发生了瓜葛"。在这个新的研究方向上马克思把人界定为"此在"的意义就在于：人不再是逻辑意义上和抽象意义上的人，而是活生生的人，是与世界发生"瓜葛"的人。用海德格尔的术语来说，就是"遭遇世界"的人。

由以上论述可以看出，如果我们从海德格尔的此在的视角，而不是黑格尔的此在的视角，才能更真切地领会马克思的 Dasein。马克思和海德格尔都是以人的在世界中存在为基点，围绕这个基点展开论述，他们共同思考的主题都是如何从人的感性存在活动中，从人与周围世界的关系中思索存在的意义问题。从二者同时重视此在的在世存在的角度来说，他们的思想存在着共通性。

二 马克思与海德格尔深交于异化劳动中

在海德格尔的思想中，本真的人作为能死者与常人相区分，人只有达到本真的存在状态才有可能实现世界的世界化、物的物化。与海德格尔相似，马克思的思想中的完整的人是与异化劳动者相区分的共产主义者。为了实现这种区分，马克思展开了对异化世界的无情批判及对共产主义世界的向往。

马克思的异化既不是黑格尔意义上的永恒存在于思想中的异化，也不是人无法理解的、外在于人的异己物，也不是与事实的不相符的道德上的应当，也不是不合乎理性或不合逻辑，而是在人的感性存在中被经验到的、现代人的生存境遇。在马克思这里，异化以对象化为基础，人的本质力量通过对象化、现实化确证自身，异化正是产生于这种对象化和现实化

---

① 《马克思恩格斯全集》第 40 卷，人民出版社 1979 年版，第 135—136 页。

的过程中，即现实化表现为非现实化，对象化表现为异化。邓晓芒指出："马克思认为人的本质力量的外化、对象化是人的能动性的根源，这是不可取消的，但异化、人的产物对人的陌生化和敌视则是必然会被扬弃的，因为它是一定历史条件即私有制的产物。"① 马克思认为，以雇佣劳动体现出来的资本主义的世界是一个异化世界，这个世界表现在异化劳动中，他从五个方面分析了异化的表现：人与劳动对象的异化，人与劳动产品的异化，人与劳动本身的异化，人与其类本质的异化，人与人之间的异化。

马克思首先承认了人与对象相外化的事实。人是劳动者、生产者，而对象是人的对象，对象是感性的外部世界、自然界、人的生产和生活资料。工人作为一个人，他要想证明自己的人性而非动物性，就必须实现自己的潜能，通过把可能性转变为现实性显示自己的人性、能力。这种转变的可能性存在于劳动对象中，在劳动对象上显示出自身作为一个人的存在者。在这个过程中，他必须把自己的本己力量固定在某个现实的、外在于自身的对象身上，现实化的过程就是把自身外化于对象的过程，对象作为一个外在的异己力量同自身相对立。"劳动的这种现实化表现为工人的非现实化，对象化表现为对象的丧失和被对象奴役，占有表现为异化、外化。"② 在异化状态下，工人越是把自己的劳动对象化出去，对象作为异己的存在者就与他越是对立，以至于展现为人的存在方式的劳动也被他的劳动对象奴役。工人作为人首先必须依赖于对象才能作为人存在，这种异化关系显现为劳动者与作为他的本质力量的结果、外在化的劳动产品之间的对立中。

劳动者与劳动产品之间的对立关系是异化社会普遍存在的现象。在异化状态下，工人与劳动产品之间的关系表现为："工人生产得越多，他能够消费的越少；他创造的价值越多，越多，他自己越没有价值、越贬值；工人的产品越完美，工人自己越畸形；工人创造的对象越文明，工人自己越野蛮；劳动越有力量，工人越无力；劳动越机巧，工人越愚笨，越成为自然界的奴隶。"③ 伴随着工人的劳动，伴随着其不断创造的奇迹的生产活动中，感性的外部自然界越来越不给工人提供直接意义上的生产资料，

①　邓晓芒：《思辨的张力——黑格尔辩证法新探》，湖南教育出版社1992年版，第207页。
②　马克思：《1844经济学哲学手稿》，人民出版社2000年版，第52页。
③　同上书，第53页。

也就是说，他无法获得劳动。对于一贫如洗的工人来说，他生活中的最大目标是吃饱喝足，不可能具有欣赏美的眼睛，倾听音乐的耳朵。更有甚者，不劳动时的工人、没有劳动的工人也退出了作为人这一种类而存在的舞台：他要么沦为乞丐，和动物一样把生活手段和目的结合在仅只为了填饱肚皮的活动中，吃的欲望支配了他的行动；要么被饿死，这时不仅丧失了作为人的存在，而且也同时丧失了有求生本能的动物的存在。由此可见，工人要想作为人存在，他首先必须作为工人而存在；他要想得到生活资料，首先必须得到生产资料。这里我们同时可以看出："劳动对它的产品的直接关系，是工人对他的生产的对象的关系。"① 劳动产品虽然作为独立于工人之外的显现物与工人相异化，但劳动对它的产品之间的关系作为结果是工人与他的生产的对象之间的关系的完成。

在异化状态下，人不仅与作为自己生产的结果的劳动产品相异化，而且异化于这个生产过程。在异化状态中，工人欢欣于得到劳动的原因不是为了证明自己作为工人而存在，而只是受求生的本能支配而活着；工人在劳动中也经常有创造发明，但这种发明不是为了彰显自身作为人的存在的潜能，而是为了能得到一笔丰厚的物质回报，而从此不再劳动，并占有别人的劳动。在异化状态下的劳动者总是渴望成为不劳动者、有产者的原因在于：属于人本身的存在方式的劳动不再属于工人，而是属于工人之外的他人。他人从工人这里不仅夺走了工人创造的、劳动产品，而且夺走了属于工人的本己的东西——劳动。劳动成了强制的劳动，成了一种非自愿的、满足需要的手段。这时发生了一个颠倒：工人把满足动物式的需要的活动当作真正的人的需要的活动，而把真正让人显现为人的本质的劳动看作痛苦的、异己的、不属于他的活动。

工人不愿意为了与自身相对立的东西而付出劳动，但工人为了活下来又不可能不劳动。劳动成了一种煎熬，主动生命的活动变成了受动。这样最终导致了人和他的类本质间的异化。在马克思看来，类的存在先在地规定了个体的存在。人与动物的区别在于他的类本质——其生命活动的意识性。意识将意识之外的东西或意识自身作为意识对象。意识和意识的对象使人成为普遍性的类存在，有自由及自由意识的存在。作为类的存在，人通过对象化的活动显现自身的类本质，可以"按照美的规律生产"。但在

---

① 马克思：《1844 经济学哲学手稿》，人民出版社 2000 年版，第 54 页。

异化劳动下，对象化劳动被否定，人的类本性被否定，最终颠倒了人与动物的区分。对象本是人的对象化活动中展现自身的存在意义，而异化劳动否定了此对象化的意义，从而使人丧失了自由的本性。

人与他的类本质的异化最终导致人与人之间的关系的异化。"通过异化劳动，人不仅生产出他对作为异己的、敌对的力量的生产对象和生产行为的关系，而且还生产出他的生产和他的产品的关系，异己他对这些他人的关系。"① 这种异化原因也仍然存在于人的异化劳动中，人总是通过劳动对象同他人打交道的，但在异化状态下，人的劳动对象不属于人，致使与对象相关的他人也作为一个异己的他者而外在于自己。这种人与他人的异化关系同时表现出人与自身的异化，作为人的存在与作为非人的存在同时存在于人之中。

马克思通过对劳动者与劳动对象、劳动者与劳动产品、劳动者与生产过程、人与人的类本质、人与他人以及人与自身之间的异化关系的分析表明，异化是当今世界存在状态。无独有偶，海德格尔也认为技术"集置"是现代社会的主要存在状况。虽然说海德格尔关于技术的思考，实际上对马克思从生产方式出发的历史唯物主义理论提出了质疑，唯物主义的本质隐藏在技术的本质中。"关于技术，固然已写出很多东西，但却被思考得很少。技术在其本质中实为一种付诸遗忘的存在的真理之存在的历史的天命。"② 但是在克服异化的问题上，海德格尔却给予马克思很高的评价：

> 马克思从黑格尔那里极具重要意义地认识到人之异化问题，其根源在于当代人的无家可归。这种异化以形而上学的形式发生着并增多着，同时却被它的无家可归状态遮盖起开来，依次地被"存在"的任务所引起。马克思在体验着异化的过程中掌握了历史的本质方面，马克思主义的历史观胜过任何一种别的历史撰述。由于胡塞尔和萨特都未认识到"存在"的历史性的基本重要性这一事实，所以现象学和存在主义对上述的本质方面也未能产生什么影响，在那方面同马克思主义进行了一次富有成效的讨论乃是唯一可行的。③

---

① 马克思：《1844 经济学哲学手稿》，人民出版社 2000 年版，第 61 页。
② 仰海峰：《马克思哲学与西方哲学：视域开启与理论界划》，《教学与研究》2005 年第 9 期。
③ Martin Heidegger, *Martin Heidegger Basic Writings* (1927 - 1964), New York: Harper & Row, 1977, p. 219.

无论是异化状态，还是现代人的无家可归状态，马克思和海德格尔都给予了大量的关注。也正是从这个意义上说，他们都是现代意义上的思想家、都开始关注于现实生活中的人，而不从理性的或非理性的动物的角度来考察人。但是，马克思实现理想的共产主义世界与海德格尔实现世界世界化的方式却是相区别的。

三 将来的人在"在"与"思"的结合中到来

马克思和海德格尔都对现实世界进行了无情的批判，都对人的本性进行了新的追问，但二者思想中将来的人与将来的世界的实现方式却存在很大的区别。

在马克思看来，将来的人是自由全面发展的人，何以能成为自由全面发展的人？异化劳动。马克思指出："全面发展的个人——他们的社会关系作为他们自己的共同的关系，也是服从于他们自己的共同的控制的——不是自然的产物，而是历史的产物。要使这种个性成为可能，能力的发展就要达到一定的程度和全面性，这正是以建立在交换价值基础上的生产为前提的，这种生产才在产生出个人同自己和同别人的普遍异化的同时，也产生出个人关系和个人能力的普遍性和全面性。"① 在马克思看来个人能力的全面发展和普遍异化，共同存在于人类历史进程中，是这一进程的两个侧面。异化一方面是必然会被扬弃的历史现象，另一方面也是实现自由全面发展的必然前提。

马克思的理想中的世界是共产主义世界，何以实现？仍然是通过异化劳动："共产主义是私有财产即人的自我异化的积极的扬弃，因而是通过人并且为了人而对人的本质的真正的占有；因此，它是人向自身、向社会的（即人的）人的复归，这种复归是完全的、自觉的而且保存了以往发展的全部财富的。这种共产主义，作为完成了的自然主义，等于人道主义，而作为完成了的人道主义，等于自然主义。"② 可见，马克思虽然批判了异化劳动，但同时又指出了异化劳动在人类社会中的重要意义：异化

---

① 《马克思恩格斯全集》第 46 卷（上），人民出版社 1979 年版，第 108 页。
② 《马克思恩格斯全集》第 42 卷（上），人民出版社 1979 年版，第 120 页。

劳动不但是资本主义社会的普遍现象，而且是实现人的自由全面发展、实现共产主义的必要条件。因此，我们可以说，在马克思思想中表现为两大阶级对立的阶级社会中，劳动对社会及社会存在具有决定作用，劳动及劳动生产对经济、政治和文化领域具有直接或间接的决定作用，社会存在的全部秘密也需要在劳动中寻找。

那么，在马克思这里，作为人的自由全面发展的共产主义社会的存在方式又是如何呢？仍然是劳动，与前一种劳动相区别，这种劳动的特点在于它是一种"自由自觉的活动"。在这种活动中，人和他的劳动对象、劳动产品、生产过程、他人、类本质、自身处于内在的统一中。在此劳动中，人获得快乐，从而实现了人性的复归，解决了人与自然、社会、自身之间的矛盾，因此"在共产主义下，人与自然的矛盾，人与人之间的矛盾，自由与必然的矛盾，存在与本质的矛盾，个体与类之间的矛盾等都得到了真正的解决"。① 劳动、生产活动贯穿于人类社会的一切领域中，天地提供了活动的空间，万物是劳动的质料。人是什么？人在将劳动带向完成的过程中彰显自身的存在，人的存在根源在于劳动、技术生产。"理解马克思的现代意义，必须把握马克思的存在观，亦即劳动观：正是劳动，一方面构成人与动物的区分，另一方面构成人与自身的区分。"② 在马克思的思想中无论是以异化劳动体现出来的资本主义世界，还是以本真劳动体现出来的共产主义世界都是劳动的世界，劳动具有命运性的决定作用。

海德格尔指出马克思看到了现代社会中的人处于无家可归的状态，看到了异化劳动的危害，即"按照马克思，人，每一个人（他自身就是他自己的根本），正是这种生产以及隶属于生产的消费的人。这就是我们现时代的人"。③ 但海德格尔同时认为马克思没有真正克服虚无主义，没有让事情本身显现出来，也就是没有找到异化劳动的存在根源，他明确指出："对于马克思来说，存在就是生产过程。这个想法是马克思从形而上学那里，从黑格尔的把生命解释为过程那里接受来的。生产之实践性概念

---

① 马克思：《1844 经济学哲学手稿》，人民出版社 2000 年版，第 81 页。
② 彭富春：《马克思美学的现代意义》，《哲学研究》2001 年第 4 期。
③ ［法］F. 费迪耶等辑录：《晚期海德格尔的三天讨论班纪要》，丁耘摘译，《哲学译丛》2001 年第 3 期。

只能立足在一种源于形而上学的存在概念上。"①

在海德格尔看来，马克思仍然是一个遗忘了存在自身的古典虚无主义者。由海德格尔对马克思的质疑可以看出，海德格尔是为了他自身的目的——显现被遗忘了的存在自身。正如张文喜所说，海德格尔表面上关注的是存在问题，实际上是关注于存在之思。他的思想的重点在于思，这与马克思直接关注人的社会存在问题是相区别。② 在海德格尔的存在之思中，将来的人作为要死者，倾听本性语言的呼唤，实现了天、地、人、神四方相互转化、相互生成的域状的环化游戏。在此游戏中，游戏的目的就是游戏自身，就是天、地、人、神的关系，人参与到、投身于游戏中，于此，人获得了自由，万物成其自身。这个游戏，这个世界正是通过人的活动显现的世界，是一个人们生存于其中的世界，而这个世界展现自身的基础是对存在本身的回忆、思念和倾听，可以说，是"思"决定了"在"。海德格尔主要在哲学的意义上、在思想中追问为什么世界不再世界化以及如何达到世界的世界化的问题，因此，他这里关于世界世界化的问题属从于对存在问题的追问，属从于哲学及哲学的终结的问题。而马克思对资本主义世界中普遍存在的异化劳动的批判直接是为了工人阶级反对资产阶级的斗争、为实现共产主义理想提供理论依据。从以上的分析可以看出，海德格尔对技术世界的追问不同于马克思对异化世界的批判，海德格尔的世界化也不同于马克思意义上的共产主义世界。但海德格尔与马克思关注的主题是一致的——人的在世存在及其意义问题。

海德格尔所讨论的主要问题是"哲学的终结和思想的任务"，以四方域的游戏而显现的世界出现在哲学之终结的将来，是思想的事情。这些思想也许不能直接运用于改变世界，不能作为武器的理论存在，但我们不能因此否认这种理论对实现共产主义社会的积极作用，我们也不能用简单的是与非、对与错的思维方式来考量海德格尔与马克思的思想。比如，张汝伦就曾指出，马克思和包括海德格尔在内的现代西方哲学家由于着眼点不同，关注的问题不同，导致在"哲学的终结"的问题上具有不同的态度及结果。作为思想，这里没有孰优孰劣的问题，只是路向的不同而已。③

① ［法］F. 费迪耶等辑录：《晚期海德格尔的三天讨论班纪要》，丁耘摘译，《哲学译丛》2001 年第 3 期。

② 张文喜：《我的自我论证及其何以达到其他自我》，《学习与探讨》2000 年第 3 期。

③ 张汝伦：《马克思的哲学观和"哲学的终结"》，《中国社会科学》2003 年第 4 期。

论卢卡奇对现代性的双重批判

宋朝普[*] 鲁 奇^{**}

卢卡奇在"十月革命"后就开启了对现代性进行批判的篇章，即对物化现象和物化意识以及理性主义形式体系的批判在当今世界仍有重要的启发意义。由于卢卡奇自小就对资本主义制度下的生活怀有强烈蔑视与仇恨，他感觉到其家庭生活、匈牙利社会和整个现代世界已处于深度异化状态里，现代文明世界已深陷重重危机中。因此，卢卡奇对现代世界的反对其实是对现代资本主义社会的反对。在早年主要对文学社会学和历史哲学进行了批判性。但是"十月革命"的爆发和成功使他看到了解决现代世界危机的出路和新方向。因为东方革命给西方文明危机指出了另一条全新道路，即一条马克思主义的道路。其现代性批判由此得以深化并对西方界产生了深远影响，其批判的理论成果《历史与阶级意识》。如果马克思的现代性批判可以展现为对现代性的两大支柱——资本和现代形而上学——的批判的话①，那么卢卡奇在该文本中也对现代性进行了双重批判。因此，卢卡奇对现代性进行的双重批判在当今有何意义需要新的探讨。

一

卢卡奇在《历史与阶级意识》中，由对资本主义社会的物化现象展开了对现代性的批判。他的理论根据是马克思对商品形式的分析来阐发其物化范畴。马克思以为，一旦劳动产品作为商品出现就变成一种可感觉又

---

  * 宋朝普，男，博士，江西吉安人，武汉纺织大学马克思主义学院讲师，研究方向为马克思主义哲学和国外马克思主义。
 ** 鲁奇，女，哲学硕士，湖北武汉人，江西井冈山大学讲师，研究方向为马克思主义。
 ① 吴晓明：《论马克思对现代性的双重批判》，《学术月刊》2006 年第 2 期，第 46 页。

超感觉之物。商品的这种魔力来源于商品形式。然而，这只有在商品形式成为社会基本形式才会有可能，"商品形式必须渗透到社会生活的所有方面，并按照自己的形象来改造这些方面"①。因为商品交换及其相应商品关系在社会原始阶段就已发生，而且"一个商品形式占支配地位、对所有生活形式都有决定性影响的社会和一个商品形式只是短暂出现的社会之间是一种质的区别"②。商品形式向整个社会的真正统治地位的发展态势只有在现代资本主义中才会出现。只有在商品问题"不是仅仅表现为个别的问题，也不是仅仅表现为按专门科学理解的经济学的核心问题"，而是变为整个社会存在的普遍范畴的时候，由于商品关系而产生的物化才会在资本主义社会中全面扩展，并对社会的客观发展和人对社会的态度起着决定性影响。由此，卢卡奇引出其物化范畴。他借用马克思的话语来描述物化之基本现象："商品形式在人们面前把人们本身劳动的社会性质反映成劳动产品本身的物的性质，反映成这些物的天然的社会属性，从而把生产者同总劳动的社会关系反映成存在于生产者之外的物与物之间的社会关系。……这只是人们自己的一定的社会关系，但它在人们面前采取了物与物的关系的虚幻形式。"③

　　马克思此处讲的物化现象主要发生在商品交换领域。一旦劳动产品成为商品，人与人之间的关系就变为商品之间的关系，从而获得物性以及一种"幽灵般的对象性"，而且这种对象性具有自己的严格自律性。反过来，它控制了人的活动，并且掩盖了人与人之间关系的所有痕迹。人与人之间这种虚幻的物与物之间关系是如何产生呢？卢卡奇认为这是由商品中对象化的人类劳动抽象所致，即抽象人类劳动才使得商品形式得以普遍化。其实两者是内在统一的。

　　通过对这种抽象的、相同的和可比较的劳动所作的发生学考察，卢卡奇把韦伯的合理性概念包容进来。他指出，随着劳动过程的逐渐抽象化，合理化程度不断增加，工人的个性也就越来越被消除掉。此处，在生产过程中起作用的重要原则为"根据计算、即可计算性来加以调节的合理化原则"④。正是由于此条原则，人与劳动对象、人与人、人与自身之间以

---

① 卢卡奇：《历史与阶级意识》，杜章智等译，商务印书馆1999年版，第148页。
② 同上书，第147页。
③ 马克思：《资本论》第1卷，人民出版社2004年版，第89—90页。
④ 卢卡奇：《历史与阶级意识》，杜章智等译，商务印书馆1999年版，第152页。

及劳动对象之间发生了四重分离。劳动过程被机械地切割为许多部分，也切断了生产作为整体的产品之工人互相结合起来的共同体关联，其联系越来越被把他们结合进去的机械过程之抽象规律所中介，工人日益变为一个个孤立原子，同时也切断了工人个人与整个产品之间的有机关联，其工作被简化为机械的单纯重复劳动。更让人难受的是，工人的劳动力同其整个人格相对立的对象化，使得人格在此处也只能作为旁观者，无能为力地瞅着自己变为孤立分子，并被加入异己系统里去。因此，随着劳动过程之不断合理化与机械化，工人之活动不断失去其主动性和意志，从而对劳动过程形成一种直观态度。这种直观也改变了人对世界之态度。这在哲学上体现为"把空间和时间看成是共同的东西，把时间降到空间的水平上"①。这种把时间空间化之态度，其实是把具有质性的时间抽象化为可准确测定的物理意义上的同质时间，其结果是工人被抽象化为其身上所负载的一定量社会劳动时间。除此之外，他一无是处。对于现代文明世界的命运而言，要紧的是，随着人与人之间关系之物化以及劳动过程之理性化，工人被简化为抽象数量以及仅仅当作社会纯粹客体，从而工人命运成为整个资本主义社会之普遍命运。

卢卡奇通过结合马克思对资本主义世界的商品拜物教批判与韦伯的资本主义理性化批判原则提出了其物化理论。姑且不论此种结合是否"非法的对接"，其实卢卡奇在此处提出了一个重要观点，即物化的现代性特点可精要地表达为形式化和抽象化原则，"卢卡奇对现代性批判的贡献在于，他依循马克思（并且在某种程度上也依循韦伯和西美尔）所制定的基本方向，把物化现象的现代性特征主要地揭示为抽象化、形式化和合理化，并就此作出了较为充分的发挥"②。卢卡奇在分析商品形式时把商品形式之普遍性和人类劳动之抽象看成是内在的共生关系，以及引进韦伯之合理性原则以及对时间空间化的物化现象之描述，这些都标明卢卡奇事实上已把形式化和抽象化原则看成是物化现象的现代性之典型特征。按照韦伯之说法，形式化和抽象化原则即形式理性原则。此条原则是资本主义社会之一般表现形式，它主宰着资本主义社会各个方面。正是由于形式理性之抽象性和普遍性，它遮蔽了一切物之直接物性和人之价值维度，从而使

---

① 卢卡奇：《历史与阶级意识》，杜章智等译，商务印书馆1999年版，第154页。
② 吴晓明：《思入时代的深处》，北京师大出版社2006年版，第371页。

一切物获得一种新的物性和客观性，使人非人化、物化，并流于对世界之直观。形式理性原则不仅渗透进社会各个行业和机构中，也表现在各门人文社会科学中，如经济学、法学和哲学等。

　　物化已成为资本主义社会普遍存在的现象，它以形式理性原则为自己的具体内容。但此种原则要变为现实，还需以物化意识为中介物。物化意识具有直接性质，"意识的物化就是物化直接性的被动的和直观的精神再生产"①。它只停留在对眼前所见事实之认识和接纳上，因此它仅认这种形式原则为资本主义社会之唯一现实，而对不被形式原则所包容之内容一律不予接纳。对物化意识来说，这个充斥着物的世界才是真实世界，而在物与物之间关系背后隐藏的人与人之间的真实社会关系反而被认为是虚假的。由于商品形式和物化现象已成为资本主义社会的普遍范畴，物化意识也就成为资本主义社会中人的普遍命运。物化意识体现在社会各个领域里。分工已经侵入"伦理领域"，"对于整个社会来说，这（种分工）并没有削弱作为基本范畴的物化意识结构，而是加强了它。……只有资本主义才随同实现整个社会的统一经济结构，产生出一种——正式的——包括整个社会的统一的意识结构"②。而且此种物化意识结构不仅在工人身上发生，也强烈地发生在资本家身上。所以，商品形式之普遍性必然使得抽象化和形式化原则成为资本主义社会之主导范畴，以及相应地导致物化意识之出现。而物化意识又进一步使得形式化原则得以强化，甚至永恒化。

　　物化现象以形式理性原则为自己之内在规定性。此种形式化原则把整个世界分成各个不同的合理部分，每个部分都有自身特殊的理性规律。从直接上和表面上来看，这个世界似乎形成为一个有规律的合理一统系统，但是由于这些局部形式规律忽略其具体内容方面。因此，这种统一规律体系就显得松散零落，各种局部规律体系之间的联系就显得偶然，每个局部系统互相之间也体现出极大的独立性。换言之，这个世界中各个部分内部存在严格理性规律，而在局部理性规律之间，即在整体方面却呈现出非理性特征。卢卡奇在分析资本主义经济现象时说道："资本主义生产的整个结构是以下两个方面的相互作用为基础的：一方面，一切个别现象中存

---

　　①　Andrew Arato, Paul Breines, *The Young Lukács and the Origins of Western Marxism*, The Seabury Press, New York, 1979, p. 119.

　　②　卢卡奇：《历史与阶级意识》，杜章智等译，商务印书馆 1999 年版，第 116 页。

在着严格合乎规律的必然性；另一方面，总过程却具有相对的不合理性。"① 这就是物化范畴本身包含的内在悖论，即部分合理性与整体非理性之间之对立和矛盾，或者说纯粹理性形式与具体非理性内容之间的矛盾。

这种对立与矛盾才是物化现象之真实内涵。资本主义社会结构远非如资产阶级思想家所谈的是铁板一块，形式理性原则有其实践上和理论上的内在限度，"世界的这种表面上彻底的合理化，渗进了人的肉体和心灵的最深处，在它自己的合理性具有形式特征时达到自己的极限"②。只要形式理性原则到达自身的扩展限度，资本主义社会也就走到头了。

二

卢卡奇把物化现象的现代性特征主要表达为抽象化、理性化和形式化。这意味着形式理性原则为物化现象的内在规定性，而此种原则要成为现实，它还需要物化意识为中介物。这种物化思想基本上隶属于韦伯的思想视域。只是韦伯把这种社会理性化过程看作是积极的社会发展过程，它对整个资本主义社会具有建构性意义。而卢卡奇以为这个社会理性化过程也是一个社会不断物化之过程。"卢卡奇把合理化和物化看作是同一过程的两个方面，由此，他准备了两个论据，这两个论据虽然都是建立在韦伯分析的基础上，但却反对韦伯分析的结果。"③ 卢卡奇对韦伯的理性化思想进行改造，他以为理性化即物化。韦伯也谈理性化的吊诡，即理性化过程会导致所谓的"像钢铁般坚硬的外壳"的困境。然而，与韦伯对理性化的悲观情绪不同的是，卢卡奇以为，虽然物化是资本主义社会的普遍范畴，但这并非全部事实。物化范畴本身包含着内在悖论，即部分合理性与整体非理性之间的对立和矛盾，或者纯粹的理性形式与具体非理性内容之间的对立与矛盾。这些矛盾和对立可能永远存续从而物化成为我们的永恒命运，当然也有突破和消解的可能性，但这需要物化意识的祛除。

物化范畴内含的悖论就是生活中的事实，因为活在物化现象中的人是

---

① 卢卡奇：《历史与阶级意识》，杜章智等译，商务印书馆 1999 年版，第 169 页。

② 同上书，第 168 页。

③ 哈贝马斯：《交往行为理论》第 1 卷，曹卫东译，上海人民出版社 2004 年版，第 338 页。

不自由的，他至多具有生活主体的虚假外观，实际上他并非生活中的真正主人。物化范畴中的此种悖论并不仅仅存在现实生活当中，它还有其观念形态上的表达。我们认为，此种观念形态上的表现就是康德的自在之物概念。自在之物概念在哲学上表达物化范畴内含的悖论。其中形式合理性概念起着重要枢纽功能。"对于卢卡奇来说，形式合理性概念在商品形式与康德所分析的知性认识形式之间构成一座桥梁。"① 形式（合）理性最为充分地表现在现代科学技术当中。随着现代科学技术在生产生活中的广泛运用，理性原则也渗透到社会生活中的各个领域。而在哲学中，形式理性原则表现为知性认识方式。知性以数学和几何学以及后来的数理方法为指导原则去把握世界和认识对象，并把这种认识形式领会为认识世界的唯一方法。"这整个（近代）哲学的发展是和精密科学的发展不断地相互作用的，而精密科学的发展又是和技术、生产劳动经验的不断合理化相互作用的。"② 但不管在物化范畴中，还是在理性形而上学体系里，形式理性原则都存在内在限制。马克思通过政治经济学的危机理论来揭露资本主义社会中理性化的内在限度，而康德用自在之物概念来表现形式理性原则的局限性。我们在此处阐释自在之物概念和物化理论的内在悖论之内在一致，是为了揭示出作为现代性基本样式的物化现象与物化意识和作为现代性观念形态的理性主义形式体系之间的内在联系。

对卢卡奇而言，现代性的这两种表现样态是互为表里的。两者是一而二、二而一的关系，在本质上具有内在统一性。由此，对现代性的批判，应该是对这两个维度的双重批判。对物化和物化意识之批判的同时也必须展开对理性主义形式体系的批判。理性主义形式体系内部蕴含着主体与客体、自由与必然、形式与内容、意识与对象等等的对立与分裂。而把这种对立与分离当作哲学问题去看待，并企图去解决的是近代批判哲学。因此，此处我们可以把这种理性主义形式体系确立为近代批判哲学。康德提出的自在之物概念表现为理性主义形式体系内在对立与矛盾，而整个近代批判哲学就是为了解决这个自在之物难题进行殚精竭虑的努力。

自在之物概念的设立主要是为理性划定界限，即理性本身不是万能的，它不能统摄一切，这主要表现在内容和总体两个方面：当我们去认识

---

① 哈贝马斯：《交往行为理论》第 1 卷，曹卫东译，上海人民出版社 2004 年版，第338 页。
② 卢卡奇：《历史与阶级意识》，杜章智等译，商务印书馆 1999 年版，第 183 页。

现象界事物时，我们只能给予它们以纯粹知性形式，而不能给以内容；既然我们无法给以内容，我们自然也就无法到达总体。因此，当我们去认识"上帝"、"宇宙"和"灵魂"等理念对象时，我们就会陷入二律背反困境。内容问题与总体问题其实是同一个问题的两个方面。当我们用形式理性去认知世界时，如果我们能把非理性内容包容进去，那么我们就可建构一个理性总体。"经验的事实就其真实性而言，是否可看作是'既定的'，或它们这一既定性是否会溶化为理性的形式，也就是是否可设想为是由'我们'的知性所创造的。但这样一来，这一问题也就成了决定体系是否可能的问题了。"① 只要作为形式的内容之既定性问题真正获得解决，作为总体的体系问题也就不攻自破。康德的自在之物概念其实是资产阶级思想的二律背反难题，它真实地表现了现代资产阶级在资本主义社会中的生存窘境。资产阶级凭借普遍知性形式创造出一个理性世界，并日渐掌握社会领导权；但同时它本身也被编织进这个形式理性体系中，从而日益无力领导这个社会向前进展。

自在之物概念表达出物化范畴的内在悖结，同时也表现出现代性的内在对立与矛盾。因此，对自在之物内含矛盾，即资产阶级思想二律背反的企图解决，可看成是突破现代性问题的一次有益尝试。从康德到黑格尔的哲学努力，可看作是为解决此问题而走过的一条艰辛的思想道路。康德与费希特的主体性哲学之路，席勒的美学救赎路径，无果而终。黑格尔把自在之物问题放置于历史当中，走实践的辩证法道路，似乎成功在望，但终因他把解决之道放逐于纯粹哲学领域中，排除了真实历史与历史过程，最终陷于直观与理论领域，从而功亏一篑。黑格尔提出化解问题的正确方向——历史辩证法——而只有找到真正历史主体，问题才能得以最终解答。其败笔在于取消历史。因此，问题之关键在于坚持历史辩证法道路去创造出历史主体，而且这个主体只有在具体历史当中去找寻。卢卡奇接着黑格尔辩证法道路往前走，并企求在马克思思想视域中去寻求问题的解决，他把这个具体的历史主体寄托在无产阶级身上。他以为只有无产阶级才能担当这个伟大历史使命，即作为同一的历史主客体去扬弃资本主义社会中的物化现象和物化意识，从而使得人与人之间的物的关系复归为人与人之间的真正社会关系。

---

① 卢卡奇：《历史与阶级意识》，杜章智等译，商务印书馆 1999 年版，第 187—188 页。

由上可知，近代批判哲学强烈批判现代性并企图超越现代性，但是它最终却体现为对现代性思想的维护和巩固。卢卡奇认为"近代批判哲学是从意识的物化结构中产生出来的"，并且得出结论说："古典哲学把它的生存基础的所有二律背反都推到了它在思想中能够达到的最后的极点，它尽可能地在思想上表达了这些二律背反，但对这种哲学来说，它们仍是没有解决的和不能解决的二律背反"①。这些论述表明，近代批判哲学并没有最终解决它提出的资产阶级思想之二律背反问题，它只是在观念范围内提出一套表面解决问题的虚假方案，从而在根本意义上与物化现实结成温暖平和的关系，因此近代批判哲学并没有找到消解物化现象的真实途径，它仍旧是物化现象和物化意识的哲学思想表达。在阐释近代批判哲学为资本主义条件下的物化现象的哲学表达时，张双利进行了深刻论证："一方面，在抽象劳动的原则成为生活中的现实之后，不仅工人被迫成为整个过程的客体，个别资本家被迫承认资本的运行过程有着它不以人的意志为转移的规律性，而且哲学也已经彻底地陷入了无能的状态。……另一方面，整个近代的主体性哲学又通过制造出一个关于大写的主体的神话而为现代人的这一困境提供了一份虚假的解决方案。"② 正是由于近代批判哲学的无能为力与对问题的虚假解答，因此它不但没有扬弃物化现象，反而在观念上维护和表现物化现象和物化意识。

三

综上可知，卢卡奇对现代性的双重批判可谓鞭辟入里、思想深刻。在西方思想上，卢卡奇现代性批判思想不仅针砭时弊，而且意义深远，对现代性愈加强化着的当代世界有着重要警醒和启示作用。尽管在当代，现代性的基本样式不再主要表现为物化现象和物化意识，但物化现象体现的现代性特征，即形式化、理性化和抽象化在当今世界却有进一步播散和强化趋势，而且现代性观念形态即现代性的内在悖论不仅没有得到化解，反而体现得愈加复杂与强烈。实证主义不仅没有衰亡，而且仍然在当代社会顽

---

① 卢卡奇：《历史与阶级意识》，杜章智等译，商务印书馆1999年版，第180、231页。
② 复旦大学当代国外克思主义研究中心：《国外马克思主义研究论丛》（第1辑），人民出版社2009年版，第54页。

固地存续。客观理性主导的现代文明世界似乎就是人类历史的终结所在。现代性的内在本质在当代依然如旧。这表明卢卡奇的现代性批判在当代世界仍然意义重大。在当代中国，社会主义现代化建设正在向纵深方向发展。30 多年的改革开放肯定了现代化道路的正确性，以资本主导来进行现代化已获得国人共识，但对资本的信仰和崇拜也应运而生。与此同时由于我国经济的发展速度过快，与政治、文化、生态等方面的发展不甚协调，现代性问题也接踵而至。富士康现象以及近年来频繁现身的食品安全事件就是明证。此时青年卢卡奇的现代性批判对中国就具有特别的现实意义。他对物化意识的批判，对人本主义的诉求对我国频现的许多现代性问题起着不可替代的批判和疗救作用。

我们也应清醒地看到马克思对现代性的双重批判关乎历史的和实践的向度从而达到本质性的原则高度，而卢卡奇的现代性批判由于缺失社会历史的存在论基础之维度，就总体而言被称为隶属于黑格尔主义的批判范式。这在一定意义上言之有理。卢卡奇批判资本主义社会中的物化现象，并且把物化现象归结于物化意识，后来他把物化意识的祛除寄托在无产阶级意识的唤醒上。这种批判从根本上说是一种意识形态批判，从而在哲学根基上从属于黑格尔主义。《历史与阶级意识》的目的就是复活黑格尔的辩证法以恢复马克思理论的革命本质。其中他是完全拘泥于黑格尔哲学来讨论异化问题。"它（对异化问题的讨论）是用纯粹黑格尔的精神进行的。"这足以说明卢卡奇现代性批判具有黑格尔主义性质。

卢卡奇的现代性批判带有黑格尔主义性质，他也因此被称为黑格尔主义的马克思主义者或马克思主义的黑格尔主义者。从存在论基础上来说，对此吴晓明有深刻见解："卢卡奇对以康德为代表的现代性原则的批判，从总体上来说立足于——并且仅仅立足于——黑格尔；至于他为这一批判所补充的关于马克思思想的解释，从内在巩固的存在论基础上来说则几乎是无关紧要的，或者说是模棱两可的。"① 但是，如果从卢卡奇的理论旨趣来看，他已开始在尝试着超越黑格尔。黑格尔对近代哲学进行了深刻批判，并竭力去解决现代性的根本问题，即自在之物问题。但是，由于他把具体的历史主体放置于历史之外而宣告失败。他的现代性批判道路实质上只是一条理论道路或直观道路。而卢卡奇接着黑格尔的历史辩证法道路往

---

① 吴晓明：《思人时代的深处》，北京师大出版社 2006 年版，第 376—379 页。

下走，他要使同一的历史主客体在具体的社会历史过程中得以实现出来。这条道路在本质上已是一条实践道路。在某种程度上我们可以讲，卢卡奇在此处已开始超越黑格尔了。张双利在评价卢卡奇和黑格尔关系时极有见地地指出："卢卡奇和黑格尔之间的关系并不是没有张力的。一方面，黑格尔的哲学的确是卢卡奇的重要思想资源，这既包括它对现代世界的批判，也包括它对整个近代哲学的批判；另一方面，由于在根本上德国古典哲学与资本主义世界是一致的，它又是卢卡奇所竭力批判和超越的对象。因此，我们绝不能简单地说，卢卡奇的思想，尤其是他的总体性理论，纯粹是黑格尔主义的，而应该说它是充满着张力的。正是这些内在的张力才构成了其思想的魅力。"① 这种观点表明，卢卡奇的现代性批判思想与黑格尔主义哲学之间有一定的思想张力，而正是这种张力使得卢卡奇思想既源自于黑格尔主义，又开始超越黑格尔主义。或许他还没真正到达马克思思想的原则高度，但他依据新的时代状况尝试重新理解和发展马克思思想，就此我们可以说他已行进在通往马克思思想的道路上。

---

① 复旦大学当代国外马克思主义研究中心：《国外马克思主义研究论丛》（第2辑），人民出版社2010年版，第106页。

马克思主义的真理性永存

——《唯物主义与经验批判主义》读书笔记[*]

王瑞萍[**]

《唯物主义与经验批判主义》是阐述马克思主义原理的一部经典著作。列宁通过批判马赫主义的物质观、马赫主义的实践观、马赫主义的真理观和马赫主义的认识论，清楚地阐述了哲学上存在着两条路线的对立和斗争，从而告诉我们马克思主义的真理性永存，马克思主义哲学是完备的哲学唯物主义。由于列宁认为"马赫主义，虽然自称是马克思主义，但是，其哲学基础是唯心主义，动摇在唯物主义与唯心主义之间"[①]，"是一团糟的东西，是唯物主义与唯心主义的混合物。"[②] "是恩格斯以应有的鄙视称为'折衷主义'的残羹剩汁'"[③]。因此，列宁提出对马赫主义的批判"首先必须把这种哲学的基础和辩证唯物主义的理论基础加以比较。"[④]而"我们提到的哲学家都是用唯心主义路线代替唯物主义的哲学路线（从存在到思维、从物质到感觉）"[⑤]，从而捍卫了马克思主义的真理。

---

[*] 本文为甘肃省 2011 年哲学社会科学规划项目："转型时期甘肃少数民族社会心态建设与民族地区社会发展研究"；甘肃省 2011 年"十二五"教育规划项目："甘肃人口较少民族青年发展问题研究（GS〔2011〕GHBG028）"；2012 年国家民委民族问题研究项目："西北民族地区宗教对民族团结影响研究"（2012—GM—034）阶段性研究成果。

[**] 王瑞萍（1977— ），女，甘肃政法学院思想政治理论课教学部、行政学院讲师，研究方向是马克思主义理论。

[①] 《列宁选集》第 2 卷，人民出版社 1973 年版，第 43 页。

[②] 同上书，第 61 页。

[③] 同上书，第 59 页。

[④] 同上书，第 364 页。

[⑤] 同上书，第 145 页。

一　对马赫主义开展四大批判阐述马克思主义的基本原理

（一）批判马赫主义的物质观

马赫主义的精神导师贝克莱认为，物质是不存在的，是无。贝克莱说："如果你们愿意的话，你们可以在别人使用无正规词的意义上使用物质一词。"① 贝克莱认为因为唯物主义的物质观的存在，所以，唯物主义就把世界二重化了。"我们对它们〈观念或物〉的认识曾经异常模糊、异常混乱，而且由于设想感性客体有二重（twofold）存在，即一个是心智的或心内的存在，一个是实在的、心外的〈即意识之外的〉存在，因而陷入非常危险的谬误。"② "物质或者未被感知的物的存在不仅是无神论和宿命论的主要支柱，而且也是各色各样的偶像崇拜所依据的原则。"③ 马赫主义的代表人物阿芬那留斯认为："形而上学的绝对概念下的物质观是完全没有意义的东西。"④ 马赫认为："我们称之为物质东西，只是要素（感觉）的一定有规律的联系。"⑤ 列宁在这个问题上，首先从物质与精神的关系出发，强调物质的第一性，同时，进一步指出在物质与精神关系上的两条路线的对立和斗争，批判马赫主义对马克思主义物质观的歪曲，阐述马克思主义物质观的真谛，划清唯物主义与唯心主义物质观的区别。列宁指出："如果你们认为人感知的是客观实在，那么就需要一个关于这种客观实在的哲学概念，这个概念很早以前就制定出来了，它就是物质。"⑥ "物质是标志客观实在的哲学范畴，这种客观实在是通过感觉感知的，它不依赖我们的感觉而存在，为我们的感觉所复写、摄影、反映。"⑦ 列宁认为："他们否认物质，也就是否认我们感觉的外部的、客观的源泉，否认和我们感觉相符合的客观实在。"⑧ 列宁也特别强调："当然，就是物质与意识的对立，也只是在非常有限的范围内才有绝对的意义，在这里，仅

---

① 《列宁选集》第 2 卷，人民出版社 1973 年版，第 21 页。
② 同上。
③ 同上。
④ 同上书，第 128 页。
⑤ 同上。
⑥ 同上书，第 144 页。
⑦ 同上。
⑧ 同上书，第 146 页。

仅在承认什么是第一性的和什么是第二性的这个认识论的基本范围内才有绝对的意义，超出这个范围，物质和意识的对立无疑是相对的。"①"一切知识来自经验、感觉、知觉。这是对的。但试问属于知觉的，也就是说，作为知觉源泉的是客观实在吗？如果你说是，那你就是唯物主义者。如果你说不是，那你就是不彻底的、你不可避免地陷入主观主义、陷入不可知论。"② 列宁认为："接受或抛弃物质概念这一问题，是人对他的感官提示是否相信的问题，是关于我们认识源泉的问题。"③

（二）批判马赫主义的实践观

列宁认为：实践的观点是马克思主义的一贯坚持的观点。马克思在1845年，恩格斯在1888年、1892年都把实践标准作为唯物主义认识论的基础。马克思指出：离开实践提出人的思维是否具有真理性的问题是经院哲学，恩格斯认为对休谟和康德的不可知论和其他哲学怪论的最有力驳斥就是实践。马赫主义则把实践作为一种在认识论上不值得研究的东西加以排斥。马赫把每个人用来区别错觉和现实的实践标准置于科学的认识论的界限之外，认为实践是一回事，认识论完全是另一回事，人们可以把它们并列在一起，不能够用前者来制约后者。马赫说："认识是对生物机体的心理体验。只有成功能够把谬误与真理区别开来。概念是物理学的作业假设。"④ 阿芬那留斯则把感觉与实践相脱离，提出的思维经济的原则和世界的统一性都来自人的感觉。自称为恩格斯信徒的俄国马赫主义代表人物巴札洛夫则认为：恩格斯的观点是"感性的表象也就是存在于我们之外的现实"。⑤ 列宁认为："这恰恰就是马赫主义的基本的谬论、基本糊涂思想和错误观点，这种哲学的其余一切的胡言乱语都是一次产生的。"⑥

列宁认为恩格斯十分清楚地阐述了唯物主义的理论，即思想反映对象的理论。物存在我们之外，我们的知觉和表象是物的映像，实践检验这些映像，区别它们的真伪。列宁指出："人的思维在正确地反映客观真理的

---

① 《列宁选集》第2卷，人民出版社1973年版，第146—147页。
② 同上书，第144页。
③ 同上书，第129页。
④ 同上。
⑤ 同上书，第112页。
⑥ 同上书，第121页。

时候才是'经济的'，而实践、实验、工业是衡量这个正确性的准绳。只有在承认客观实在，即否认马克思主义基础的情况下，才会一本正经地谈论认识论中的思维经济。"[1] "生活、实践的观点，应该是认识论的首要、基本的观点。此种观点必然导致唯物主义……当然，在这里不要忘记，实践标准本质上决不能完全证实和驳倒人类的任何表象。这个标准是这样不确定，以便不至于使人的知识变成绝对，同时它又是这样确定，以便同唯心主义和不可知论的一切变种进行无情的斗争。如果为我们的实践所证实的是唯一的、最终的、客观的真理，那么，因此就得承认，坚持唯物主义观点的科学道路是走向这种真理的唯一道路。"[2]

（三）批判马赫主义的真理观

马赫主义在俄国的代表人物波格丹诺夫认为马克思主义否定真理的客观性、否定永恒真理。波格丹诺夫说："真理是思想的形式，是人类经验的组织形式。"[3] 列宁认为："如果真理只是思想的形式，那就是说，不能有不依赖主体，不依赖人类的真理了……如果真理是人类经验的组织形式，那么地球存在于任何人类经验之外的论断就不可能是真理了。"[4] 在马赫主义的唯心主义看来，客观真理是不会有的，列宁认为在唯物主义看来，客观真理是会有的，列宁指出："如果物体是感觉的复合，那么很明显，在我们面前的是不可避免地会否定客观真理的哲学主观主义。如果把感觉叫作要素，这种要素在一种联系上构成物理的东西，在另一种联系上构成心理的东西"[5]，这就是否定客观真理，也是马赫主义的必然结果。

列宁认为30年前，恩格斯在《反杜林论》中就解决了客观真理与永恒真理的关系问题。恩格斯指出："一方面人的思维的性质必然被我们看做绝对的，另一方面人的思维又是在完全有限的思维的个人中实现的。这个矛盾只有至少对我们来说实际上是无止境的人类世代更迭中才能得到解决。从这个意义上说，人的思维是至上的，同样又不是至上的，它的认识能力是无限的，同样又是有限的。按它的本性、使命、可能和历史的终极

---

① 《列宁选集》第 2 卷，人民出版社 1973 年版，第 171 页。
② 同上书，第 143 页。
③ 同上书，第 121 页。
④ 同上书，第 125 页。
⑤ 同上。

目的来说，又是不至上的和有限的。"①在坚持马克思主义真理观的基础上，列宁对马赫主义的下列五个所谓真理观进行了批判。

1. 对马赫的"物即感觉的复合"批判

列宁认为马赫关于"物即感觉的复合"的学说，是主观唯心主义，是贝克莱主义的简单重复。马赫的学说"除了我们只感觉我们自己的感觉这一点外，没有丝毫创见，没有一点思想闪光"。②按照马赫的这个学说，"那么由此必然得出一个结论：整个世界只不过是我的表象而已。从这个前提出发，除了自己以外，就不能承认别人的存在，这是最纯粹的唯我论"。③列宁指出："由此可见，唯物主义和马赫主义在这个问题上的区别可以归结如下：唯物主义与自然科学完全一致，认为物质是第一性的东西，意识、思维、感觉是第二性的东西，因为明显的感觉只和物质的高级形式（有机物质）联系，而在物质大厦本身的基础中假定有一种和感觉相似的能力。""马赫坚持相反的唯心主义观点，于是就马上陷入荒谬之中。因为，第一，它不顾感觉只和按一定方式组成的物质的一定过程相联系这一事实，把感觉当做第一性的东西。第二，由于它假定除了那个大写的自我之外还存在着其它生物和其它复合，物体时感觉的复合这一基本前提就遭到破坏。"④

2. 对马赫的"感觉即心理要素的构成"的批判

马赫认为在物体的复合、身体的复合的联系上，这个要素复合的互相依存的关系才产生感觉。这就是说物理对象与心理对象一致的时候，我们才能产生感觉。列宁认为这个要素说是"可怜的诡辩"、"妄图用一个比较客观的词语来掩饰唯我论真面目的唯心主义。"⑤

3. 对阿芬那留斯的原则同格和素朴实在论的批判

阿芬那留斯的原则同格就是自我与环境不可分割，阿芬那留斯的素朴实在论就是既承认自我也承认环境是同在，意识和物同在。列宁认为，这是在重复贝克莱的观点，走的是主观唯心主义的路线，即："世界是我的

---

① 《列宁选集》第 2 卷，人民出版社 1973 年版，第 126 页。
② 同上书，第 38 页。
③ 同上书，第 22 页。
④ 同上。
⑤ 同上书，第 50 页。

感觉，非我是由我们的自我规定（创造、产生）。"①"我感觉的只是我自己的感觉，我没有权力假定在我的感觉之外有自在客体。"②。

4. 批判哲学的蒙昧主义

对于没有任何感觉复合的史前时代，阿芬那留斯认为同格与自我和环境不可分割，人是这个同格的中心项。在没有人存在以前的地球上，人还在，是潜在的中心项。彼得楚尔特认为地球之所以存在是因为与现在的存在有着因果联系，维利认为不一定把经验理解为人的经验，应该把动物界，包括蛆虫都可以看作原始人。巴札洛夫认为可以运用鱼龙的感觉器官和始祖鸟的直观形式想象世界。卢那察尔斯基认为可以设想宗教的观念与过去的存在一致。列宁把这些原则同格和素朴实在论的形形色色的言论称之"哲学的蒙昧主义"。

5. 批判"嵌入说"

阿芬那留斯认为把思想放进头脑，把看得见的东西放在人前，是人脑的机能。列宁认为："嵌入说是一堆糊涂的思想，并且与自然科学相矛盾。自然科学坚决主张：思想是头脑的产物；感觉即外部世界的映像是存在我们之内的，是物对我们感觉器官作用引起的。"③

（四）批判马赫主义的认识论

贝克莱在1710年出版的《人类知识原理》一文中认为："我们否定其唯一存在物，是哲学家叫作物质或者有形体的东西。物是观念的集合。"④ 贝克莱所说的观念，是感觉，不是抽象的思想。贝克莱说："我完全不能理解，怎么能撇开人的感知来谈我的绝对存在呢？存在就是被感知。"⑤ 列宁认为："贝克莱从神对人心的作用引出观念，这样他就接近了客观唯心主义：世界不是我的表象，而是一个至高无上的精神原因和结果，这个至高无上的精神原因创造自然规律，也创造那些把'比较实在的观念和不大实在的观念区别开来的规律'"。⑥ 列宁认为贝克莱"只是否

---

① 《列宁选集》第2卷，人民出版社1973年版，第64页。
② 同上。
③ 同上书，第87页。
④ 同上书，第19页。
⑤ 同上。
⑥ 同上书，第21页。

定哲学家们的一种学说，即否定一种认识论，这种认识论认真坚决地承认外部世界及其在人的认识中的反映为其一切论断的基础。"① 贝克莱的这个认识论是与辩证唯物主义的认识论背道而驰的唯心主义认识论。列宁引用恩格斯对唯物主义的论述确认了这个结论，认为："恩格斯注意了唯物主义与唯心主义的区别，认为这两个派别的区别就在于：在唯物主义看来，自然界是第一性的，精神是第二性的；在唯心主义看来则相反。"②

马赫主义的不可知论在认识论问题上表现为两个方面的错误。其一，否认客观规律的存在，声称："除了逻辑必然性，任何其它必然性，例如物理的必然性都是不存在的。"③ "在自然中，既没有原因，也没有结果。"④ 其二，否认人能够认识客观规律，声称："人是自然规律的创造者"。⑤俄国的马赫主义者彼得楚尔特甚至以"伟大的一义性规律"这个逻辑先验论的命题否认存在自然界的规律和认识这个规律的可能性。波格丹诺夫则认为"因果律只是把许多现象联系起来的一种方法，仅仅是使经验协调的形式。"列宁认为这是重复休谟和康德在因果性问题上的不可知论的错误，是"穿着斑驳陆离、刺人眼目的最新术语做成小丑服装的主观唯心主义"。⑥列宁明确指出："承认自然界的必然性，并从其中引出思维的必然性，这是唯物主义。从思维中引出必然性、因果性、规律性，这是唯心主义。"⑦

列宁认为："认识论的第一个前提无疑就是：感觉是我们知识的唯一源泉。马赫承认了第一个前提，但是搞混了第二个重要前提：人通过感觉感知的是客观实在，或者说客观实在是人的感觉源泉。从感觉出发，可以遵循着主观主义的路线走向唯我论（物体时感觉的复合或组合），也可以遵循着客观主义的路线走向唯物主义（感觉是物体、外部世界的映像）。"⑧列宁指出："唯物主义者认为世界比它的显现更丰富、更生动、更多样化，因为科学每向前发展一步，就会发现它新的方面。""一切知

---

① 《列宁选集》第 2 卷，人民出版社 1973 年版，第 22 页。
② 同上。
③ 同上书，第 159 页。
④ 同上。
⑤ 同上书，第 161 页。
⑥ 同上书，第 167 页。
⑦ 同上。
⑧ 同上书，第 126 页。

识来自经验、感觉、知觉。这是对的。但试问属于知觉的，也就是说，作为知觉源泉的是客观实在吗？如果你说是，那你就是唯物主义者。如果你说不是，那你就是不彻底的，你不可避免地陷入主观主义、陷入不可知论。唯物主义认为我们的感觉是唯一的和最终的客观实在的映像，所谓最终的，并不是说客观实在已经被彻底认识了，而是说除了它，没有也不能有别的客观实在。"①

列宁认为时间和空间的问题是"真正划分根本哲学派别的认识论的基本问题"。针对马赫主义者否认时间和空间的客观实在性的反唯物主义的观点，列宁指出："只有承认了空间和时间的客观实在性，才能真正克服在这个问题上的唯心主义立场，而这是马赫无论如何不愿意干的。"②列宁指出："在波格丹诺夫看来，空间和时间的各种形式适应人们的经验和人们的认识能力。事实上，恰恰相反，我们的经验和我们的认识正日益适应客观的空间与时间，日益正确而深刻地反映它们。"③

二 阐述了马克思主义的"世界观的出发点"

(一) 马克思主义"世界观的出发点"

列宁在批判俄国的马赫主义者对恩格斯的歪曲时，提出了马克思主义"世界观的出发点"的论题。列宁在 1913 年写的《马克思主义的三个来源和三个组成部分》一文中认为，马克思主义是一个"十分完整而严备的世界观"。马赫主义在俄国的代表人物巴札洛夫说："恩格斯的许多个别观点，比方说，他关于纯粹的时间和空间的观念，现在已经陈旧了。"④列宁批判巴札洛夫时指出"把马克思和恩格斯的唯物主义世界观的出发点同它们关于时间与空间的客观实在性这个个别观点对立起来，就像把马克思的经济学说的出发点同他的剩余价值这个个别观点对立起来一样，是荒谬绝伦的。把恩格斯关于时间和空间的客观实在性的学说同他关于客观自在之物变成为我之物的学说分开来，同他对客观真理和绝对真理的承认（就是承认我们通过感觉感知客观实在）分开来，这就等于把完整的哲学

---

① 《列宁选集》第 2 卷，人民出版社 1973 年版，第 127 页。
② 同上书，第 179 页。
③ 同上书，第 189 页。
④ 同上书，第 186 页。

变为杂烩。"①

（二）马克思主义"世界观的出发点"的两个特征

1. 哲学的党性原则

列宁认为在马赫主义的背后"不能不看到哲学上的党派斗争，这种斗争归根到底表现着现代社会中敌对阶级的倾向和思想体系。最新的哲学象在二千年前一样，也是有党派的，唯物主义和唯心主义按其实质来说是两个斗争的党派"。② 在批判马赫主义企图调和唯物主义与唯心主义的做法时，列宁认为："哲学上无党性的人，象政治上无党性的人一样，是不可救药的蠢材。"③ "在一切党派中，最可鄙的就是中间党派。"④ 列宁认为中间党派是"讨厌的烂泥"。哲学是"一门有党性的科学"⑤。马克思主义者的任务就是"要善于吸取和改造这些帮办所获得的成就（例如在研究新的经济现象如果不利用这些帮办的著作，就不能前进一步），并且要善于消除他们的反动倾向，贯彻我们自己的路线，同敌视我们的各种力量和阶级的整个路线做斗争"。⑥ 列宁认为："在这个由一整块铸成的马克思主义哲学中，决不可以去掉任何一个重要部分，不然就会离开客观真理，就会落入资产阶级的反动怀抱。"⑦

2. 唯物主义与唯心主义两条路线的斗争

列宁认为"马克思的全部哲学言论，都是以说明这两条路线的根本对立为中心的……事实上，鄙弃这些调和唯物主义与唯心主义的无聊伎俩，正是沿着十分明确的哲学道路前进的马克思的最伟大的功绩。"⑧ "和马克思完全一致并同马克思密切合作的恩格斯，在自己的一切哲学著作中，在一切问题上都简单明白地把唯物主义路线与唯心主义路线对立起来。"⑨ 列宁在《唯物主义与经验批判主义》大量引用恩格斯对马克思主

---

① 《列宁选集》第 2 卷，人民出版社 1973 年版，第 186 页。
② 同上书，第 365 页。
③ 同上书，第 292 页。
④ 同上书，第 347 页。
⑤ 同上书，第 349 页。
⑥ 同上书，第 350 页。
⑦ 同上书，第 332 页。
⑧ 同上书，第 344 页。
⑨ 同上。

义的辩证唯物主义基本原理、基本思想、基本观点的分析和阐述，反复强调哲学上的两条路线的对立和斗争，以此划清辩证唯物主义与唯心主义的基本界限。列宁认为恩格斯："同杜林的全部斗争始终是在彻底贯彻唯物主义这个口号下进行的。恩格斯谴责唯物主义者杜林用空洞的字眼来混淆问题的实质，谴责他夸夸其谈，采用向唯心主义让步和转到唯心主义立场上去的论断方法。"①列宁说："把哲学家分为两大阵营：唯物主义者与唯心主义者……认为两个派别之间的基本差别就在于：在唯物主义者看来，自然界是第一性的，精神是第二性的；在唯心主义者看来则相反。恩格斯把休谟和康德的信奉者放在两者之间，称他们为不可知论者，因为他们否定认识世界的可能性，或者是至少否认彻底认识世界的可能性。"②

三　马克思主义理论是真理而永存

通过对马赫主义的四大批判和对马克思和恩格斯的唯物主义世界观出发点的阐述，列宁论证了马克思主义的真理性永存的主题，这个主题通过以下四个方面得到令人信服的说明，即人类社会存在一天，马克思主义的真理性就不会过时，马克思主义的真理性始终与人类的认识和改造社会的伟大实践紧密结合。

1. 唯物主义与唯心主义的对立永存

列宁认为唯物主义与唯心主义的对立永存，可以从两方面证明：其一，哲学的重大基本问题的对立永存。列宁指出："恩格斯指出的哲学的重大基本问题的对立永存。恩格斯认为："全部哲学，特别是近代哲学的重大的基本问题，是思维对存在、精神对自然界的关系问题。"恩格斯根据这个基本问题把哲学家划分为两大阵营。哲学的基本问题还有另外一个方面，这就是"我们关于我们周围世界的思想对这个世界本身的关系是怎样的？我们的思想能不能认识现实世界？我们能不能在我们关于现实世界的表象和概念中正确反映现实。"③ 其二，两条认识路线永存。列宁认为无论唯物主义还是唯心主义都是对观念、感觉、客体的关系的认识，这

---

① 《列宁选集》第 2 卷，人民出版社 1973 年版，第 345 页。
② 同上。
③ 同上书，第 121 页。

些关系式永存的。所以，两条认识路线也是永存的。"唯物主义承认自在客体或心外客体，认为观念和感觉是这些客体的复写和反映。与此相反，唯心主义认为：客体不存在心外；客体是感觉的复合。"① 列宁认为马赫主义是对基本的哲学派别的历史惊人的无知的结果。"唯物主义与唯心主义哲学信徒的基本差别在于，唯物主义把人的感觉、知觉、表象和一般意识看作是客观实在的映像。世界是为我们的意识所反映的这个客观实在的运动。和表象、知觉等等运动相符合的是我们之外的物质运动。"②

2. 辩证唯物主义的原理永不过时

列宁认为辩证唯物主义的原理永不过时，其原因在于"唯物主义的基本特征在于，它的出发点是科学的客观性，是承认科学反映的客观实在；而唯心主义则需要弯路，以便这样那样地从精神、意识中，从心理的东西中引出客观性。"③ 马赫主义的错误就在于"它们忽视了哲学唯物主义的这个基础，忽视了形而上学唯物主义与辩证唯物主义的差别。承认某些不变的要素、物的不变的实质等待，并不是唯物主义，而是形而上学的即反辩证法的唯物主义"。④ 列宁批评狄慈根把思想叫作物质的，就是向混淆唯物主义与唯心主义迈出的错误一步⑤。批判马赫主义的没有物质的运动是哲学的唯心主义。列宁认为唯我论是"非常简单的唯心主义"，以不确定的感觉代替一切的观点是"非常复杂的唯心主义"。⑥ 俄国马赫主义的代表人物切尔诺夫认为恩格斯的学说是"素朴的独断的唯物主义"、"最粗陋的唯物独断主义"。理由是恩格斯反对康德的自在之物和对休眠哲学路线的议论。恩格斯认为康德和休谟属于否认认识世界可能性的哲学家。列宁认为休谟和康德这两个哲学家的共同点就是"他们把现象和显现者、感觉和被感觉者、为我之物和自在之物根本分开。但是休谟根本不愿意承认自在之物，他认为关于自在之物的思想本身在哲学上是不允许的，是形而上学。而康德则认为自在之物的存在是不可认识的。它和现象有原则的区别，它属于另一个根本不同的领域，即属于知识不能到达而信

---

① 《列宁选集》第 2 卷，人民出版社 1973 年版，第 121 页。
② 同上书，第 273 页。
③ 同上书，第 300 页。
④ 同上书，第 298 页。
⑤ 同上书，第 248 页。
⑥ 同上书，第 274 页。

仰却能够发现的彼岸"。① 列宁认为恩格斯的学说有三点：物事不依赖我们的意识、感觉而在我们之外存在的、在现象与自在之物之间不存在原则差别、认识论是辩证的，人的认识不是一成不变的，要经历一个从不知到知，从不完全、不确切到完全与确切的过程。

3. 唯物主义与唯心主义的斗争永存

列宁明确地提出："透过许多新奇的诡辩言词和学究气十足的烦琐语句，我们总是毫无例外的看到，在解决哲学问题上有两条基本路线、两个基本派别。是否把自然界、物质、物理的东西、外部世界看作第一性的东西，而把意识、精神、感觉（用现今流行的术语来说即经验）、心理的东西等等看作第二性的东西，这是一个根本问题，它实际上仍然把哲学家划分为两大阵营。"② 列宁认为："马克思恩格斯的天才正在于：他们在很长的差不多有半个世纪的时间内，发展了唯物主义，向前推进了哲学上的一个基本派别。"③ 列宁又认为马克思恩格斯把辩证唯物主义贯彻到底的一个很重要的方面就是："他们把胡言乱语、冠冕堂皇的谬论以及想在哲学上发现新路线和找出新方向的无数企图当作垃圾毫不留情地清除掉。"④ "一些自称为社会主义的人不愿意或不能够细心推敲马克思的提纲，而一些资产阶级的著作家、哲学家有时候却抱着十分认真的态度。"⑤ 像莱维指出："马克思和一切以往的唯物主义以及费尔巴哈一起承认，同我们关于物的表象相符合的是我们之外的实在的单独的（独立的）客体。"⑥

结束语：人类的认识在向辩证唯物主义迈进

在分析近代物理学为什么会产生令人惊讶的唯心主义的时候，列宁得到一个重要的结论，即人类的认识在向辩证唯物主义迈进。列宁从两方面分析了近代物理学产生唯心主义的原因时得到了这个结论。列宁认为物理学本身的进一步发展，一方面使"理性把规律强加于自然界"⑦，使数学

---

① 《列宁选集》第 2 卷，人民出版社 1973 年版，第 179 页。

② 同上书，第 343 页。

③ 同上。

④ 同上书，第 103 页。

⑤ 同上。

⑥ 同上。

⑦ 同上书，第 314 页。

家遗忘了物质，物质消失了，只剩下一些方程式。另一方面，相对主义原理在旧理论急剧崩溃的时期以特殊的力量强使物理学家接受①。列宁认为不懂得辩证法就必然从相对主义走向哲学唯心主义。列宁认为："这个相对主义与辩证法的关系，对于说明马赫主义在理论上的厄运，几乎是最重要的问题。"② 因为"自然界完全同历史一样，是服从辩证的运动规律的"。③ 列宁从海克尔的《宇宙之谜》中得到一个启示："自然科学的唯物主义必须在扩展为唯物主义之后才能成为人类伟大解放斗争中真正战无不胜的武器。"④ 列宁又指出："现代物理学是在临产中，它正在产生辩证唯物主义，分娩是痛苦的，除了生下一个活生生的、有生命力的生物，它必然会产生一些死东西，一些应该扔到垃圾堆里的废物。整个物理学的唯心主义、整个经验批判主义哲学以及符号论、经验一元论等等都是这一类废物。"⑤列宁所说的"活生生的、有生命力的生物"就是辩证唯物主义。列宁预言："物理学的唯物主义基本精神，正如自然科学的唯物主义精神一样，将克服所有一切危机，必须以辩证唯物主义代替形而上学的唯心主义。"⑥ 正如列宁所说全世界的事变进程都在证明马克思主义的辩证唯物主义的正确，在列宁看来马克思主义的真理性永存不是教条，而是能够可以凝练为下列名言的永存，即"马克思主义哲学是完备的哲学唯物主义，它把伟大的认识工具给了人类，特别是工人阶级"。⑦

---

① 《列宁选集》第 2 卷，人民出版社 1973 年版，第 312 页。
② 同上书，第 315 页。
③ 同上书，第 257 页。
④ 同上书，第 363 页。
⑤ 同上书，第 319 页。
⑥ 同上书，第 312 页。
⑦ 同上书，第 443 页。

对历史虚无主义的哲学评析

曾祥富[*]

历史虚无主义认为历史是虚幻而无规律的，从根本上说此种观点属唯心主义，它的产生有深刻的认识论根源、哲学发展和时代进步的要求等。由于在历史唯物主义之前的历史观总是带有唯心主义和虚无主义的痕迹，没有跳出历史虚无主义的怪圈。但是，历史唯物主义是马克思主义哲学的一大创造，"正像达尔文发现有机界的发展规律一样，马克思发现了人类历史的发展规律"[①]，把人类历史看成一个自然的历史过程，为历史认识和历史研究提供了到目前为止最为客观公正的哲学指导。因此，与历史唯物主义相对立的是各种唯心主义的历史观，历史虚无主就是其中之一。对于唯心主义历史观的批判，从马克思主义哲学诞生以来已经进行了上百年，为了引导人们正确、客观地认识历史，避免历史虚无主义的危害，很有必要全面认识历史虚无主义并从哲学层面揭露历史虚无主义的本质有重要意义。

一 历史虚无主义长期存在的根源

历史虚无主义，顾名思义就是把历史看成"虚"幻的、"无"规律的思想。它固执地用静止的、孤立的眼光看待历史，无视历史的前后联系和相互影响。它有两种突出表现：一是否认历史事实和历史规律的客观性，把历史创造看成是文艺创作似的主观思想活动，视人类历史为"任人打

---

* 曾祥富（1985— ），男，中国社会科学院研究生院哲学系博士研究生，研究方向哲学原理、历史唯物主义。

① 《马克思恩格斯选集》第 3 卷，人民出版社 1995 年版，第 776 页。

扮的小女孩";二是虽然承认历史发展有其内在规律,但是不接受历史唯物主义的基本原理,用先验的"理"、"理念"、"绝对精神"等范畴构建历史发展逻辑,用虚构的概念来"裁剪历史",当历史事实不符合头脑中的主观预设时就不惜忽视或者抛弃重大历史事实——使历史成为他们头脑中意识的外化。历史虚无主义的两种表现并非前后相继,但是在历史上都曾先后发生过重要影响。

从根本上说,历史虚无主义是历史唯心主义的一个派别。这一思潮的产生有其深刻的历史根源、阶级根源和认识论根源。毛泽东在《实践论》中明确指出:"在很长的历史时期内,大家对于社会的历史只能限于片面的了解,这一方面是由于剥削阶级的偏见经常歪曲社会的历史,另一方面则由于生产规模的狭小,限制了人们的眼界。"①

在资本主义大工业之前,由于生产力不发达,社会现象的本质无法充分暴露,人们对历史的感觉是神秘的、不可知的。自然经济的生产方式限制了地区之间的联系,人民在社会历史上所起的作用被英雄人物所掩盖,历史发展的本质、规律和真正动力都难以被人们正确地认识到。历史在人们面前展现为一个不可捉摸的未知世界。另外,阶级的偏见是历史虚无主义的另一个根源。资本主义产生之前的欧洲,封建专制禁锢人们的思想,把人与人的关系简单归结为物与物的关系,对历史的认识是歪曲的、不真实的,这就为历史虚无主义提供了温床。占统治地位的剥削阶级有意歪曲、夸大"劳心者"的思想、意识的作用,贬低"劳力者"的物质生产的作用。

人类社会与自然界有很大的不同,社会历史的发展要受到人的意识的影响,人们通过实践在历史中体现自己的意志,从而对历史发展产生能动的作用。"在社会历史领域中进行活动的,全是具有意识的、经过思虑或凭激情行动的、追求某种目的的人;任何事情的发生都不是没有自觉的意图,没有预期的目的的。"② 社会历史的这一特点很容易使人们产生困惑,要么认为历史发展是人们主观意志的产物,人们可以任意创造或者割裂历史;要么认为人在历史面前是无能为力的,历史对人来说是混沌"虚无"的。

---

① 《毛泽东选集》第 1 卷,人民出版社 1991 年版,第 283—284 页。
② 《马克思恩格斯选集》第 4 卷,人民出版社 1995 年版,第 243 页。

从某种程度上来说，否认历史的前后联系也是西方资本主义上升时期的一种需要，有其历史必然性。资本主义的发展是历史的进步，资产阶级的壮大以及相伴随的资产阶级思想的发展，必然在思想、文化方面提出代表自身利益的新的要求，为了冲破传统思想和制度的束缚，否定传统便成为思想解放的一种途径。一方面传统思想把历史简单化为虚无，另一方面资产阶级要通过破旧立新来赢得新世界，两种力量从不同方向起作用，共同催生了历史虚无主义。

二　唯物史观之前关于历史观的探索及其局限

在反对历史虚无主义的诸多思想家中，黑格尔的贡献是很突出的，它的最大贡献就在于在人类历史上第一次以辩证的观点看待历史，把人类历史看成由低级向高级不断发展的、有内在规律的必然过程。但是又把人的意志背后的动力归结为神秘莫测的"绝对精神"，这样，历史发展的根本动力又返回到了意识领域。恩格斯对此有精确的评价："黑格尔把历史观从形而上学中解放了出来，使它成为辩证的，可是他的历史观本质上是唯心主义的。"①

在《哲学史讲演录》中，黑格尔批判了对待哲学遗产的两种错误倾向：一是历史虚无主义，一是历史复古主义。在黑格尔看来所谓虚无主义的历史观就是把历史看作没有任何联系的思想和观念的集合，否定历史发展的内在规律性和真理性，割裂历史的前后联系，用绝对的否定代替历史的继承。黑格尔从两方面进行了批判：首先，从人类认识的继承关系上来看，历史虚无主义否认了历史认识的相互联系和文化的前后传承关系。没有意识到对历史的认识是建立在前代人的认识基础上的，把历史认识看成凭空产生的、孤立的、静止的，这是历史虚无主义的荒谬。它既看不到历史认识的相互联系，更看不到历史认识产生的物质根源。其次，从历史发展的进程上来看，历史发展有一定的方向性。黑格尔认为，历史是理念在其发展中不断扬弃自身，不断前进、上升的过程。历史虚无主义形而上学地看待历史，甚至看不到历史发展的上升趋势，历史在他们的眼里仍旧是混沌的。

---

① 《马克思恩格斯选集》第 3 卷，人民出版社 1995 年版，第 423 页。

在哲学史上作为一个唯心主义哲学家黑格尔的历史观和他的哲学体系之间存在着不可调和的矛盾。黑格尔对历史虚无主义的批判是不彻底的，由于唯心主义立场和偏见的影响，在评价历史虚无主义的同时，自己也不自觉地深陷其中不能自拔。黑格尔的局限性表现在两个方面：一是以虚无主义的态度对待历史上的唯物主义。出于唯物主义的偏见，黑格尔敌视、攻击唯物主义，蔑视唯物主义哲学家。无论是对德谟克利特的忽视，还是对伊壁鸠鲁提出蔑视和责难，乃至对法国唯物主义的忽略，都是一种虚无主义的态度。黑格尔所讲的"扬弃"（Aufheben）仅仅适用于唯心主义哲学，唯物主义是被他排除在外的，这种无视历史客观性的行为正是虚无主义的表现。二是以历史虚无主义的态度对待东方哲学。黑格尔对东方哲学存在很深的偏见，认为东方哲学中不存在哲学知识，因而将其排除在哲学史之外。他认为真正的哲学产生于西方，并且只存在于西方。这种"欧洲中心论"有失偏颇，是独断论的表现。他认为中国儒家的思想中不存在思辨，而不能成为哲学，孔子也只是世间的一个智者而已。这就集中暴露了他的唯心主义本性，不由得进入了自己所批判的虚无主义的泥淖，走向了自己的对立面。黑格尔把抽象思维、绝对精神作为哲学的主要研究对象，历史在他的视野里还是相当"虚无"的。辩证法与唯物主义的结合在黑格尔那里是很不完善的。

费尔巴哈用人本主义哲学来反对宗教神学和黑格尔的唯心主义，用人的本质取代神的本质，重新树立了唯物主义的权威，在唯物主义的道路上向前迈进了一大步。但是，费尔巴哈在历史观上却是落后于黑格尔的，他把人的本质归结为"类本质"，把人看成脱离具体历史进程和社会实践的自然物。在费尔巴哈的思想中，人与历史还是分离的，他的唯物主义止步于历史观跟前而不能前行一步。"当费尔巴哈是一个唯物主义者的时候，历史在他的视野之外；当他去探讨历史的时候，他绝不是一个唯物主义者。在他那里，唯物主义和历史是彼此完全脱离的。"① 所以恩格斯对费尔巴哈有这样的评价："下半截是唯物主义者，上半截是唯心主义者。"②

费尔巴哈把人的感性直观能够感知到的客观世界作为自己哲学的研究对象，在自然观上向唯物主义迈进了一大步。但是他仍然不懂得实践的科

---

① 《马克思恩格斯选集》第 1 卷，人民出版社 1995 年版，第 50 页。
② 《马克思恩格斯选集》第 4 卷，人民出版社 1995 年版，第 237 页。

学含义及其在社会历史中的地位和作用，把人对社会历史的认识看作一种
消极的、被动的、直观的反映，否认人对历史认识的能动性。因此，在费
尔巴哈那里，历史仍旧是主观的、虚无的、无规律可循的。只有在马克思
创立的历史唯物主义出现以后，唯心主义的历史观才遭遇了彻底的批判，
以往各种历史观的弊端暴露无遗。

三　历史唯物主义对历史唯心主义的批判

　　唯物史观代替唯心史观，为批判历史虚无主义提供了有力武器。在批
判唯心史观的基础上，马克思创立了唯物史观，阐明了唯物史观代替唯心
史观是历史发展的必然，历史虚无主义这一唯心主义的变种自然不攻自
破。以往一切历史观的根本错误就是在社会历史领域中背离了唯物论和辩
证法。"迄今为止的一切历史观不是完全忽视了历史的这一现实基础，就
是把它仅仅看成与历史过程没有任何联系的附带因素。因此历史总是遵照
在它之外的某种尺度来编写的；现实的生活与生产被看成是某种非历史的
东西，而历史的东西则被看成是某种脱离日常生活的东西，某种处于世界
之外的和超乎世界之上的东西。这样就把人对自然的关系从历史中排除出
去了，因而造成了自然界和历史之间的对立。因此，这种历史观只能在历
史上看到重大政治历史事件，看到宗教的一般的理论斗争，而且在每次描
述某一历史时代的时候，他都不得不赞同这一时代的幻想。"①
　　在对历史这个范畴本身的认识上，马克思认为，历史有纵横两个维
度：从纵向来看，"历史不外是各个世代的依次交替。每一代都利用以前
各代遗留下来的材料、资金和生产力；由于这个缘故，每一代一方面在完
全改变了的环境下继续从事所继承的活动，另一方面又通过完全改变了的
活动来变更旧的环境"。② 纵向的前后相继是历史发展的一个特点；从横
向来看，历史是向世界历史转变的，历史的发展受到多种因素的影响。
"各个相互影响的活动范围在这个发展进程中越是扩大，各民族的原始封
闭状态由于日益完善的生产方式、交往方式以及因交往而形成的不同民族

---

　　①　《马克思恩格斯文集》第 1 卷，人民出版社 2009 年版，第 545 页。
　　②　同上书，第 540 页。

之间的分工消灭得越是彻底，历史也就越是成为世界历史。"① 无论是纵向的前后相继，还是横向的相互联系，都证明历史不是孤立的、静止的，所谓历史的"虚无"是毫无道理的。

历史的发展始终不能脱离人的存在，没有人的历史甚至都不能称之为历史，构成历史的是人的现实活动，而不是虚幻的精神联系。人们在历史中活动，既改变了历史的现状，也影响着历史的发展趋势。"全部人类历史的第一个前提无疑是有生命的个人的存在"，历史是人的历史。人对社会历史的认识不是消极的、被动的、直观的反映，而是能动的创造，人们通过自己的实践活动影响历史。现实的人在历史中活动，需要一定的物质条件，并且还要创造出新的生活条件，"现实的个人，是他们的活动和他们的物质生活条件，包括他们已有的和由他们自己的活动创造出来的物质生活条件"。② 正是人们的活动为历史发展提供了现实基础，并且打上了自己的烙印，历史从来就不是"虚无"的。历史不但有人们的现实活动的痕迹，还受到人们主观意识的影响，人们意志的合力作用于历史，从而影响历史发展的速度和方向。"人们总是通过每一个追求他自己的、自觉预期的目的来创造他们的历史，而这许多按不同方向活动的愿望及其对外部世界的各种各样作用的合力，就是历史。"③ 在认识历史时绝对不能忽视人在社会历史中的地位和作用，而且要必须重视人的思想、动机、意图、目的等主观成分对历史发展的影响。虽然历史受到人们主观意志的影响，但"它丝毫不能改变这样一个事实：历史进程是受内在的一般规律支配的"④。历史唯物主义不仅宣布历史发展不是虚无的，是人们的现实活动和主观意志参与其中并发挥作用，而且把揭示历史发展的一般规律作为自己的使命。历史唯物主义"归根到底就是要发现那些作为支配规律在人类社会的历史上起作用的一般运动规律"。⑤

历史的发展有其内在的规律，是一个由低级到高级无限发展的过程。任何一种社会制度"都只是人类社会由低级到高级的无穷发展进程中的暂时阶段"，历史是不断向前发展的，"永远不会在人类的一种完美的理

---

① 《马克思恩格斯文集》第 1 卷，人民出版社 2009 年版，第 541 页。
② 同上书，第 519 页。
③ 《马克思恩格斯文集》第 4 卷，人民出版社 2009 年版，第 302 页。
④ 同上。
⑤ 同上书，第 301 页。

想状态中最终结束"①。但是，历史虚无主义要隔断历史的前后联系，把历史看成静止的、孤立的，这是以形而上学的错误态度来看历史。因此，唯物史观之所以是科学的历史观，其重要原因在于它对人类历史发展的考察中抽象出了最一般的概括。唯物史观认为，历史离开了现实的基础就没有任何价值。马克思和恩格斯指出："在思辨终止的地方，在现实生活面前，正是描述人们实际活动和实际发展过程的真正的实证科学开始的地方。关于意识的空话将终止，他们一定会被真正的历史所代替。"

结语

　　历史虚无主义本质上是属于历史唯心主义阵营的，认清历史虚无主义的真实面貌需要科学的历史观。历史唯物主义是关于人类社会发展的一般规律的科学，是科学的历史观和方法论。历史唯物主义认为，历史在纵向上前后相继、横向上相互联系的一个过程；从事实际生活的人是历史的主体，历史是有人类现实活动和主观意识参与其中并发挥作用的；历史有其内在发展规律，人们能够影响历史的进程，却不能改变历史发展的整体方向。认识历史，首先要客观地认识历史本身和历史上的事实，揭示历史发展的规律，然后才能在历史的和当前的两种境遇下做出公允的评价，进而吸收经验总结教训，做到"古为今用"。我们审视历史决不能简单地站在个人得失立场，必须跳出个人局限，站在人民和历史乃至最终全人类文明进步角度去观察问题，方可能得到事物的真谛与本质。② 历史唯物主义不仅是反对历史虚无主义思潮的有力武器，也为我们正确认识历史提供了科学方法。

---

① 《马克思恩格斯文集》第 4 卷，人民出版社 2009 年版，第 269 页。
② 李慎明：《正确认识和评价改革开放前后两个历史时期》，《中国社会科学报》2013 年第411 期。

从马克思主义的经典论述看历史唯物主义的文化观

曾祥富[*]

历史唯物主义是认识文化现象、分析文化问题的科学方法。在繁荣发展哲学社会科学，促进社会主义文化大发展大繁荣的过程中有必要重温马克思主义经典作家关于文化问题的基本观点。马克思和恩格斯虽然没有给出文化的明确定义，但马克思主义的文化观是革命性与科学性的统一，对文化的产生、传承、作用、本质和文化的主体等有大量论述，诸多经典论述为我们在思想上正确认识文化现象提供了强大的方法与文化建设提供了理论指导。

由于在人类历史发展长河中，马克思主义第一次把文化问题放在了历史唯物主义哲学基础上，实现了对于文化认识的革命性转变。在当前我国对文化的认识与建设受到高度重视，从党的十七大到十八大的文件中对文化的关注持续上升。联合国教科文组织提出"发展最终应当以文化概念来定义，文化的繁荣是发展的最高目标"。因此，在深化文化体制改革、推动社会主义文化大发展大繁荣的新形势下，探寻经典作家的文化观对发展创新马克思主义文化理论有重要理论意义，对马克思主义主导的社会主义文化建设有重大的实践意义。

一　文化的概念

马克思主义关于的文化概念，是在批判继承前人理论的基础上形成

* 曾祥富（1985—　），男，中国社会科学院研究生院哲学系博士研究生，研究方向为哲学原理、历史唯物主义。

的，其中与之有较大影响的当数德国古典哲学，尤其是康德和黑格尔两位哲学家的思想。在谈马克思主义经典作家的文化观之前，有必要简要追溯一下经典作家之前的文化概念。这样既能够帮助我们了解经典作家关于文化的理论渊源，又可以更加清晰地看出唯物史观在文化问题上所实现的革命性变革。

（一）唯物史观创立之前的文化概念

唯物史观出现之前，关于文化概念，康德和黑格尔有典型的主张。康德的文化概念是：理性生物之获得一般地（即自由地）提出任何目的的能力，这就是文化①。康德的文化哲学突出了"文化"中主体的理性、自由与创造性的活动的一面，但他同时又认为，文化的最高境界不在人类的自由全面的发展，它的最高目的在于通过精神上的培养与教育来指导人类的欲望，从而达到道德的状况。康德的文化观就是刚把人本身解放出来，又立刻使人进入理性、道德律令的限制之中。

黑格尔认为："这种利用抽象对内容所做的分离创造出劳动分工，在需要中、认识中、知识中和行为中的这种抽象就是文化。"② 黑格尔的观点可以理解为：个人的特殊需要及满足人的需要的劳动，都是社会劳动分工的结果，它们共同形成人类文化的基础，而文化又是满足个人需要的工具，它利用自己抽象的形式上的普遍的性质，从而把单个人的单一性和自然性提高到知识和意志的形式的自由，以及形式的普遍性，也就是思维的普遍性。我们可以发现黑格尔虽然认为文化是由劳动而产生的，但是文化就其客观内容来说却有理想的现实性，是要在这种意识与思维中达到"世界理性"和"世界的精神本质"。

（二）马克思主义的文化概念实现的变革

通过简单总结代表性的观点可以发现马克思以前的文化概念，大都认为理性是人性的体现，人的活动是意识、理性的活动，这种纯粹精神完全受意识活动所支配，从而产生的思想就是人类文化的创造实践，归根到底

---

① 《马克思恩格斯全集》第 20 卷，人民出版社 1985 年版，第 25 页。
② 苏弗·让·凯勒主编：《文化的本质与历程》，陈文江等译，浙江人民出版社 1989 年版，第 35 页。

这些观点都没有跳出唯心主义的范畴。

马克思恩格斯批判了唯心主义的文化观，同时辩证地继承了黑格尔关于劳动是文化的基础、文化具有普遍性等观点。认为文化应该具有广泛的内涵，它不仅包括意识、精神领域内的生产实践，也指物质生活的实践，包括人类所有生活生产方式及其产生的结果。

在文化问题上，唯物史观和唯心史观的根本区别就在于前者始终站在社会关系基础上，坚持从实践而不是从观念出发来解释各种文化现象。各种文化的形式和形态只能通过实际地改变其所由产生的经济基础和现实社会关系，才能得到最终的改变。忽视文化的现实基础，把文化看成与历史进程没有多少联系的附带因素，看成处于世界之外或超乎世界之上的某种东西，这是唯心史观在文化问题上的错误。恩格斯"旧的、还没有被排除掉的唯心主义历史观不知道任何基于物质利益的阶级斗争，而且根本不知道任何物质利益；生产和一切经济关系，在他那里只是被当做'文化史'的从属因素顺便提到过"。[①] 他认为一切生产力和生产关系都应当是文化的主要内容，文化就是人们创造生产力、发展生产力的过程，以及在这个过程中所形成的关系。

二　经典作家关于文化的基本观点

经典作家虽然没有对文化做出精确的定义，但我们在经典作品中仍然可以找到关于文化的相关论述，从中可以判断他们对文化持有的基本观点、基本态度。在马恩的作品中经常使用文明、文学、文艺等与文化具有相近意义的词语来表达关于文化的观点。这些思想应当被看作马克思主义关于文化的基本观点。我们以经典作家在作品中的论述为依据，尝试总结他们关于"文化"的基本观点。

（一）文化的产生：建立在人类生产实践基础之上

在《哥达纲领批判》中，马克思以劳动为起点详细阐述了自己对文化的看法。他认为："一个除了自己的劳动力外没有任何其他财产的人，在任何社会的和文化的状态中，都不得不为另一个已经成了劳动的物质条

---

① 《马克思恩格斯全集》第20卷，人民出版社1985年版，第29页。

件的所有者的人做奴隶。"①"孤立的劳动（假定它的物质条件是具备的）即使能创造使用价值，也既不创造财富，也不创造文化。"②"随着劳动的社会性的发展以及由此而带来的劳动成为财富和文化的源泉，劳动者方面的贫穷和愚昧、非劳动者方面的财富和文化也发展起来。"③"劳动只有作为社会劳动，或者换个说法，只有在社会里和通过社会，才能成为财富和文化的源泉。"④"权力永远不能超出社会的经济结构以及由经济结构所制约的社会的文化的发展"。⑤

经典作家认为，文化与生产实践相联系。实践，尤其是生产劳动是文化产生的源泉和发展的基础。文化涵盖社会生活中的全部物质生产、精神生产能力及其成果的一切内容，文化即是人化，文化就是作为主体的人对世界的改造活动所造成的结果，以及改造活动的本身。

（二）文化的作用：推动历史发展，培育民族精神

在经典作家看来，文化虽然不是推动历史进步的决定力量，但是具有重要的作用。"最初的、从动物界分离出来的人，在一切本质方面是和动物本身一样不自由的，但是文化上的每一个进步，都是迈向自由的一步。"⑥

十月革命胜利后，列宁在总结社会主义革命和建设的经验教训，探索社会主义建设的道路时，提出了"文化革命"的思想。列宁认为，当时的苏俄经济、文化非常落后，是一个"文盲的国家"。这一点，正是阻碍苏俄社会政治、经济进一步快速发展的最大障碍。因此，要从根本上改变苏俄文化落后状况就需要一场文化革命，而"只要实现了这个文化革命，我们的国家就成为完全的社会主义国家了"⑦。基于这种认识，列宁结合苏俄社会主义革命和建设的实际，对文化给予了高度的重视，把文化的建设同苏俄经济、政治紧密地联系起来，形成了一系列关于文化建设的观点，这就是列宁的"文化革命"观。列宁反复强调文化建设的重要性。

---

① 《马克思恩格斯选集》第 3 卷，人民出版社 1995 年版，第 298 页。
② 同上书，第 100 页。
③ 同上。
④ 同上。
⑤ 同上。
⑥ 《马克思恩格斯全集》第 20 卷，人民出版社 1971 年版，第 126 页。
⑦ 《列宁选集》第 4 卷，人民出版社 1995 年版，第 774 页。

认为文化是推动经济发展的重要力量，社会劳动生产率的提高，必须依靠劳动者科学文化素质的提高。"没有丰富的知识、技术和文化就不能建成共产主义。"① 在革命成功后，列宁不失时机地提出把工作重心转移到文化建设上来，认为："这种根本的改变表现在：从前我们是把重心放在而且也应该放在政治斗争、革命、夺取政权等等方面，而现在重心改变了，转到和平的文化组织工作上去了。如果不是因为国际关系，不是因为必须为我们在国际范围内的阵地进行斗争，我真想说，我们的重心转移到文化主义上去了。如果把国际关系撇开不谈，只就国内经济关系来说，那么我们现在的工作重心的确在于文化主义。"②

经典作家的以上论述，体现了对文化与政治经济辩证关系的正确认识，体现了对文化问题的重视，形成了文化立国的自觉意识。在当前历史发展的新阶段，我们中国共产党充分认识到文化在社会发展中的重要作用，旗帜鲜明地提出：要"坚持社会主义文化发展道路"这是文化自觉的新发展；致力于"建设社会主义文化强国"，这是文化自信的新体现。由此可知，经典作家认为文化深深熔铸于民族生命力、创造力、凝聚力之中的论断，对于培育民族精神、塑造健全人格，促进人的全面发展具有特殊的、不可替代的作用。一般意义上的文化包括社会心理和社会意识形式两个层次，它们对人的精神和思想都有十分重要的影响。经典作家非常重视文化，特别是文艺作品的这种积极作用。马克思甚至认为，读一本好的小说就是一种享受，在现代英国一批杰出小说家的作品中，向世人揭示的政治和社会真理，比起一切职业政客、政论家和道德家加在一起所揭示的还要多。

马克思和恩格斯非常推崇批判现实主义作家巴尔扎克的作品，在作品中多次给予高度评价。由于恩格斯认为"在巴尔扎克作品的富有诗意的裁判中，有着了不起的革命辩证法"。恩格斯也曾专门论述过文艺问题，1885 年年底，恩格斯在致敏娜考茨基的一封信中深刻地阐明了两个重要的文艺理论问题，即两个"统一"：一是文艺的政治性与艺术性、倾向性与真实性相统一。二是人物的个性与共性相统一。恩格斯认为"倾向性应当从场面和情节中自然而然地流露出来，而无需特别把它指点出来"，

---

① 《列宁全集》第 37 卷，人民出版社 1986 年版，第 309 页。
② 《列宁全集》第 43 卷，人民出版社 1987 年版，第 367 页。

"作家不必把他所描写的社会冲突的历史的未来的解决办法硬塞给读者"。因此，列宁认为："正是因为托尔斯泰在自己的作品中提出那么多问题，能产生如此巨大的艺术力量，才能使他的作品在世界文学中占有第一流的地位。"普列汉诺夫甚至认为，要了解某一国家的科学思想史、艺术史，只知道它的经济是不够的，必须知道如何从经济进而研究社会心理。对社会心理没有精细的研究与了解，就根本不可能做出科学的历史唯物主义的解释。

以上这些论断都表明马克思主义认为文化既是一种价值体系，也是一种行为规范体系。一方面为人们提供了判断是非、美丑、善恶的标准，另一方面通过教育内化为民族的正义感责任感等，从而塑造健全的人格，民族精神得到深化和升华。

（三）文化的本质：文化即人化

关于文化的本质，在肖前教授等人主编的《马克思主义哲学原理》一书中，曾给出了一个体现马克思主义中国化风格的简要表述："文化即人化"。这个表述，可以说是总结了历史上中西文化观中最重要的核心和实质内容，也符合经典作家的基本观点。由于马克思主义所倡导的文化是以人为本的文化，人是文化发展的动力和目的。人是自然的一部分，"人是自由的自觉的"类存在物。在与自然交往的过程中，人改造自然，使自然打上人的烙印，促使"自然的人化"；在改造自然的过程中，人增长了认识自然的知识和改造自然的能力，人也被从原始的自然状态"人化"了。"人化的自然"恰恰是马克思主义对文化本质的大致定义，这也就是人们常说的"文化即人化"。因此我们说，文化是人的创造性劳动的结晶，是人的本质力量的对象化，是人的标识。人是促进文化发展的动力。而"人化"的过程是人们创造和使用生产力的结果。马克思指出社会生活中存在两种生产力，一种是物质生产力，一种是精神生产力。精神生产力相当于我们今天所讲的"文化软实力"可以说，文化也是一种生产力。

马克思提出了物质生产与文化艺术发展之间存在不平衡关系的理论，强调文化发展有自身的特殊规律。他在《资本论》第四卷中指出："资本主义生产就同某些精神生产部门如艺术和诗歌相敌对。"这一论断深刻揭示了特定的生产关系、生产方式对精神文化生产的制约作用及两者之间的矛盾关系，指出了文化产品具有"商品"和"非商品"的双重属性。在某些情况下，物质生产与精神生产会存在矛盾，正确处理两者的矛盾是搞好文化建设的重要前提。这启示我们，文化产业发展要坚持社会效益和经济效益的统一。

（四）文化的传承：纵向继承与横向传播

文化发展有横向和纵向两个维度，即文化的传播与文化的继承。从纵向来看，"历史不外是各个世代的依次交替。每一代都利用以前各代遗留下来的材料、资金和生产力；由于这个缘故，每一代一方面在完全改变了的环境下继续从事所继承的活动，另一方面又通过完全改变了的活动来变更旧的环境"。① 纵向的前后相继是历史发展的一个必经过程，也成为文化的一个特点。在《关于民族问题的批评意见》中，列宁提出了"两种民族文化"的学说，即"每一个现代民族中，都有两个民族。每一种民族文化中都有两种民族文化"，这里所谓的"两种民族文化"指的是前后相继的两种文化形态，这一论断启示我们，搞好文化建设，一个很重要的前提就是应当批判继承历史文化遗产，采取取其精华、去其糟粕的正确态度。从横向来看，历史是向世界历史转变的，历史的发展受到多种因素的影响，不同文化形态之间相互交融。"各个相互影响的活动范围在这个发展进程中越是扩大，各民族的原始封闭状态由于日益完善的生产方式、交往方式以及因交往而形成的不同民族之间的分工消灭得越是彻底，历史也就越是成为世界历史。"② 在《共产党宣言》中，马克思和恩格斯预测了资本主义发展所必然带来的全球化趋势，经济全球化必将带来不同文明的交流，"过去那种地方的和民族的自给自足和闭关自守状态，被各民族的各方面的互相往来和各方面的相互依赖所代替了。物质的生产是如此，精神的生产也是如此。各民族的精神产品成了公共的财产。民族的片面性和局限性日益成为不可能，于是有许多各种民族的和地方的文学形成了一种世界的文学"③。不同民族和国家间的文化交流日益频繁，在融合与交流中不丧失自我，在借鉴中取长补短，这是当前文化建设中尤其需要把握好的问题。

---

① 《马克思恩格斯文集》第 1 卷，人民出版社 2009 年版，第 540 页。
② 同上书，第 541 页。
③ 《马克思恩格斯选集》第 1 卷，人民出版社 1995 年版，第 276 页。

（五）文化的主体性：人民是历史的主人

文化进程是人主动认识自然、改造自然的结果。人是能动的主体，文化只是受动的客体，文化的产生、发展和超越都以人的存在与活动为起点，以人的发展为归宿。在人与文化的主客体关系中，人始终占据着主导的地位，是主客体关系的真正承担者、发动者与推动者。而人在特定的对象性活动中从自身的主体地位出发以不同方式掌握客体所表现出的功能特性，则被称为人的主体性，主要包括人的自为性、能动性和创造性。主体性本质上是人作为主体作用于客体，即人的活动的能动性问题。主体性的本质特征在于创新，"一窝蜜蜂实际上只是一只蜜蜂，它们都生产同一样东西"。① 只有百家争鸣，才能百花齐放，毛泽东在延安座谈会上的讲话中提出的双百方针，今天依然应当成为我们文化建设的基本原则之一。社会主义先进文化的实质，在于打破个人活动受旧式分工支配这个基本的物化规律，从而实现人类的自主活动和自由个性。建设社会主义先进文化，就必然要以弘扬人作为历史主体的自觉性为宗旨。"使现存世界革命化，实际地反对并改变现存的事物。"②总结马克思主义经典作家关于文化的一系列论述，可以看出文化是一种复杂的社会现象，有其自身发展的客观规律；是人们认识世界改造世界的产物，是人的实践活动创造的生产力与生产关系的总和；文化是一种生产力，文化的本质就是"人化"。

三　在实践中创新并发展马克思主义的文化观

从经典文献来看，马克思和恩格斯都没有给"文化"做出明确的定义。但是这并不能否定马克思主义高度重视文化这一事实。我们认为，这可能基于以下原因：首先，文化的复杂性。文化是一个非常广泛的概念，给它下一个严格和精确的定义是一件非常困难的事情。不少哲学家、社会学家、人类学家、历史学家和语言学家一直努力，试图从各自学科的角度来界定文化的概念。然而，迄今为止仍没有获得一个公认的、令人满意的定义。据统计，有关"文化"的各种不同的定义至少有 200 种。我们一

---

① 《马克思恩格斯全集》第 46 卷，人民出版社 1979 年版，第 195 页。
② 《马克思恩格斯全集》第 8 卷，人民出版社 1961 年版，第 75 页。

般所理解的"文化"是与"文明"相对应的,它受到马林诺夫斯基等早期文化人类学家的影响而形成,认为文化指的是人类实践活动所创造的一切精神和物质成果。总体上来讲,马克思主义经典作家所指的"文化"更接近于广义的文化概念。经典作家没有轻易地为文化做出精确定义,这也从另一方面显示了马克思主义哲学的科学性和严谨性。其次,时代的局限性。"哲学是时代精神的精华",哲学所思考的主题一般都带有思辨性和前瞻性,它勇敢地直面并致力于破解所处时代中热门而又有争议的话题。经典作家生活的时代,文化问题还不是当时社会的主要矛盾,也不是社会实践的主题,因而没有成为经典作家的研究重点,这是可以理解的。我们不能以今天的实践需求为标准,苛求100多年前的马克思主义经典作家做出解释,更不能幻想经典作家为尚未到来的问题开出包治百病的药方。当然,随着时代的发展,在当前的境况下文化建设已成为时代的主题,我们应当做的不是停止在经典作家的具体观点上,而是要沿着这一方向继续探索。经典作家关于文化的基本观点对于当前的文化建设具有重要的指导意义,它的启示意义体现在以下几个方面:增强文化自觉,坚持社会主义文化发展道路;提高文化自信,建设社会主义文化强国;坚定文化方向,建设有中国特色的社会主义文化。

马克思恩格斯的政治国家理论

张　严[*]

在历史唯物主义产生和发展过程中，马克思恩格斯对国家问题始终保持着高度的关注。我们通过对诸多文本进行研究后从整体上可把握其国家观，并运用历史唯物主义原理研究国家的基本立场、视角和方法及对国家本质和功能等问题的描述，他们回答了当时现存的国家"是什么"和"怎么样"等问题；同时对未来的国家进行了设想和展望，回答了未来的国家"应该怎么样"等。

他们由于时间所限未能以专著形式，完整地表述马克思主义的国家理论，但我们仍然可通过其文本的考察认识和把握马克思恩格斯的国家观，由于 19 世纪的历史环境使马克思恩格斯对国家的探讨主要针对的是狭义的国家即政治国家（state），而非广义的国家即民族国家（nation）。因此，他们对国家的探讨分成实然和应然两个层面。在实然层面，对现存国家进行了描述和解释，回答了现存国家"是什么"和"怎么样"的问题；在应然层面，对未来国家进行了设想和展望即回答了未来的国家"应该怎么样"的蓝图。

一　马克思恩格斯的国家批判

马克思恩格斯所处的时代大致是自由竞争资本主义时代，因此他们的国家学说批判的"实然国家"主要是那个时代的西方资本主义政治国家。从《黑格尔法哲学批判》到《家庭、私有制和国家的起源》等论著中主

---

* 张严（1978—　），哲学博士，中央党校马克思主义理论教研部讲师，研究方向为国外马克思主义。

要从以下几方面对政治国家进行了考察。

1. 国家的从属性：市民社会决定政治国家

现代性的一个内在特征是普遍性与特殊性的分离，在近现代社会中直接表现为普遍利益与特殊利益之间的冲突。霍布斯的契约论、卢梭的"公意"学说、斯密的"看不见的手"等各种理论都试图从不同角度消除这一冲突。黑格尔的国家学说突出地反映了现代性的内在矛盾。黑格尔的《法哲学原理》在"伦理"篇下分列家庭、市民社会和国家三章，分别对应着逻辑上的正题、反题与合题，也对应着个别性、特殊性和普遍性。从客观唯心主义立场出发，黑格尔将国家视为自由的最高定在、意识到自身的理性的定在，视为理念的化身、"地上的神物"，将市民社会归属于国家，但同时黑格尔也承认代表普遍性的国家与代表特殊性的市民社会之间存在着分离，他试图用等级制、同业公会等"中项"来中介国家与市民社会这两个极端，克服二者之间的分离，实现特殊性与普遍性、主观自由与客观自由的统一。

青年马克思最初受黑格尔唯心主义观点的影响，把国家看成是理性的实现，但当时的德国现实让马克思对黑格尔的国家观逐渐产生了怀疑。在《莱茵报》时期的办报过程中，马克思亲身体会到普鲁士王国对出版自由的限制。在"林木盗窃问题"上，马克思感受到了官僚在该问题上的冷酷无情，并且"第一次遇到要对所谓物质利益发表意见的难事"[1]。在《关于林木盗窃法的辩论》一文中，马克思指出普鲁士没有把森林条例违反者看成和它心血相通的活的肢体，看成是国家的公民，实际情况是，"利益占了法的上风"，国家为林木占有者服务。在关于摩泽尔地区农民贫困状况的论战中，马克思的《摩泽尔记者的辩护》一文指出，摩泽尔地区的贫困状况是由客观的关系、由官僚制度的本质决定的，"人们在研究国家状况时很容易走入歧途，即忽视各种关系的客观本性，而用当事人的意志来解释一切。但是存在着这样一些关系，这些关系既决定私人的行动，也决定个别行政当局的行动，而且就像呼吸的方式一样不以他们为转移"[2]。这些事实让马克思看到了黑格尔国家观同现实之间的冲突，马克思认识到，被黑格尔视为理性国家的普鲁士王国无法解决市民社会的现实

---

① 《马克思恩格斯文集》第 2 卷，人民出版社 2009 年版，第 588 页。
② 《马克思恩格斯全集》第 1 卷，人民出版社 2009 年版，第 363 页。

矛盾，根本配不上理性国家的称号。同时，在国家背后起作用的客观物质利益促使他思考各种社会经济问题，探讨物质利益同国家和法的关系，为批判黑格尔的法学观点做了准备。这期间费尔巴哈对黑格尔唯心主义的批判，特别是他在《关于哲学改革的临时纲要》中对思维和存在关系问题的唯物主义论述，对于马克思转向唯物主义起了促进作用，为他批判黑格尔的法哲学提供了方法论上的借鉴。

在离开《莱茵报》后所写的《黑格尔法哲学批判》中，马克思对黑格尔法哲学的立论基础进行了细致考察，指出"黑格尔的出发点是作为两个固定的对立面、两个真正有区别的领域的'市民社会'和'政治国家'的分离"①，"他把国家的自在自为地存在着的普遍东西同市民社会的特殊利益和需求对立起来。总而言之，他到处都在表述市民社会和国家的冲突"。② 马克思认为黑格尔所揭示的政治国家与市民社会的分离正是现代社会的特征，是"现代的状况"，对此马克思表示了赞赏："黑格尔觉得市民社会和政治社会的分离是一种矛盾，这是他著作中比较深刻的地方。"③ 但是在马克思看来，黑格尔用来克服二者分离的方案是"想用复旧的办法来消除市民社会和政治国家的二元性"④，是要将市民社会与国家的矛盾和对立消解于中世纪的共同体当中，实际上是试图用实体吞没主体，用国家来统摄社会，用官僚机构的唯灵论来克服市民社会的唯物主义："他把官僚机构赋予现实的行动着的国家作为它的形体，并把官僚机构当作赋有知识的精神捧到市民社会的唯物主义之上。"⑤ 黑格尔的解决方案的前提是：现实是理念的外化，国家相对于市民社会是根本的东西，国家决定市民社会。对于黑格尔这种基于客观唯心主义的国家观，马克思指出，这是颠倒了规定者和被规定者："理念变成了独立的主体，而家庭和市民社会对国家的现实关系变成了理念所具有的想象的内部活动。实际上，家庭和市民社会是国家的前提，它们才是真正的活动者；而思辨的思维却把这一切头足倒置。"⑥ 由此马克思将黑格尔的"国家决定市民社会"

---

① 《马克思恩格斯全集》第3卷，人民出版社2009年版，第90—91页。
② 同上书，第92页。
③ 同上书，第94页。
④ 同上书，第103页。
⑤ 同上书，第92页。
⑥ 同上书，第10页。

颠倒为"市民社会决定国家",理由主要是:

第一,市民社会是国家的前提和必要条件。马克思认为:"政治国家没有家庭的自然基础和市民社会的人为基础就不可能存在。它们对国家来说是必要条件。"① 而反过来的情况,即没有国家而有家庭和市民社会的情况(如部落)是可以设想的。作为国家的"自然基础"和"人为基础","'市民社会和家庭'在其真实的即在其独立的和充分的发展中是作为特殊的'领域'而成为国家的前提"。②

第二,市民社会是国家的动力。马克思指出:"家庭和市民社会使自身成为国家。它们是动力。"③ 代表特殊性的市民社会的各等级会成为超越普遍东西的力量,"市民社会的各等级虽然没有得到任何政治规定,但它们毕竟还是规定了政治国家。它们会把自己的特殊性变成整体的决定性权力。它们会成为高于普遍东西的特殊东西的力量"。④ 在此马克思特别注意到了无产者和直接劳动对整个社会的基础性作用:"丧失财产的人们和直接劳动的即具体劳动的等级,与其说是市民社会中的一个等级,还不如说是市民社会各集团赖以安身和活动的基础。"⑤ 马克思在后来的《〈黑格尔法哲学批判〉导言》中对无产阶级必将担负起人类解放重任的强调,可以在此找到原始依据。

第三,市民社会的"唯物主义"原则同样适用于政治国家。马克思揭露了政治国家的唯灵论假象,一针见血地指出即便在官僚机构内部也是特殊利益和物质利益原则起作用。马克思指出:"在官僚政治内部,唯灵论变成了粗陋的唯物主义,变成了消极服从的唯物主义,变成了信仰权威的唯物主义。"⑥ "国家的目的变成了他的私人目的,变成了追逐高位、谋求发迹。首先,这个官僚把现实的生活看作物质的生活"。⑦ "这种现实生活,对官僚本身来说,即就现实生活成为他的官僚活动的对象而言,是物质生活,因为它赋有这种生活的精神,它的目的在它之外,它的存在只是

---

① 《马克思恩格斯全集》第 3 卷,人民出版社 2009 年版,第 12 页。
② 《马克思恩格斯全集》第 3 卷,人民出版社 2002 年版,第 8 页。
③ 同上书,第 11 页。
④ 同上书,第 113 页。
⑤ 同上书,第 100—101 页。
⑥ 同上书,第 60 页。
⑦ 同上书,第 60—61 页。

办事机构的存在。"① 而黑格尔试图用来中介国家与市民社会的同业公会等机构，与官僚机构是同源的："同业公会是官僚政治的唯物主义，而官僚政治则是同业公会的唯灵论。同业公会构成市民社会的官僚政治，官僚政治则是国家的同业公会。""在社会中创立了同业公会的那种精神，在国家中创立了官僚政治。""同业公会是市民社会企图成为国家的尝试，而官僚政治则是那种确实使自己变成市民社会的国家。"② 不仅如此，整个政治国家最终都是为物质利益服务的，而私有财产就是政治国家的灵魂："国家破坏了家庭和社会的意志，但它这样做，只是为了让脱离开家庭和社会的私有财产的意志得以存在，并承认这种存在是政治国家的最高存在，是伦理生活的最高存在。"③ 这样，在马克思看来，无论是市民社会领域，还是政治国家领域，"唯物主义"都是一个最基本的原则。此时的马克思已经告别了费尔巴哈，在现实生活的一切领域都贯彻了唯物主义。

《黑格尔法哲学批判》标志着马克思向唯物主义的自觉转变。马克思在后来的《〈政治经济学批判〉序言》中回顾他批判黑格尔法哲学所取得的成果时指出："我的研究得出这样一个结果：法的关系正像国家的形式一样，既不能从它们本身来理解，也不能从所谓人类精神的一般发展来理解，相反，它们根源于物质的生活关系，这种物质的生活关系的总和，黑格尔按照18世纪的英国人和法国人的先例，概括为'市民社会'，而对市民社会的解剖应该到政治经济学中去寻求。"④ 如此看来，吉登斯称《黑格尔法哲学批判》是"孕育历史唯物主义概念的处女之作"⑤ 亦不为过。

2. 国家的工具性：国家作为阶级社会中的阶级统治工具

在《德意志意识形态》中，马克思恩格斯对阶级社会中的国家进行了考察，指出这种国家是虚幻的共同体，"正是由于特殊利益和共同利益之间的这种矛盾，共同利益才采取国家这种与实际的单个利益和全体利益

---

① 《马克思恩格斯全集》第3卷，人民出版社2002年版，第61页。
② 同上书，第58—59页。
③ 同上书，第124页。
④ 《马克思恩格斯文集》第2卷，人民出版社2009年版，第591页。
⑤ ［英］吉登斯：《资本主义与现代社会理论》，郭忠华、潘华凌译，上海译文出版社2007年版，第7页。

相脱离的独立形式，同时采取虚幻的共同体的形式"①，这种共同体的
"虚幻"性就在于国家在外观形式上是全体社会成员的代表，它所制定的
法律也对包括统治阶级在内社会所有成员具有普遍约束力，但实际上其内
容只是为了维护在社会上占统治地位阶级的利益。统治阶级赋予国家以
"共同利益"的"普遍"外观，无非是为了在"普遍利益"的掩盖下维
护自身的实际利益，并为其统治的合法性进行辩护。"这些始终真正地同
共同利益和虚幻的共同利益相对抗的特殊利益所进行的实际斗争，使得通
过国家这种虚幻的'普遍'利益来进行实际的干涉和约束成为必要。"②
马克思指出这种共同利益只是"统治阶级的共同利益"，而对被统治阶级
而言，则"不仅是完全虚幻的共同体，而且是新的桎梏"，因为"更加屈
从于物的力量"。③ "虚幻的共同体"概念反映了代表统治阶级"特殊利
益"的国家与反映所有相互交往的个人的"普遍利益"的社会对立的本
质属性，揭示出国家的"共同体"形式是由在市民社会中占统治地位阶
级的物质利益内容决定的，表明了国家为统治阶级服务的工具性特征，即
国家最终反映的是在市民社会中占统治地位阶级的物质利益。"国家不外
是资产者为了在国内外相互保障各自的财产和利益所必然要采取的一种组
织形式。"④

　　根据在《德意志意识形态》中首次得到系统阐发的历史唯物主义观
点，国家的工具性源自于作为经济基础的市民社会对作为上层建筑的国家
的决定作用。"受到迄今为止一切历史阶段的生产力制约同时又反过来制
约生产力的交往形式，就是市民社会。……这个市民社会是全部历史的真
正的发源地和舞台"，⑤ 它"在一切时代都构成国家的基础以及任何其他
的观念的上层建筑的基础"⑥。因此，市民社会是作为"虚幻的共同体"
的国家的"真实"基础和"现实"基础，而共同利益采取国家这种"虚
幻的共同体的形式"，"始终是在每一个家庭集团或部落集团中现有的骨
肉联系、语言联系、较大规模的分工联系以及其他利益的联系的现实基础

---

① 《马克思恩格斯文集》第 1 卷，人民出版社 2009 年版，第 536 页。
② 同上书，第 537 页。
③ 同上书，第 571—572 页。
④ 同上书，第 584 页。
⑤ 同上书，第 540 页。
⑥ 同上书，第 583 页。

上，特别是在我们以后将要阐明的已经由分工决定的阶级的基础上产生的，这些阶级是通过每一个这样的人群分离开来的，其中一个阶级统治着其他一切阶级。"① 由此，《黑格尔法哲学批判》确立的"市民社会决定国家"原则，在《德意志意识形态》中得到了历史唯物主义的阐释。可见，马克思恩格斯对国家问题的探讨与历史唯物主义的产生密切相关，这种探讨既在一定程度上将马克思恩格斯对社会和历史的思考导向历史唯物主义，又构成了对历史唯物主义的印证和深化。

在《家庭、私有制和国家的起源》中，恩格斯对国家的工具性进行了深入阐发。他指出，在阶级社会中，表面上看起来国家是不偏不倚的中间人，但在本质上它是经济上占统治地位的阶级用来镇压和剥削被压迫阶级的工具，尽管国家表现这种本质的形式在不同的历史阶段有所不同，但是，国家作为阶级统治和奴役工具的属性却具有历史一贯性："由于国家是从控制阶级对立的需要中产生的，由于它同时又是在这些阶级的冲突中产生的，所以，它照例是最强大的、在经济上占统治地位的阶级的国家，这个阶级借助于国家而在政治上也成为占统治地位的阶级，因而获得了镇压和剥削被压迫阶级的新手段。"② 国家"在一切典型的时期毫无例外地都是统治阶级的国家，并且在一切场合在本质上都是镇压被压迫被剥削阶级的机器"。③ 由于国家的工具性与阶级直接相关，阶级分析方法成为强调国家工具性的各种国家理论所采取的主要方法。

3. 国家的相对自主性：国家凌驾于社会之上

马克思恩格斯在《德意志意识形态》中把国家称为"虚幻的共同体"指明了国家的相对独立性，即国家不声称代表着具体哪个阶级的利益，而是力图表现得与社会中的各个阶级和阶层的利益相分离，从而呈现出表面上的"超脱性"，并利用这种"超脱"身份站在"中立"立场上充当"仲裁人"。

在《路易·波拿巴的雾月十八日》中，马克思进一步探讨了国家的相对自主性问题，对波拿巴政权这个典型的独立于社会的政权进行了剖析。由于资产阶级议会与议会资产阶级利益的疏离斗争中，议会"被自

---

① 《马克思恩格斯文集》第 1 卷，人民出版社 2009 年版，第 536 页。
② 《马克思恩格斯文集》第 4 卷，人民出版社 2009 年版，第 195 页。
③ 同上书，第 191 页。

己的阶级、军队以及其余各阶级所抛弃"，议会制度和资产阶级的统治走向覆灭。波拿巴的行政权取得了对资产阶级议会一度掌控的立法权的彻底胜利，成为一种不受限制的自主力量。恩格斯分析了国家脱离其阶级基础，在一定程度上取得独立自主性的现实条件。在《家庭、私有制和国家的起源》中，恩格斯指出："但也例外地有这样的时期，那时互相斗争的各阶级达到了这样势均力敌的地步，以致国家权力作为表面上的调停人而暂时得到了对两个阶级的某种独立性。17世纪和18世纪的专制君主制，就是这样，它使贵族和市民等级彼此保持平衡；法兰西第一帝国特别是第二帝国的波拿巴主义，也是这样，它唆使无产阶级去反对资产阶级，又唆使资产阶级来反对无产阶级。"① 在特定时期的社会阶级斗争中，没有一个阶级能控制国家政权，于是国家官僚得以游戏于各阶级之间，把国家政权当作凌驾于统治阶级和被统治阶级之上的一种力量来使用。

当然，"互相斗争的各阶级达到了这样势均力敌的地步"在历史上是极其罕有的情况。那么，在一般情况下国家是否也会表现出自主倾向呢？根据马克思的理论，官僚自身的特殊利益使得国家天然地具有自主倾向。无论是统治阶级直接控制国家机器，还是由各种不同阶级来源的人管理国家事务，官僚集团总是能够在某种程度上超越统治阶级的制约，获得相对于统治阶级而言的自主性，从中谋求官僚集团自身的狭隘利益，从而表现出相对于全社会的自主性。在一定的历史条件下，国家官僚的自主性将会扩张，统治阶级内部的分裂、外部的困境都使这种扩张成为可能。

国家的相对自主性构成了国家的工具性的对立面，同时也带来了国家与社会关系的一个悖论：一方面，国家作为阶级社会中阶级统治的工具，为经济上占据统治地位的阶级服务，代表统治阶级的利益；另一方面，国家又具有一定程度上的独立自主性，似乎能够不受统治阶级的约束，表现出脱离其社会经济基础的倾向。这种体现在马克思恩格斯著作中的国家的相对自主性与工具性的悖论，在某种意义上构成了"经济决定论"的反例，表明了历史唯物主义的"经济基础决定上层建筑"规律在现实社会中的运作机制的复杂性，后来在马克思主义阵营中引发了关于国家的自主性与工具性的长期争论。

---

① 《马克思恩格斯文集》第4卷，人民出版社2009年版，第191页。

　4. 国家的历史阶段性：国家随阶级产生和消亡

　在《家庭、私有制和国家的起源》中，恩格斯以希腊、罗马和德意志三种国家起源为例，运用历史唯物主义探讨了国家起源的机制，分析了国家产生的历史条件和本质特征，指出国家不是从外部强加于社会的一种力量，也不是"伦理观念的现实"、"理性的形象和现实"，而是社会在一定发展阶段上的产物。相对于社会，国家具有历史阶段性，只存在于人类社会发展的特定阶段。具体来说，国家是随着阶级的产生而产生的，是社会分工和私有制演进、阶级和阶级斗争发展的结果："国家是承认：这个社会陷入了不可解决的自我矛盾，分裂为不可调和的对立面而又无力摆脱这些对立面。而为了使这些对立面，这些经济利益互相冲突的阶级，不致在无谓的斗争中把自己和社会消灭，就需要有一种表面上凌驾于社会之上的力量，这种力量应当缓和冲突，把冲突保持在'秩序'的范围以内。"①"这种从社会中产生但又自居于社会之上并且日益同社会相异化的力量，就是国家。"恩格斯强调，国家作为一种历史现象，将随着私有制和阶级的消灭而消亡："随着阶级的消失，国家也不可避免地要消失。在生产者自由平等的联合体的基础上按新方式组织生产的社会，将把全部国家机器放到那时它应该去的地方，即放到古物陈列馆去，同纺车和青铜斧陈列在一起。"②

二　马克思恩格斯对未来国家的设想

　在马克思恩格斯看来，如果真正要说国家"应该"怎么样，那么国家应该消亡，也就是说马克思恩格斯眼中的国家的最终应然状态是"无"。但国家的消亡是一个漫长的历史过程，在这个历史过程中，无产阶级将不得不继续利用国家的力量来促使国家的自行消亡。在国家消亡的过程中，国家仍将发挥其应有的作用，只不过将不再作为"虚幻的共同体"而是"真实的共同体"存在。这样的国家是全社会普遍利益的真正代表，要从组织上、制度上保证民主的真正实现，扩大社会自治权，从而逐步使国家权力回归社会，使国家最终复归社会。

---

　① 《马克思恩格斯文集》第 4 卷，人民出版社 2009 年版，第 189 页。
　② 同上书，第 193 页。

1. "真正的民主制"：社会成为治理的主体

在《黑格尔法哲学批判》中，马克思虽然承认资产阶级民主制相对封建专制制度要进步很多，但是也指出，由于国家与市民社会的分裂，它并没有解决特殊性和普遍性、个体和类的矛盾，甚至将这种矛盾外在化、彻底化了，"市民社会的成员在自己的政治意义上脱离了自己的等级，脱离了自己真正的私人地位"。① 这就使得政治的平等掩盖了社会世俗存在的不平等，用马克思的话来说，资产阶级民主制下的平等是"天国"中的平等："正如基督教在天国是平等的，而在尘世则不平等一样，人民的单个成员在他们的政治世界的天国是平等的，而在社会的尘世存在中却不平等。"② 马克思认为，只有"真正的民主制"才能消除政治国家同市民社会、政治领域同社会领域、国家公民和作为市民社会成员的市民的分离。"真正的民主制"在现实的人民中有自己的基础，是现实的人民自己的创作。"在民主制中，国家制度、法律、国家本身，就国家是政治制度来说，都只是人民的自我规定和人民的特定内容。"③ 马克思强调人民群众在社会生活中起决定作用："必须使国家制度的实际承担者——人民成为国家制度的原则。"④ 即人民绝对有权利为自己制定新的国家制度。

"真正的民主制"带来的结果是国家的消亡："在民主制中，作为特殊东西的国家仅仅是特殊东西，而作为普遍东西的国家则是现实的普遍东西，就是说，国家不是有别于其他内容的规定性。现代的法国人对这一点是这样了解的：在真正的民主制中政治国家就消失了。"这是因为，"在民主制中，政治国家作为政治国家，作为国家制度，已经不再被认为是一个整体了"。⑤ 马克思在此第一次提出了国家消亡的可能性及其条件。当然，随着国家的消亡而来的并不是无政府状态，而是国家的管理组织被市民社会的管理组织所取代，市民社会的机体或组织将成为治理的主体。在《德意志意识形态》中，马克思指出，人的自由开始于当市民社会取代国家之时。就此而言，作为21世纪国际社科界流行话语和前沿理论的治理和善治理论，其核心精神已经被马克思在19世纪上半叶提出来了。

---

① 《马克思恩格斯全集》第3卷，人民出版社2002年版，第101页。
② 同上书，第100页。
③ 同上书，第41页。
④ 同上书，第72页。
⑤ 同上书，第41页。

　　2. 无产阶级的"社会共和国"：国家向社会复归过程中的过渡形态

　　巴黎公社是无产阶级夺取政权并建立全新国家机构的一次伟大尝试。在《法兰西内战》中，马克思全面总结了巴黎公社的历史经验，指出资产阶级国家实质上是资产阶级统治的工具，因此无产阶级不能只是简单地掌握现成的国家机器，并运用它来达到自己的目的，而必须建立自己的政权机构来代替统治阶级的国家机器，这样建立起来的国家可称之为"社会共和国"："在法国和在欧洲，共和国只有作为'社会共和国'才有可能存在；这种共和国应该夺取资本家和地主阶级手中的国家机器，而代之以公社；公社应该公开宣布'社会解放'是共和国的伟大目标，从而以公社的组织来保证这种社会改造。"① 公社实质上是工人阶级的政府，是实现经济解放和政治解放的政治形式。"公社——这是社会把国家政权重新收回，把它从统治社会、压制社会的力量变成社会本身的充满生气的力量；这是人民群众把国家政权重新收回，他们组成自己的力量去代替压迫他们有组织的力量；这是人民群众获得社会解放的政治形式，这种政治形式代替了被人民群众的敌人用来压迫他们的假托的社会力量"。② 在经济上，"公社是想要把现在主要用做奴役和剥削劳动的手段的生产资料，即土地和资本完全变成自由的和联合的劳动的工具，从而使个人所有制成为现实。"③ 在政治上，在打碎资产阶级国家机器、建立无产阶级的政权之后，要把国家权力还给社会，防止国家和国家机关由社会公仆变成社会主人："无产阶级新型民主制度的一个重要内容就是要把社会委托给国家的那些权力重新还给社会，公社体制会把靠社会供养而又阻碍社会自由发展的国家这个寄生赘瘤迄今所夺去的一切力量，归还给社会机体。"④ 也就是说，要使国家各项职能回归社会，扩大社会自治权，吸引社会中最广大的人民群众参加国家政治管理，具体措施包括：公社的权力机构和人民代表由普选产生并可随时撤换；取消常备军，武装力量按民主原则组织；建立"廉价政府"，所有公职人员领取相当于工人工资的报酬等。马克思指出，这是社会（劳动）解放的开始："劳动的解放——公社的伟大目标——是这样开始实现的：一方面取缔国家寄生虫的非生产性活动和胡作

---

　　① 《马克思恩格斯文集》第 3 卷，人民出版社 2009 年版，第 205 页。
　　② 同上书，第 195 页。
　　③ 同上书，第 158 页。
　　④ 同上书，第 157 页。

非为，从根源上杜绝把巨量国民产品浪费于供养国家这个魔怪，另一方面，公社的工作人员执行实际的行政管理职务，不论是地方的还是全国的，只领取工人的工资。"① 中央的职能仍然存在，但是社会公职"不再是中央政府赏赐给它的爪牙的私有财产"，而应由"公社的勤务员"执行，并且"总是处于切实的监督之下"。②

在《哥达纲领批判》中，马克思第一次区分了共产主义社会发展的两个阶段，把二者之间的过渡形态称之为"无产阶级的革命专政"："在资本主义社会和共产主义社会之间，有一个从前者变为后者的革命转变时期。同这个时期相适应的也有一个政治上的过渡时期，这个时期的国家只能是无产阶级的革命专政。"③ 在马克思的设想中，无产阶级革命专政时期的国家应该是一个完全服从于社会的机构，一个其自身的"自由"受到高度限制的机构。这个国家自身的"自由"受多大程度的限制，这个社会就享有多大程度的自由。针对拉萨尔派提出的"自由国家"纲领，马克思指出："自由就在于把国家由一个高踞社会之上的机关变成完全服从这个社会的机关；而且就在今天，各种国家形式比较自由或比较不自由，也取决于这些国家形式把'国家的自由'限制到什么程度。"④

3. "自由人联合体"：国家向社会的完全复归

在《德意志意识形态》中，马克思恩格斯提出要用"真正的共同体"来取代"虚假的共同体"，指出："在过去的种种冒充的共同体中，如在国家等等中，个人自由只是对那些在统治阶级范围内发展的个人来说是存在的，他们之所以有个人自由，只是因为他们是这一阶级的个人。从前各个人联合而成的虚假的共同体，总是相对于各个人而独立的；由于这种共同体是一个阶级反对另一个阶级的联合，因此对于被统治的阶级来说，它不仅是完全虚幻的共同体，而且是新的桎梏。"而在"在真正的共同体的条件下，各个人在自己的联合中并通过这种联合获得自己的自由"⑤。在《哲学的贫困》中，马克思将"共同体"这个概念发展为"联合体"的概念，他认为："劳动阶级在发展进程中将创造一个消除阶级和阶级对立

---

① 《马克思恩格斯文集》第 3 卷，人民出版社 2009 年版，第 198 页。
② 同上书，第 222 页。
③ 同上书，第 445 页。
④ 同上书，第 444 页。
⑤ 《马克思恩格斯文集》第 1 卷，人民出版社 2009 年版，第 571 页。

的联合体来代替旧的市民社会；从此再不会有原来意义的政权了。因为政权正是市民社会内部阶级对抗的正式表现。"① 在《共产党宣言》中，马克思恩格斯明确宣告："代替那存在着阶级和阶级对立的资产阶级旧社会的，将是这样一个联合体，在那里，每个人的自由发展是一切人的自由发展的条件。"② 这是社会意义上的"自由人联合体"的最初表述。"自由人联合体"的设想在《资本论》中得到了进一步的阐述。在《资本论》第一卷中，马克思提出："让我们换一个方面，设想有一个自由人联合体，他们用公共的生产资料进行劳动，并且自觉地把他们许多个人劳动力当作一个社会劳动力来使用。［……］这个联合体的总产品是社会的产品。这些产品的一部分重新用作生产资料。这一部分依旧是社会的。而另一部分则作为生活资料由联合体成员消费。因此，这一部分要在他们之间进行分配。……仅仅为了同商品生产进行对比，我们假定，每个生产者在生活资料中得到的份额是由它的劳动时间决定的。"③ 根据马克思的设想，在"自由人联合体"中，人们联合的纽带是"劳动"，人们自由联合的基础是重新建立的"个人所有制"："在资本主义时代的成就的基础上，也就是说，在协作和对土地及靠劳动本身生产的生产资料的共同占有的基础上，重新建立个人所有制。"④ 这种重建的个人所有制就是"社会所有制"，它将实现劳动者与生产资料的直接结合，克服私人劳动与社会劳动的矛盾。最终，"社会所有制"的建立和"联合劳动"的实现，将实现劳动的社会化和生产资料的社会化，使社会组建成一个自由自觉的联合体。在这个联合体中，以往的国家已经完成了向社会的完全复归，其历史使命已经终结，因而其存在已无任何必要，国家机器将如恩格斯所说的那样，只会作为一个历史产物出现在"古物陈列馆"中，"同纺车和青铜斧陈列在一起"。

三　马克思恩格斯的国家批判与未来国家设想中的"应然"原则

从马克思恩格斯对"实然国家"的解读和对"应然国家"的设想中，

---

① 《马克思恩格斯文集》第 1 卷，人民出版社 2009 年版，第 655 页。
② 《马克思恩格斯文集》第 2 卷，人民出版社 2009 年版，第 53 页。
③ 同上书，第 141 页。
④ 同上书，第 269 页。

我们可以看到马克思恩格斯国家观中的一些基本态度和倾向，这些态度和倾向是马克思恩格斯在国家观上的"基本立场"和"总体价值取向"，或者说是贯穿于马克思恩格斯"实然国家"解读与"应然国家"设想中的"应然"原则，主要是：

第一，不能离开社会单独地探讨国家。马克思对国家的最初探讨就是从揭示国家与市民社会的关系开始的，并且在马克思恩格斯有关国家的全部著述中，他们从来没有离开社会孤立地探讨国家的地位、特征、本质、职能等等。马克思恩格斯解读实然国家的几个维度，即国家的从属性、工具性、相对自主性、历史阶段性，无一不是相对于社会而言的；他们对"应然国家"的设想，如"真正的民主制"、"社会共和国"等，无一不是放在与未来社会的关系中探讨的。准确地说，马克思恩格斯的国家理论应该是"国家—社会"理论。

第二，应始终将社会作为考察的重点。在国家与社会的关系中，社会是决定者，是基础，是决定历史发展的主要力量，而国家是被决定者，尽管有时国家机器的突出表现会掩盖社会的底层现实，但是不应因此把关注的目光聚焦于国家，而忽视在国家背后起着决定性作用的社会。对社会的偏重体现了一种"社会本位的方法论原则"①，确立了社会高于国家的历史地位，确立了人民群众高于统治者的历史地位，同时也与马克思恩格斯的历史唯物主义基本立场是一致的。

第三，对当时现存的政治国家持批判立场，对国家机器的消极作用保持警惕。与"社会本位"的观念相对应，马克思恩格斯对现实中的资本主义国家机器有着一种深刻的不信任。在《路易·波拿巴的雾月十八日》中，马克思用"俨如密网一般缠住法国社会并阻塞其一切毛孔的可怕的寄生机体"②来形容法兰西第二共和国，虽然它曾经加速了封建制度的崩溃；在《法兰西内战》中，马克思将以法兰西第三共和国为代表的资本主义国家视为"寄生赘瘤"，提醒公社警惕国家机构拥权自肥以致"社会公仆"变成"社会主人"的危险；在1891年为《法兰西内战》所作的导言中，恩格斯则将这种国家称为"祸害"，指出即便是在革命成功之后也要防止其流毒继续危害到无产阶级政权："国家再好也不过是在争取阶级

---

① 参见荣剑《马克思的国家和社会理论》，《中国社会科学》2001年第3期。
② 《马克思恩格斯文集》第2卷，人民出版社2009年版，第564页。

统治的斗争中获胜的无产阶级所继承下来的一个祸害；胜利了的无产阶级也将同公社一样，不得不立即尽量除去这个祸害的最坏方面，直到在新的自由的社会条件下成长起来的一代有能力把这全部国家废物抛掉。"① 而限制国家的消极作用的途径，就是"限制国家的自由"，将国家权力逐步还给社会，因此，在马克思恩格斯设想的未来共产主义阶段，国家已随着阶级的消亡而消亡，社会将作为"自由人的联合体"而实现自我管理，这是社会的自我解放，也是人类全面和最终的解放。

---

① 《马克思恩格斯文集》第 3 卷，人民出版社 2009 年版，第 111 页。

马克思主义视域下的社会管理

李百花* 周玉银**

社会管理是人类发展中必不可少而源于生产实践的重要活动，是主体的存在方式。由于在新时期里党的执政面临的局面趋于复杂化，社会建设和管理问题面临新课题，直接关系党的执政地位。在社会管理格局中党和社会的关系本身也是个重大的理论问题，创新社会管理体制的关键在于如何正确处理二者的关系，从而推进社会管理体制的创新。自改革开放 30多年来，我国经济社会发展虽取得了巨大成就，彰显出了社会主义制度的优越性。然而，在发展的过程中仍面临发展动力问题、经济社会协调发展问题及社会领域存在着复杂的社会矛盾等。因此，迫切需要从学理与实践上做出深刻的思考。

社会建设是中国特色社会主义建设总体布局中要关注的重要方面，而社会管理又是社会建设的重要领域。因为，恩格斯说："一切社会变迁与政治变革的终极原因，不应当到人们的头脑中，以及到人们对永恒的真理与正义的日益增进的认识中去寻找，而应当到生产方式与交换方式的变更中去寻找；不应当到有关的时代的哲学中去寻找，而应当到有关的时代的经济中去寻找。"① 所以，当代中国的现代化建设实际需要从理论上进行研究，深入分析社会管理的变化规律，对创新中国社会管理有重要作用。

一 社会管理的厘定

在界定社会管理的内涵之前，必须对与社会管理这种社会活动相联系

---

* 李百花（1980— ），男，法学博士，现任中共来宾市委党校马克思理论教研室主任。

** 周玉银（1982— ），女，哲学硕士，现任中共来宾市委党校统战理论教研室副主任。

① 《马克思恩格斯选集》第 3 卷，人民出版社 1995 年版，第 617—618 页。

的范畴进行说明，这就是马克思主义视域下的社会、分工、利益以及国家等范畴。马克思主义认为，人类社会的活动与社会分工和社会利益有着密切的联系，国家产生之后，政治活动一方面构成广义的社会活动的一部分，另一方面也与狭义的社会活动相对立。社会管理是一种重要的社会活动，因此，从马克思主义理论的高度，深入分析这些重大范畴内在的联系，是进行深入分析现实问题的理论前提，从而更加清晰地抓住现实问题的本质。

（一）社会的内涵

马克思在考察人类社会的时候，对社会概念有狭义和广义两种解释。对社会的理解，是从对社会与社会关系二者的理解进行界定的。没有社会关系就没有社会本身。狭义含义的社会不是作为其要素、组成部分的全部总和揭示出来的，而是通过社会的实质，通过其最主要的东西，即社会关系来说明社会性质的。而广义含义的社会，如马克思所说，是"人们交互作用的产物"①，"是人同自然界的完成了的本质的统一"②，是人们共同活动历史地形成的形式和后果的全部总和。广义的社会概念是作为人们的全部生命活动和发展的整个系统而揭示出来的。马克思主义狭义含义的社会是从其本质方面进行考察的，而广义含义的社会是从其全部内容方面进行考察的。社会关系实际上时刻是每个社会的主要内容和基本特征所在，是社会现状和可能性最重要的标志。列宁曾说过，研究社会的话，就必须客观地分析人类社会的任何一种社会关系。③

在人类社会发展过程中，一定的社会关系与一定的社会活动相联系，而在社会活动范围内实质性变化也必须以社会关系范围内的变化为前提。在社会活动中最重要的就是社会分工。分工是主客体分化的直接结果，而主体就是指具有独立意识和个性并且能够从事创造活动的个人。分工反映了社会发展的水平和程度。社会关系是以人的生存活动为基础形成和发展的。这样，分工又使得个人与社会相对立，从而凸显出人的个性和自我。现代社会的分工一个重要结果就是劳动产品的专业化，这又带来人的技能

---

① 《马克思恩格斯全集》第27卷，人民出版社1972年版，第447页。
② 《马克思恩格斯全集》第42卷，人民出版社1972年版，第122页。
③ 《列宁全集》第1卷，人民出版社1984年第2版，第113页。

的差别，这时候，社会交换和社会交往就成为必要的了。

由于社会分工的需要，在社会发展的任何阶段，管理都是一项重要的社会活动。在整个社会活动过程中就有各种关系的协调，这就需要各种管理活动，其中社会管理活动与人类社会密切相关。管理是出于对目标预期所采取的行动，其目的是实现各种资源的最佳组合以及各种关系的协调，充分发挥各个环节的作用，提高社会活动的效率，使得社会活动成为有机联系和相互协调的有机过程，减少活动过程中带来的盲目性和随机性。管理活动直接依赖于生产活动并反过来影响它的进行。所以说社会管理是一种重要的社会活动，时刻体现了并影响着社会的分工。某种意义上说，社会管理作为一种活动，同样也是解决了管理过程中个人与社会的对立，使二者在管理关系中实现主客体的统一，实现管理的目标。

马克思主义经典作家曾多次强调，人类社会活动中由于某种需要会产生共同利益，而这种共同利益也是客观存在的，它表现在社会关系中并与个体地位的客观性是一致的。因此从这里也可以看出，社会关系总是与人们的需要和利益有着最为紧密的有机联系。需要和利益，构成社会管理活动的重要内容，同时也是社会关系存在的来源或者表现的客观形式。所以，分析社会的利益对于分析社会关系具有最直接的关系。正如恩格斯在揭示历史发展的动力时指出，人们活动的"动机"，首先表现出来的其实就是利益。

马克思在批判黑格尔的国家哲学时指出："家庭与市民社会是国家的前提，它们才是真正的活动者；而思辨的思维却把这一切头足倒置。"马克思把国家决定社会倒立过来，即国家与法决定于社会。这一唯物史观的见解对于我们分析党与社会的关系提供了理论准备。

（二）社会管理的内涵

从上面的分析可以看出，社会管理是一种目的性的社会活动。本文在借鉴一些学者们的观点以及鉴于上述分析的基础之上，认为社会管理就是社会的个体及集体各主体在社会活动中，对社会关系的客体施加的一种影响，即通过各种手段来调整和协调社会关系，以期达到一定的、合意的社会目标，社会管理的实质是人类的一种社会活动。在社会中，除了客观的、自发起作用的因素之外，在社会发展的任何阶段上，都还存在着与人有目的性的、自觉的和能动改造性的活动相联系的自觉的管理因素。这样，在人类社会发展的各个时期，逐步形成独立的社会机构——社会管理的主体，这就是能自觉发挥管理作用的那些组织和机关的总和，这些主体存在的目的就是为了实现社会的平衡与协调，达到预定的期望结果。随着社会的进步与发展，那些自发的因素越来越让位于管理主体自觉能动的因素，也就是社会的因素。

二　现代化建设中的社会变化

改革开放 30 多年来，中国的经济社会发生了巨大的变迁，社会关系发生了深刻的变化，人们的生活方式和交往方式也出现了新的变化，人们的价值观念发生重大的变化等。这些变化对当代中国的现代化建设与发展产生了深远影响，对当前执政党建设和社会管理提出了新的时代课题。

当代中国经济社会生活领域里，最显著的变化就是社会主义市场经济体制的建立与商品经济的发展。"在当代，对于包括中国在内的所有发展中国家来说，社会转型是指在特定的环境中由某种非市场经济社会向市场经济社会的转变。"[①] 而商品经济存在的必要前提条件就是社会分工的极大发展，且随着社会的进一步发展分工也愈加发展，二者之间相互影响和相互促进。

（一）社会结构的变化

马克思在分析资本主义社会发展时指出"现在的社会不是坚实的结晶体，而是一个能够变化并且经常处于变化过程中的有机体"[②]。任何社会都处于不断的运动发展变化之中，新中国成立以来特别是改革开放以来，中国的社会结构也发生了巨大的变化。其主要表现在：

1. 生产力结构的变化

生产力体现的是人与自然的关系，人类社会面临广义的自然界没有太大的变化，然而随着人类不断改造自然，即自然的人化，这里面却时刻发生着变化。当代中国社会的生产力结构发生的重要变化，其主要表现为先进生产力与落后生产力并存的二元结构。这种落后生产力与先进生产力并

---

① 陈晏清：《当代中国社会转型论》，山西教育出版社 1998 年版，第 18 页。
② 马克思：《资本论》第 1 卷，人民出版社 2004 年版，序言，第 10—13 页。

存，给我们今天的社会管理提出了较为严峻的话题，如何实现生产力在社会领域内的逐步统一，消除这种生产力布局上的差别，而不至于出现急剧的变化，也是社会管理所面临的课题。

2. 所有制和分配结构的变化

改革开放以来，与现阶段生产力结构相适应，我国在所有制和分配结构上也逐步发生变化和调整，基本确立实行公有制为主体、多种所有制共同发展的所有制结构，以及在分配领域确立实行按劳分配为主体、多种分配方式并存的结构。分配与社会利益紧密相连，因此，我们应该科学地认识到分配在社会中的重要作用，而社会管理的一个重要方面就是需要协调不同方面的利益，分配结构的变化对社会管理也提出了重要的挑战。

3. 社会阶层的变化

马克思主义在分析资本主义社会变化的时候，采取的是阶级分析法，有他的理论基础和合理性所在。而今天我们在建设社会主义的过程中，面对社会结构所出现的变化，则适合采用阶层分析法，这样有利丁我们准确认识社会阶层的变化。与前两个方面的分析相对应，我国当前的社会阶层不断调整。学术界一般认为，我国社会的阶层结构从传统的"三种身份"到今天大致形成了十大社会阶层。社会分层必然加速了社会流动和社会分化，这对社会管理构成了新的挑战。

4. 国家与社会关系的变化

马克思主义认为，国家决定于社会。社会才是最鲜活的东西，与人们的日常生活紧密相连，国家作为社会的最高组织，它本身就是社会发展的产物，所以说国家与社会本身是统一的。但随着社会的进一步发展，却又出现了国家与社会的二元对立并产生矛盾，其最重要的表现，就是国家作为一个强大的社会组织，侵占了社会的功能，通俗地说，国家管了它不该管理的社会事务。执政党作为国家层面的政治组织，它与社会的关系成为我们必须思考的问题。

（二）社会利益的变化

马克思说过："人们奋斗所争取的一切，都同他的利益有关。"① 在当

---

① 《马克思恩格斯全集》第 1 卷，人民出版社 1972 年版，第 82 页。

前改革开放和现代化建设的新形势下，我国社会关系领域里的利益格局发生了深刻地变化，如何科学认识利益问题，怎样处理好利益关系，正确运用利益的动力机制，调动社会各方面积极性和创造性，推进现阶段的社会管理，是一个非常重要的现实问题。

1. 市场经济条件下的利益关系

市场经济是人类社会发展到一定阶段产生的适应于社会化生产的产物，在市场经济中体现在商品生产中人与人的关系，归根结底反映到社会利益关系的变化上来。如上面分析，新的社会阶层的出现，社会结构发生变化。随着市场经济的进一步推进，利益关系格局出现分化和重组，其范围和程度发生了大的变化。利益格局发生了重大的结构性变化，利益差距逐步拉大。城乡那种二元格局带来的城乡利益的分割问题日益突出，城乡差距不断扩大。不同阶层的收入差距也在不断变化着。

2. 社会利益的多元化

中国自从实施改革开放以来，市场经济的发展带来的最大变化就是利益的多元化，它打破了传统的高度集中的社会那种利益结构比较简单的局面，使我国利益格局发生着深刻的变革。社会结构的变化，其反映到社会关系上来，最终就是一种利益格局的变化，而这里面最重要的变化就是利益主体和客体以及利益关系的变化。社会利益多元化主要表现为利益主体的分化和利益客体的多样化两个方面。利益关系的变化主要是由于社会分工所引起的。

3. 利益关系多样化和复杂化

当代中国利益关系的多样化主要体现利益主体和利益客体以及二者之间的关系呈现多样化特征。社会结构发生变化，与其相对应的社会利益主体分化，由于利益的内容和特点，必然使个体、集体和社会整体背后的社会关系呈现出多样化。一句话，利益越来越把各利益主体联系在一起。这就出现了个体、集体和社会整体各主体之间的利益关系。利益关系复杂化是指各种利益关系相互交织，使利益关系更加复杂，主要的表现就是各利益主体横向和纵向的利益矛盾关系相互作用。

（三）社会矛盾的变化

今天，使用唯物史观基础上的矛盾分析法，来指导改革开放和现代化建设的实际，具有重要的理论指导意义。我们如何正确处理好当前的社会矛盾，推进社会管理的创新，维护稳定的社会秩序，构建和谐社会，是我们运用这种分析法分析问题重要的出发点和目的所在。本文认为，当前我国社会领域的矛盾主要表现在以下几个方面。

1. 利益矛盾

利益关系总是表现为利益的矛盾运动。可以说，利益矛盾决定了利益关系的一切历史的、具体的形式。总的来讲，利益矛盾可以分为利益的外部矛盾和利益的内部矛盾。在社会关系中，社会生产和社会利益需要之间的矛盾是外部矛盾的主要表现形式。社会主义初级阶段，在市场经济条件下，利益格局的突出表现就是利益群体意识和利益行为的多样性，这也就决定了利益群体的多样性以及带来的复杂性，这种复杂性的社会表现就是一定程度上的社会矛盾。差异性则是不同利益群体之间的利益差距，已经成为一个突出的社会矛盾问题。

2. 干群矛盾

干群关系一直以来是我国社会关系的一个重要方面的内容，干群关系的好坏也直接关系到执政党的执政地位与社会主义建设的大局。和谐的干群关系是构建社会主义和谐社会的重要内容和基本目标，也是我国现阶段社会管理活动中不可回避的社会关系。干群矛盾中党政干部和人民群众在矛盾中的地位和作用是不同的，这是由矛盾的差异性和对立性决定的。干群矛盾的主要方面是干部，作为国家层面的执政党和各级政府的代理者，各级干部由于某些原因，是造成干群矛盾的主要因素，同时干群矛盾的解决也需要干部发挥主动作用，而人民群众在矛盾中构成矛盾的次要方面，矛盾的解决也需要他们的积极配合，才能朝着更加合理的方向发展。

3. 政社矛盾

虽然本文在上面指出了一般意义上的国家与社会的矛盾关系，二者之间的对立是不可回避的。执政党和政府作为国家层面的最高社会组织，在我国现阶段也有不同程度的反映。在我国现阶段，政府（执政党）与社会作为社会管理的重要主体，其对立主要表现为，政府成为无所不包的超越于社会之上的一个机构，社会在市场的分工中不断发展，然而却发育得并不完全，这就导致了社会的大部分功能被政府侵占了，社会成为国家的附属。在社会管理总体格局中，如何更好地发挥社会的主体作用，需要对社会体制进行创新。

三　加强与创新社会管理

从以上对我国现阶段社会领域结构变化的分析可以看出，诸多变化对中国共产党的执政提出了不同程度的挑战。自党提出构建社会主义和谐社会以及加强和创新社会管理的重大战略以来，就把社会管理作为社会建设的重要内容。党的十八大进一步指出：加强社会建设，是社会和谐稳定的重要保证。必须从维护最广大人民根本利益的高度，加快健全基本公共服务体系，加强和创新社会管理，推动社会主义和谐社会建设。从十八大提出全面推进党的建设科学化水平的重大战略决策以来，我们党作为长期执政的党而面对新形势，明确提出要加强和创新社会管理的重大举措是为了更好地实现社会建设的目标以及党的建设科学化。党的十八大进一步提出"形成党委领导、政府负责、社会协同、公众参与、法治保障的社会管理体制"的管理格局，要加快形成源头治理、动态管理、应急处置相结合的社会管理机制。

中国共产党是我国的执政党，它在社会管理格局中居于核心的地位。中国共产党在社会总体格局中作为一个特定的组织，它的这种地位是历史形成的，同时也可以说某种程度上反映了当前我国社会分工与社会活动的需要。这就是中国共产党作为我国的执政党是中国特色社会主义事业的坚强领导核心。马克思主义的分工理论认为，执政党在现代社会中生产专门化的产品主要就是政策。而这些政策本身又是社会关系的体现，政策本身施加影响力对社会关系进行协调与控制，政策主要包括经济、政治、文化和社会方面的政策。社会的政策就是对社会关系进行调整，一系列的规则总和。社会分工体现了个体与社会的对立，社会活动则消解了这种对立。所以执政党在现代社会格局实现这种统一，也需要以某些形式参加各种社会活动，从需要和利益上看，这也是政党追求政治权利的需要，其实质也是对利益的追求。执政党的活动是一种集体组织的活动，实质上也是社会关系的体现。中国共产党追求的利益，是一种广泛的社会利益，通俗地说就是始终代表中国最广大人民的根本利益。从这个角度分析，中国共产党这种社会管理的格局中居于核心的地位是应然的。

中国共产党在社会管理格局中处于核心地位是由党的性质决定的，是党在社会管理中发挥总揽全局、协调各方的作用。在社会管理中，一方面，需要执政党从全局的高度制定政策推进社会管理，为社会管理的顺利开展提供保障，支持和保证各种社会组织依法开展活动，充分调动社会各方面的积极性，形成各主体积极参加社会管理的合力，从而协调一致地开展各项工作；另一方面，在当代中国共产党和各级政府是一种特殊的关系，党要积极发挥核心作用，还要从各方面支持各级政府依法管理社会事务、大力发展社会事业、提供公共服务。同时要规范、引导和整合社会组织，并支持他们依照法律和章程独立地开展社会管理工作，发挥他们联系群众的桥梁和纽带作用，引导公众积极有序地参与社会管理。从上面分析可以看出创新社会管理着重从以下几个方面进行。

（一）构筑合理的利益协调机制

社会关系不断调整和变化，社会利益关系也随之出现调整和变化，这就如上面分析那样，出现了社会利益的分化，而为了避免这种利益分化带来的负面影响，我们就必须构建一个能够适应复杂利益关系变化的利益协调机制。这个利益协调机制作为一项公共政策，其制定的主体只能是执政党或者政府，因为从利益的主体来分析，中国共产党代表的是整个社会的利益，也只有在社会整体利益的格局中，才能更好地调节内部各主体之间的利益关系，如局部利益和整体利益，现实利益与长远利益，根本利益与非根本利益之间的关系。当然，这里面还有一些基本的原则，比如，各利益主体的特殊利益包括个体与集体都必须服从国家或者整个社会的利益，因为失去整体利益约束下的个别和特殊利益就对社会产生消极影响。因此，在构筑合理的利益协调机制中，主要做好以下两个方面的工作。

1. 建立合理的利益分配格局

针对社会利益关系的变化，及时做出利益格局的分析。改革开放之前，我国实行的高度集中统一管理的利益分配制度，几乎接近一种平均主义的分配制度，属于"吃大锅饭"的局面，其实这样并不利于社会活力和创造力的发挥，社会缺乏流动性，较为凝固化。而世界发展的一般经验表明，利益分配格局在社会管理中有着非常重要的地位和作用，特别是西方发达国家发展经验表明，他们不断做出缓和矛盾的调整，其背后深层次原因就是利益格局地调整。从这里就可以看出利益格局在维持社会稳定和促进社会活力所发挥的积极作用了。而相比那些向现代化转型的发展中国

家，没能实现一个合理的利益格局，经常处于社会动荡之中。这里面就谈
到两种利益格局：一种是两头大中间小"葫芦型"，一种是两头小中间大
"橄榄型"，前一种属于社会利益格局出现两极严重分化，社会利益关系
没有得到很好调整的利益格局，其结局就是社会处于动荡之中；而后一种
则属于出现一个数量占绝大多数的"中产阶层"，利益分化很小的利益格
局，而这种格局是有利于社会的稳定与发展的。

2. 建立合理的利益诉求和表达机制

改革开放以来，我国的利益关系随着市场经济的发展出现深刻的变化
和调整。一般意义上来说，最大的变化就是利益主体的多元化与复杂化。
这就带来了利益关系的矛盾运动，虽然我们确立了社会主义利益协调的基
本原则，但是在面对平等利益主体的时候，利益矛盾双方势均力敌，这时
候双方的利益诉求和表达成为我们所要面对的重要问题。《中华人民共和
国宪法》第十三条规定，公民的合法的私有财产不受侵犯，这里面就郑
重地在国家根本大法中指出国家尊重和保护合法的一切利益。

在我国当前，随着现代化的发展，利益的矛盾关系越来越凸显出
来，因此，如何有效地让全体人民在社会整体的框架内追求自身合理和
合法利益，成为社会管理必须要妥当解决的一个现实问题。这就需要为
不同群体利益提供合理的利益诉求和表达机制。在政府、企业、社区与
社会组织之间构筑一个资源和信息交流互动的场所，建立一个多层次、
多渠道的利益诉求和表达的平台，使不同的利益群体通过协商来解决利
益关系的矛盾。

（二）在发展中要解决社会矛盾

我国现代化建设和改革发展的过程中，积累的一条重要的经验就是用
发展的办法解决前进中的问题。社会矛盾从一般意义上来说永远是存在
的，我国现阶段的社会矛盾是特定时期产生的，社会矛盾的处理当然必须
放到这个大的背景中去。解决社会矛盾的首要前提和基础，就是要不断解
放和发展生产力，在发展中解决我们所面临的问题。胡锦涛同志曾指出：
"社会稳定是人民群众的共同心愿，是改革发展的重要前提。要最大限度
地激发社会创造活力，最大限度增加和谐因素，最大限度减少不和谐因
素，推动建设和谐社会。妥善处理人民内部矛盾。要完善信访制度，健全
党和政府主导的维护群众权益机制，统筹协调各方面利益关系，有效预防

和化解各类社会矛盾。"①

解决社会矛盾，首先只有坚持以经济建设为中心，大力发展社会生产力，这样才能在解决社会主要矛盾的基础上，更好地解决人民的内部矛盾，大力发展生产力是解决社会矛盾的物质基础，只有在这个基础之上，才能更好地调节社会关系和利益关系。大力发展生产力就是要不断提高劳动生产率，提高经济效益，调整经济结构（生产力结构、所有制结构、分配结构、区域结构等）和产品结构，创造出更加丰富的物质产品和精神产品来满足人民群众的各种需要，使每个社会成员的利益得到提高和增进，共享改革发展的成果。正确处理社会矛盾，着重做好以下几个方面的工作。

1. 用经济的手段解决社会矛盾

上面分析了利益的矛盾运动，实质上也就是社会矛盾的本质体现，也构成我国现阶段人民内部矛盾的主要表现，那么如何处理这个方面的矛盾，就需要我们运用经济的手段来处理这种矛盾。也就是说运用经济手段来协调各方面的利益关系。在社会主义条件下，非对抗性的人民内部矛盾成为社会政治生活的主题，前提就是人民根本利益的一致性，执政党和政府就能够运用统筹兼顾的原则来调整利益关系，使长远利益与眼前利益、整体利益与局部利益，矛盾各方面的利益均能得到合理的兼顾。当前，市场机制可以使社会主体能平等自主地追求自身的利益，市场的三大机制，竞争、供求与价格机制通过价值规律的作用自动地调整利益关系，实现不同利益主体在互利基础上的联合，实现公平与效率的统一，化解了社会利益关系领域的矛盾。

2. 运用民主法治的手段解决社会矛盾

为了更好地解决我国现阶段的社会矛盾，政治手段的运用也是重要的方式。这里讲的解决社会矛盾的政治手段，主要是指社会主义的民主和法制，它是统筹兼顾人民内部各个不同利益主体以及不同需要的基础上形成的共同意志的表现，并把这种共同意志转化为用来处理人民内部矛盾具有普遍约束力的社会规范，其中最重要的就是法制。这种社会规范明确规定了各利益主体客体之间的关系，这种关系的调节是减少矛盾或正确处理社

---

① 胡锦涛：《高举中国特色社会主义伟大旗帜，为夺取全面建设小康社会新胜利而奋斗》，人民出版社 2007 年版，第 41 页。

会矛盾的有效手段。社会主义民主是社会主义的生命，也是社会主义的本质要求之一。当前我国社会矛盾有时候得不到正确的处理，其中一个重要原因就是社会主义民主和法制的不健全。我们大力发展社会主义民主和法制，就是能够使民意的表达机制充分发挥出来，人民群众的意见和要求能够通过民主和法制的方法得到行之有效的表达。这里面最重要的就是政府职能的转变。在市场条件下，政府除了作为市场主体之一，参与市场活动，但更重要的是政府作为社会管理的重要主体之一，参与到社会管理活动中来，这里面最重要的工作就是提高政府的社会服务水平。健全社会矛盾调节的机制，发挥社会保障制度的调节作用。政府的重要角色就是政策输出，这里面为了实现社会的发展，一个重要的方面就是对社会矛盾的调节以及制定各项社会制度，维护社会稳定。

3. 要用道德的手段解决社会矛盾

解决人民内部思想领域的矛盾只能通过说服教育和民主讨论办法解决。我国现阶段的社会矛盾在思想领域的表现必须通过加强精神文明建设，提高全体人民群众的素质来解决。首先，牢固树立马克思主义在思想意识形态领域的指导地位。马克思主义是我们立党立国的根本指导思想，是全国各族人民团结奋斗共同的思想基础。其次，加强社会公德、职业道德和家庭美德教育，通过多种教育提高全民道德素质，宣扬良好社会风尚。最后，要加强思想政治教育工作。

（三）构建合理的社会管理体系

为了实现社会管理在现阶段的目标，我们必须从体制和机制上做出良好的制度安排，才能有力地保证社会运行与发展。这也就是在社会背景下，我们为什么要推进社会管理体制和机制创新的原因所在。那么，现阶段，在已有的背景下，我们如何做出一个很好的制度设计呢？做到既从一般意义上解决社会关系中所产生的矛盾，也从当代中国的现实情况中实现社会的良性互动。构建一个符合中国实际，合理的社会管理体系。

首先，国家层面上的执政党与政府在制度的设计上，仍然居于主导地位。由于我国处于向现代化迈进而进行社会转型的时期，当代中国虽然出现了社会结构的变迁，利益格局的调整，社会主体随之发生分化，进而出现各种社会矛盾，这些重要的变化给当代中国的社会管理提出了严峻挑战。社会管理作为人类的重要活动，就是在不同阶段消解由于社会分工所带来的社会对立的活动形式。而我国现阶段，社会活动的主体虽然呈现出多样化的趋势，但是仍然没有改变国家层面上的执政党与政府居于主导地位的局面，这样一个局面仍然会延续很长一段时间，这也是既有社会结构中的一个主要内容。

其次，市场是促进社会的分化与发展的重要力量。虽然上面分析国家居于主导地位，但实际上社会活动最鲜活的主体则是社会个体与集体，这与上面的分析是一致的，也是马克思主义分析的重要观点，这就是社会决定国家与制度。我们分析社会管理的活动，首先就是正确界定和认识国家与社会的关系。国家与社会的关系本身就构成制度的内容。本文认为，国家与社会的互动，社会个体与集体的社会管理活动，都是以市场为桥梁，完成这样一个消解由于社会分工带来的对立，实现对各主体利益追求的表达，这才是深层次的指挥棒。也就是说，市场经济的发展促进了社会主体，特别是各级社会组织，比如非公经济组织、非营利部门组织等的发育，这些组织背后都离不开与市场的联系。

最后，有效的管理手段是社会管理的保证。为了实现社会管理的目标，一定要有行之有效的管理手段，而这些管理手段也必须从当代中国现实情况出发。在现代社会里，必须在各种社会规范的基础上实现对社会的管理。社会规范是社会发挥职能的保证，调节着社会生活各领域，从而为实现管理的目标提供保障，社会规范本身也构成制度的重要内容，社会管理活动的过程也是实现社会规范的过程。社会规范反映了社会各阶级、阶层，社会个体与集体的利益，其主要的直接的任务就是在既定社会利益格局调整与变化中协调各种利益和处理好社会矛盾。实现了这样一种社会规范，也就创新了社会管理活动方式，实现了社会管理的目标。

第三篇　马克思主义民族理论与宗教观

坚定地坚持中国特色社会主义民族理论

金炳镐[*]

胡锦涛在党的十八大报告中明确提出："全面正确贯彻落实党的民族政策，坚持和完善民族区域自治制度，牢牢把握各民族共同团结奋斗、共同繁荣发展的主题，深入开展民族团结进步教育，加快民族地区发展，保障少数民族合法权益，巩固和发展平等团结互助和谐的社会主义民族关系，促进各民族和睦相处、和衷共济、和谐发展。"[①] 同时要求"全面正确贯彻落实党的民族政策"，在这里比以往提法加了"正确"二字是有针对性的，是对当前社会上存在的干扰中国特色社会主义民族理论和民族政策的观点和模糊的观点、急躁冒进的观点、极左的观点的回应。随着民族问题方面出现的一些新情况、新问题，民族工作领域面对一系列极具挑战性的困难和工作，我们要在民族工作和民族研究工作中，坚定对中国特色社会主义民族理论体系的道路自信、理论自信、制度自信，着力增强贯彻落实科学发展观的自觉性和坚定性，绝不能走封闭僵化的老路，也不能走改旗易帜的邪路，勇于开拓创新民族工作新思路，敢于坚持马克思主义解决民族问题的根本道路，不断努力丰富中国特色社会主义民族理论和民族政策的实践特色、理论特色、民族特色和时代特色。

正确认识中国特色社会主义民族理论，澄清干扰中国特色社会主义民族理论的观点，坚定地坚持中国特色社会主义民族理论是坚持中国特色民

* 金炳镐，男，朝鲜族，哲学博士，教授，博士生导师，首届国家级教学名师，中央民族大学中国民族理论与民族政策研究院教师，中央民族大学中国民族理论政策与法制研究基地主任，国家民委人文社会科学重点研究基地当代民族问题与中国特色民族理论研究基地主任，内蒙古民族大学兼职教授，中国统一战线研究会民族宗教理论甘肃研究基地研究员，主要从事民族理论、民族政策、民族关系研究。

① 胡锦涛：《坚定不移沿着中国特色社会主义道路前进　为全面建成小康社会而奋斗》，人民出版社 2012 年版，第 29—30 页。

族理论的三个重要问题。其中，正确认识中国特色社会主义民族理论是根本，澄清干扰中国特色社会主义民族理论的观点是关键，坚定坚持中国特色社会主义民族理论是目的。正确认识中国特色社会主义民族理论，理论方面涉及什么是民族，如何促进民族发展；什么是民族问题，如何解决民族问题，如何协调民族关系等基本问题。这些民族理论基本问题体现在中国共产党解决中国民族问题的民族政策上就集中到民族平等、民族团结、民族区域自治、民族发展繁荣等根本政策。及时澄清干扰中国特色社会主义民族理论观点，主要涉及要以"族群"替代"民族"、要"民族（族群）问题去政治化要文化化"、要实行所谓"第二代民族政策"说等干扰性民族理论观点。坚定坚持中国特色社会主义民族理论，主要涉及必须坚持从中国的基本国情出发，必须坚持中国特色的道路、理论体系和制度来解决中国的民族问题，并把这些运用到解决中国民族问题的实践中去。

一　正确认识中国特色社会主义民族理论

中国共产党在我国革命、建设、改革的各个历史时期，把马克思主义民族理论与中国的民族和民族问题的具体实际相结合，提出了一系列与时俱进的民族理论，制定了一系列行之有效的民族政策，开创了具有中国特色的解决民族问题的道路，使中国各民族获得解放，走上社会主义道路，也使中国各民族得到发展，走上共同繁荣的道路。

（一）中国特色社会主义民族理论的主要内容

胡锦涛同志指出"中国特色社会主义理论体系，就是包括邓小平理论、'三个代表'重要思想以及科学发展观等重大战略思想在内的科学理论体系"。中国特色社会主义民族理论是以马克思主义民族理论为理论来源，是以毛泽东民族理论为理论基础，是以邓小平民族理论、党的第三代领导集体的民族理论和以胡锦涛为总书记的中央领导集体的民族理论为理论主干的中国化的马克思主义民族理论。

中国特色社会主义民族理论是以邓小平同志为核心的党的第二代领导集体、以江泽民同志为核心的党的第三代领导集体、以胡锦涛为总书记的中央领导集体的智慧和实践的结晶。邓小平解决我国民族问题的理论，起始于理解民族问题的地位与作用，立足于实现真正的民族平等，着手于实现巩固的民族团结，着重于真正实行民族区域自治，着眼于实现全面的民族发展，归宿于实现民族共同繁荣。其中，认识民族问题的长期性、复杂性、重要性是邓小平民族理论解决民族问题的起始点；实现真正的民族平等是邓小平民族理论解决民族问题的立足点；实现民族大团结是解决民族问题的着手点；真正实行民族区域自治是解决民族问题的着重点；全面实现民族发展是解决民族问题的着眼点；实现民族共同繁荣是解决民族问题的归宿点。

中国共产党第三代领导集体民族理论科学地阐明了当代民族问题的内涵；全面揭示了当代民族问题的基本特征，阐述了马克思主义民族观；明确提出加快发展是解决我国现阶段民族问题的核心；明确把民族区域自治制度确立为国家的一项基本政治制度；明确提出维护祖国统一和民族团结是国家的最高利益，处理好民族问题必须坚决反对"三股势力"，以及民族干部状况是衡量一个民族发展水平的重要标志；明确阐明了民族与宗教的关系，强调注意贯彻党的宗教政策；全面总结系统地概括了我们党关于民族问题的基本观点和政策。

以胡锦涛为总书记的中央领导集体民族理论提出了马克思主义民族理论的新观点、新论断，包括马克思主义关于"民族"的理论，关于民族关系本质特征的理论，关于民族区域自治"三个不容"的理论；提出并全面论述了正确处理民族问题是建设中国特色社会主义的重要内容、中国特色社会主义道路是解决我国民族问题的根本道路；提出了各民族共同团结奋斗，共同繁荣发展是新世纪新阶段民族工作的主题；论述了加快少数民族和民族地区经济社会发展是现阶段民族工作的主要任务，是解决我国民族问题的根本途径。

（二）中国特色社会主义民族理论在当前的集中体现

当前中国特色社会主义民族理论集中体现在《中共中央　国务院关于加快少数民族经济社会发展加强民族工作的决定》，即中央〔2005〕10号文件提出的十二个方面。这十二个方面分别是：（1）民族是在一定的历史发展阶段形成的稳定的人们的共同体。一般来说，民族在历史渊源、生产方式、语言、文化、风俗习惯以及心理认同等方面具有共同的特征。有的民族在形成和发展的过程中，宗教起着重要作用。（2）民族的产生、发展和消亡是一个漫长的历史过程。在人类社会发展的进程中，民族的消亡比阶级、国家的消亡还要久远。（3）社会主义时期是各民族共同繁荣发展的时期，各民族间的共同因素在不断增多，但民族特点、民族差异和各民族在经济文化发展上的差距将长期存在。（4）民族问题既包括民族自身的发展，又包括民族之间，民族与阶级、国家之间等方面的关系。在当今世界，民族问题具有普遍性、长期性、复杂性、国际性和重要性。（5）中国特色社会主义道路是解决我国民族问题的根本道路。我国的民族问题，只有在建设中国特色社会主义、实现中华民族伟大复兴的共同事业中才能逐步解决。（6）我国是各族人民共同缔造的统一的多民族国家。祖国统一是各族人民的最高利益，各族人民都要继承和发扬爱国主义传统，自觉维护祖国的安全、荣誉和利益。我国的民族问题是我国的内部事务，反对一切外部势力利用民族问题对我国进行渗透、破坏和颠覆活动。（7）各民族不分人口多少、历史长短、发展程度高低，一律平等。国家为少数民族创造更多、更好的发展机会和条件，保障各民族的合法权利和利益，各族人民都有义务维护宪法和法律的尊严。（8）民族区域自治是我们党解决我国民族问题的基本政策，是符合我国国情的一项基本政治制度，是发展社会主义民主、建设社会主义政治文明的重要内容，必须长期坚持和不断完善。《民族区域自治法》是民族区域自治制度的法律保障，必须全面贯彻执行。（9）平等、团结、互助、和谐是我国社会主义民族关系的本质特征，汉族离不开少数民族，少数民族离不开汉族，各少数民族之间也相互离不开。各族人民要互相尊重、互相学习、互相合作、互相帮助，不断巩固和发展全国各族人民的大团结，构建社会主义和谐社会。（10）各民族共同团结奋斗、共同繁荣发展是现阶段民族工作的主题。加快少数民族和民族地区经济社会发展，是现阶段民族工作的主要任务，是解决民族问题的根本途径。要坚持科学发展观，大力支持、帮助少数民族和民族地区加快发展。（11）文化是民族的重要特征，少数民族文化是中华文化的重要组成部分。国家尊重和保护少数民族文化，支持少数民族优秀文化的传承、发展、创新，鼓励各民族加强文化交流。大力发展教育、科技、文化、卫生、体育等各项事业，不断提高各族群众的思想道德素质、科学文化素质和健康素质。（12）培养选拔少数民族干部是解决民族问题、做好民族工作的关键，是管长远、管根本的大事。要努力造就一支宏大的德才兼备的少数民族干部队伍。民族地区人才资源开发是一项战略任务，要大力培养民族地区现代化建设需要的各级各类人才。这十二个方面是中国特色社会主义民族理论在当前的集中体现，理论观点相互联系，密不可分，有着重要的科学价值和现实指导意义；体现了当今中国和世界发展的时代精神，具有鲜明的时代特点，是观察和认识民族问题的指南，是新世纪新阶段民族工作的指导思想。如图 1 所示。

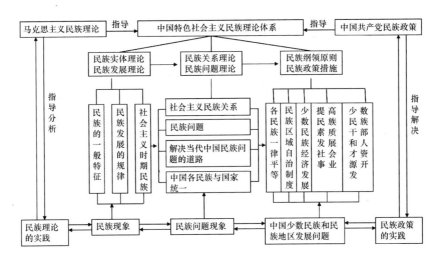

图 1　中央〔2005〕10 号文件中体现的中国特色社会主义民族理论体系图

中国特色社会主义民族理论体系，在理论上回答两个根本问题：一是什么是民族？理论上回答民族的认识后，实际上要解决如何促进民族发展；二是什么是民族问题？理论上回答民族问题的认识后，实际上要解决如何处理民族问题，如何协调民族关系。因此，中国特色社会主义民族理论体系，涉及理论上的两个根本问题——民族、民族问题，涉及理论和实践上的四个方面——民族、民族发展；民族问题、民族关系。

什么是民族？《中共中央　国务院关于加快少数民族经济社会发展加强民族工作的决定》，即中央〔2005〕10 号文件明确提出：民族是在一定的历史发展阶段形成的稳定的人们共同体。一般来说，民族在历史渊源、生产方式、语言、文化、风俗习惯以及心理认同等方面具有共同的特征。有的民族在形成和发展的过程中，宗教起着重要作用。这是中国共产党对马克思主义民族理论的一次重要理论突破。那么如何促进民族发展？我们党根据对民族认识，一贯强调民族的综合性的、全面的发展，强调发展少数民族和民族地区社会生产力是民族工作的根本任务；强调少数民族和民族地区经济、文化和社会的发展是解决民族问题的根本途径。

什么是民族问题？我们党和国家的文件明确提出：民族问题既包括民族自身的发展，又包括民族之间，民族与阶级、国家之间等方面的关系。这"一个发展三个关系"理论是中国共产党对马克思主义民族理论的又一次重要理论突破。那么如何协调民族关系？我们党和国家一贯强调在坚持各民族平等团结基础上，通过各民族间的互助合作，加快发展少数民族和民族地区的经济社会事业，发展和完善和谐的社会主义民族关系。胡锦涛同志明确指出：平等、团结、互助、和谐是社会主义民族关系的本质特征，平等是基石，团结是主线，互助是保障，和谐是本质。我们党的民族关系的本质特征理论是中国共产党对马克思主义民族理论的再一次重要理论突破。中国特色社会主义民族理论的理论根本点在解决我国民族问题的民族政策体系中体现为民族政策最核心的有四个方面：民族平等、民族团结、民族区域自治、民族发展繁荣。民族平等是基本前提（基石），是民族政策总原则之一；民族团结是基本手段（主线），是民族政策总原则之一；民族区域自治是基本形式（制度），是民族政策的基本政策，也是解决我国民族问题的根本制度；民族发展繁荣是基本宗旨（目标），是民族政策的重要政策，也是解决我国民族问题的根本途径。

中国特色社会主义民族理论体系的第一要义是民族发展，核心是民族平等团结，基本要求是民族全面发展，根本方法是民族区域自治。在中国共产党的这些民族理论和民族政策的指引下，我国科学地识别认定了55个少数民族，实现了各民族平等，实现了少数民族的民族区域自治，实现了各民族经济社会的快速发展。我国在解决国内各民族的平等和谐、繁荣发展方面，在解决国内民族问题方面取得了举世瞩目的巨大成就。

（三）中国特色社会主义民族理论的特点

中国特色社会主义民族理论，是中国共产党几代领导集体把马克思主义民族理论与中国民族和民族问题实际结合起来，以中国特色理论，以中国方式认识和解决中国的民族和民族问题的理论和实践的结晶，是真正的马克思主义民族理论中国化。这体现了中国特色社会主义民族理论的特点的科学性、实践性、继承性和创新性。我们要坚持中国特色社会主义民族理论，不仅要全面正确地了解和掌握中国特色社会主义民族理论基本内容，还要及时地澄清干扰中国特色社会主义民族理论的观点。

二 澄清干扰中国特色社会主义民族理论的观点

胡锦涛同志于 2009 年 9 月 29 日在国务院第五次全国民族团结进步表彰大会重要讲话中提出："党的民族政策是完全正确的，我们实行的民族区域自治制度也是完全正确的。对这些实践证明正确的行之有效的政策和制度，必须坚定不移坚持并不断加以完善。"① "必须坚持党的民族政策不动摇"② 胡锦涛同志在党的十八大报告中也明确提出："全面正确贯彻落实党的民族政策。"③

近年来，我国报刊上先后发表了一些文章：如《关于民族研究的几个问题》④、《理解民族关系的新思路——少数民族问题 "去政治化"》⑤、《平等也许是最好的民族政策》⑥、《第二代民族政策：促进民族交融一体与繁荣一体》⑦、《对当前民族领域问题的几点思考》等。有些学者提出了一些干扰中国特色社会主义民族理论体系的观点，主要有：一是提出以"族群"替代民族，把民族说成只是"文化共同体"；二是提出要把民族关系、民族问题"去政治化"，要把民族关系、民族问题"文化化"；三是提出所谓"第二代民族政策：促进民族交融一体与繁荣一体"等。比如，有的学者提出要以"族群"替代民族，要民族关系、民族问题"去政治化"，要"文化化"⑧。硬说中国"全盘接受了前苏联民族理论、制度和政策"，给新中国解决民族问题的理论、政策和制度扣上"不折不扣的斯大林主义"的帽子，声称在解决中国民族问题方面要"制度，政策

---

① 胡锦涛：《在国务院第五次全国民族团结进步表彰大会上的讲话（2009 年 9 月 29 日）》，人民出版社 2012 年版，第 6 页。

② 同上书，第 5 页。

③ 胡锦涛：《坚定不移沿着中国特色社会主义道路前进 为全面建成小康社会而奋斗》，人民出版社 2012 年版，第 29—30 页。

④ 马戎：《关于民族研究的几个问题》，《北京大学学报》2000 年第 4 期。

⑤ 马戎：《理解民族关系的新思路：少数民族问题 "去政治化"》，《北京大学学报》2004 年第 6 期。

⑥ 潘志平：《平等也许是最好的民族政策》（http：//opinion. people. com. cn/h/2011/0921/c159301 - 2722967824. html）。

⑦ 胡鞍钢、胡联合：《第二代民族政策：促进民族交融一体与繁荣一体》，《新疆师范大学学报》2011 年第 5 期。

⑧ 马戎：《理解民族关系的新思路：少数民族问题 "去政治化"》，《北京大学学报》2004 年第 6 期。

创新"。又如，有些人提出"第二代民族政策：促进民族交融一体与繁荣一体"，"与时俱进地推动民族政策从第一代向第二代的转型，即在政治、经济、文化、社会等各方面促进国内各民族交融一体，不断淡化公民的族群意识和 56 个民族的观念，不断强化中华民族的身份意识和身份认同，切实推进中华民族一体化，促进中华民族繁荣一体发展。"①

由于在上述这些干扰中国特色社会主义民族理论体系的主要理论观点中，部分主要是对应着中国特色社会主义民族理论体系的两个根本理论——什么是民族、什么是民族问题，对应着中国特色社会主义民族政策体系的最核心的有四个方面——民族平等、民族团结、民族区域自治、民族发展繁荣等政策。因此，这些干扰中国特色社会主义民族理论体系的观点，在学术界和社会上都造成了思想上理论上的混乱，严重干扰了中国特色社会主义民族理论体系，甚至引起对"中央要对现行民族政策进行重大调整"的揣测。

这些干扰中国特色社会主义民族理论体系的主要理论观点，最明显之处是不顾中国的民族和民族问题的实际，把西方的一些民族理论观点生搬硬套到中国，以西方方式认识和解释中国民族和民族问题，是典型的"食洋不化"的拿来主义。下面将对以上三个观点作简略的分析和澄清。

（一）"族群"替代"民族"论

以"族群"替代"民族"的主张和观点，以西方的民族国家理论为标准建立单独国家的是民族，没有建立单独国家的是族群。以此为逻辑，中华民族是民族，是中国的国族；中华人民共和国是中华民族的民族国家；中国现有的汉族和 55 个少数民族都是族群。此说法与我国宪法相矛盾。宪法规定中国是统一的多民族国家。中国并不是什么民族国家。这些观点是建立在民族是文化共同体的理论基础上。

"族群"替代"民族"论的主张者要与外文接轨为借口，说英文 Nation 是指建立单独国家的民族，英文 Ethnic group 是指没有建立单独国家的民族共同体，比如中国的汉族和 55 个少数民族，所以不能叫民族，只能叫族群。中国与移民国家美国不同，中国的 56 个民族基本上是"土生

---

① 胡鞍钢、胡联合：《第二代民族政策：促进民族交融一体和繁荣一体》，《新疆师范大学学报》2011 年第 5 期。

土长的"、具有一定的共同居住地域的民族。因此，与西方或英文所指的 Nation、Ethnic group 都不一样。如果一定要与外文接轨的话，可以用中（汉）文民族的汉语拼音 Min Zu 来对应英文的 Nation、Ethnic group。现实实践中 2010 年中央民族大学校名英文译名更改为 Minzu University of China，2012 年贵州民族大学更名时校名英文译名为 Guizhou minzu University。

那么，为什么"什么是民族"成为争论的焦点呢？

民族定义与民族纲领政策，无论是在外国，还是在中国都密切相关。"什么是民族"的理论是一个阶级、政党、国家制定民族纲领、民族政策的理论基础或理论依据。

在国际共产主义运动史上，20 世纪初的第二国际机会主义把民族定义为文化共同体，把民族看成是由公民登记办法组成的"相对的性格共同体"，是"与土地无关的文化共同体"。以这个所谓的"民族理论"为基础，第二国际机会主义提出了民族文化自治的民族纲领，反对第二国际提出的民族自决权的民族纲领，对国际共产主义运动造成了很大的危害。列宁和斯大林为了反击第二国际机会主义，经过协商后，1912 年年底斯大林去维也纳收集民族理论方面的相关资料，写成了《马克思主义与民族问题》的文章，提出了科学的马克思主义民族定义：民族是人们在历史上形成的具有共同语言、共同地域、共同经济生活以及表现于共同文化上的共同心理素质的稳定的共同体，从而批判了第二国际机会主义民族定义和民族文化自治纲领，论证了民族自决权的马克思主义民族纲领的科学性。

中国共产党在 2005 年以前一直沿用斯大林的这个民族定义，2005 年 5 月，中国共产党提出了自己对民族的论述：民族是在一定的历史发展阶段形成的、稳定的人们的共同体。一般来说，民族在历史渊源、生产方式、语言、文化、风俗习惯以及心理认同等方面具有共同的特征。这两个定义没有本质上的不同，后者有理论发展。这两个定义都强调民族是综合性人们共同体，这两个定义是中国共产党民族政策的理论基础。

中国共产党关于民族的认识，是其制定民族纲领政策的依据之一。中国共产党的民族纲领政策与其对民族的认识，特别是民族基本特征认识有着密切的对应关系：比如，中国共产党的民族平等团结政策和少数民族干部政策与其对民族是综合性人们的共同体、民族认同特征的认识密切相关；民族区域自治政策与其对民族的共同地域、历史渊源特征的认识密切相关；少数民族经济政策与其对民族的共同经济生活、生产方式特征的认识密切相关；少数民族文化政策与其对民族的共同文化、心理认同特征的认识密切相关；少数民族语言文字政策与其对民族的共同语言、共同文化特征的认识密切相关；民族风俗习惯政策与其对民族的共同文化、风俗习惯特征的认识密切相关；宗教信仰自由政策与其对民族的共同文化、心理认同特征的认识密切相关，等等。

"族群替代民族"论者的这种主张与其政治主张密切相关。"族群替代民族"论者将民族定义为（中国的民族改称为族群）是文化共同体。其政治主张是：民族关系"去政治化"要"文化化"，民族问题"去政治化"要"文化化"。"族群替代民族"论者的这种政治主张与第二国际机会主义把民族定义为文化共同体而提出的民族纲领政策是一脉相承的。

（二）"族群问题去政治化要文化化"论

有学者认为："把群体'政治化'和把族群与政治主权相联系的思路，不论采取哪一种形态，都不利于群体之间的交往与融合，都会导致排他性的民族主义，危及国家的政治统一。"①

从历史和现实、理论和实践角度分析，民族与政治的关系十分紧密。从民族产生、形成发展的规律和事实看，原始社会末期从部落发展成民族和国家，人类社会出现社会大分工，开始出现私有制、出现阶级分化以后形成了民族，民族的形成与政治密切相关，一定程度上是政治的产物。近代社会的民族是资本主义上升时期的必然产物和形式，与资产阶级政治密切相关。从民族的社会属性上看，民族涉及阶级、国家、社会、政治，民族的产生、存在（发展）和消亡与阶级和国家的产生、存在和消亡有着密切的联系。从中国共产党关于民族问题的理论角度看，"民族问题既包括民族自身的发展，又包括民族之间，民族与阶级、国家之间等方面的关系"。也就是说，民族问题不仅仅是文化问题，同时也是经济问题、政治问题社会问题（狭义）。中国共产党的文件明确指出：社会主义初级阶段民族问题具有经济问题和政治问题的交织、现实问题和历史问题的交织、民族问题和宗教问题的交织、国内问题和国际问题交织的特点。

---

① 马戎：《当前中国民族问题研究的选题与思路》，《中央民族大学学报》（哲学社会科学版）2007 年第 3 期。

从本质上说，民族问题"去政治化"的指向是取消民族区域自治制度；民族问题"文化化"的取向是效仿西方的多元文化主义；民族问题"去政治化"的目标是不承认民族身份，"取消民族身份"的理由是建立"公民社会"；民族问题"去政治化"的目的是建立（单一）民族国家，"促进民族交融一体"。归根结底，少数民族问题"去政治化"，去什么"政治"呢？究其实质，就是要"去中国共产党将马克思主义与中国实际相结合成功解决中国民族问题的整套理论和政策，去中国宪法关于少数民族地位和权利的庄严规定，去民族区域自治制度。其结果，毫无疑问，将动摇国家在这方面的基本制度"。

（三）要实行所谓"第二代民族政策"

所谓"第二代民族政策"是"各民族交融一体，各民族繁荣一体"。"第二代民族政策"主张者认为促进"民族交往交流交融"，是我国民族政策从第一代开始向第二代转型的标志。这种转型就是实现从识别国内56个民族、保持56个民族团结发展的第一代民族政策，到推动国内各民族交融一体、促进中华民族繁荣一体发展和伟大复兴的第二代民族政策的转变。

"第二代民族政策"说是以西方的"民族国家"论为模板，以美国等"熔炉模式"为途径手段，"以族群替代民族"、民族问题"去政治化"观点为理论基础的设计。民族问题"去政治化"和"第二代民族政策"说是伪命题和主观臆断。"第二代民族政策"说，违背了中国宪法原则，违背了中国的历史和国情，违背了中国特色社会主义民族理论，违背了中国特色社会主义民族政策。

1. "第二代民族政策"说是伪命题和主观臆断

在2010年1月18—20日召开的第五次西藏工作座谈会上，胡锦涛强调要毫不动摇地坚持和完善党的民族理论和民族政策，坚持和完善民族区域自治制度，把有利于民族平等团结进步、有利于各民族共同繁荣发展、有利于民族交往交流交融、有利于国家统一和社会稳定作为衡量民族工作成效的重要标准，推动各民族和睦相处、和衷共济、和谐发展。胡锦涛是把"有利于民族交往交流交融"作为衡量民族工作成效的四个重要标准之一提出的。

在2010年5月17日至19日召开了新疆工作座谈会上，胡锦涛发表的重要讲话包括四个部分。在第四部分中明确提出要"加强各族人民大团结，进一步做好维护新疆社会稳定工作"的第二点，"全面贯彻党的民族政策"中，胡锦涛指出："要坚持有利于民族团结进步的政策导向，从有利于提高各族群众物质文化水平、有利于各民族交往交流交融出发，完善和落实招生、就业等政策，依法保护各族群众享有平等的教育权、劳动权、婚姻自由权等权利，促进各族群众互相学习、互相交流、和谐相处。"胡锦涛是把"有利于各民族交往交流交融"作为要坚持有利于民族团结进步的政策导向中的"两个有利于"之一提出的①。

从以上两段引文中可以看出，胡锦涛并没有把促进"民族交往交流交融"作为民族政策的纲领性原则提出的。因此，"第二代民族政策"主张者提出促进"民族交往交流交融""这是我国民族政策从第一代开始向第二代转型的标志"，而且把"第二代民族政策"的核心内容概括为"促进民族交融一体"，是"第二代民族政策"主张者的政治臆断。这些促使人们对"第二代民族政策"主张者的政治意图进一步深刻警惕和思考。

马克思主义民族理论发展和国际国内解决民族问题的历史证明：民族理论是解决民族问题的纲领性主张、根本性原则提出的理论基础、理论依据；解决民族问题的纲领原则，又必然导出实际解决民族问题方面的根本性方针；解决民族问题的根本性方针又必然会导出各种政策措施。近年来，我国出现一些有关民族的观点和主张，也是按着这个逻辑顺序发展的。在民族理论方面：以族群替代民族（族群是文化共同体），其纲领性原则是：民族问题"去政治化"，要"文化化"；其根本方针是："第二代民族政策"促进民族交融为一体（"民族融合"实际上是民族同化），其政策措施是：从政治、经济、文化、社会各方面促进民族交融一体。因此，所谓"第二代民族政策"，实际上是与马克思主义的民族理论相违背的。

2. "第二代民族政策"说违背我国宪法原则

《中华人民共和国宪法》序言规定："中华人民共和国是统一的多民族国家"，而"第二代民族政策"说主张中华人民共和国是民族国家；《中华人民共和国宪法》总纲第四条规定："中华人民共和国各民族一律

---

① 中共中央文献研究室、中共新疆维吾尔自治区委员会：《新疆工作文献选编：一九四九——二〇一〇》，中央文献出版社2010年版，第717页。

平等"，而"第二代民族政策"说主张中华人民共和国有国族。这种主张违背了是统一的多民族国家、各民族一律平等的我国宪法原则、客观事实和基本国策。

3."第二代民族政策"说背离了我国多民族的基本国情

"第二代民族政策"说背离了宪法确认的"统一的多民族国家"的基本国情；背离了中央确认的"两个共同"（各民族共同团结奋斗，共同繁荣发展）这个民族工作主题的基本实践；背离了我国社会主义初级阶段民族问题长期存在的基本事实。

4."第二代民族政策"说违背了中国特色社会主义民族理论中民族发展的规律

中国共产党民族理论认为：民族是一个稳定的人们共同体，社会主义时期是民族发展繁荣的时期，而不是民族融合的时期，民族的共同性不断增多，但民族特点、差异和差距将长期存在。然而，"第二代民族政策"说主张：在社会主义现阶段"不断淡化56个民族的观念"，"切实推进"民族融合（实为民族同化）。"第二代民族政策"说违背了"民族的产生、发展和消亡是一个漫长的历史过程"的民族发展规律，无视民族特点，差异和差距，急躁冒进，企图以人为的行政手段推进"民族融合"。

5."第二代民族政策"说，违背了中国特色社会主义民族政策的核心内容

"第二代民族政策"说违背了"各民族真正的平等"的中国共产党民族政策的核心原则，"第二代民族政策"说核心原则是"促进民族交融一体"（所谓的"民族融合"，实质上是民族同化）；违背了"各民族繁荣"的中国共产党民族政策根本立场；违背了"真正实行民族区域自治"的中国共产党民族政策基本精神。

总之，我们要全面正确认识中国特色社会主义民族理论，及时澄清干扰中国特色社会主义民族理论的观点，全面准确地宣传和运用中国特色社会主义民族理论，坚定坚持中国特色社会主义民族理论。

2013 年国内十大宗教热点问题评析[*]

熊坤新[**] 吕 超[***]

天乾地坤转一转，花开花落又一年。这一年，别的且不表，仅就发生在中华大地上的宗教热点问题来说就可以概括为十个方面：发挥宗教正能量，携手共圆中国梦；"兰考大火"引发道德拷问：宗教慈善何去何从；宗教教职人员认定备案基本完成：宗教人员教职管理工作日益完善；法师成"大 V"：宗教积极适应新媒体时代；发布《自焚指导书》操纵藏人自焚：改变不了达赖集团失败的命运；兴教寺拆迁引发关注：宗教界合法权益保护任重道远；东正教大牧首基里尔访华：宗教交流促进国际关系发展；天安门"金水桥事件"：宗教极端主义挑战国家安全稳定；"六十年砥砺前行，六十年春华秋实"：中国佛教协会和中国伊斯兰教协会纪念成立 60 周年；穆斯林朝觐工作顺利完成，朝觐工作建立常态化管理机制等。当然，这些概括不一定准确和全面，但却大致反映了我国这一年宗教工作和宗教生活的概貌。

---

* 基金项目：2011 年国家社科基金重大项目（11&ZD135）；国家社科基金重点课题（10AMZ002）；中央民族大学"985 工程"三期中国特色民族理论与政策重点学科建设项目（MUC98507—0410102）阶段性研究成果。

** 熊坤新，男，汉族，博士生导师，四川绵阳三台人，中央民族大学中国民族理论与民族政策研究院文科二级教授，中国博士后科学基金会评审专家，国家"211 工程"、"985 工程"当代中国民族问题战略研究基地民族理论与民族政策研究中心研究员，中国统一战线理论研究会民族宗教理论甘肃研究基地特聘研究员，韩国岭南大学客座教授，云南大学西南边疆少数民族研究中心兼职研究员。研究方向：民族理论与民族政策、宗教理论与宗教政策、民族伦理学、藏学、印度文化等。

*** 吕超（1983— ），女，黑龙江省鸡西市人，南通大学商学院助教，中央民族大学中国民族理论与民族政策研究院 2013 级博士，研究方向为思想政治教育、民族理论与民族政策。

一　发挥宗教正能量　携手共圆中国梦

事件：2012 年 11 月，习近平同志在参观"复兴之路"展览时，提出了实现中华民族伟大复兴的中国梦。2013 年 3 月 17 日，他在十二届全国人大一次会议上的讲话中系统地阐发了这个思想。习近平同志还指出要发挥宗教界人士和信教群众在促进经济社会发展中的积极作用，最大限度地团结一切可以团结的力量。中国力量来自中国特色社会主义事业各个领域、各条战线、各行各业。以共同的宗教信仰为纽带联系着的广大群众作为一种现实社会力量，与不信教群众团结一心，共同为社会主义建设和改革开放事业努力奋斗，是筑就中国梦的一支重要力量。"中国梦"引发了宗教界的热烈讨论，中国的宗教界人士如何理解中国梦？宗教界慈悲济世的精神情怀和护国利民的责任担当与中国梦有何共通之处？2013 年 5 月 1 日，国家宗教事务局局长王作安和五大全国性宗教团体的代表人士接受人民日报海外版特别采访，畅谈对中国梦的理解与体会，并提出了"发挥宗教正能量，携手共圆中国梦"的号召，倡导信教群众与不信教群众同心戮力，汇聚起实现中国梦的浩大队伍和强大力量。

评析：改革开放以来，各项事业蓬勃发展得益于经济发展和社会进步。中国宗教状况也在发生很大变化。公民宗教信仰自由权利得到尊重和保护，一座座新的寺观教堂落成，宗教活动正常有序，宗教在社会生活中的积极作用得到发挥，信教群众和不信教群众和睦相处，共同致力于社会主义现代化建设事业。纵观历史，宗教的兴衰与国家和民族的前途命运紧密相连，国强则教兴，国破则教衰，这个道理已经植入宗教界人士和信教群众的深层认知之中。实现中华民族伟大复兴的中国梦，就是要实现国家富强、民族振兴和人民幸福，这也体现了中国各宗教的社会价值追求，体现了宗教界人士和信教群众对美好生活的憧憬。与此同时，中国梦将为宗教营造更加良好的生存环境，给宗教带来更加光明的发展前景。在实现中国梦的进程中，宗教思想将更加进步、宗教发展将更加健康、宗教关系将更加和谐、宗教作用将更加积极。与此同时，加快转型发展、共筑"中国梦"的新时期为宗教赋予了重大的历史使命。现代化转型和经济社会发展离不开信仰的支撑，满足人民群众的精神需求是发展的高层次目标。发展中呈现出来的诚信降低、道德失序、冲突增多、急功近利等现象，在一定程度上都与宗教或信仰的欠发达所造成的精神领域的"供求失衡"有关。"中国梦"超越以 GDP 为核心的发展目标，转向以人民幸福、实现梦想为中心的全面发展愿景。这就要求宗教在新时期承担起培育灵性、巩固道德、促进和谐的历史重任①。

秉承宗教护国利民的优良传统，"发挥宗教正能量，同心共筑中国梦"是每个宗教教职人员和信教群众义不容辞的责任。共筑中国梦，宗教界应当高扬爱国主义精神。宗教没有国界，但教徒有祖国，一个好教徒必须热爱祖国，遵循维护法律尊严、维护人民利益、维护国家统一和民族团结的行为准则，服从国家最高利益和民族整体利益，坚决反对和抵制利用宗教进行损害祖国和人民利益的行为，为祖国的繁荣发展稳定做出贡献。共筑中国梦，宗教界应当走与社会主义社会相适应的道路，更加自觉地适应中国特色社会主义事业发展要求，加强宗教思想建设，处理好传统与现代、继承与发展、教情与国情的关系，继承宗教优良传统、适应中国社会发展进步要求的宗教思想体系，不断夯实与社会主义社会相适应的基础。

共筑中国梦，宗教界应当担当起服务社会的责任。要引导信教群众遵守教规教义，用宗教道德约束言行，正确看待社会矛盾和个人得失，要发扬宗教行善积德、济世利人的精神，积极参与社会公益慈善事业，帮助困难人群，倡导公平正义，探索服务社会的有效途径。同时，中国梦也展现了中华民族伟大复兴的光明前景和科学路径，中国梦的实现需要全国人民形成团结奋斗的强大合力，进而汇聚成推动民族复兴的伟大洪流，其中，理应包括中国宗教界和教徒的一份心力。实现中华民族伟大复兴的中国梦，为释放宗教正能量提供了更加广阔的空间。宗教界要担当起服务社会、利益人群的神圣职责，紧密团结在党和政府周围，用共同的智慧和力量汇集成实现伟大中国梦的强大力量，与全国人民共创美好未来②。

二 "兰考大火"引发道德拷问：宗教慈善何去何从

事件：2013 年 1 月 4 日，有着"爱心妈妈"之称的河南兰考人袁厉

---

① 《宗教界绝不能置身"三中全会"之外》，民族报（http：//www. mzb. com. cn/html/Home/report/1311183880 - 1. htm）。

② 《发挥宗教正能量 携手共圆中国梦》，人民网（http：//www. people. com. cn/24hour/n/2013/0501/c25408 - 21332032. htm）。

害家中发生火灾，袁厉害收养的七名孩子丧生，火灾在全国引起极大震动。民政部在"兰考大火"发生后的第 3 天，就组织了为期一个月的大排查，发现全国范围内共有 878 家个人和民办机构，其中有宗教背景的团体负责的有 583 家；在收留的 9394 名弃婴、孤儿中，宗教机构收养的超过 60%。这一数据公布后，既让社会各界对宗教机构的默默奉献深感钦佩，也激发起更多人关注探索中国未来弃婴、孤儿的收养问题。6 月 26 日，民政部、国家宗教事务局等六部委联合下发了《关于进一步做好弃婴相关工作的通知》，对全国范围内弃婴收养工作进行规范；8 月 29 日，福建省率先下发《关于规范宗教活动场所收留抚养弃婴工作的通知》，成为首个对宗教机构收养弃婴行为进行规范的省份。

评析：从历史上来看，收养弃婴、孤儿是许多宗教慈善的共同做法。宗教往往以积德劝善作为箴言，并辅之以因缘果报来劝化百姓。在中国历史上，佛教、道教就多次济贫赈灾，收养孤寡。一些宗教机构继承了传统的慈善做法，在收养弃婴、孤儿方面起到了重要的补充作用。不过，当前宗教机构收养弃婴、孤儿也面临着诸多问题。一是宗教机构自身财力有限，无法支付容留、收养弃婴的巨大支出。二是一些宗教机构缺乏合法的收养资格，对于宗教机构的收养行为，民政部在充分肯定的同时也表示，"自行收养行为是没有法律规定"的。三是大多数宗教机构无力为残孤儿童提供良好的成长环境，宗教机构的性质和环境条件导致宗教机构一般都无法为收养儿童健康成长提供良好的环境。

在 2012 年国家宗教事务局等六部门出台的《关于鼓励和规范宗教界从事公益慈善活动的意见》（国宗发〔2012〕6 号，以下简称《意见》）中提出："宗教界依法设立的公益慈善组织、社会福利机构，符合法律法规和政策规定的，享受相关税收优惠政策和政府资助补贴"，为宗教机构收养弃婴、孤儿创造了政策环境，但从现行的《社会福利机构管理暂行办法》来看，成立收养弃婴、孤儿的福利机构的条件和"门槛"依然很高。这同时暴露出以收养弃婴为代表的宗教慈善依然面临许多现实困境：在我国现行政策法律框架下，宗教慈善组织还难以有效地全面开展各种社会公益慈善事业；宗教慈善资金管理方面还缺乏有效的管理机制和相应的监督机制，更缺乏操作层面的制度保障；宗教界在积极探索适应自身发展的公益慈善模式的创新与发展还不足，对慈善资源的开发和利用仍显不够，也未完成自身理论体系的理性创新和发展；宗教慈善组织的宗教性身份和社会性身份的认同问题与自我调适、缺乏从事公益慈善事业的专业人才、与当代国际公益慈善事业接轨也是中国宗教公益慈善事业需要面对的问题。

《意见》对中国宗教慈善事业发展过程中存在的诸多问题，明确提出了解决对策和指导思想，指出"与社会的需要和形势的发展相比，一些地方和部门对宗教界从事公益慈善活动积极意义的认识还不够充分，鼓励和规范宗教界从事公益慈善活动的相关政策规定需要进一步明确、政策执行力度需要继续加大；宗教界参与和开展的公益慈善活动管理还不够规范，优势和潜力有待进一步调动和发挥"。《意见》的出台使中国宗教公益慈善规范化，有助于其活动在制度框架内健康发展。但作为宏观的政策性文件，《意见》不可能对宗教慈善事业发展过程中可能出现的所有问题都进行回答，这就需要不断深化和完善宗教慈善制度建设工作，做好宗教界从事公益慈善活动的管理和服务工作。帮助宗教界健全公益慈善机构，培育公益慈善队伍，强化自律，完善监督，形成开展公益慈善活动的长效机制。中国宗教界的慈善组织也要逐步实现内部的自我调整，依法开展活动，规范科学运作，提高管理水平，接受指导监督，注重诚信公信。在适应社会发展的同时逐渐实现现代化、全球化和国际化，从而完成内部资源和社会资源的重新组合和更新，探索当代宗教公益慈善事业发展的中国模式①。

三 宗教备案基本完成：宗教人员教职管理工作日益完善

事件：在2013年1月8日召开的全国宗教工作会议上，国家宗教事务局局长王作安表示，目前我国绝大多数省份宗教教职人员认定备案率达到95%以上，2013年将全面完成宗教教职人员认定备案工作。宗教教职人员认定备案工作，不仅将有助于社会辨明假冒的宗教教职人员，维护宗教界合法权益，且有利于促进宗教教职人员队伍建设，提高其素质和专业化能力。这项工作全部完成后，全国宗教教职人员的整体队伍建设将进入制度化、规范化轨道。

评析："进一步提升宗教事务管理的法制化、规范化水平"，是新时

---

① 郑筱筠：《中国宗教公益慈善事业的定位、挑战及趋势》，《中国宗教》2012年第3期。

期党和国家对宗教工作提出的新要求和新期待。"宗教教职人员管理，是宗教事务管理的一个重要组成部分，主要包括宗教教职人员身份认定和备案、主要教职的任命和备案、对宗教教职人员的约束等几方面内容。"①开展宗教教职人员认定备案工作，是对宗教事务进行依法管理的一项基础性工程，也是深入贯彻《宗教事务条例》、切实维护宗教界合法权益、加强宗教团体自身建设的重要手段。此次宗教教职人员认定备案工作，是新中国成立 60 多年来首次对宗教教职人员的身份资格进行认定，并由政府宗教事务部门予以备案，意义十分重大。首先，开展宗教教职人员认定备案工作是全面推进依法治国方略、加强依法行政、建设法治社会的必然要求。其次，开展宗教教职人员认定备案专项工作，对于加强宗教教职人员队伍建设、提高宗教教职人员的素质和水平具有重要意义。再次，开展宗教教职人员认定备案专项工作，是保护宗教界合法权益的具体体现。最后，开展宗教教职人员认定备案工作，对加强宗教团体自身建设具有推动作用。②

除了加强宗教教职人员备案和管理，近年来宗教教职人员社会保障等问题也得到了高度重视，取得了巨大进步。2010 年，国家宗教事务局联合各相关部委相继下发了《关于妥善解决宗教教职人员社会保障问题的意见》（国宗发〔2010〕8 号），2002 年 12 月又下发了《关于进一步解决宗教教职人员社会保障问题的通知》。经过各地区各有关部门的共同努力，解决宗教教职人员社会保障问题取得了重要进展，受到了宗教界的广泛欢迎。与此同时，落实宗教教职人员社会保障政策还存在一些问题，需要继续推动解决，使宗教教职人员病有所医、老有所养，共享改革发展成果。

此外，2012 年，为了推进宗教界人才培养和宗教院校工作，回应宗教界多年来对教师职称和学生学位问题的重大关切，发布《宗教院校学位授予办法（试行）》，《宗教院校教师资格认定和职称评审聘任办法（试行）》等文件。中国天主教爱国会、中国佛教协会也分别制定了《中国天主教堂区司铎任职办法》（2010 年 12 月 10 日中国天主教爱国会、中国天

---

① 孙家宝：《国外对宗教教职人员管理初探》，《中国宗教》2012 年第 4 期。
② 刘金光：《正本清源　规范管理——宗教教职人员认定备案工作取得重要进展》，《中国宗教》2012 年第 4 期。

主教主教团八届一次常委联席会通过，2011 年 7 月 4 日公布），《全国汉传佛教寺院传授三坛大戒管理办法》、《藏传佛教寺庙主要教职任职办法》、《南传佛教寺院住持任职办法》，（2011 年 9 月 22 日中国佛教协会第八届理事会第一次常务理事会议通过，2011 年 11 月 3 日公布）。这标志着我国爱国宗教团体正不断地明确管理目标和内容，着力制定完整规范的规章、制度，形成决策民主、落实有力、权责明确、监督有力的权力良性运行机制，依法、依章程独立行使管理职能。也表明我国在对待宗教问题、处理宗教事务上，从以政策调整为主，全面过渡到政策指导和依法管理并行并重，强调在政策指导下依法管理宗教事务，同时最大限度地发挥爱国宗教团体自我管理、服务社会的能力，切实保护人民群众的宗教信仰自由权利。

四　法师成"大 V"：宗教积极适应新媒体时代

事件：2013 年 3 月 1 日清晨 4：30，人们还沉浸在睡梦之中来自宗教界的全国政协委员学诚法师已经坐在电脑前回答微博上粉丝们提出的问题和困惑。十二届全国政协一次会议开幕在即，学诚法师在忙着整理自己的提案之余，仍然抽出时间与微博上来自 131 个国家的 50 多万粉丝互动。学诚法师是中国佛教协会副会长，政协委员，2011 年，他开通中、英、法、德、俄、日、韩和西班牙语 8 个语种微博，发布中文微博 14000 多条，外语微博 15500 多条。2012 年，学诚法师又增开了泰语微博，微博语种达到 9 个。学诚法师说，全球化时代，人类在同一个起跑线上，佛教和中国的传统文化有必要思考如何适应当今的社会和世界，并为社会和世界更加和谐贡献自己的力量。① 在中国最具影响力的新浪微博上，延伸法师、方圆正行则以超过 1500 万的粉丝数量而成为微博"红人"，纯一法师、索达吉堪布、加措活佛等众多宗教界人士也拥有超过百万的粉丝数量。近年来宗教网络媒体也如雨后春笋般增长，以佛教为例，比较著名的就有佛教在线、中国佛学、华人佛教、佛教导航、中华佛光网等，全国各地的主要寺院几乎都有自己的网站，很多佛教研究机构也都开办了佛教网

---

① 《学诚法师：开通 9 个语种微博与世界交流》，中国宗教网（http://www.chinareligion.cn/yaowen/2013 - 03 - 06/2471.html）。

站，民间也有各种类型的佛教网站，呈现出琳琅满目的景象。

评析：随着传统媒体的日益发展，我们在经历了报纸、广播、电视等传统媒体更新换代的同时，也迎来了网络、手机等新兴媒体的逐渐崛起。2012 年，中国网民数量达到 5.64 亿人，手机网民数量达到 4.2 亿人，微博用户覆盖人数达到 3.096 亿。① 与此同时，伴随着我国宗教政策的逐步落实和世界各国宗教间交流的逐渐加深，宗教传媒也孕育而生并且日益壮大。当下，宗教传媒早已不局限于报纸书籍和民间流通，网络已成为新时代背景下宗教发展、宣传和正确引导大众的焦点平台。在中国信教群众中，有近 1/3 为佛教徒，佛教传媒也就成了宗教媒体发展的先锋和探路者。② 众多走红网络的"大 V"法师便是宗教与新媒体时代相适应的最佳代表。

宗教微博"大热"背后有其深刻的社会原因，面对当今社会新闻媒体的良莠不齐，信任度降低，宗教新媒体显现出其独特的优势：一方面，宗教新媒体本身是以本宗教的信仰为基础，在信徒中的权威性与影响力较高。另一方面，宗教新媒体在报道中结合了自己信仰的角度，是以引导信徒在生活中更好地应对为目标，因此，其所带来的不只是新闻效果，更是在生活中对社会现象做出具体的回应。在当今媒体功能不断扩大，不良风气日盛的情况下，宗教媒体理当发出自己的声音，阐释本教教义中对社会伦理规范的教导，鼓励本教信众在当今世代中践行信仰，做社会道德与规范的持守者与捍卫者。如果能运用好自己的独特优势不仅可以为正社会之风，亦可为本宗教的发展做出积极的贡献。但网络宗教媒体也有一些不足，如多次转载的内容极多，重复率极高，原创性很差；审查制度薄弱，内容质量参差不齐，大量劣质内容充斥其中；信息完整性差，个别时候在转载过程中还被修改，造成内容断裂，含义不明，甚至出现严重错误从而影响了信息的权威性。

当代中国宗教应不断融入时代、融入社会，充分利用新媒体所带来的积极方面，同时限制其所带来的负面影响。发挥新媒体联系广大信教群众的桥梁纽带作用，弘扬宗教抑恶扬善的义理，倡导与人为善、诚实守信的

---

① 唐绪军主编：《新媒体蓝皮书：中国新媒体发展报告 No.4（2013）》，科学文献出版社 2013 年版，第 30—32 页。

② 《宗教传媒共享机制与版权保护》，凤凰网（http://fo.ifeng.com/special/meitiyantaohui/hequhecong/detail_ 2010_ 12/02/3313564_ 0.shtml）。

伦理价值取向，积极投身社会公益慈善事业，发掘宗教文化的积极内容，传播正确的宗教知识，宣传宗教政策与宗教法规，开展宗教学术交流，引导宗教健康发展，审视宗教领域存在的问题①，为中华民族伟大复兴发挥更加积极和建设性的作用。

五　发布《自焚指导书》操纵自焚：改变不了达赖集团 失败的命运

事件：2013 年 3 月，26 岁的村民班玛加企图在四川省甘孜藏族自治州色达县城实施自焚被当地警方及时查获，警方同时还从他身上查获了他事先写好的遗书和几十张根据遗书复印的传单。据班玛加交代，遗书是按照前不久网上出现的一份自焚指导书的要求写下的。甘孜州的这起自焚未遂事件使《自焚指导书》浮出了水面。自 2009 年四川省藏区阿坝县格尔登寺僧人扎白成为第一个自焚者以来，四川甘孜等藏区自焚事件就层出不穷。2011 年 3 月 16 日，同样是来自格尔登寺的僧人，19 岁的彭措在阿坝格尔登寺外的十字路口效仿扎白当街自焚。2012 年 1 月 6 日，四川阿坝县格尔登寺两名还俗僧人次真和达里自焚。2012 年，同样是在 3 月 16 日，阿坝县格尔登寺的僧人罗让泽周选择在阿坝县的主要商业街——洽糖西街自焚身亡。洽糖西街临近格尔登寺，这也是此后多起僧人或还俗僧人自焚事件的发生地。2012 年 11 月 27 日，四川阿坝州若尔盖县降扎乡村民尕让下自焚身广。2013 年 2 月 19 日，四川阿坝州若尔盖县降扎乡发生一起自焚事件，自焚者仁千泽里只有 15 岁，索郎达机只有 16 岁，与他们相约一起自焚，而最终没有自焚的依甲也只有 17 岁。

评析：在四川阿坝甘孜、甘肃甘南、青海黄南等藏区发生的自焚事件中，自焚者的背景不同，情况各异，有的人因为盗窃、抢劫、赌博、嫖娼受到过处罚，有的因为身患残疾，或生活遇到挫折，他们之所以自焚，往往都是听信了境外所谓宗教领袖的煽动，认为自焚后可以得到宗教领袖的祈福超度，可以成为很有面子的英雄，来世还可以获得幸福和一片光明。这些生命鲜活的年轻人甚至未成年人都是受到自焚可以成为英雄的观念的

---

① 《试论当代中国宗教媒体的社会责任》，凤凰网（http://fo.ifeng.com/special/meitiyan-taohui/lishishiming/detail_ 2010_ 12/02/3313471_ 0.shtml）。

影响而最终走上自焚之路的。① 达赖集团所谓西藏流亡议会议员的拉毛杰一手炮制的《自焚指导书》，更是从思想动员、自焚准备到"自焚口号"以及"其他和平活动"，勾画出了一条自焚"流水线"，《自焚指导书》实际上就是指导藏人如何自焚的教科书。

人类文明发展至今日，珍惜和尊重生命成为全人类的共同认知和向往，而暴力和恐怖则是文明社会的大敌和大痛。多起自焚事件的出现，令每一个有良知的人都感到悲伤和震惊。自焚事件是企图分裂中国、实现"西藏独立"梦想的人玩弄的一场政治阴谋。分裂势力不惜以年轻人的生命为代价，制造出"宗教迫害"这样一个对中国政府杀伤力极大的话题，其目的就是引发国际舆论的关注，继续炒热所谓"西藏问题"，推动"西藏问题国际化"，同时攻击和抹黑中国政府民族宗教政策和西藏政策，为所谓"西藏独立"制造依据。② 他们企图把自己积累的犯罪"恶业"作为向中央"要价"的本钱，狂妄要求"中共领导人重启与西藏流亡政府的和谈，以解决西藏问题"，联系流亡政府头目上任之初就公开亮明，"'西藏独立'是原则目标，'西藏自治'是现实目标"，操作"自焚"的政治目的已经再清楚不过了。德国《日报》指出，藏人自焚显然已完全褪去了宗教色彩，转而成为达赖及"流亡政府"向北京施压、牟取政治利益的工具和筹码。

达赖集团通过境内分裂主义骨干分子煽动宗教狂热分子和社会弱势群体人员自焚，故意杀害他人，极力扩大事态；中国有关地方政府则千方百计阻止自焚事件发生，发生后迅速进行人员救治、善后处理、依法处置等工作，藏传佛教界高僧大德纷纷站出来宣讲佛法正见、反对自焚行为、倡导珍爱生命，广大群众坚决支持政府依法施政，积极创造和保护自己的美好生活。西藏和四省藏区包括发生自焚事件的少数地方，持续保持社会稳定，人民生活照常进行。

佛教强调珍爱生命，"作为人类精神信仰，宗教在现实生活中的一个重要维度，就是对'生命'的重视，体现对生命的关爱和拯救；这尤其在佛教'不杀生'观念上得到典型体现。爱惜生命，是宗教信仰对人生

---

① 《达赖集团发布〈自焚指导书〉操纵自焚》，新华网（http://news.xinhuanet.com/politics/2013 - 05/17/c_ 1）。

② 《也谈四川藏区年轻僧人自焚事件》，人民网（http://paper.people.com.cn/rmrbhwb/html/2011 - 11/25/content_ 966586. htm? div = _ new）。

态度的基本底线。"① 此前历世达赖喇嘛没有一个人赞成过包括自焚在内的残害生命的行为。达赖集团利用宗教对他人实施精神控制以牺牲他人生命达到自己的政治目的，不仅完全违背藏传佛教教义与传统，且清楚地呈现出了西方社会所熟知的某些"邪教"的特征。达赖集团这种极端违背人性的犯罪行为不仅从一开始就受到藏区广大群众和宗教界人士的强烈谴责和一致反对，也引起国际社会对达赖的广泛质疑。比利时、奥地利等国众多媒体指出"自焚是一种受到蛊惑的宗教狂热行为"，"与其幕后隐含的宗教专制息息相关"。

达赖集团的分裂主义活动，起初是完全使用暴力，后来是暴力与非暴力并用，而现在又重新向暴力、变相暴力和种种反人类手段倾斜。但无论采取什么手段，都无法改变西藏在祖国怀抱中实现跨越式发展和长治久安的大势，也无法改变达赖集团必然败亡的命运。达赖只有改弦易辙，放弃分裂邪路，此外别无选择。②

六　兴教寺拆迁引发关注：宗教界合法权益保护任重道远

事件：兴教寺建于唐朝总章二年，距今 1344 年是玄奘法师、窥基法师、圆测法师即中国唯识宗两辈三祖的最终安葬地。因玄奘法师和唯识宗在佛教乃至世界文化中的标志性地位，兴教寺历来深受保护和重视。2013 年 4 月，一条有关"因为丝绸之路联合申遗，兴教寺面临强拆"的消息，让这座古刹被迫走出千年的宁静，一下子站在了舆论的风口浪尖上。

评析：1983 年 4 月 9 日，国务院批转《国务院宗教事务局关于确定汉族地区佛道教全国重点寺观的报告》，其中将唐代樊川八大寺庙之首的兴教寺列为汉族地区全国重点寺院。作为国家重点文物保护单位的千年古刹部分建筑将遭拆迁被爆出后，引发国家宗教事务局、中国佛教协会、各地佛教界法师、专家学者及广大网友的极大关注和热烈议论。兴教寺作为宗教活动场所，其寺院包含的各类建筑与常住僧人的修行生活密切相关。尽管主管部门声称此次拆迁的是 20 世纪 90 年代寺院私自盖的建筑不是文

---

① 本刊编辑部：《佛教生命观研讨会侧记：守护生命，我们共同的神圣责任》，《中国宗教》2013 年第 2 期。

② 《操弄"自焚"改变不了达赖集团失败命运》，人民日报海外版（http://paper.people.cn/rmrbhwb/html/2012－12/11/content_ 1158261. htmdiv＝－1）。

物，但因当地申遗的需要拆除寺院部分建筑，改变寺院传统格局，将严重影响僧团正常修行生活。这种不考虑僧人以寺为家、弘扬佛法的切身立场，不顾及寺院整体建筑及僧人对寺院宗教情怀的做法实为不妥，且不利于社会和谐与稳定。

兴教寺事件引发了人们关于宗教遗产保护的思考和讨论，在申遗及各种商业景区开发的背后，更令人关心的是宗教活动场所的合法权益怎样才能得到很好的保护？正如明贤法师所指出的："当我们提出'保护遗产'的时候，首先要明白什么是遗产，如果已然忽略了兴教寺这个人文场所的宗教价值，更忽略宗教价值中的灵魂内核，恐怕，无论打造一个怎样华丽的人文处所，也仍然与兴教寺原本承载的宗教价值毫无关联。当灵魂被消解了，形式上的繁荣与原本兴教寺的遗产价值相比，当然是捡了芝麻，丢了西瓜；寺院建筑的每一部分都是相互呼应，有古往今来的支撑关系，虽有新有旧，但粗暴地拆除就是割裂了这种相互关系。离开了寺院规制的强势美化环境，事实上是毁灭宗教环境，践踏人文环境，构造经济环境！假如对文化和信仰的主体进行'有意'的经济运作，那就变成了'打申遗的国际广告、作西安的当地营销'，只拆居住区，赶人走——这重点不在拆旧房，而在建新区、迁僧团、夺寺院……经济容易繁荣，灵魂容易丧失；形式容易打造，底线容易跌穿！"玄奘大师灵骨所在的古刹，记录着一个民族慎终追远的深远情怀，拆之容易，但随之消逝的，将会是我们这个民族千百年来的历史厚重！

近年来，一些地方受经济利益驱动，搞"宗教搭台、经济唱戏"，出现了一些不正常的现象。中央政府也在关注这些违反政策、法规的现象。党的十八大报告和 2013 年《政府工作报告》都提出"我们要全面贯彻党的宗教工作基本方针，促进宗教关系和谐，发挥宗教界人士和信教群众在经济社会发展中的积极作用"。2012 年 10 月，国家宗教事务局等十个中央部委发布政策文件《关于处理涉及佛教寺庙、道教宫观管理有关问题的意见》，旨在制止、纠正当前社会突出存在的寺院、道场"被承包、被上市"等现象。意见中指出，寺观应在政府宗教事务部门的行政管理下，在当地政府有关部门指导、监督下，由佛、道教界按民主管理的原则负责管理，任何单位和个人不得插手其内部宗教事务。严禁党政部门参与或纵容、支持企业和个人投资经营或承包经营寺观，不得以任何方式将寺观搞"股份制"、"中外合资"、"租赁承包"、"分红提成"等。对参与、支持此类活动的党政干部要按党纪政纪严肃处理。

中国佛教协会传印会长也曾于今年 3 月在政协会议上建议妥善解决佛教寺院法人地位问题。政协会议期间，传印长老十分痛惜地说不能承担民法责任，"被占用"、"被上市"的寺院就没办法维护自身权益。因此，传印长老递交了"关于解决佛教寺院的法人地位的提案"，希望佛教寺院的法人地位问题予以妥善解决。中央相关政策一再强调要处理好促进经济发展与维护宗教界权益的关系，但现实中宗教场所与景区间的矛盾和冲突时有发生，中间夹杂的利益关系异常复杂。2013 年 12 月 8 日上午 7 时 30 分，上百人冲进福州百年寺庙瑞云寺实施强拆，他们手持各种工具抢夺佛像和寺院物品，甚至直接砸毁佛像。强拆方对住持法师恶言相向，事件引发各方关注，但目前尚未得到妥善解决。合理保护宗教界合法权益的问题仍然任重道远。①

七　东正教大牧首基里尔访华：宗教交流促进国际关系发展

事件：应国家宗教局邀请，2013 年 5 月 10—15 日，俄罗斯东正教大牧首基里尔首次以大牧首身份，率团对我国进行了友好访问。5 月 10 日，基里尔一行刚到北京，国家主席习近平就在人民大会堂亲切会见了大牧首一行，并与之进行了友好、坦诚的交流。习近平主席在会见中高度赞赏俄罗斯东正教会一贯积极支持发展中俄关系，在涉及中国国家主权、安全、领土完整和发展等核心利益问题上明确支持中方。他表示基里尔大牧首这次访华是两国宗教交往的一部分，也体现了中俄两国高水平和特殊友好关系，有助于加深相互了解。

希望俄罗斯东正教会和基里尔大牧首为促进中俄友好发挥更大作用。大牧首回应说，俄罗斯东正教会愿本着相互尊重、互不干涉的原则同中方开展交往，为促进俄中关系发展做出贡献，使俄中世代友好、永不为敌成为俄罗斯文化的一部分，使俄罗斯年青一代怀着俄中友好的信念成长。除北京外，基里尔一行还访问了哈尔滨、上海。访华期间，基里尔受到了我方高规格接待，圆满完成了访问任务，开启了中俄宗教交往史上新的一

---

① 《中国民族宗教网西安兴教寺"拆迁"争议》，民族网（http://www.mzb.com.cn/html/Home/report/392034 – 1. htm）。

页，加深了相互了解，夯实了中俄传统友谊基础。基里尔此访是在中俄全面战略协作伙伴关系不断发展的背景下成行的，也是俄东正教大牧首历史上的第一次访华，得到了两国元首的关心与支持。①

评析：随着全球化尤其是中国国家利益全球化进程的展开，宗教问题在我国对外关系和对外战略中具有越来越重要的意义。自冷战结束尤其是"9·11"事件以来，宗教问题在国际关系中的地位急速提升，已经成为各国国家安全与对外战略考量中不可回避的重要因素。宗教历来是中外文化交流的重要载体与精神纽带，宗教交流是中国与外部世界在思想文化、价值观和情感层面的互动的重要内容，其影响往往要比经贸等交流更为深刻和持久。在中国全方位"走出去"和国家利益全球化的背景下，实现宗教与国家总体外交的良性互动，更是成为中国和平发展以及民族复兴进程中具有全局性意义并亟须面对的战略问题，处理好国内外宗教问题也成为我国树立"负责任的大国"形象的重要环节之一。② 大牧首此次访华取得了圆满成功，不仅深化了中俄宗教交往，增进了了解，还达成了从长远和战略高度把握两国宗教交往的共识，必将促进中俄全面战略协作伙伴关系的深入发展，造福于两国和两国人民。正如陪同访问的俄新任驻华大使杰尼索夫评价的那样："基里尔大牧首访华是一件具有历史意义的事件，是加强两国及人民之间友好合作关系的重要举措。"

东正教大牧首基里尔的这次访华不仅标志着中俄两国宗教交往的深入发展，也展示了在全球化时代新型国家关系中的宗教交流趋势。宗教交流可以影响和推动国家间的政治经济友好往来，特别是在全球化条件下，政府、宗教组织、宗教领袖与信众间的交流会越来越多样、越深入，影响也将更为深远。③ 我们要充分利用世界宗教与文化的多元性和差异性，促进不同民族的和谐相处和传统多元宗教间的对话，发挥宗教在处理现代社会问题及其在建立精神道德体系、伦理观念方面的积极作用。宗教界应与政治及公众人物一道应对种种挑战，敦促建立宗教团体之间、政治领导人之间、国际组织及民间社团之间互相作用的机制，同时呼吁所有善良的人们

---

① 本刊编辑部：《中俄高水平和特殊友好关系的生动见证——俄罗斯东正教大牧首基里尔来访侧记》，《中国宗教》2013 年第 6 期。

② 徐以骅：《推进宗教与国际关系研究 助力中国对外关系新发展——写在复旦大学国际政治系成立 50 周年前夕》，《中国民族报》2013 年第 9 期。

③ 《东正教大牧首访华展示主权平等下的宗教外交走向》，《中国民族报》2013 年第 5 期。

支持并共同努力建设一个公正、安全和繁荣的世界。①

八　天安门"金水桥事件"：宗教极端主义挑战国家安全稳定

事件：2013 年 10 月 28 日中午，一辆越野车撞向天安门金水桥护栏后起火，造成车上 3 人及 2 名路人死亡，40 人受伤。之后，在新疆等地公安机关大力配合下，北京警方先后将 5 名嫌疑人抓获。经过公安机关调查，这起事件被定性为"一起经过严密策划，有组织、有预谋的暴力恐怖袭击案件"。11 月 24 日，路透社、法新社等媒体纷纷引述监视全球恐怖组织动向的研究机构 SITE 提供的监测结果称，一个名为"突厥斯坦伊斯兰党"的组织在互联网上公布了一段视频，就 10 月 28 日发生的天安门恐怖袭击事件发声，称之为"圣战者"发动的"圣战行动"，并扬言制造更多的暴力恐怖事件。

评析："突厥斯坦伊斯兰党"其实就是"东伊运"。该组织侧重于"精神影响"，以鼓动追随者发动暴恐活动为主旨，组织主要成员和领导层均在阿富汗与巴基斯坦接界的部族地区，其分支机构在土耳其和叙利亚，是国际恐怖势力的一个组成部分。② 以"东伊运"为首的境外"东突"组织极力推行"思想上打入新疆"、"行动上拉人出境"计划，要将"圣战"引向"东方帝国"，并企图建立对我国西北边疆武装渗透的前沿阵地。

在新疆，宗教极端主义及势力与民族分裂势力和暴力恐怖势力相勾结，以宗教为旗帜，分裂为目的，暴力恐怖为手段，形成了"三位一体"，利用新疆穆斯林朴素的宗教和民族认同感，不断加大对新疆的渗透破坏，强化宗教极端思想、鼓动群众反对所谓"异教徒"，挑起民族矛盾，煽动民族仇恨和破坏活动，煽动开展"圣战"，危害社会政治稳定。妄图推翻现政权，建立政教合一的国家。他们通过大办地下经文班、习武点，培植骨干和暴力恐怖分子。在群众中，通过散布反动宗教书刊、影像制品，搞"台比力克"等宗教非法活动进行极端思想渗透。导致新疆极

---

① 徐文臻：《发挥宗教交流在公共外交中的积极作用》，《中国宗教》2012 年第 9 期。
② 《"东伊运"承认策划天安门恐怖袭击事件》，环球网（http://oversea.huanqiu.com/military-articles/2013－11/4597955.html2013－11－25 10：55：15）。

端宗教氛围异常浓厚，非法宗教活动猖獗。自 2009 年以来，新疆涉暴涉恐案件明显增加，维稳处突压力持续加大，每年打掉的危安现行组织团伙案均在百起以上，呈现高位徘徊态势。2012 年，新疆暴恐案件 190 余起，比上年大幅增加。另一方面，随着互联网技术飞速发展，多样化的网络应用发展迅猛，网民群体急剧增长，网上传播宗教极端思想、煽动暴恐犯罪、捏造散布谣言等违法犯罪活动也随之抬头，对新疆乃至全国的社会安定团结大局造成不利影响。① 可以说，新疆地区的宗教极端主义已经成为民族分裂势力和暴力恐怖活动的精神武器，其在中国新疆等地区传播并积极与民族分裂主义密切结合，制造了一系列暴力恐怖犯罪活动，严重危害了国家安全和社会稳定，影响团结和睦的民族关系，正常的宗教活动，影响宗教的名声和团结。"三股势力"的行为完全背离了伊斯兰教的精神，受到了我国各族穆斯林坚决反对和强烈谴责。

当前，我国反对宗教极端主义的工作必须跟上时代的潮流，融入改革开放，党的宗教工作必须由"封闭型"向"开放型"转变，面对挑战，实现由被动变主动，将挑战转化为机遇。要加快发展民族地区经济，继续坚定不移地深入推进西部大开发战略，保持西部地区繁荣、发展、稳定。要注意研究"三股势力"的新动向和经济全球化、互联网迅速发展等新情况给新疆宗教工作带来的影响，及时制定应对措施，牢牢掌握抵御宗教极端主义的主动权。② 建立反宗教极端的社会网络和信息网络"两个网络"系统，即形成政府、宗教团体和宗教界人士及广大群众广泛参加的反渗透网络系统，建立有效的工作协调机制；规范对网络信息资源的管理，充分利用互联网的资源，为广大的网民提供优质的宗教信息，最大限度地挤压宗教极端的不良、有害信息，保障网络安全并加强对网上宗教活动管理，遏制宗教极端思想传播蔓延。要加强全民的思想政治教育，培养壮大宗教队伍，提高宗教界教职人员和宗教工作干部队伍的素质，打好反宗教极端主义的组织基础。广泛宣传反宗教极端的必要性和重要性，强化广大党员、干部、各族宗教界人士和人民群众的反渗透、反"西化"意识，增强自觉抵御境外宗教势力渗透的能力的思想条件。加强文化抵御能

---

① 《新疆去年发生 190 余起暴恐案》，《瞭望东方周刊》（http：//news. 163. com/13/1125/10/9EH502AA0001124J_ 3. html）。

② 《伊斯兰宗教极端势力的发展及其对新疆的影响》，中国民族宗教网（http：//www. mzb. com. cn/html/Home/report/364783 - 200020001. htm）。

力，重视弘扬我国优秀的传统文化在抵御宗教渗透中的作用，构建中国特色社会主义核心价值体系。依法对宗教事务进行管理，把宗教事务的管理纳入制度化、法制化的轨道。完善宗教管理的法律制度，使宗教与社会主义制度相适应，使国际敌对宗教组织在我国无机可乘。严厉打击各种违法宗教活动，取缔非法宗教组织。加强同世界各国包括美、德、法、日等国共同打击恐怖主义的合作，通过国际民间组织、互联网和国家级主流媒体向海外传递新疆经济社会发展成果和民族宗教状况，充分揭露"三股势力"暴力恐怖罪行，最大限度地压缩境外"三股势力"的国际生存空间和舆论阵地。①

在中共中央十八届三中全会上做出了"中国将设立国家安全委员会"的重大决定，这说明国家已将反对宗教极端主义、民族分裂主义和恐怖主义上升到国家安全体制和国家安全战略高度，向全世界彰显了中国维护国家安全、民族团结、反对分裂的决心，必将全面促进边疆民族地区长治久安和民族宗教问题的解决。

九　"六十年砥砺前行，六十年春华秋实"：中国佛教协会和中国伊斯兰教协会纪念成立 60 周年

事件：2013 年 8 月 26 日上午，中国佛教协会成立 60 周年纪念会在人民大会堂隆重举行。中共中央政治局常委、全国政协主席俞正声会见了中国佛教协会领导班子成员并与全体代表合影。中共中央政治局委员、国务院副总理刘延东，出席纪念会并做重要讲话。中国佛教协会会长传印长老在纪念会上发表致辞，回顾总结了过去 60 年的发展历程。2013 年 8 月 30 日，中国伊斯兰教协会成立 60 周年纪念会在人民大会堂举行。中共中央政治局常委、全国政协主席俞正声会见了中国伊斯兰教协会领导班子成员，并与全体代表合影。中共中央政治局委员、国务院副总理刘延东，出席纪念会并做重要讲话。中国伊斯兰教协会会长希拉伦丁·陈广元大阿訇在纪念会上发表致辞，回顾总结了过去 60 年的发展历程。

评析：1953 年 5 月 30 日，虚云大师、喜饶嘉措大师、圆瑛法师、赵

---

① 《境外利用宗教进行渗透的现状、趋势及对策》，营口网（http://www.ykdz.gov.cn/cn/shwh/shehuiyufa/2010－12－24/19545.html）。

朴初居士等二十几位佛教界著名人士共同发起，在北京举行了中国佛教协会第一届全国代表大会，宣告中国佛教协会成立。从此，由全国各地区、各民族、各宗派佛教徒共同发起和参加的全国性佛教爱国团体和教务组织诞生了，实现了全国三大语系佛教界空前大团结，掀开了中国佛教新的历史篇章。在 60 年的岁月里，中国佛教协会走过了不平凡的历程：提倡人间佛教思想，发扬中国佛教优良传统，带领全国佛教界成功走出一条与社会主义社会相适应的佛教健康发展道路；推动三大语系佛教交流，重视藏传佛教和南传佛教工作，为民族团结、社会稳定、边疆巩固不懈努力；积极协助党和政府贯彻落实宗教信仰自由政策，努力维护佛教界和信教群众的合法权益；引领全国佛教界加强信仰建设、道风建设、人才建设、教制建设和组织建设，坚持正信正行，树立佛教清净庄严的良好社会形象；发展佛教教育事业，培养优秀僧才，为佛教事业健康发展提供了有力的人才支持；大力开展弘法利生事业，重视佛教文化研究，倡导公益慈善活动，不断深化与港澳台和海外华人佛教界的联谊，全面开展对外友好交流，带领全国佛教界服务社会、利益人群；庄严国土、利乐有情，为建设小康社会和社会主义和谐社会以及世界和平做出积极贡献。[①]

中国伊斯兰教协会，于 1953 年 5 月 11 日由穆斯林知名人士包尔汉·沙希迪、刘格平、赛福鼎·艾则孜、杨静仁、达浦生、马坚、庞士谦、马玉槐等在北京发起成立中国伊斯兰教协会。这是我国历史上第一个空前统一的全国性伊斯兰教组织，它的成立标志着实现了中国各族穆斯林的大团结，为党和政府与各族穆斯林之间架起了沟通的桥梁。协会的宗旨是：团结和带领全国各民族穆斯林拥护中国共产党的领导和社会主义制度，遵守国家法律法规。弘扬伊斯兰教爱国爱教优良传统，践行敬主爱人，倡导两世吉庆，秉持和平中道思想，坚持独立自主自办原则，维护宗教和睦、民族团结、社会稳定、祖国统一和世界和平，为促进经济社会发展，构建和谐社会做出贡献。

60 年来，中国伊协始终高举爱国爱教的旗帜，坚定不移地拥护党的领导和社会主义制度；积极开展伊斯兰教教务活动，团结、服务广大穆斯林群众，依法维护伊斯兰教界的合法权益。改革开放以来，中国伊协带领

---

① 《中国佛教协会举行成立 60 周年纪念会俞正声会见与会代表》，国家宗教事务局网站（http：//www.sara.gov.cn/xwzx/xwjj/21770.htm）。

穆斯林群众紧密团结在党和政府周围，积极投身中国特色社会主义建设的伟大事业，引导伊斯兰教与社会主义社会相适应，立足国情和我国伊斯兰教实际，大力推动清真寺民主管理和经典阐释，维护祖国统一，维护民族团结，维护社会和谐，坚决反对极端主义、恐怖主义、分裂主义，开展国际友好交往，服务穆斯林群众朝觐，在国内外穆斯林中树立了良好形象，为我国经济发展、民族团结、宗教和睦、社会稳定做出了积极贡献，在中国伊斯兰教发展史上留下了浓墨重彩的一笔。

在过去的 60 年里，中国佛教协会和中国伊斯兰教协会不断发挥爱国宗教团体自我管理、服务社会的重要作用。刘延东副总理在纪念大会上对中国佛教协会和中国伊斯兰教协会的未来工作提出希望，希望两协会继续高举爱国爱教的伟大旗帜，带领佛教和伊斯兰教界人士和广大信教群众，与党和政府风雨同舟，不断融入时代、融入社会、融入国家民族发展繁荣的大业，为全面建成小康社会、实现中华民族伟大复兴的中国梦做出新的更大贡献！

十 穆斯林朝觐工作顺利完成，朝觐工作建立常态化管理机制

事件：2013 年 11 月 7 日下午 3 时许，从沙特吉达出发的最后一架中国朝觐包机 CA9556 航班安全抵达北京首都国际机场。搭乘本架包机回国的有来自内蒙古、湖北、江苏、广东、黑龙江等省区市的 288 名朝觐人员。至此，2013 年我国 11800 余名朝觐人员全部平安顺利返回祖国。在各有关部门和机构的大力支持配合下，今年我国妥善应对了沙特突然削减朝觐名额的问题，有效防控了中东呼吸综合征疫情的传播，切实避免了拥挤踩踏事件的发生，组织服务水平明显提高，我朝觐人员重症发病率和死亡率远远低于其他国家的平均水平，切实维护了广大朝觐群众的人身安全，展现了中国朝觐人员的良好形象，圆满顺利地完成了 2013 年朝觐活动，基本实现了"平安朝觐、有序朝觐、文明朝觐"的目标。①

评析：朝觐是伊斯兰教五功之一，是穆斯林一生中必须完成的神圣功课，是全世界穆斯林最大规模的宗教活动，也是我国目前最大规模的涉外

---

① 《2013 年度我国 1.18 万名朝觐人员全部平安回国》，新华网（http://www.sara.gov.cn/mtjj/57057.htm）。

宗教活动。改革开放后，中国有组织的朝觐活动重新恢复，从十几人开始逐年扩大有组织的朝觐规模，近年来，万人以上朝觐活动已经成为常态。与此相适应，中国伊斯兰教协会推出《中国穆斯林朝觐组织工作指导大纲》、《中国穆斯林朝觐功课教务指导》等指导性文件；开通朝觐人员管理系统，为朝觐工作提供实时准确的数据信息服务；组建稳定专业的工作团队为朝觐人员提供优质的教务、医疗和生活服务，改善住宿条件，逐步推行集体供餐制度，朝觐穆斯林就餐更为方便；朝觐包机国内从原来 2 个起降点逐步增加为 5 个，而且全部从麦地那入境，从吉达回国，极大地便利了中国穆斯林的朝觐活动。① 参与朝觐组织服务工作的各部门和机构、人员不断深入总结和发扬好的经验和做法，充分发挥朝觐工作协调配合机制作用，继续支持中国伊斯兰教协会发挥朝觐组织的主体作用，切实形成做好朝觐工作的合力，提早谋划，统筹聚焦，推进朝觐工作机制化、规范化、常态化建设，进一步将朝觐组织管理服务做得更好，实现平安朝觐、有序朝觐、文明朝觐的目标，受到广大朝觐人员、沙特朝觐管理部门和其他国家朝觐团的高度赞扬和肯定。②

　　本次朝觐返程阶段，我国朝觐团借鉴沙特倡导的"朝觐既是宗教功课，又是文明行为"和"树立谦让、利他的朝觐观念"等理念，广泛开展"如何做一名合格哈吉"和"如何正确认识赞目水"两个专项教育，将履行朝觐功课与文明行为、提升素养、维护团结和构建和谐相结合。中国伊斯兰教协会会长陈广元大阿訇受访时表示，朝觐的意义是让穆斯林知恩典、守正道、担责任、正形象、两吉庆，完成朝觐功课后，信仰更加纯洁，道德更加高尚，思想更加进步，行为更加文明，形象更加完美，社会更加和谐。

　　总之，天地乾坤转一转，花开花落又一年。这一年，以上对我国宗教热点问题的概括和总结，虽然不一定准确和全面，但却大致反映了我国宗教工作和宗教生活的概貌。这说明，我国的宗教工作和宗教生活作为我国现代化进程的一部分，已越来越步入正轨，并纳入了法制化、有序化、机制化、常态化的管理机制。个别地方偶尔会出点事态或事端，但很快就会

---

　　① 《光辉历程六十年在中国伊斯兰教协会成立 60 周年之际访陈广元会长》，中国宗教网（http：//www. chinareligion. cn/fangtan/2013 - 09 - 24/1570. html）。

　　② 《我局召开 2013 年度朝觐工作总结通报会》，国家宗教事务局网站（http：//www. sara. gov. cn/xwzx/xwjj/57538. htm）。

被有效平息。这是我国的社会机制越来越成熟的表现。蛇年已然结束，马年又将开始。相信在新的一年中，我国仍然会坚持引导宗教与社会主义社会相适应的方针，继续发挥宗教正能量，依法管理宗教事务，使我国的宗教工作更加有序、有效，使我国的宗教生活更加宽松、和谐。

近年来大学生宗教信仰研究综述[*]

吕　超^{**}　熊坤新^{***}

　　笔者认为，大学生的宗教信仰作为一种社会现象有其产生和发展的社会根源，也必定反作用于社会。对目前我国大学生的宗教信仰研究应在区域研究和微观研究基础上，发展成一种统摄的、放眼于全国乃至全人类宗教现象的宏观研究。

　　由于大学生的宗教信仰状况以及对社会文化的发展、精神生活的嬗变、道德及价值观的演进、宗教的传播乃至国家、民族的历史发展进程产生巨大影响，有必要进行探究并提出行之有效的应对策略。因为，中国正经历宏大快速的社会变迁。伴随着社会的转型文化精神领域正面临重构，同样也面临宗教世俗化的宗教复兴的挑战。宗教现象同样是中国社会必须面临的最基本的社会事实[1]。大学生作为青年当中的高知识群体，他们的宗教观和信仰状况在某种程度上预示了未来民族精神的走向，影响着国家和民族的发展。近些年来，高校大学生的信仰状况也出现了新的特征，在校大学生对宗教的亲和性也已显露并逐渐有增强的态势。所以，分析新时期大学生的宗教观及信仰特征，准确把握宗教对大学生的影响状况及形成

　　* 基金项目：2011 年国家社科基金重大项目（11&ZD135）；国家社科基金重点课题（10AMZ002）；中央民族大学"985 工程"三期中国特色民族理论与政策重点学科建设项目（MUC98507—0410102）阶段性成果。

　　** 吕超（1983— ），女，黑龙江省鸡西市人，南通大学商学院助教，中央民族大学中国民族理论与民族政策研究院 2013 级博士，研究方向：思想政治教育、民族理论与民族政策。

　　*** 熊坤新，男，汉族，四川绵阳人，中央民族大学中国民族理论与民族政策研究院文科二级教授、博士生导师，中国博士后科学基金会评审专家，国家"211 工程"、"985 工程"当代中国民族问题战略研究基地民族理论与民族政策研究中心研究员，中国统一战线理论研究会民族宗教理论甘肃研究基地特聘研究员等。

　　① 中华人民共和国国务院新闻办公室：《中国人的宗教信仰自由状况白皮书》，1997 年。

原因，为有效应对和妥善处理宗教信仰对高校思想政治教育工作带来的全新挑战，探索加强大学生科学宗教观教育的有效路径，积极引导学生理性对待宗教文化，树立科学的世界观、人生观和价值观理应成为关注的一个问题。

一　大学生宗教信仰的研究现状

当代大学生宗教信仰的现状如何，必须依据一定的事实为基础。侯剑华、张言东用文献信息可视化分析的方法，以中国期刊网全文期刊数据库为数据来源，对国内大学生宗教信仰研究状况进行了较为直观、准确的分析。从李印堂于 1988 年发表《宗教：一个需要再认识的领域》一文开始，到 2011 年 6 月，这一领域的文献篇数达到 807 篇。从研究的学科领域分布来看，主要集中在高等教育学和心理学、教育理论与教育管理、宗教学等领域。从研究的主题来看，对大学生宗教观的基本问题和少数民族大学生宗教信仰问题的调查和研究一直是该领域的核心内容，也是国内学者和相关工作者研究的热点问题。另一方面，从 20 世纪 90 年代关注大学生的道德教育和宗教信仰到 21 世纪初的对大学生宗教文化教育、心理健康、诚信教育等的关注，再到近年来转向对大学生思想政治教育、和谐社会背景下宗教信仰教育等问题的研究，展现了国内学者和思想政治教育工作者对大学生宗教信仰问题研究主题的转换和演进过程。[①]

近年来，伴随着宗教学整体从理论研究到经验研究的转向，很多学者对大学生宗教信仰问题的研究开始从文献走向实证领域。由此，各种量的调查或研究层出不穷，大学生宗教信仰问题方面的调查报告也不在其少数。这些调查报告多以问卷形式出现，分别对湖北、山东、西藏、新疆、浙江、北京等 20 多个省、自治区、直辖市的在校大学生宗教信仰状况进行了调查，内容几乎涵盖大学生宗教信仰现状、了解宗教的途径、对宗教的认识、参加宗教活动的情况等宗教信仰方面的几大问题和维度。这些量的调查给我们提供了许多客观的数据和直观的认识，可以帮助我们从整体上对我国大学生宗教信仰的状况进行大致的把握。

---

① 陆洋：《北京印刷学院大学生宗教观及信仰状况调查报告》，《北京印刷学院学报》2011年 10 月。

笔者综合近年来的相关研究文献，对我国大学生宗教信仰的基本情况进行了梳理。在非民族地区，大学生有宗教信仰的比例最高为 28.1% [①]，最低为 6.7 [②]，平均比例为 13.88%。根据中国统计年鉴 2012 的数据，截止到 2012 年年底，普通高校在校学生数为 2536 万人，按照这一人数计算，我国在校大学生有宗教信仰的人数约为 350 万。且中国大学生信仰宗教的比例有逐年上升的趋势。在大部分受调查的地区或高校，有宗教信仰的大学生里，信仰佛教的比例最高，达 73.44% [③]，在个别高校也存在信仰基督教大学生比例最高的情况。[④] 中国大学生多倾向于对宗教的作用给予较为肯定、积极的评价，在对宗教的看法上，有 52.7% [⑤]—80% [⑥] 的学生认为宗教是历史文化想象或崇高的精神活动，11% [⑦]—21.32% [⑧] 认为宗教是封建迷信活动或者唯心主义。中国大学生对宗教的态度倾向于宽容，在对宗教信仰的态度上，64.1% [⑨]—94% 的大学生对宗教信仰持理解或者基本理解的态度。在接触宗教的途径上，亲属或者信教者劝说是大学生接触宗教的最重要途径，最高比例达 66.15% [⑩]，书籍、网络或广播、宣传材料是大学接触宗教的其他几种

① 侯剑华等：《国内大学生宗教信仰研究的文献信息可视化分析》，《思想政治教育研究》2012 年 2 月。

② 张澜、陈菲等：《辽宁省大学生宗教信仰现状分析》，《沈阳航空工业学院学报》2010 年 12 月。

③ 毓楠、安俊学：《沈阳地区大学生宗教信仰问题调查与思考建议》，《学理论》2012 年第 12 期。

④ 蓝少鸥、王峥在《滨江高教园区大学生宗教信仰现状分析及对策研究》（2012 年 7 月中旬刊）一文中，称杭州滨江高教园区的大学生信仰基督教的比例为 58.5%，高于佛教的 31.7%；寇爱林、王刚、陈丹丹在《广州大学生宗教信仰调查及对策研究》（《华南理工大学学报》2009 年 10 月）一文中调查显示，广州大学生信仰基督教的比例为 47%，高于佛教的 29% 和天主教的 14%。

⑤ 张久献：《大学生宗教信仰状况调查及对策研究》，《大众文艺》2011 年第 17 期。

⑥ 寇爱林等：《广州大学生宗教信仰调查及对策研究》，《华南理工大学学报》（社科版）2009 年 10 月。

⑦ 苏冲兴：《福州大学城大学生宗教信仰情况调查》，《福建省高校思想政治教育研究会 2008 年年会优秀论文专辑（一）》2008 年 9 月。

⑧ 陆洋：《北京印刷学院大学生宗教观及信仰状况调查报告》，《北京印刷学院学报》2011 年 10 月。

⑨ 李彦华：《对河南省大学生宗教信仰状况的调查分析》，《教育理论与心理学》2011 年 3 月。

⑩ 鲍振兴、张凤英等：《大学生宗教信仰分析与思想引导》，《莆田学院学报》2011 年 12 月。

重要途径。在有宗教信仰的大学生中，定期或经常参加宗教活动的学生比例最高仅为 27.2%[①]，大部分有宗教信仰的大学生表现为偶尔参加宗教活动甚至不参加。

通过以上调查数据可看出目前我国大学生宗教信仰的基本情况：第一，信教人数少，兴趣多元化。大部分调查都表明在大学生群体中目前没有宗教信仰的学生仍是主体，但应该引起我们注意的是不管学生们认定的宗教信仰情况是否属实，高校都已不再处于宗教信仰的真空状态。第二，包容性与盲目性并存，作为高知识群体，绝大多数的大学生能够在一定条件下、一定范围内对宗教现象做出相对理性的分析和判断，对宗教显示出较大的宽容。但是，由于缺乏正面教育和引导，学生们的宗教知识结构并不完整，对宗教的本质和内涵及宗教政策知识欠缺。第三，中国大学生信仰宗教的原因多种多样[②]。从现有的国内文献来看，研究者比较一致地认为大学生信教大致有家庭原因、社会原因、个人原因和学校原因等几个方面。几乎所有调查报告的内容都不同程度地反映了上述几个特征。

二　大学生宗教信仰研究方面存在的问题

目前我国学术界对大学生宗教信仰问题的研究，呈现出以下两个主要特点：一是研究学科和方法的多元化：教育学、心理学、社会学、宗教学、文化学等各学科日益交叉、渗透和融合，已成为一个多学科、多理论、多角度参与的研究领域；二是研究方法大部分采取问卷调查实证方法，学者们一般在某几个地区或某几所高校展开问卷调查，用数据来说明和分析大学生宗教信仰这一现象。应当说，这些调查报告类的研究对于揭示中国大学生宗教信仰和宗教观念的现状做了很多揭示和说明，许多结论也有一定的启发意义，但其客观上仍不免存在一些不足：量的研究在问题的设计上缺乏内在的纬度和指标；在结果分析上，往往呈现的是简单的描述性统计分析，缺乏深度的分析和探讨；有些调查带有明

①　赵良：《当代大学生宗教信仰问题调查分析与对策研究》，硕士学位论文，吉林农业大学，2011 年。

②　侯澧君：《大学生基督徒宗教信仰的形成及宗教实践的特征——以上海 S 大学的调查研究为例》，硕士学位论文，华东师范大学，2007 年。

显无神论的价值取向等等①。

　　对大学生宗教信仰现象研究多集中于对信徒信教原因及其构成的探讨，研究者或从社会经济因素入手进行直接阐释，或从大学生信教层面分析他们的信教动机。这种研究从社会环境和信徒个人心理等层面重点考察了宗教与个人的关系，多将宗教视为意义的提供者和精神的寄托处。近年来，随着对中国宗教研究的细化与深入，越来越多的学者认识到，再也不可能只从上层文化的立场来理解宗教，宗教必须从下层来理解。② 统计的方法使大学生宗教信仰研究不仅仅是描述性的，而且更有可能在量化分析中得出科学的结论。③ 但通常采用的问卷调查所得到的答案往往会出现社会称许性效应，即个体的回答由于受到宗教文化价值观的影响而趋同于社会所认可的答案。这样往往得不到被调查者真实的想法。因此可以通过间接的实证研究方法对大学生的宗教信仰进行考察，大学生的涉宗教现象和宗教信仰现象混杂，包括宗教好奇、宗教朦胧、宗教参与、宗教虔信、宗教执信等不同层次的区别，影响因素也复杂多样。④ 研究者在对大学生信仰宗教现象宏观表现和原因做研究探讨的同时，有必要对信教群体的特征做趋势性分析。今后研究可聚焦于不同地区高校的学生信教状况的对比，也可以某个宗教（如基督教）的信仰者为研究对象进行深入细致的分析。⑤ 将实证研究与人文研究相结合，定性与定量研究相结合，主位与客位研究相结合，全面研究、考察和分析大学生的宗教信仰现象。⑥ 在对宗教与社会、宗教与教育的关系等层面进行全面梳理的基础上，着力实现大学生宗教信仰与高校教育之间的矛盾的化解。

　　① 陈一祥：《当代大学生宗教信仰探源及其教育对策》，硕士学位论文，福建师范大学，2007 年。
　　② 范丽珠：《中国人宗教经验之意义与中国宗教的内涵初探》，复旦社会学论坛，上海三联书店 2005 年版，第 76 页。
　　③ 胡小芳：《90 后大学生宗教认知和宗教信仰状况调查与分析》，《青年文学家》2012 年 1 月。
　　④ 田磊：《大学生宗教信仰现象探析》，硕士学位论文，太原科技大学，2012 年。
　　⑤ 潘昆峰、郑卫荣：《大学生宗教信仰群体的特征分析》，《青年探索》2011 年第 5 期。
　　⑥ 俞学明：《大学生宗教信仰现象研究》，《当代青年研究》2012 年第 12 期。

三　大学生宗教信仰状况分析

大学生是站在时代前沿的一个群体，当整个社会对宗教的兴趣提升时，大学生所受到的影响和冲击是不可避免的，也是非常显著的。大学生中的宗教信仰者多数人正处于人生观、价值观形成的关键时期，年轻人对于社会、人生的困惑使他们试图寻求解答。① 大学生信教的原因主要可以归结为家庭及交际人群因素、社会因素、心理因素、宗教因素和教育因素。

（一）家庭及交际人群因素

从学生家庭背景看，家人信教和传教行为是学生信仰宗教的直接原因。调查显示绝大多数学生表示自己信仰宗教的原因是受家人的影响。家长的宗教信仰行为给孩子带来潜移默化的影响。这种来自家人的影响远远高于学校的老师、同学、朋友等其他人对他思想行为产生的作用与非信仰宗教家庭的学生相比，信仰宗教家庭的学生对宗教的了解更为直观、形象，对宗教的认同在人数和程度上要高得多。② 在某些少数民族地区，宗教作为一种意识形态长期影响着人们的精神生活，便会形成信仰传统代代相传。另外，同伴群体对大学生的信仰选择也有相当大的影响。同龄人在心理特点、兴趣、爱好和社会地位等方面都比较相近，并经常在一起进行直接的交往与互动，这就使得他们的价值观念容易相互影响，有些高校的个别学生是虔诚的宗教信仰者，周围的同学常受这些同学坚定的宗教信仰精神和与人为善的品质所吸引，自己也随之参加各种宗教活动③。

（二）社会因素

从社会发展阶段层面看，社会转型过程中产生的结构冲突、规范冲

---

①　汪士华、陈真亮：《大学生宗教信仰问题的调查与思考——基于浙江省几所在杭高校的调查分析》，《浙江社会科学》2009 年第 8 期。

②　孟祥玲：《大学生宗教信仰给高校思想政治教育工作带来的新思考》，《教育与职业》2011 年 8 月。

③　孙琼如：《大学生宗教信仰问题研究回顾与展望》，《中国青年研究》2008 年 11 月。

突、角色冲突和观念冲突表现得异常激烈。社会经济生活的深刻变化导致信仰真空，使一些大学生缺乏依附感和归属感，于是融信仰与文化为一体的宗教活动吸引了部分大学生，参加宗教活动成为填补部分大学生精神空虚的一种方式。从国家政策层面看，国家关于保护宗教信仰自由政策以及其他部分措施是大学生产生宗教信仰的深刻背景。随着科技和社会的发展，宗教借助网络、传媒等途径不断传播并扩大其影响，宗教文化还被用于商业行为，都在一定程度上扩大了宗教的影响，使得大学生对宗教的感悟更加具体，易被引入其中，对宗教热的形成起到了推波助澜的作用。① 随着我国改革开放的深入发展，中西方文化也在更广泛、深入的领域进行交流碰撞，我国在宗教方面的国际交往也日益增多。西方一些国家和地区的宗教势力借机对我国进行宗教宣传和多渠道、多层次的渗透，而大学生正是西方宗教势力渗透的主要对象。

（三） 心理因素

大学生信仰宗教的心理动机主要来自拓展人际交往空间的需求、寻求心理抚慰的需求、满足猎奇心理的需求、追求自我实现的需要四个方面。当代大学生面临着现实生活中交际障碍和由此带来的困扰，宗教团体与外部社会迥然不同的宽松、和谐的人际氛围，促使有的大学生对宗教产生了强烈的归属感，出于能真正被团体接纳的渴望而接近宗教。大学生在成长过程中，面对突如其来的生活、学习、就业等方面的压力，因自身无法解决、无力承受、无以宣泄而同时又缺少来自社会各方面的关爱时，常会引发内心激烈的矛盾和冲突，宗教作为一种精神和心理的慰藉，成为一些大学生的精神家园。大学生具有强烈的求知欲、好奇心，有着强烈的反传统的逆反心理，宗教深邃的哲理、博大的文化内涵和神秘的色彩，在不同程度上满足了大学生追求新鲜的心理和猎奇的心态。在现实生活中，大学生难免在生活、学习、爱情、求职等方面遇到挫折，宗教的宿命观迎合了他们寻求解脱的心理，调节了信教者的失落与愤懑。对一些信教的大学生来说，宗教是追求超越自我的强大动力。②

---

① 王虹、杜凌、赵卫强：《大学生宗教信仰问题调查与思考》，《辽宁教育行政学院学报》2010 年 2 月。

② 郝士艳：《大学生宗教信仰中的问题与对策》，《黑龙江高教研究》2011 年第 2 期。

（四）宗教因素

宗教作为一种特殊的意识形态，具有一定的社会功能。宗教具有道德规范功能，宗教教义和宗教历史中包含了丰富的道德内容，宗教领袖的人格魅力和道德榜样作用对信徒也有很强的影响力。宗教是千百年来人类智慧的结晶，具有巨大的艺术价值和文化底蕴。宗教在长期的历史演变中，形成了各自比较稳固的组织体系、典章制度、经典教义和活动方式及宗教教职人员，通过各种宗教组织联系广大信教群众，具有很强的社会组织功能。近年来，宗教改革突出世俗化，如佛教提倡的"人间佛教"，加之世俗社会也提倡宗教与社会相适应，为宗教介入社会提供了更广阔的空间。

（五）教育因素

当前高校关于理想信念的教育手段仍然滞后于现实发展与要求，这就为宗教的渗透提供了可乘之机。教育内容脱离实际、脱离生活、脱离学生，导致共产主义信仰失去吸引力；教育形式古板单调，说教意味浓重，很大程度上还停留在以正面灌输为主的方式上，缺乏对学生接受心理和过程的关注，使受教育者成为机械的接受者；教育目的过于整齐划一，片面强调人的社会价值，忽视甚至否定个人价值，过多地强调个人对社会的服从，忽视或淡化了人的主体性，导致大学生对理想信念教育产生了强烈的排斥心理等。① 大学生对宗教历史、文化、社会功能、宗教学知识的缺乏，也使得他们在接触宗教、参与宗教活动中缺乏独立思考和判断能力。

四　大学生宗教信仰的影响与应对策略

（一）大学生宗教信仰的影响

大学生信仰宗教对其行为和思想产生了深刻的影响。大学生宗教信仰者由于信神、拜神、与神沟通，加之宗教组织成员间的相互关怀、相

---

① 丁根林：《大学生宗教暧昧现象社会学解析及其引导——基于浙江省高校的实证研究》，《中国高教研究》2010 年第 6 期。

互帮助，他们在很大程度上会感到摆脱了现世的诸多困惑与苦恼，获得了精神上的极大欣慰与满足。宗教教义中的伦理道德也强有力地规范和引导着他们的行为，使他们特别强调通过内心的良知和自律来严格要求自己。作为一种唯心主义学说，宗教教义中的保守和消极成分也必然对大学生宗教信仰者带来负面影响。譬如，一些信仰宗教的大学生，由于过分倚重教义，在人生观上产生了宿命论思想，对世俗之事表现冷淡、漠不关心，对社会问题的看法过于片面。容易形成不科学的世界观、人生观、价值观、道德观念和方法论。①

　　我们也应该看到绝大多数大学生宗教信仰者的信仰只是一个信仰问题，通常不带有任何政治企图。同时，大学生的宗教信仰不同于一般的宗教信仰，其感性成分远远高于其理性追求。大学生中究竟有多少真正的宗教信仰者需要深入考察和研究。如果我们从大学生是否虔诚信仰宗教、是否确定信仰何种宗教、是否顶礼膜拜该宗教的基本教义三个方面来考察，就不难发现，虽然声称信仰宗教的大学生人数比例较高，但真正信仰者并不多，而主要是"望教者"、"宗教文化追随者"。所谓的"信教"学生对真正意义上的宗教信仰认识不足，在社会生活等方面并没有严格按宗教的仪式、规范、理念行事。宗教在大学生当中的道德行为、人际交往和人生追求等方面的规范、调整作用并不十分明显。因此，大学生所具有的宗教信仰的特征并不突出，他们更多的是寻求宗教的心灵庇护、心理安慰，认同宗教的人文关怀、道德意境，推崇宗教艺术的美的表现形式。②

（二）　应对策略

　　马克思主义理论告诉我们社会存在决定社会意识。大学生们思想认识上所产生的问题往往根植于他们的生存环境和生活条件。鉴于大学生信教原因的复杂性，必须整合所有的教育资源，动员和协调各方力量，学校、家庭、社会和大学生个人都应积极参与进来，充分合作、优势互补，提高大学生信仰教育的有效性，必须着力营造一个良好的社会教育

---

① 张承安：《当代大学生宗教信仰的实证调查及其分析》，《长沙理工大学学报》2012年第1期。

② 何敦培：《大学生宗教信仰探析及引导》，《河北理工大学学报》（社会科学版）2007年11月。

环境。

1. 家庭教育对策

家庭生活对人的宗教信仰的影响具有直接性和先入为主性。家庭成员间的特殊关系决定了家长在子女的身心发展、性格塑造、情感培养和价值观形成等方面起着非同一般的作用，所以我们必须重视家庭对孩子的人格感召和道德浸染。为此，家长不仅应主动参与到孩子的教育活动中，积极探索行之有效的教育方式，为青少年营造一个健康、阳光的成长环境；而且还要不断完善和提升自己各方面的素养，身体力行，带头践行所提倡的道德标准和价值观念，发挥好示范和引导作用；积极锻造良好的心理素质，努力帮助子女培养健康的情感、塑造坚强的个性、历练勇于战胜挫折的心理。①

2. 社会教育对策

始终坚持用社会主义核心价值体系引领大学生的宗教信仰，要切实把社会主义核心价值体系融入国民教育和精神文明建设的全过程，积极探索用社会主义核心价值体系引领社会思潮的有效途径，完善社会主义道德体系，引导大学生树立正确的宗教观。② 在尽快完善以社会主义核心价值体系统领、主导、整合多元价值局面的同时，加强社会主导文化的开放性和宽容性。社会主导文化应对宗教文化、宗教道德价值观积极合理的一面宽容接纳，在尊崇社会主流价值观和核心价值观主导地位的前提下，尊重大学生的宗教选择和信仰自由。充分发挥大众媒介的作用，营造良好的思想舆论氛围，带领青年学生走出迷茫，找到精神文化的家园。要通过广泛深入的宣传，使社会主义核心价值体系为大众所感知、所认同、所接受，真正成为社会的主流价值，使教育真正和社会生活接轨，从根本上扭转长期以来困扰大学生信仰教育的被动局面，进一步提升教育的说服力、有效性和吸引力。③

3. 学校教育对策

我们面对大学生宗教信仰者数量逐渐增多的这一社会现象，高校应

---

① 朱晓颖、蔡聃：《大学生宗教信仰状况调查与分析——以江西省南昌市四所高校情况为例》，《民族与宗教》2011 年 2 月。

② 张承安：《当代大学生宗教信仰的实证调查及其分析》，《长沙理工大学学报》2012 年第 1 期。

③ 郝士艳：《大学生宗教信仰中的问题与对策》，《黑龙江高教研究》2011 年第 2 期。

理性对待大学生的宗教信仰问题。要加强马克思主义的唯物论教育，引导大学生深刻认识宗教本质。设置与宗教相关的选修课和知识讲座，使学生充分掌握宗教的相关知识，引导大学生全面看待宗教的社会作用。积极开展马克思主义宗教观和党的宗教政策教育，帮助大学生树立马克思主义宗教观，正确理解党和国家的宗教政策。[1] 要加强科学精神的培养，引导学生追求科学与真理。创新思想政治教育的形式，改进思想政治教育的方法，注重思想政治教育的时效性、预见性，要把思想政治教育贯穿到整个教学管理实践中。要进行心理咨询和心理疏导工作，对学生在生活、工作中遇到的挫折给予积极的引导，使学生在内心困惑时，要首先想到的是向学校寻求帮助，而不是去接受宗教给予的精神慰藉。[2] 要活跃校园文化氛围，大力开展丰富多彩的活动，抵御不良因素的影响。要加强各种大学生组织建设，积极开展高校统战工作，依法加强对大学生宗教事务的管理，形成抵制宗教渗透的预警机制。要设立宗教研究机构，加强理论探索。[3]

4. 自我教育对策

自我教育贯穿人的一生，一切教育最终都是通过自我教育来实现的。只有真正地搞好自我教育，才能不断提高教育的针对性和实效性，使所有的学生得到全面的发展、主动的发展。具体到大学生的信仰问题，自我教育尤显重要。总的来说，可从以下五个方面着手：第一，要主动学习党的宗教政策，在理性层面把握党的宗教政策的精神实质并逐渐将其内化为自己的价值认同；第二，要深刻理解党的宗教政策法规的内涵，处理好宗教自由与依法活动的关系，规范行为，文明信教；第三，日常生活中要将社会主义荣辱观作为其基本道德规范、品德操守和行为准则，注重道德行为的践行，以实际行动弘扬宗教教义和宗教道德中积极进步的内容，为国家安全、民族团结和社会稳定做出贡献；第四，大学生应该积极投身于社会实践活动、深入社会，更多地了解国情、社情和民情，以积极向上的心态面对和化解各种压力，避免内心精

---

① 李萍：《大学生宗教信仰问题对高校思想政治教育工作的挑战及对策》，《湖北省社会主义学院学报》2012 年 2 月。

② 杨晓慧：《大学生宗教信仰问题及德育对策研究》，《思想教育研究》2006 年 12 月。

③ 赵良、温成涛：《大学生宗教信仰状况调查及对策研究——以吉林省为例》，《黑龙江高教研究》2011 年第 2 期。

神困境的产生；第五，大学生应充分认识到社会主义的优越性，以中国特色社会主义共同理想为愿景，积极投身于建设社会主义伟大祖国的现代化实践。

　　总之，大学生的宗教信仰作为一种社会现象，有其产生和发展的社会根源，也必定反作用于社会。目前我国大学生宗教信仰研究应在区域研究和微观研究的基础上，发展成一种统摄的、放眼于全国乃至全人类宗教现象的宏观研究。应对大学生的宗教信仰状况以及对社会文化的发展、精神生活的嬗变、道德及价值观的演进、宗教的传播乃至国家、民族的历史发展进程产生巨大的影响，进行探究并提出行之有效的应对策略。

中国共产党的宗教—国家观

——中国化马克思主义宗教观的核心

龚学增[*]

　　我国不仅是一个多民族国家，还是一个多宗教的国家。同民族与国家的关系是民族问题的核心一样，宗教与国家的关系也是宗教问题的核心。多宗教共处于一个国家，各宗教如何处理好同国家的关系，把维护自身利益同维护国家利益统一起来？国家如何正确认识妥善处理好宗教之间特别是宗教与国家的关系？这都是关系国家长治久安的重大问题。

　　中国共产党在领导中国革命和建设的进程中，高度重视宗教问题，开创了一条具有中国特色的解决宗教问题的正确道路，积累了丰富的工作经验，形成了中国化的马克思主义宗教观。其中的核心就是宗教—国家观。在新世纪新阶段国内外宗教问题发展的新形势下，在中国共产党成立 90 周年的重要时刻，深入研究中国共产党的宗教—国家观具有重要的意义。中国共产党宗教—国家观主要涉及以下关于宗教同国家关系的几个问题。

一　宗教是一种社会文化历史现象

　　全面把握什么是宗教，是妥善处理好宗教与国家关系的前提。对于什么是宗教，马克思、恩格斯、列宁，都没有明确下一个规范性的定义。恩格斯在《反杜林论》中曾经说，一切宗教都不过是支配着人们日常生活的外部力量在人们头脑中的幻想的反映，在这种反映中，人间的力量采取了超人间力量的形式。这个论断长期以来影响着赞同马克思

---

　　* 龚学增，中央党校教授。本文原载于《西北民族大学学报》2011 年第 3 期。

主义宗教观的人们对于宗教的把握。实际上，恩格斯的论述侧重于从思想观念的层面来揭示宗教的本质，还不能反映宗教的全貌。

中国共产党在对于宗教是什么的认识过程中，也接受了恩格斯的论断，但是在领导中国革命和建设的过程中，在不断总结处理宗教问题的经验教训过程中逐步提出了宗教不仅是思想信仰和意识形态，它还是由若干要素构成的一种社会文化历史现象的重要思想。

早在 1940 年，党内研究民族、宗教的主要代表李维汉就以伊斯兰教为例，认为宗教绝不仅仅是一种信仰，它还是一种制度的观点。1958 年，他又在回族伊斯兰教问题座谈会上涉及宗教制度民主改革的时候指出：对宗教，"我们面对两个问题：一个是宗教信仰自由问题；一个是宗教制度问题。任何一种宗教信仰，都有一定的表现形式。这个形式常常是从规章制度表现出来。宗教信仰和宗教制度是密切联系在一起的，不会有一种宗教信仰，连一点规章制度都没有"。①

1982 年中共中央关于社会主义时期宗教问题的 19 号文件，全面深刻总结了新中国成立以来宗教工作的历史经验教训。文件一开始就提出了宗教是什么的问题，指出："宗教是人类社会发展一定阶段的历史现象，有它发生、发展和消亡的过程。宗教信仰，宗教感情，以及同这种信仰和感情相适应的宗教仪式和宗教组织，都是社会的历史的产物。"②这是中国共产党对什么是宗教所作的新概括。它明确指出宗教是由宗教信仰、宗教感情，宗教仪式和宗教组织等要素组成。这种说法改变了长期以来把宗教简单地看作一种唯心主义、意识形态的观点，注意到了宗教信仰的外在表现形式，强调宗教是一种社会历史现象。这个概念所包括的丰富内涵使人们对宗教有了比较全面的认识。

不仅如此，中国共产党也接受了宗教还是一种文化的观点。早在新民主主义革命时期，毛泽东就从保护寺庙文物的角度讲到宗教是文化的思想。后来，这一观点没有得到进一步的发挥。改革开放以来，随着国内宗教研究的不断深入，宗教也是一种文化的观点逐渐为党和国家所接受。江泽民曾分析了宗教文化、道德乃至宗教教义中也有积极的成分。

---

① 李维汉：《统一战线问题与民族问题》，人民出版社 1981 年版，第 552 页。
② 国家宗教事务局：《新时期宗教工作文献选编》，宗教文化出版社 1995 年版，第 54 页。

他说："我国宗教在其产生和发展的过程中，与我国文化的发展相互交融，吸取了我国建筑、绘画、雕塑、音乐、文学、哲学、医学当中的不少优秀成分，可以研究和发掘其中的精华。宗教道德中的弃恶扬善等内容，对鼓励广大信教群众追求良好的道德要求有积极作用。宗教通过对信教群众的心理慰藉，对稳定信教群众的情绪、调节信教群众的心理也有积极作用。"① 正是基于对宗教也是一种精神文化的认识，党和国家强调要进一步挖掘、整理宗教文化中积极、向上的内容，使之在文化建设中发挥积极作用。

二　中国是一个多宗教国家，宗教国情具有"五性"的特点

科学认识中国宗教国情是中国共产党处理宗教问题的基本依据。

新中国成立后，1950 年 5 月 2 日，周恩来在同基督教人士的谈话中就涉及我国的宗教国情。他指出："中国不是政教合一的国家。在中国，宗教同政治一向是分开的，所以宗教问题不象欧洲政教合一的国家那样严重。"② 同年 6 月 25 日，在全国政协第二次党组会议上作总结时说："在我国，宗教有两类，一类是民族宗教，如回教、喇嘛教，它们与民族问题连在一起，尊重宗教也就是尊重其民族，任何不尊重都会引起误会；另一类是与政治有联系的，如基督教、天主教，与帝国主义有关系。"③ 1956 年 5 月 30 日，周恩来在接见巴基斯坦、印度尼西亚伊斯兰教代表团时又说："中国的少数民族大多信仰宗教，并且有不少的少数民族是整个民族信仰一种宗教的。回族、维吾尔族、乌孜别克族等都是整个民族信仰伊斯兰教。藏族全都信仰喇嘛教。我国少数民族中信仰宗教的占很大比例。汉族当中也有很多人是信仰宗教的。"④ 周恩来的上述分析告诉我们，我国宗教国情同欧洲有很大区别，即中国不是一个政教合一的国家，宗教问题在中国并不严重。但是，中国一些宗教与民族问题联系得很紧，还有的宗教同帝国主义联系密切，这是需要重视的中国宗教的特点。

---

① 《江泽民文选》第 3 卷，人民出版社 2006 年版，第 388—389 页。
② 《周恩来统一战线文选》，人民出版社 1983 年版，第 180 页。
③ 《周恩来年谱（1949—1976）》（上卷），中央文献出版社 1997 年版，第 50 页。
④ 《周恩来统一战线文选》，人民出版社 1983 年版，第 309 页。

　　新中国成立初期，党和国家负责民族宗教工作的李维汉对中国宗教国情的特点进行了理论概括即长期性、群众性、民族性、国际性、复杂性。1954 年，党中央为了总结少数民族工作，在李维汉主持下，中央统战部为党中央起草了《关于过去几年党在少数民族中进行工作的主要经验总结》。这个报告经中央政治局讨论并得到毛泽东高度评价并转发全党，报告中有段著名的论述："若干地方的若干同志，就是因为不了解上述的少数民族宗教的长期性、民族性、国际性，因而发生了急躁冒进的错误。这样做，不仅没有消灭或削弱宗教，反而使当地少数民族感觉到宗教情感受到压抑，因而更加巩固了宗教信仰。"[①] 这段话可以说是"宗教五性说"的雏形。1957 年，李维汉在第七次全国统战工作会议上又指出："人们对自然和社会必然性的认识和能力随着人类实践历史的发展而逐渐增加。社会剥削的消灭，生产力的彻底解放和高度发展，科学和文化的高度发展和广泛普及，最后要导致广大人民解除有神论和宗教信仰的束缚。但是，这是要经过一个很长时期才能逐步解决的问题。这样，宗教就有了它的群众性和长期性。在我国，　部分宗教又带有民族性和国际性。宗教的影响在一定范围内，既广且深，它影响到民族关系，有的还影响到国际关系，所以我们要做宗教界的统战工作。有些人不懂这一点：他们看不见宗教的群众性、民族性、国际性和它的长期性，他们只看见宗教是迷信，是鸦片烟。因此，他们不允许人们自由信仰，用行政手段禁止这种精神鸦片，甚至采取粗暴的手段。他们不懂得：允许自由信仰，正是为了在政治上团结宗教徒，争取宗教影响下的群众和广大人民一道，为了解放和发展生产力，为了在长期内逐渐地消灭宗教的根源。"[②] 正是在他的这些论述基础上，1958 年，在第五次全国宗教工作会议上正式把"宗教的五性"提了出来。1996 年，时任中央统战部部长的王兆国在纪念李维汉诞辰 100 周年座谈会上说："在宗教问题上，李维汉同志指出，我国的宗教具有五个特性，即群众性、长期性、国际性、复杂性，在一部分少数民族中还有民族性。"[③] 对李维汉提出的宗教"五性说"给予了充分肯定。

---

① 《历次全国统战工作会议概况和文献》，档案出版社 1988 年版，第 186 页。

② 李维汉：《统一战线问题与民族问题》，人民出版社 1981 年版，第 183 页。

③ 参见《中国统一战线》1996 年第 7 期。

1982 年中央 19 号文件又全面概括了我国宗教国情的特点。第一，我国是一个有着多种宗教的国家。主要宗教都有漫长的历史。第二，信教人数，在民族分布上不平衡，伊斯兰教为十个少数民族所信仰；佛教（包括喇嘛教）在藏、蒙、傣等少数民族中几乎是全民信仰的宗教。伊斯兰教和喇嘛教，那里的宗教问题和民族问题往往交织在一起。第三，在我国宗教中占有重要地位的佛教、伊斯兰教、天主教和基督教，同时也是在国际上占有重要地位的几大宗教。第四，必须充分估计到宗教问题的复杂性。"解放以后，经过社会经济制度的深刻改造和宗教制度的重大改革，我国宗教的状况已经起了根本的变化，宗教问题上的矛盾主要是属于人民内部的矛盾。"① 宗教问题仍将在一定范围内长期存在，有一定群众性，在许多地方同民族问题交织在一起，还受到某些阶级斗争和国际复杂因素的影响。上述实际上再次展现了我国宗教的长期性、群众性、民族性、国际性和复杂性的社会特征。

2001 年 12 月，江泽民在全国宗教工作会议上又强调：宗教的存在有着深刻的社会历史根源，宗教将会长期存在并发生作用。宗教的存在，是以大量群众信奉为前提的。宗教的这种群众性，使宗教往往构成一种非常强大的社会力量。宗教在一些民族特别是边疆少数民族中有着广泛的影响，我们必须正确认识和解决民族问题、宗教问题，维护和加强各民族的团结、社会的稳定和祖国统一。宗教常常与现实的国际斗争和冲突相交织，是国家关系和世界政治中的一个重要因素。宗教与一定社会的经济、政治、文化问题交织在一起，对社会发展和稳定产生重大影响。上述也是讲到了宗教的"五性"。但他更为强调："正确认识我国社会存在的宗教问题，关键是要立足于我国社会主义初级阶段的基本国情，充分认识宗教存在的长期性，以及在复杂的国内外形势下宗教问题所具有的特殊复杂性。"②

三　宗教问题关系到社会安定、民族团结和国家统一

中国共产党一贯高度重视宗教问题，将能否正确认识和处理好宗教

---

① 国家宗教事务局：《新时期宗教工作文献选编》，宗教文化出版社 1995 年版，第 56 页。

② 参见《江泽民文选》第 3 卷，人民出版社 2006 年版，第 375—380 页。

问题上升到关系国家全局的高度。

改革开放之初，在经历了"左"的年代宗教工作的挫折之后，1982 年党中央的 19 号文件明确指出："在宗教问题上能否处理得当，对于国家安定和民族团结，对于发展国际交往和抵制国外敌对势力的渗透，对于社会主义物质文明和精神文明的建设，仍然具有不可忽视的意义。"①

1991 年 2 月 5 日，中共中央、国务院关于进一步做好宗教工作若干问题的通知进一步强调了"正确对待和处理宗教问题，是我国社会主义建设事业中的一个重要课题，是建设有中国特色的社会主义的一个重要内容。做好宗教工作，对于维护社会稳定、增进民族团结、促进祖国统一和四化建设都有着不容忽视的重要意义"。②

2001 年 12 月，江泽民在全国宗教工作会议上又一次强调，宗教工作，是党和国家工作中的重要组成部分，在党和国家事业发展的大局中有着重要地位。他立足于国际大视野，指出现在世界上发生的冲突和局部战争，绝大多数都有民族问题、宗教问题的背景，与现实的国际斗争和冲突相交织。东欧剧变、苏联解体过程中，国际敌对势力就利用了宗教；现在，国际敌对势力也加紧利用民族、宗教问题对我国实施"西化"、"分化"的政治战略。对宗教问题在当今世界政治社会生活中的影响，绝不可低估。无论是做好国内各项工作，还是开展对外工作，都要求我们密切关注宗教问题。"做好宗教工作，关系到保持党同人民群众的血肉联系，关系到推进两个文明建设，关系到加强民族团结、保持社会稳定、维护国家安全和祖国统一，关系到我国的对外关系。全党同志必须从保证党和国家长治久安、维护改革发展稳定大局的政治高度观察和处理宗教问题，充分认识做好宗教工作的重要性，增强责任感和紧迫感。"③

胡锦涛总书记在 2006 年全国统战工作会议上，将宗教关系明确为是涉及国家全局的重大社会关系之一。他强调："我国是一个多宗教的国家。处理好信教群众和不信教群众、信仰不同宗教群众之间的关系，

---

① 国家宗教事务局：《新时期宗教工作文献选编》，宗教文化出版社 1995 年版，第 56—57 页。

② 同上书，第 214 页。

③ 《江泽民文选》第 3 卷，人民出版社 2006 年版，第 381—382 页。

引导宗教与社会主义社会相适应，是构建社会主义和谐社会的重要工作。我们要高度重视宗教问题，增强做好宗教工作的责任感和使命感。"① 这表明党中央对于宗教问题重要性的认识有了新的深化。2007年12月18日，党的十七大刚刚开完不久，中共中央政治局进行的第二次集体学习，内容就涉及当代世界宗教和加强我国宗教工作。胡锦涛总书记主持学习并发表了重要讲话，进一步强调了宗教问题的重要性，指出："正确认识和处理宗教问题，切实做好宗教工作，关系党和国家工作全局，关系社会和谐稳定，关系全面建设小康社会进程，关系中国特色社会主义事业发展。我们要从这样的战略高度，充分认识做好新形势下宗教工作的重要性。"②

四　新中国各宗教为国家的繁荣做出了重要贡献

新中国成立后，如何评价宗教在国家社会生活中起到的作用，也曾出现过重大曲折。特别是"文化大革命"对我国宗教不仅全盘否定，而且还采取了禁止消灭宗教活动的办法，严重恶化了宗教界、广大信教群众同党和国家的关系。改革开放以后，中国共产党通过拨乱反正，对于宗教在国家中的地位和作用有了科学的评价，特别是看到了宗教的积极作用。

党的十一届三中全会以后，1979年6月15日，邓小平在全国政协五届二次会议上致开幕词。针对"文化大革命"对于宗教工作的破坏，邓小平代表党和国家充分肯定了新中国成立30年来，"各民族的不同宗教的爱国人士有了很大的进步"③，否定了"文化大革命"期间他们受到的不公正待遇。

1982年，党中央关于社会主义时期宗教问题的19号文件进一步指出，新中国成立以来爱国宗教人士"他们的出身、经历、信仰和思想政治情况各不相同，但是总的说来，其中绝大多数是爱国的、守法的和拥护社会主义制度的；反对宪法、反对社会主义甚至里通外国的反革命分

---

①　中央文献研究室：《新疆工作文献选编》，中央文献出版社2010年版，第635页。

②　参见2008年12月19日新华社消息。

③　国家宗教事务局：《新时期宗教工作文献选编》，宗教文化出版社1995年版，第6页。

子和坏分子，只是极少数。宗教职业人员中的许多人，不但同信教群众在精神上有密切的联系，对群众的精神生活有不可忽视的重要影响；而且还在履行宗教职务的形式下，进行着许多服务性劳动和社会公益方面的工作，例如维护寺观教堂和宗教文物，从事农业耕作和造林、护林，以及进行宗教学术研究等等"① 给予了充分的肯定。

1991 年 2 月 5 日，中共中央、国务院关于进一步做好宗教工作若干问题的通知又充分肯定了"宗教界人士的爱国主义、社会主义觉悟有了提高，他们拥护中国共产党的领导和社会主义制度，积极协助党和政府贯彻宗教政策，在维护社会稳定和民族团结、促进祖国统一、开展国际友好往来等方面，做了大量有益的工作。各民族信教群众积极参加社会主义物质文明和精神文明建设"②。

1993 年 1 月 19 日，继江泽民连续两年在春节前和全国性宗教团体领导人举行迎春座谈会后，李瑞环代表党中央在春节前同全国宗教团体领导人座谈。他指出："各爱国宗教团体同党和政府真诚合作，使我国宗教工作在维护社会稳定和民族团结、推进祖国统一、促进经济建设方面，在尊重和保护公民宗教信仰权利、保护正常宗教活动和保护宗教界合法权益方面，都发挥了积极的作用。"③ 之后，李瑞环又分别对各大宗教对于国家的贡献同样给予了肯定。1993 年 10 月 21 日，李瑞环在接见中国佛教协会第六届理事会领导成员时说："佛教界在过去四十年中，应该说象我们的国家一样经历了风风雨雨。但是，不管出现任何情况，我国佛教界人士和广大信仰佛教的群众始终跟着共产党，一起走过了四十年曲折道路，为国家的繁荣做出了贡献。"④ 1994 年 1 月，李瑞环在会见中国伊斯兰教协会第六届委员会领导成员时也谈道："中国伊斯兰教协会成立以来的四十年，是我们国家历史上风风雨雨的四十年，也是中国伊协与党和政府风雨同舟、共同振兴中华的四十年。四十年来，中国伊协始终同党和政府站在一起，为协助党和政府贯彻宗教信仰自由政策，团结广大穆斯林群众维护社会稳定、发展经济，以及在开展对外交往等方

---

① 国家宗教事务局：《新时期宗教工作文献选编》，宗教文化出版社 1995 年版，第 61 页。
② 同上书，第 217 页。
③ 同上书，第 242 页。
④ 《法音》1994 年第 1 期。

面，做了很多工作，发挥了积极作用。"① 1997 年 1 月 3 日，李瑞环会见出席中国基督教第六届全国代表会议的全体代表时指出："40 多年来，中国基督教坚持按'三自'原则办好教会，高举爱国主义和社会主义旗帜，积极参加社会主义现代化建设，取得了显著成绩。"② 1998 年 1 月 21 日，李瑞环会见出席中国天主教第六届代表会议的全体代表时指出："四十年来特别是第五届天主教全国代表会议以来，我国天主教广大神职人员和教徒贯彻党的宗教政策，坚持独立自主自办教会的方针，在为两个文明建设服务方面取得了很大成绩，发挥了积极作用。"③ 同年 8 月 24 日，李瑞环在接见中国道教协会第六届代表会议全体代表时说："道教是我国土生土长的宗教，具有悠久的历史。中国道教协会从成立到现在已经走过了四十年的历程。四十年来，道协与党和政府风雨同舟、和衷共济，积极贯彻宗教信仰自由政策，维护信教群众的合法权益，为两个文明建设做了许多有益的工作，取得了显著成绩。"④

2002 年 1 月 20 日，中共中央、国务院关于加强宗教工作的决定重申："新中国成立后，我国各宗教通过开展反帝爱国运动和宗教制度的民主改革，政治上发生了根本性的变化，宗教界成为党领导的爱国统一战线的重要组成部分。信教群众与不信教群众在思想信仰上存在差异，但在政治、经济上的根本利益是一致的。信教群众也是建设有中国特色社会主义的积极力量。"⑤

党的十六大以来，以胡锦涛为总书记的党中央一如既往，进一步充分肯定我国宗教在全面建设小康社会，构建社会主义和谐社会中的积极作用。特别是 2007 年，"发挥宗教界人士和信教群众在促进经济社会发展中的积极作用"的论断进入党的十七大报告具有重大意义。

五　国家尊重保障公民宗教信仰自由，各宗教一律平等

尊重保障公民宗教信仰自由，保护正常宗教活动，各宗教在国家生活

---

① 《中国穆斯林》1994 年第 2 期。
② 《中国宗教》1997 年第 2 期。
③ 《中国天主教》1998 年第 1 期。
④ 《中国道教》1998 年第 4 期。
⑤ 中央文献研究室：《新疆工作文献选编》，中央文献出版社 2010 年版，第 548 页。

中一律平等，是党和国家对宗教的长期的基本政策。

早在土地革命时期，中国共产党就在江西中央苏区颁布了宗教信仰自由政策。1931 年 11 月，中华苏维埃代表大会通过了《中华苏维埃共和国宪法大纲》，首次以施政纲领形式对革命根据地的宗教政策作了明确规定："中华苏维埃政权以保证工农劳苦民众有真正的信教自由的实际为目的，绝对实行政教分离的原则。"① 1945 年 4 月，在抗日战争胜利前夕，毛泽东在党的第七次全国代表大会上作的《论联合政府》的政治报告，全面总结党在八年抗日战争的工作。在回答解放区的人民有没有自由的问题时，毛泽东明确地指出，和国民党不是唤起民众，而是压迫民众，将民众的言论、出版、集会、结社、思想、信仰和身体等项自由权利剥夺得干干净净相反，"人民的言论、出版、集会、结社、思想、信仰和身体这几项自由，是最重要的自由。在中国境内，只有解放区是彻底地实现了"。② 在谈到少数民族问题时，他在批驳国民党的大汉族主义的错误的民族思想和错误的民族政策的同时，明确指出：少数民族的"言论、文字、风俗、习惯和宗教信仰，应被尊重"。③ 在谈到中国解放区的任务时，他说："根据信教自由的原则，中国解放区允许各派宗教存在。不论是基督教、天主教、回教、佛教及其他宗教，只要教徒们遵守人民政府法律，人民政府就给以保护。信教的和不信教的各有他们的自由，不许加以强迫或歧视。"④

1949 年 9 月 21 日，包括宗教界爱国民主人士在内的新政协召开，会议制定了具有临时宪法作用的《共同纲领》。《共同纲领》明确规定："中华人民共和国人民有思想、言论、出版、集会、结社、通讯、人身、居住、迁徙、宗教信仰及示威游行的自由权。""各少数民族均有发展其语言文字、保持或改革其风俗习惯及宗教信仰的自由"。这一规定具有根本法性质，为新中国成立后处理相应的民族宗教问题提供了重要的法律和政策保证。

1951 年 5 月 23 日，《中央人民政府和西藏地方政府关于和平解放西藏办法的协议》在北京签字。《协议》共十七条，其中第四、五、六、七条都涉及宗教问题。即达赖喇嘛的固有地位及职权，中央不予变更。班禅

---

① 《中共中央文件选集》第 7 册，中共中央党校出版社 1991 年版，第 775 页。
② 《毛泽东选集》第 3 卷，人民出版社 1991 年版，第 1070 页。
③ 同上书，第 1084 页。
④ 同上书，第 1092 页。

额尔德尼的固有地位及职权应予以维持。实行中国人民政治协商会议规定的宗教信仰自由政策，尊重西藏人民的宗教信仰和风俗习惯，保护喇嘛寺庙。寺庙的收入，中央不予变更。西藏和平解放赢得了西藏僧俗的拥护。1952 年 8 月 21 日，由西藏地方政府官员组成了 12 人的致敬团前往北京参加国庆活动。国庆活动结束以后，10 月 8 日，毛泽东接见了西藏致敬团代表，主要谈西藏未来的发展，强调共产党实行民族平等，是真心帮助西藏发展人口、发展经济和文化。毛泽东在谈到这些之前首先强调："共产党对宗教采取保护政策，信教的和不信教的，信这种教的或信别种教的，一律加以保护，尊重其信仰。今天对宗教采取保护政策，将来也仍然采取保护政策。"① 这是继新中国成立前夕通过的《共同纲领》以后，毛泽东首次公开申明中国共产党的宗教信仰自由政策的内涵是信与不信宗教、信什么教的都加以保护，特别强调了这一政策的一贯性和长期性。

1954 年 9 月，第一届全国人民代表大会制定并通过了中华人民共和国的第一部宪法。《宪法》第八十八条规定："中华人民共和国公民有宗教信仰的自由。"这是新中国第一次将国家对待公民宗教信仰用根本大法的形式加以确认，不仅成为国家的一项基本政策，而且成为国家的一项重要法律规定。对于保障公民的宗教信仰自由权利具有重要意义。

这期间，李维汉进一步论述了宗教信仰自由问题。特别是对宗教信仰自由的含义作了全面完整的解释。他说："关于宗教信仰自由，我们历来有一个完整的解释，这就是，每个公民既有信仰宗教的自由，也有不信仰宗教的自由；有信仰这种宗教的自由，也有信仰那种宗教的自由；在一个宗教里面，有信仰这个教派的自由，也有信仰那个教派的自由；有过去不信仰现在信仰的自由，过去信仰现在不信仰也自由。也就是说，不论信教不信教，也不论信仰什么宗教，都不受国家强力的干涉。"② 这一经典阐释已经完全转化成了中国共产党宗教信仰自由政策的条文。

改革开放以来，1982 年中央 19 号文件重申：尊重和保护宗教信仰自由，是党对宗教问题的基本政策，是一项长期政策，是一直要贯彻执行到将来宗教自然消亡的时候为止的政策。对宗教信仰自由的含义采用了李维汉的原话作了全面阐释，同时提出宗教信仰自由政策的实质，"就是要使

① 《西藏工作文献选编》，中央文献出版社 2005 年版，第 88 页。
② 同上书，第 614 页。

宗教信仰问题成为公民个人自由选择的问题，成为公民个人的私事"。强调"社会主义的国家政权当然决不能被用来推行某种宗教，也决不能被用来禁止某种宗教，只要它是正常的宗教信仰和宗教活动"①。1982年12月4日，第五届全国人民代表大会第五次会议通过了新修改的《中华人民共和国宪法》第三十六条规定："中华人民共和国公民有宗教信仰自由。任何国家机关、社会团体和个人不得强制公民信仰宗教或者不信仰宗教，不得歧视信仰宗教的公民和不信仰宗教的公民。国家保护正常的宗教活动。任何人不得利用宗教进行破坏社会秩序、损害公民身体健康、妨碍国家教育制度的活动。宗教团体和宗教事务不受外国势力的支配。"② 这是新中国成立以来国家以根本大法形式规定的最完备的宗教法律条文，是中国共产党宗教观在法律上的集中表现，它成为后来国家宗教法制建设的基础。

进入20世纪90年代，江泽民不仅坚持了尊重和保护公民的宗教信仰自由是党的长期基本政策，是宪法赋予公民的一项基本权利，且特别指出这是维护人民利益、尊重保护人权的体现，这是一个重要的创新观点。与此同时，他又强调贯彻宗教政策一方面要求尊重每个公民信仰宗教的自由和不信仰宗教的自由；另一方面还要求信教公民坚持权利和义务的统一，还要开展对他们的思想政治工作、思想道德建设和科学文化教育工作，体现了贯彻宗教信仰自由政策的全面性。

在这期间，李瑞环对于宗教信仰自由政策，立足于历史唯物主义，从哲学的高度，以历史和现实相结合的方式，作了深刻而全面的分析和论述。1998年1月22日，他在和宗教界的迎春座谈会上指出："（宗教信仰自由）这一政策是我国老一辈领导人在深刻总结历史经验、深入研究中国实际的基础上制定的，已被实践证明是正确的。这一政策是带有根本性的、长期的政策，而不是什么策略和权宜之计。"③ 1998年10月14日，他在会见美国基督教会联合会访华团时，详细地论述了中国共产党为什么要实行宗教信仰自由政策：第一，这是我们的基本观点所决定的。客观事物的发展和变化是由其内在规律所决定的，任何违反其内在规律的外部干

---

① 国家宗教事务局：《新时期宗教工作文献选编》，宗教文化出版社1995年版，第60页。

② 参见国家宗教事务局《新时期宗教工作文献选编》，宗教文化出版社1995年版，第74—77页。

③ 《中国穆斯林》1998年第2期。

预，任何对复杂问题的简单处理，都是不能奏效的。宗教作为人类精神生活中一种普遍、长期存在的现象，有其发生和发展的社会根源和认识根源，有其不以人的意志为转移的客观规律。第二，这是我们的根本宗旨所要求的。中国共产党和中国政府的根本宗旨是全心全意为人民服务，也就是为了多数人，团结多数人，依靠多数人。我们的一切努力，都是为了实现和维护广大人民群众的基本权利，其中当然也包括了他们对自己宗教信仰的自由选择权利。第三，这是引导宗教在我国社会中发挥积极作用所必需的。中国有五大宗教，各宗教倡导的伦理道德都有热爱祖国、服务社会、弃恶扬善、造福人群的内容，如佛教的"庄严国土、利乐有情"，基督教的"荣神益人"，道教的"慈爱和同，济世度人"，伊斯兰教的"两世吉庆"等等。这些内容从一个方面反映了人类对美好世界的向往和对真善美的追求，长期以来在人民群众中产生了广泛、深刻的影响。这些内容有许多与我们共产党人所提倡的精神文明是一致的。在一定意义上可以说，我们同宗教信仰者的区别，只是对事物本原的认识和追求目标的方式上的区别，而目标本身常常是相同或近似的。只有实行宗教信仰自由政策，才能对宗教中积极、向上的内容加以挖掘、整理，使之在现实生活中发挥积极作用。第四，这也是与中国的历史文化传统相一致的。中国是一个讲求"和合"文化的国家，主张"以和为贵"，对各种文化兼容并包，包括对待宗教。我们所实行的宗教信仰自由政策符合中国的历史文化传统，既符合信教群众的要求，也为占人口大多数的不信教群众所接受。基于这四个原因，李瑞环还批评了两种错误倾向："那种认为无神论与宗教信仰自由之间势不两立，一讲宗教信仰自由政策就是放弃唯物论、无神论的看法，是错误的；同样，那种认为一讲坚持唯物论、无神论就是要对宗教采取反对态度的看法，也是错误的。"[①]

党的十六大以后，以胡锦涛为总书记的党中央在总结以往宗教工作经验基础上，提出了"四句话"的宗教工作基本方针。其中，第一句话就是"全面正确地贯彻党的宗教信仰自由政策"，不仅对宗教信仰自由的基本观点保持连续性稳定性，而且将尊重和保障公民宗教信仰自由放在落实宗教工作基本方针的首要地位。

---

① 参见《中国宗教》2005 年第 10 期。

六 国家依法管理宗教事务，宗教必须在法律政策范围内活动

中国共产党认为，宗教信仰自由是宪法赋予公民的一项基本权利，但是宗教活动必须遵纪守法。国家依法对涉及国家利益和社会公共利益的宗教事务进行管理，但不干涉宗教团体内部事务。宗教不得干预行政、司法、教育等国家职能的实施。任何宗教都不能超越法律享有特殊地位。

新中国成立后，李维汉在强调尊重和保护宗教信仰自由的同时，就强调了信教公民要爱国守法，国家也要管理寺庙的问题。他说："国家允许任何人有信仰宗教的自由，别人不得侵犯。同时任何宗教信仰者必须遵守宪法和法律，服从国家的需要，积极从事为社会主义服务的劳动和工作。""国家对寺庙要不要管理？宗教信仰对国家是私事，但是政府的政策、法令（包括宗教信仰自由政策），任何公民、任何团体都要遵守，寺庙也不例外。所以政府要从政策法律上加以管理和检查督促。在遵守政府政策、法律的条件下，寺庙内部的管理可以由宗教人员实行民主自治，形式不求一律。"①

改革开放以来，随着依法治国进程的推进，国家正式提出依法管理宗教事务的任务。1991 年 2 月 5 日，即 1990 年全国宗教工作会议刚刚开过不久，中共中央、国务院就发出了《关于进一步做好宗教工作若干问题》的通知。这一文件首次适应依法治国的需要，明确提出国家依法管理宗教事务的问题。以后，在党和国家相关的文献中多次指出，依法管理宗教事务是指政府对有关宗教的法律、法规和政策的贯彻实施进行行政管理和监督，是为了更好地全面地贯彻执行宗教信仰自由政策，使宗教活动纳入法律、法规和政策的范围，绝不是去干预正常的宗教活动和宗教团体的内部事务。

对于国家依法管理宗教事务，江泽民曾指出，宗教信仰自由绝不意味着宗教活动不受任何约束。实行依法治国基本方略，国家就必须依法管理宗教事务。宗教方面涉及国家利益和社会公共利益的事项和活动，必须纳入依法管理的范围，目的是切实保护宗教信仰自由，保证正常宗教活动有序进行，保护宗教团体合法权益。我国实行政教分离原则，任何宗教都没

---

① 李维汉：《统一战线问题与民族问题》，人民出版社 1981 年版，第 648 页。

有超越宪法和法律的特权，都不能干预国家行政、司法、教育等国家职能的实施。依法管理的要旨：保护合法、制止非法、抵御渗透、打击犯罪。严格区分妥善处理两类不同性质的矛盾。依法管理宗教事务，必须严格按照法律、法规和政策办事，既要敢于管理，又要善于管理，既要防止和克服放任自流，也要防止简单化的做法。依法管理的目的是切实保护宗教团体和寺观教堂的合法权益，保护宗教教职人员履行正常的教务活动，保护信教群众正常的宗教活动。为此，要积极支持各爱国宗教团体制定各种规章制度，加强寺观教堂的民主管理。协助有关部门和地方制定有关宗教事务的法规和规章。①

依法管理宗教事务，就要不断加强宗教事务的法制建设。经过多年的努力，2004 年 11 月 30 日，国务院总理温家宝签署了国务院第 426 号令，发布了《宗教事务条例》，自 2005 年 3 月 1 日起施行。这是我国宗教界和宗教工作的一件大事，标志着宗教方面的法制建设取得重要进展。

七 坚持独立自主自办原则，抵御境外势力利用宗教的渗透

坚持独立自主自办宗教是中国共产党的宗教——国家观的重要内容。坚持独立自主自办原则，是基于近代以来，帝国主义利用基督教、天主教作为他们侵略中国的工具。早在 1939 年 12 月，毛泽东在《中国革命和中国共产党》中阐述近代中国逐步演变成半封建半殖民地过程中，指出帝国主义列强为了把中国变成他们的殖民地和半殖民地采取了一切军事的政治的经济的各种手段。除上述办法以外，帝国主义"对于麻醉中国人民的精神的一个方面，也不放松，这就是他们的文化侵略政策。传教，办医院，办学校，办报纸和吸引留学生等，就是这个侵略政策的实施。其目的，在于造就服从他们的知识干部和愚弄广大的中国人民"②。

1949 年 8 月 30 日，在中国革命胜利的前夕，毛泽东在《"友谊"还是侵略?》一文中，回顾近百年中国近代史上帝国主义对于中国的侵略时指出美国也在回顾这一段历史。当时美国国务卿说："从我们历史很早的时期起，美国人民和美国政府就在关心中国了。虽然距离遥远，背景又大

---

① 参见《江泽民文选》第 3 卷，人民出版社 2006 年版，第 385—386 页。
② 《毛泽东选集》第 2 卷，人民出版社 1991 年版，第 629—630 页。

不相同，把中美两国隔离开了，可是那些在宗教、慈善事业和文化方面团结中美两国人民的纽带，一直加深着美国对于中国的友谊。"为驳斥美国歪曲中美关系，将美国对中国的种种侵略行为说成是对中国人民的友谊的谬论，毛泽东明确指出："美国是最早强迫中国给予治外法权的国家之一，这即是白皮书提到的中美两国有史以来第一次签订的 1844 年的望厦条约。就是在这个条约里，美国除了强迫中国接受五口通商等事而外，强迫中国接受美国人传教也是一条。美帝国主义比较其他帝国主义国家，在很长的时期内，更加注重精神侵略方面的活动"，"由宗教事业而推广到'慈善事业'和文化事业"，处心积虑经营了 100 余年，"据说都是为了'加深友谊'"①，深刻揭露了帝国主义利用宗教作为侵略中国的工具。

　　新中国成立以后，天主教、基督教要割断和帝国主义联系，中国宗教要由中国人来办成为一个重大问题。1949 年 4 月，在《关于和平谈判问题的报告》中，周恩来指出："在文化上，帝国主义有许多侵略机构，如学校、医院及教堂等，这些都应该由中国人来办，但不能急躁，要谨慎地一步一步地来。这些文化机构有坏的一面，但还有好的一面，例如协和医院，我们的人生了病还去那里就医。对于这些机构，我们可以从内部来改造，使它们变成民族的。"② 1950 年在《发挥人民民主统一战线积极作用的几个问题》的报告中，他又强调："但各地基督教、天主教中发现混有帝国主义的间谍，他们有帝国主义的国际背景。对这个问题，我们只反对帝国主义，不牵连宗教信仰问题。我们主张宗教要同帝国主义割断联系如中国天主教还受梵蒂冈的指挥就不行。中国的宗教应该由中国人来办"。③ 1950 年 5 月，在关于基督教的四次谈话中，周恩来反复强调了中国的宗教要由中国人办的问题，他说："要把民族反帝的决心坚持下去，割断同帝国主义的联系，让宗教还它个宗教的本来面目。今天宗教界自己发起了一个民族自觉运动，把近百年来同帝国主义的关系清算一下。当然，这种关系有自觉的，有不自觉的。基督教里面有没有甘心情愿做帝国主义走狗的呢？自然是有的。""基督教最大的问题，是它同帝国主义的关系问题。中国基督教会要成为中国自己的基督教会，必须肃清其内部的帝国主义的

---

① 《毛泽东选集》第 4 卷，人民出版社 1991 年版，第 1505 页。
② 《周恩来选集》上卷，人民出版社 1980 年版，第 324 页。
③ 《周恩来统一战线文选》，人民出版社 1983 年版，第 173 页。

影响和力量，依照三自（自治、自养、自传）的精神，提高民族自觉，恢复宗教团体的本来面目，使自己健全起来"。"宗教团体本身要独立自主，自力更生，要建立自治、自养、自传的教会。这样，基督教会就变成中国的基督教会了"。"根据《共同纲领》的要求，我们必须在宗教界肃清帝国主义影响。这不是谁来约束谁，我们大家都有这个责任。在宗教界肃清帝国主义影响，并不是说宗教界的每一个人都做了帝国主义的工具。在个人来说自己感觉没有被利用，但是帝国主义主观上有所要求，它们利用宗教团体，乃是事实。广大教徒有时不免也被利用。这一点，我们非说清楚不可。这个问题说清楚了对教会只有好处"。①

改革开放以来，境外基督教、天主教加剧了对我国的渗透，更突出了坚持独立自主自办原则的重要性。1982 年中央 19 号文件已正式提出了这个问题。随着我国不断对外开放，抵御境外势力利用宗教渗透的任务更为繁重。1990 年 4 月 4 日，老一辈无产阶级革命家陈云给江泽民写信要求高度重视宗教渗透问题。信中说，利用宗教，同我们争夺群众尤其是青少年，历来是国内外阶级敌人的一个惯用伎俩，也是某些共产党领导的国家丢失政权的一个惨痛教训。现在是中央应该切切实实抓一抓这件大事的时候了。在这方面，务必使它不能成为新的不安定因素。24 日，江泽民将此信批转中央其他几位领导同志阅看并指出：陈云同志提出的问题很重要，确实需要引起各级党委和政府重视和警觉，千万不能麻痹大意，要及早采取有力措施，否则会酿成严重后果。② 这是党中央就抵制渗透问题提出的预警性的告诫。

之后，江泽民在不同场合多次要求要密切关注这一问题。2001 年 12 月 10 日，在全国宗教工作会议上，江泽民进一步强调："随着对外开放的扩大，我国宗教界与世界各国宗教界的友好交往日益增多，但境外利用宗教对我国进行渗透的问题日益突出。一些外国宗教组织企图重返中国，恢复旧有的隶属关系和在宗教上的特权，重新控制我国的宗教。在这些年的国际斗争中，敌对势力往往利用宗教问题向我发难。他们加紧利用宗教进行渗透、破坏活动，企图搞垮中国共产党的领导和我国社会主义的国家政权。他们支持达赖集团和'东突'恐怖主义势力进行分裂活动，支持

① 《周恩来统一战线文选》，人民出版社 1983 年版，第 181—186 页。
② 国家宗教事务局：《新时期宗教工作文献选编》，宗教文化出版社 1995 年版，第 177 页。

境外一些基督教团体加大对我国搞'福音化'的力度。现在，宗教渗透的手段和方式也多样化了，不少宗教组织利用电台广播和互联网进行宣传，偷运和邮寄宗教经书和音像制品，以旅游观光、投资办厂、经贸合作、文化交流等手段为掩护派遣传教人员入境秘密传教，资助建立秘密宗教组织和地下教会，等等。对这些动向，我们必须保持高度警觉，切实加以防范，绝不能贪小利而忘大义。"① 他要求各级领导干部特别是高级干部思想上必须明确，越是在扩大开放的形势下，越要坚持独立自主自办的原则不动摇，越要做好抵御渗透的工作。

党的十六大以后，胡锦涛总书记和其他中央有关领导同志同样多次强调，境外势力利用宗教对我渗透的主要动机和实质并不在于扩大某种宗教的影响，更在于在意识形态领域同我们争夺群众，就是引导和强化我们党和国家政权与宗教之间的疏离和对立，培养越来越多的反对社会主义制度和我们党执政的力量，从根本上动摇我们党的执政基础。要把抵御渗透工作作为宗教工作的重中之重抓实、抓好，增强抵御渗透工作的主动性、预见性和针对性，不能把抵御渗透与扩大开放对立起来，要把宗教渗透和宗教正常对外交往区别开来。不能因为交往就对渗透丧失警惕，也不能因为抵御渗透就断绝正常交往。要支持和鼓励我国宗教界在平等友好的基础上积极开展对外交往，善于利用国际社会宣传自己，积极营造对我有利的国际舆论环境。

八　宗教应辅助社会进步，与社会主义社会相适应相和谐

新中国成立后，中国共产党面临着执政条件下处理好国家与宗教关系的新的任务，经过60余年的实践，找到了从引导宗教辅助社会进步到走上与社会主义社会相适应相和谐的道路。

早在1950年5月，周恩来在基督教问题座谈会上，就要求宗教界研究"怎样服务于人民"，"怎样辅助社会进步"，提出使宗教活动"有益于新民主主义社会的问题"②。这可以说是引导宗教与社会主义社会相适应思想的雏形，为宗教界指明了正确的政治方向。党和政府支持基

---

① 《江泽民文选》第 3 卷，人民出版社 2006 年版，第 390 页。
② 《周恩来统一战线文选》，人民出版社 1983 年版，第 182 页。

督教三自爱国运动和天主教反帝爱国运动，割断了这两个宗教和帝国主义的联系；逐步引导各大宗教进行了宗教制度的民主改革，使佛教、伊斯兰教和道教摆脱了封建地主阶级的控制；对宗教界实行了争取、团结和教育的方针；保护寺观教堂；支持和帮助宗教界开展国际友好活动，等等。新中国成立后以及进入社会主义社会的初期，尽管宗教方面还存在许多问题，但是已经开始走上与新中国、与新的社会主义社会相适应的道路。

1957 年以后，由于各种复杂的原因，中国共产党对于宗教问题的解决走了一段曲折的路，导致了社会主义社会与宗教的不正常的关系。1978年党的十一届三中全会以后，宗教工作才重新回到正确的路线上来。在对处理社会主义时期宗教问题的经验特别是教训的总结中，在党和政府、理论界、宗教界经过 10 余年研讨的基础上，1993 年 11 月 7 日，时任中共中央总书记的江泽民在全国统战工作会议上的讲话中，代表党和国家就如何解决好我国的宗教问题强调了著名的"三句话"："一是全面、正确地贯彻执行党的宗教政策，二是依法加强对宗教事务的管理，三是积极引导宗教与社会主义社会相适应。"① 这就以严密的理论概括正式提出了"积极引导宗教与社会主义社会相适应"的著名论断，把引导宗教与社会主义社会相适应作为一项战略目标确定下来。

对于"相适应"的含义，江泽民做了全面的阐释："相适应"不是要求宗教界人士和信教群众放弃宗教信仰，而是要求他们热爱祖国，拥护社会主义制度，拥护中国共产党的领导，遵守国家的法律法规和方针政策；党和国家要支持他们努力对宗教教义作出符合社会进步要求的解释；支持他们同各族人民一道反对一切利用宗教进行危害社会主义祖国和人民利益的非法活动，为民族团结、社会发展和祖国统一多做贡献。要鼓励和支持宗教界继续发扬爱国爱教、团结进步、服务社会的优良传统，在适应社会主义社会方面不断迈出新步伐。在"引导"过程中充分调动宗教中的积极因素为社会发展和稳定服务。引导宗教与社会主义社会相适应是一个长期的过程，需要党和政府积极引导，也需要宗教界自身不断努力。要采取慎重严谨的态度，耐心细致地做工作。江泽民还强调，在引导宗教与社会主义社会相适应的过程中，有一个如何调动宗教的积极因素为社会发展和

———————

① 国家宗教事务局：《新时期宗教工作文献选编》，宗教文化出版社 1995 年版，第 253 页。

稳定服务的问题。各国政府都十分注重运用宗教来为维护社会秩序和社会稳定服务。我们不提利用宗教。我们鼓励和支持宗教界发挥宗教中的积极因素为社会发展和稳定服务，鼓励宗教界多做善行善举。

党的十六大以来，2006 年 7 月，胡锦涛总书记在全国统战工作会议上，首次提出并将宗教关系纳入社会政治生活领域影响全局的政党关系、民族关系、宗教关系、阶层关系、海内外同胞五大关系之中。强调要充分发挥统一战线的优势和作用，正确认识和处理信教群众和不信教群众、信仰不同宗教群众之间的关系，积极引导宗教与社会主义社会相适应，使信教群众在全面建设小康社会的宏伟目标下最大限度地团结起来，为构建社会主义和谐社会做出更大贡献。同年 10 月，中共十六届六中全会通过的《关于构建社会主义和谐社会若干重大问题的决定》指出：全面贯彻党的宗教信仰自由政策，依法管理宗教事务，坚持独立自主自办的原则，积极引导宗教与社会主义社会相适应，加强信教群众同不信教群众、信仰不同宗教群众的团结，发挥宗教在促进社会和谐方面的积极作用。2007 年 10 月，党的十七大报告再次强调"壮大爱国统一战线，团结一切可以团结的力量。促进政党关系、民族关系、宗教关系、阶层关系、海内外同胞关系的和谐，对于增进团结、凝聚力量具有不可替代的作用"，"全面贯彻党的宗教工作基本方针，发挥宗教界人士和信教群众在促进经济社会发展中的积极作用"。

党中央的上述精神告诉我们，第一，新世纪新阶段，积极引导宗教与社会主义社会相适应的明确定位，就是服从全面建设小康社会，构建社会主义和谐社会。第二，落实以人为本的科学发展观，就要充分认识宗教问题的核心就是涉及宗教因素的重大社会关系，即信教和不信教的人，信仰不同宗教的人，信仰同一宗教中不同教派的人之间的关系。第三，"积极引导适应"赋予了新的时代内容，就是深入处理好宗教关系，通过促进宗教关系和谐，为和谐社会建设作贡献。第四，促进宗教关系和谐的重要任务，就是要最大限度地发挥宗教的积极作用。由此可以得出结论："积极引导宗教与社会主义社会相适应"要发展到"积极引导宗教与社会主义社会相和谐"。这是党中央对宗教工作提出的新的更高的要求，是对"积极引导宗教与社会主义社会相适应"的理论和实践的进一步深化和重大发展。因为，"积极引导宗教与社会主义社会相适应"重点在于党和政府通过对宗教的积极引导，使宗教的存在和发展在社会政治方面服从社会主义社会发展的要求；而"促进宗教关系和谐"则进一步体现了党和政府更为重视和谐的宗教关系对于构建社会主义和谐社会的重要性，以及宗教工作更为人性化，更加贴近体现出宗教关系的广大群众，最大限度地调动宗教方面的积极因素，使宗教同社会主义社会处于更为和睦相处、协调一致的境地。

2010 年 1 月 13 日，《人民日报》发表了国家宗教事务局党组理论学习中心组《宗教和谐：宗教工作的新境界》一文，提出了一个重要观点，即我们党以科学发展观为指导，着眼于构建社会主义和谐社会，把宗教关系明确为政治领域和社会领域涉及党和国家工作全局的重大关系之一，提出要正确认识和处理宗教关系，保持和促进宗教和谐，发挥宗教在促进社会和谐方面的积极作用，这是马克思主义宗教观中国化、时代化的新成果，也是认识和处理宗教问题的新境界。为什么是新境界？因为，第一，宗教和谐是时代提出的新要求。在经济全球化、政治多极化进程中，宗教因素的影响和作用不断增强，成为影响国家安全、国际关系与世界和平的重要因素。在人口大流动、文化大交流中，宗教多元化趋势加快，各种不同宗教之间的碰撞与交融日趋频繁，以宗教为背景或有宗教因素参与其中的矛盾和纷争不断。国际社会应当携手努力，消除宗教纷争，化解宗教冲突，促进宗教和睦，共建和谐世界。当前，我国宗教领域总体保持团结稳定局面，但受国内外形势发展变化和各种复杂因素的影响，宗教关系问题日趋复杂，处理难度越来越大。新的形势和任务要求我们正确认识和妥善处理宗教关系，使宗教更好地为构建社会主义和谐社会服务。从宗教发展史看，由宗教神权专制到宗教信仰自由、再到宗教和谐，体现了宗教发展的规律。第二，宗教和谐是宗教关系的新内涵。宗教和谐包含四个基本层面，即宗教内部的和谐、宗教之间的和谐、宗教与社会的和谐以及政教关系的和谐。宗教内部的和谐是前提；宗教之间的和谐是基础；宗教与社会的和谐是根本；政教关系的和谐是关键。各层面宗教关系的和谐，核心是以人为本。要通过倡导宗教和谐理念，促进宗教和谐，实现信教与不信教群众、信仰不同宗教群众之间以及宗教与社会之间的和睦相处。第三，宗教和谐是宗教工作的新目标。要全面贯彻党的宗教工作基本方针，深入落实《宗教事务条例》，为发挥宗教积极作用创造有利条件。要引导各宗教共建和谐美好家园。努力发挥在促进社会和谐与经济发展、维护民族团结与祖国统一等方面的积极作用。宗教界应积极顺应时代潮流，响应党和政府号召，坚持爱国爱教、遵纪守法，保持和促进宗教和谐。总之，该文是对党中央关于新形势下促进宗教关系和谐精神的全面深刻的阐述有重要指导意义。

论不断推进马克思主义宗教观
中国化的几个问题

何虎生 *

在长期的革命、建设和改革的历程中，中国共产党把马克思主义宗教观同中国宗教的具体实际相结合，形成了中国化马克思主义宗教观，它是关于宗教问题的正确的理论观点、方针政策和实践经验的总结，它包含中国化马克思主义宗教本质观、历史观、价值观、安全观、态度观、适应观和和谐观诸方面。

马克思主义宗教观中国化取得了丰硕的成果，但并没有终止。我们还要不断地从中国社会和中国宗教的实际出发，创造性地运用马克思主义宗教观，研究新问题，解决新矛盾，总结新经验，创立新理论，用发展了的马克思主义宗教观指导新的实践，不断推进马克思主义宗教观的中国化。

一 要完整准确地掌握马克思主义宗教观

完整准确地掌握马克思主义宗教观，是不断推进马克思主义宗教观中国化的前提条件，要做到这点，就必须对马克思主义经典作家的论述进行分析，坚持它的基本方法和基本立场，反对教条主义和经验主义式的理解。

完整准确地掌握马克思主义宗教观是一个亟待解决的现实问题。目前有一个非常奇特的现象，个别研究者不读原著，仅看一些专题摘编和宣传资料，对马克思主义宗教观缺乏全面客观的了解，而推进马克思主义宗教

---

* 何虎生，博士生导师，中国人民大学中共党史系教授。本文原载于卓新平、唐晓峰主编《马克思主义研究论丛——宗教观研究》，中央编译出版社 2007 年版。

观中国化首先是要全面准确地掌握马克思主义宗教观本身，熟悉马克思主义经典作家有关宗教问题的论述。为此，一定要从本本出发，认真研读马克思主义经典作家有关宗教问题的著作，掌握其精神实质，这是研究的基点，没有这个基点，一切都无从谈起。要倡导读原著的学风，要有全面的掌握，然后再谈运用、继承、发展和创新。

要坚持马克思主义宗教观的基本立场和基本方法，它是我们解决当代宗教问题的理论武器。对此，邓小平曾指出：马克思主义理论"要求人们根据它的基本原则和基本方法，不断结合变化着的实际，探索解决新问题的答案，从而也发展马克思主义理论本身。俄国的十月革命和我们中国的革命，不就是这样成功的吗？我们现在要建设有中国特色的社会主义，时代和任务不同了，要学习的新知识确实很多，这就更要求我们努力针对新的实际，掌握马克思主义基本理论。因为只有这样，才能提高我们运用它的基本原则、基本方法，来积极探索解决新的政治经济社会文化基本问题的本领，既把我们的事业和马克思主义理论本身推向前进，也防止一些同志，特别是一些新上来的中青年同志在日益复杂的斗争中迷失方向"。①马克思主义宗教观由于时代的限制，当然不可能对当代宗教问题有面面俱到的论述，但其基本原理和基本观点是正确的，是解决当代中国宗教问题的立场和方法，是我们所必须坚持的，否则就谈不上发展和创新，更谈不上不断推进它的中国化。

要对马克思主义经典作家的一些论断进行客观的分析。马克思、恩格斯的宗教观产生于19世纪中叶的欧洲，尤其是德国，宗教是封建主义的帮凶；列宁的宗教观产生于帝国主义与无产阶级革命时代的俄国，宗教是沙皇统治的工具。在那个年代，宗教的消极作用是十分明显的。因此，马克思主义宗教观的历史价值在于它对宗教的批判功能，体现了它的革命性。对有些观点，如"宗教鸦片论"、"劣质酒说"，要正本清源，还其本来面目；对于存在明显历史局限性的一些论断，如马克思针对当时德国的情况提出的"从坚决彻底废除宗教出发"等观点，要勇于扬弃；对于马克思主义宗教观没有解决的新问题，如进入社会主义新时期的宗教问题，需要大胆创新。如没有积极的扬弃、大胆的创新，是谈不上正确掌握和运

---

① 邓小平：《在中国共产党全国代表会议上的讲话》（1985年9月23日），载《邓小平文选》第3卷，人民出版社1993年版，第146—147页。

用马克思主义宗教观的，更谈不上不断推进马克思主义宗教观的中国化。

要反对教条主义、经验主义和各种形形色色的"左"和右的错误倾向。从本本出发，把马克思主义宗教观的具体论断神圣化，抑或照搬照抄，把局部的经验绝对化，不仅不能不断推进马克思主义宗教观中国化的历史进程，而且会导致宗教工作的失误和损失。"学马列要精，要管用的。"[①] 我们学习马克思主义宗教观，就是要学习它的基本原理和基本观点，尤其要学会运用它的立场和方法来认识、分析和解决实际工作中的宗教问题。唯有如此，才能"自觉地把思想认识从那些不合时宜的观念、做法和体制中解放出来，从对马克思主义的错误的和教条式的理解中解放出来，从主观主义和形而上学的桎梏中解放出来"。[②] 才会产生新鲜的实践经验并使之马克思主义化，真正做到不断推进马克思主义宗教观的中国化。

二　认真总结和吸取马克思主义宗教观中国化的历史经验

要不断推进马克思主义宗教观中国化，首先是要全面总结和借鉴党和国家已经取得的理论和实践成果，主要包括：

一是要系统全面地总结党和国家领导人的讲话和文献资料。中国共产党的许多理论、观点是通过他们的讲话和文献资料反映的，我们必须对其进行系统的总结和研究，找出其中带规律性的东西，分清其哪些是对马克思主义宗教观的继承，哪些是对它的发展和创新，对宗教工作的实践有哪些指导意义，当时的价值和当代的价值如何等等。

二是加强对党和国家有关宗教问题的文件、法律、法规及其他文本资料的系统总结和研究。党和国家许多文件、法律、法规和文本资料中关于宗教问题的论述和规定，是国家意志的表现，也是中国化马克思主义宗教观在实践中的具体表现，必须加以深入的研究和总结，研究其历史轨迹，发现其中的规律，进行理论和实践的借鉴。

三是系统总结和研究宗教工作者、宗教学者和宗教界人士的著作和文

---

① 邓小平：《在武昌、深圳、珠海、上海等地的谈话要点》（1992 年 1 月 18 日—2 月 21 日），载《邓小平文选》第 3 卷，人民出版社 1993 年版，第 382 页。

② 江泽民：《在庆祝中国共产党建立八十周年大会上的讲话》（2001 年 7 月 1 日），载《江泽民文选》第 3 卷，人民出版社 2006 年版，第 284 页。

献。党和国家的宗教工作者是宗教政策的制定和执行者，有些人就是杰出的马克思主义宗教理论工作者，他们在解决实际问题中，产生了自己理性的思考，丰富和发展了马克思主义宗教观；宗教学者，多年来对推进马克思主义宗教观的中国化功不可没，他们介绍、研究马克思主义宗教观，并结合中国宗教的实际进行理论的创新，如关于宗教本质的新定义、关于宗教的积极作用，关于宗教的文化内涵等等，许多有关马克思主义宗教观中国化的创造性的成果，都是他们辛勤劳动的结果；宗教界人士，有一些人也用马克思主义宗教观观察、认识宗教问题，从另一个角度促进了马克思主义宗教观的中国化。

马克思主义宗教观中国化是许多代人奋斗的结果，体现在各个方面，散落在各个角落，我们必须加以系统总结和研究，进行理论的提升，成为我们推进马克思主义宗教观中国化的新的起点。因为中国共产党是一个有极大政治智慧的政党，所以，在处理中国宗教问题的过程中也处处闪烁着智慧的光芒，要进行总结和研究。

一是关于当代中国宗教工作的基本方针。"全面贯彻党的宗教信仰自由政策，依法管理宗教事务，坚持独立自主自办的原则，积极引导宗教与社会主义社会相适应，加强信教群众同不信教群众、信仰不同宗教群众的团结，发挥宗教在促进社会和谐方面的积极作用。"① 它既是党和国家宗教工作的基本方针，也是中国化马克思主义宗教观的重要成果，是一个完整的理论体系，对此要有深刻的理解和系统的阐述，目前显然不够。

二是关于马克思主义宗教观中国化的基本理论成果。中国化马克思主义宗教本质观、历史观和价值观是关于马克思主义宗教观基本原理的中国化；中国化马克思主义宗教态度观、安全观和适应观是当代中国的马克思主义宗教观；中国化马克思主义和谐观是马克思主义宗教观中国化的最新理论成果。这三个方面互为基础、互相支撑，是一个完整的科学体系。我们要加强研究，并进行宣传介绍。

三是关于做好当代中国宗教工作的有效方法。如加强党对宗教工作的领导，保证宗教工作的方向；正确处理信教群众与不信教群众、信仰不同宗教群众、宗教内部群众之间、宗教与宗教之间的关系，保证宗教和谐；

---

① 《中共中央关于构建社会主义和谐社会若干重大问题的决定》（2006 年 10 月 11 日），人民出版社 2006 年版，第 33 页。

按照国家的法律法规，依法管理宗教事务，保证宗教与社会其他方面的和谐等。

这些充满了中国特色和中国共产党政治智慧的经验是我们不断推进马克思主义宗教观中国化的宝贵财富，要认真总结和借鉴。

三　认真总结和吸取党和国家在处理宗教问题中的教训，避免失误

中国化马克思主义宗教观是中国共产党把马克思主义宗教观同中国宗教的具体实际相结合而揭示的关于宗教问题的正确的理论观点、方针政策和实践经验的总结，不包括失误，但失误和教训对我们是有警示作用的。

要深刻认识中国宗教的关键是长期性。在推进马克思主义宗教观中国化的历史进程中，我们曾对宗教的长期性认识不足。1931 年，中共六届四中全会之后，在王明"左"倾错误思想指导下，认为宗教是一个短暂的历史现象，一味强调无神论的宣传，整体地反对宗教，认为宗教信仰自由应是劳动人民形式上的宗教信仰自由，而不应包括一般宗教界人士信仰的自由。1958 年 5 月，中共八届二次会议后，全国掀起了"大跃进"运动，宗教界也出现了一股宗教"大跃进"的思潮。这股思潮认为宗教是资产阶级的意识形态，任何时候都是阻碍社会主义生产力发展的最消极的因素，宗教工作的最终目的就是消灭宗教，党的宗教信仰自由政策是团结教徒和向宗教做斗争的有力武器。"文革"期间更一度宣扬所谓的阿尔巴尼亚消灭宗教的经验，鼓吹在中国消灭宗教。1967 年，姚文元在弗拉歇里中学发表讲话声称："像你们支持中国无产阶级文化大革命一样，我们支持你们在劳动党和霍查同志领导下所提出的反动宗教迷信和剥削阶级落后习俗的革命倡议和措施。我们从来都是相互支持的。"[1] 这种错误的思想认识根本上否认了宗教发生、存在和消亡的客观规律性，无视新中国成立后中国宗教和宗教界人士的根本变化，是不利于正确处理宗教与社会主义社会关系的，是对马克思主义宗教观的肆意践踏，而不是对它的丰富和发展。

要深刻认识中国宗教根本是群众性。在土地革命战争的前期和中期，

---

[1]　《阿尔巴尼亚热烈欢迎毛主席的忠实战士》，《人民日报》1967 年 6 月 27 日。

党对宗教界人士作了不切合实际的估计，不加区别地剥夺了他们的合法权益，视其为"封建制度的附属品，是革命的对象"。1934 年 12 月，湘鄂川黔省革命委员会颁布的《没收和分配土地的暂行条例》中规定："和尚、道士、尼姑、斋公、算八字的、地理先生等是封建残余，基督教、天主教的牧师、神甫则是帝国主义在中国的代言人，应予打倒。"这种无视宗教界人士的积极作用，而一概加以排斥的做法，是不利于团结他们共同致力于新民主主义革命事业的。三大改造完成后，党在指导思想上犯了"左"倾错误，在对宗教问题的认识和处理上也产生了严重的误差。1957 年，第四次全国宗教工作会议认为，在教徒群众方面，社会主义的政治、思想觉悟还不够高；在宗教界上层，真正拥护党，拥护社会主义的左派分子还很少，多数人在不同程度上对党、对社会主义抱着怀疑态度，或有抵触情绪，少数人还没有同帝国主义和反革命分子划清界限，坚决反对党、反对社会主义。1962 年，第七次全国宗教工作会议认为，宗教方面的阶级斗争是很激烈的，一部分披着宗教外衣的反动分子明目张胆地向党进攻，地主富农分子也利用宗教进行复辟，相当多的宗教界人士千方百计扩大宗教的势力和影响；强调必须坚持用阶级观念和阶级分析的方法来观察和处理宗教问题。1963 年，全国信教群众座谈会认为，宗教是人民的鸦片，宗教问题的实质是阶级问题，是帝国主义和国内反动阶级利用的工具；宗教是压在信教群众头上的一座大山，是束缚群众的精神枷锁，是生产斗争的严重障碍；有计划地削弱宗教，促使宗教的最终消亡，"是我们整个过渡时期宗教方面的根本任务"。这些错误认识，都无视中国宗教制度和宗教界人士发生的根本变化，无视宗教工作的根本任务，是对马克思主义宗教观的严重践踏，是与时代趋势不相符的，是不能推进马克思主义宗教观中国化的。

要深刻认识宗教的特殊复杂性。在推进马克思主义宗教观中国化的过程中，我们也有过从本本出发，犯错误的和教条式的理解的教训。土地革命战争前期和中期在处理宗教问题上，主要表现为片面强调用阶级分析的方法来看待宗教信仰问题，陷入了以阶级意识主导宗教意识，以划分阶级的标准对宗教界人士进行分野的误区，人为地将宗教界人士划入敌对力量。这显然曲解了马克思主义宗教观关于无产阶级政党坚决同一切宗教偏见作斗争的论述，而将之片面地理解为无条件地反对一切宗教。"文化大革命"时期，宗教领域的"左"倾思潮盛极一时。它从马克思主义的一些片言只语出发，孤立地强调宗教鸦片论，"宗教是一种精神上的劣质酒"，强调宗教对人民的麻醉作用；宗教和科学社会主义势不两立，宗教一直是历代反动统治阶级用来束缚劳动人民的精神枷锁，而现代社会的所有宗教"都是资产阶级反动派用来捍卫剥削制度、麻醉工人阶级的机构"；帝国主义更把宗教作为维护其反动统治和推行侵略政策、战争政策的工具；宗教工作就是消灭宗教，而贯彻宗教信仰自由政策则是为地主、资产阶级及国际帝国主义服务。这些错误的认识，根源都在于对马克思主义宗教观进行断章取义的歪曲理解，没有在新的实践中研究宗教问题的新特点和新趋向，更不能实现对马克思主义宗教观的创新和发展。

在推进马克思主义宗教观中国化的历史进程中，党和国家是有深刻教训的，也造成了很严重的后果，我们必须吸取；那些被实践证明是错误的理论和实践，必须彻底扬弃，才能不断接近真理，才能不断推进马克思主义宗教观的中国化。

四　要不断研究新情况，解决新问题

在当今世界上，宗教无论是在中国还是在国外，无论是理论还是实际都发生了巨大的变化，需要我们不断研究新情况，解决新问题，创造新理论。

宗教在国际范围中发生了深刻的变化。一是信仰宗教的人在我们这个时代仍占人类的大多数，并有增长的趋势。"截止 2000 年，世界总人口约为 60.55 亿，信仰宗教者约为 51.37 亿，约占总人口的 84.8%"，[①] 比 1997 年的"占人口总数的 81%"[②] 增加了 3.8%，而且绝对数量由 1997 年的 47.8 亿增加到了 51.37 亿。可以说，宗教在今天和今后相当一个时期，仍然是世界上相当一部分人的精神追求，影响着人们的价值取向、道德标准和行为方式。二是新宗教的兴起。新宗教是在近 100 多年历史中产生的不同于传统宗教的新的宗教派别，带有明显的世俗化、交感化、教主崇拜、小型多样灵活和超级市场化倾向，并具有鲜明的世纪末情结。据目前不完全统计，全世界已有新宗教教徒 1.5 亿人左右。尽管目前新宗教的

---

① 王作安：《当今国际宗教问题的主要特点》，《中国宗教》2001 年第 5 期。
② 《国际基督教传教公报》1998 年第 1 期。

信众相比其他传统宗教的信仰者还是少数，但其毕竟只有 100 多年的历史，正处于发展之中，而且新宗教常常有惊人之举，产生巨大的轰动效应，有时甚至成为国际矛盾的焦点。三是传统宗教的改革。最明显的莫过于天主教，20 世纪 60 年代，罗马天主教召开了"第二届梵蒂冈大公会议"，打起"适应时代的需要"的旗号①，对天主教本身进行了大胆的改革。以人本主义和人学中心的思想取代了传统的神本主义思想，强调以宗教之间的对话取代宗教之间的冲突，改变了对科学的敌视态度，提倡科学与宗教之间的对话，实现了天主教从传统宗教走向现代的转变，无论是宗教理论和总体框架，还是与其他宗教的关系，对科学，对无神论、马克思主义的态度都有了一定的转变，从而使天主教神学理论走出了托马斯主义的传统框架，迈出了适应现时代的与其他宗教兼容的步伐。其他传统宗教也都进行了改革，这必须引起我们足够的重视，改变对传统宗教已走向最后消亡的看法。四是传统宗教的复兴。据《国际传教研究公报》称：自 1900 年以来的 100 多年，世界上传统的信教人数一直处于增长状态，与世界人口的增长基本持平。传统宗教的复兴在一些国家和地区还有急剧发展的倾向。如 20 世纪 70 年代在伊斯兰世界普遍出现的原教旨主义运动。在亚洲，一些国家和地区，佛教的竭力扩张也是不争的事实。因此，传统宗教的复兴，已成了令世人瞩目的现象。五是宗教与国际政治和民族、地区间的冲突交织在一起，对当今的世界产生了十分深刻的影响。当今世界，许多政治事件、民族冲突、地区战争都与宗教问题有关。伊斯兰教在国际冲突中的影响，宗教因素在苏东社会主义政权瓦解中的影响都十分明显。因此，宗教问题既是个历史问题，又是个现实问题，既是个个人信仰问题，也是个事关全局的政治问题。六是邪教猖獗。邪教以其反社会反人性的集体自杀和他杀事件震惊全世界，以其世界末日来临的谎言不断蛊惑着全世界。据不完全统计，世界上目前有各种邪教组织 2 万多个，遍及世界各地，邪教祸害世界，它与国际恐怖主义并称为国际社会两大瘟疫。邪教鼓吹绝对的教主崇拜，散布世界末日的谎言，采用神秘主义的手段，有着聚敛钱财的目的，有严密而封闭的组织，反社会反人性的特点。不仅具有极大的社会危害性，而且具有极大的谣言蛊惑性。"对宗教问题在当今世界政治社会生活中的影响，绝不可低估。无论是做好国内各项工作，还

---

① 《世界宗教资料》1981 年第 4 期，第 61 页。

是开展对外工作，都要求我们密切关注宗教问题。"①

中国宗教总的情况是好的，也出现了一些变化。一是中国信教的人数有所增加，结构发生了变化，宗教的影响有明显增强的趋势。据统计，目前全国约有一亿多人信仰各种宗教，占人口总数的 1/10 左右，与"文革"结束时的情况相比，有了很大增长。信教群众的人员构成也发生了变化。过去在一般人心里，宗教仅限于边远地区和文化落后的人群中，现在宗教在城镇中，在知识人群中也有不断发展的趋势，许多知识分子，甚至一些高科技人员也加入了信教者的行列，宗教徒的知识水平在不断增加。宗教在社会生活中的影响力也在增加。宗教由于自身影响力的增加，特别是宗教界经济实力的增加，也开始干涉社会生活，宗教活动频繁，宗教界上层人士的参政议政意识大大增强。二是宗教有盲目扩大的现象，巫术、迷信活动和伪科学打着宗教的旗号，也有沉渣泛起的迹象。宗教活动在一些地区呈无序状态，一方面是正常的宗教活动得不到保护，公民宗教信仰自由的权利受到冲击；另一方面不正常的宗教活动，游离于宗教行政事务部门的管理之外，肆意发展，甚至与宗教事务部门发生冲突。伴随着个别地区宗教发展的无序状态，新中国成立后一度绝迹的各种封建迷信、巫术、伪科学也借宗教之名大肆活动，算卜、阴阳、占星术，甚至反动会道门等也死灰复燃，各种异端邪术有不胫而传之势，误导了一部分人的价值趋向，磨灭了人们的科学精神，也妨碍了公民的真正的宗教信仰自由。三是极端宗教势力的兴起，邪教的猖獗一时和国外敌对宗教势力的渗透。如东突厥分裂主义分子勾结国外敌对势力，打着复兴伊斯兰教的旗号，进行分裂祖国的活动，甚至制造恐怖事件，严重影响了国内的政治的稳定、国家的安全，已超出了信仰的范畴，被列入世界恐怖主义组织，受到世界范围的打击和谴责。以达赖为首的"藏独"势力，打着藏传佛教的旗号，干着祸国祸藏祸教的勾当，成为西藏地区社会政治不稳定的主要因素。以"法轮功"为代表的邪教势力，活动也十分猖獗，他们打着佛教的旗号，制造了一系列反社会、反人类、反人性、反科学的罪恶活动，对人类社会危害巨大，目前其表现方式没有定规，且花样翻新、层出不穷、变化多端，越来越疯狂。"国外敌对势力加紧利用宗教进行渗透活动，扶植地下

---

① 江泽民：《论宗教问题》（2001 年 12 月 10 日），载《江泽民文选》第 3 卷，人民出版社 2006 年版，第 373 页。

势力，建立非法组织，同爱国宗教团体争夺寺观教堂的领导权。"① 他们或在边境地区架设电台和通过互联网进行宣教，或为中国境内的各种宗教地下势力提供经费和庇护，进行"没有硝烟的战争"，成为中国地下教会势力屡打不绝的原因。甚至支持中国宗教的极端势力和民族分裂主义分子，进行分裂中国，破坏民族团结，制造宗教纠纷的活动，其影响有扩大的趋势，成为国际帝国主义对中国进行干涉、颠覆和"和平演变"的重要组成部分，切不可掉以轻心。

作为宗教核心问题的宗教意识在当代也发生了巨大的变化。一是宗教理论多元化。宗教理论是宗教意识的理性部分，是宗教意识的坚挺的内核。传统宗教如基督教、佛教、伊斯兰教等在走向世界性宗教的过程中，都经历了宗教理论规范化的洗礼，成了一元化的宗教。但当代宗教理论显现出多元化的情况。如新宗教公开地向传统宗教挑战，公开宣告传统宗教已经过时，从而结束了某种宗教一霸天下的一元化地位；传统宗教本身也为适应时代要求加快了改革的步伐，从自身的一元化构架中走了出来，提倡宗教间、宗教与科学、宗教与社会之间的理解、对话和共融；宗教神学也真正迈出了宗教理论多元化的路子，宗教理论与社会科学、自然科学的关系更为密切。二是宗教观念的世俗化。世俗化的本质是以人和人所组成的现实社会为中心，宗教世俗化表现为宗教越来越人性化、人本化、人间化的过程。这是对传统宗教框架的挑战，这一挑战又表现为对一些核心的超验性神圣化宗教观念进行世俗化的改造，即对"基督"、"上帝"、"天国"等概念进行了重新释义。宗教意识的世俗化是全方面的，它表现为传统宗教的神圣化力量的衰退，宗教信仰对人的约束力的减弱，宗教规范的淡化，宗教理论的多元化等。人们经历了一个从上帝万能到上帝已死、从以神为本到以人为本的转变，宗教成了世俗化的宗教。三是宗教情感交感化，教主崇拜具体人格化。宗教情感是宗教意识的起源和出发点，始终是宗教中的极其基础和重要的方面。在原始宗教中，宗教情感曾经是宗教的主要的因素，它以感性化交感性的方式存在着。但是，在传统宗教中，超验性宗教理论的色彩变得比宗教情感更浓重，宗教情感更重要地体现为对神圣感、伟大感、终极感的皈依。在现代，宗教中宗教情感交感化的因

---

① 江泽民：《高度重视民族工作和宗教工作》（1993 年 11 月 7 日），载《新时期宗教工作文献选编》，宗教文化出版社 1995 年版，第 250 页。

素又开始抬头，而且宗教情感走向感性化，对教主崇拜也越来越感性化、具体化、人格化。四是宗教信仰的个人化倾向。当代宗教所面临的社会背景是现代化运动、全球一体化、网络、电子市场、市场经济等新生事物，所有这些社会因素都与传统时代是不一样的，在这一时代背景下，人们的宗教信仰和宗教意识更加关注自我、注重个体，呈现出突出主体性的个人化倾向。宗教信仰成了个人的私事，宗教活动小型多样化，宗教信仰超级市场化。宗教意识的变化，特别要引起我们马克思主义宗教理论工作者的严重关注，应对他的挑战。

马克思主义最大的特点是它的实践性，要推进马克思主义宗教观中国化的历史进程，就必须研究实际中出现的新情况、新问题、新理论，进行理性的阐释。然后用发展的马克思主义宗教观去认识当代的宗教问题，指导中国的宗教工作。

五 加强队伍建设，开展学术批评

要不断地推进马克思主义宗教观中国化的历史进程，有一个队伍建设和研究方法的问题，需要方方面面的共同努力。因为，"宗教是一种复杂的社会现象，与政治、经济、文化、教育等许多方面都有联系"，因此"各地、各部门都要互通情况，密切协作，相互配合，共同做好宗教工作"。[①] 所以，就不断地推进马克思主义宗教观中国化的历史进程而言，最重要的是要发挥宗教工作者、宗教学者和宗教界人士的作用。

宗教工作者要有理论的自觉。宗教工作者是实践党的宗教理论、贯彻党的宗教政策的人，也是直接与宗教打交道、切身处理宗教问题的人。他们的实践经验，是检验、补充和发展宗教理论和政策的重要依据。宗教工作者要有两种意识：一是要有学习的意识。"宗教问题是极其复杂的。各级领导干部特别是高级干部和从事宗教工作的同志，都要尽量较多地掌握有关宗教方面的基本知识。像世界上各大宗教形成和发展的历史、我国宗教形成和发展的历史、世界主要宗教的基本教义和状况以及宗教文化等，

---

① 江泽民：《一定要做好宗教工作》（1990 年 12 月 7 日），载《新时期宗教工作文献选编》，宗教文化出版社 1995 年版，第 203—204 页。

都应该有所知晓。不多懂得一些宗教知识，是做不好宗教工作的。"① 二是要有理论的自觉，即适时发现新问题、总结新经验、提出新观点，以丰富和发展马克思主义宗教观，进而指导新的实践。

宗教学者要有理论创新的独立性。宗教学者应有自己的学术风格。目前的学术界有一个十分明显的缺陷，许多研究者的思维水平，没有超出领导人讲话的水平，没有超出中央文件的水平，没有超出人民群众的伟大实践，这需要引起我们的高度重视。要研究马克思主义宗教观的基本原理，大胆坚持、扬弃和运用；要研究中国宗教的具体实际，解决中国宗教中存在的问题；要有理论的创新，进行独立的思考，建立中国特色的马克思主义宗教学理论体系。

宗教界人士是党和国家联系信教群众的重要纽带，如果与他们真正地形成互动关系，让他们及时反馈对党的宗教理论和政策的体验和感受，无疑具有重要的意义。

2007年1月，回良玉在全国宗教工作会议上明确指出："以不断加强'三支队伍'建设的成效提升宗教工作。"② 说明党和国家对这三支队伍的建设都十分重视。要克服"宗教人士更多看到的是信仰和神圣，宗教学者更多看到的是文化，宗教干部更多看到的是信仰宗教的群众"的缺陷。③ 形成三者的互动关系，进而不断推动马克思主义宗教观的中国化。

开展学术批评，改进研究方法。在马克思主义宗教观中国化的学术研究中，由于问题比较重大而敏感，缺乏学术批判和学术争鸣，往往人云亦云，跟着领导的讲话和中央文件的精神讲，照搬现成的结论，显得有些沉闷。

要迅速建立起自己的学术评判机制，自己的话语系统，使马克思主义宗教观中国化的研究真正成为一门科学。宗教学目前还是依附于哲学的一门学科，许多学术评判机制，完全是哲学式的，没有自己的话语系统。随着马克思主义一级学科的设立，马克思主义中国化的二级学科体系也已经建立。宗教学的一级学科应该设立，否则话语系统无法建立，也无对话之

---

① 江泽民：《论宗教问题》（2001年12月10日），载《江泽民文选》第3卷，人民出版社2006年版，第394—395页。

② 《2007年全国宗教工作会议举行——回良玉出席会议并发表重要讲话》，《中国宗教》2007年第1期。

③ 王作安：《构建和谐社会中的宗教及其走势》，《中国宗教》2005年第8期。

平台，这一点方立天先生在"中国宗教学会第六次全国代表大会暨'科学发展观与宗教学研究'学术研讨会"上已经做了充分说明，引起了与会者的共鸣。一定要推动宗教学一级学科的建立，进而推动宗教学研究。

在学术研究中，要贯彻百花齐放、百家争鸣的方针，允许不同观点的存在和争鸣，建立正常的学术批判机制，鼓励深入研究，大胆探索，提出独到的见解。学术研究应该是平等的事业，凭借理性让人信服，而不是凭借身份让人屈服，要提倡平等的研究和讨论，不能以势压人；学术研究是自由的事业，研究应该不受任何人和事限制，不能自己设定框框，或他人设置障碍，要注意政策和研究的界限，宣传是有纪律的，而研究应该是自由的；学术研究是理性的事业，目前也存在一些研究中的反理性思维，一种是诉诸权威，还有一种随意性太大，没有理性的思考，这都无法推进马克思主义宗教观中国化的研究。

改进马克思主义宗教观中国化研究的方法，最主要的就是要理论与实践相结合。只有结合中国共产党革命、建设和改革的实践，才能全面把握马克思主义宗教观中国化的历史进程，才能深刻理解马克思主义宗教观中国化的规律，才能正确指导马克思主义宗教观中国化的进一步研究。同时要吸收西方社会科学研究的一些先进方法，如社会学、政治学等，进一步增强研究的科学性，增加理论的说服力，发挥中国化马克思主义宗教观的历史作用。

马克思主义宗教观中国化的研究就是要回答哪些是必须长期坚持的马克思主义宗教观基本原理，哪些是需要结合新的实际加以丰富发展的理论判断，哪些是必须破除的对马克思主义宗教观的教条主义的理解，哪些是必须澄清的附加在马克思主义宗教观名下的错误的观点；就是要深入研究中华民族优秀的宗教思想，取其精华，并实现当代的转化，为我所用；就是要不断总结中国共产党宗教工作的理论和实践探索的成果，丰富和发展马克思主义宗教观。这是一个十分重大的历史和现实课题，是解决建设中国特色社会主义的理论基础的关键之一，需要宗教工作者、宗教学者和宗教界人士进一步共同努力，不断推进马克思主义宗教观中国化的历史进程。

马克思主义宗教观在宗教人类学方面的丰富与发展

金　泽[*]

马克思主义宗教观，有其自身发生和发展的过程。显而易见的是以马克思恩格斯生前与身后为转折点，将这个过程划分为两个阶段。但是在马克思和恩格斯生前，其早期思想与晚期思想也有侧重点上的区别，在宗教人类学方面的进展尤为凸显。

一　历史唯物主义宗教观的确立

早期马克思主义宗教观的主要内容是对宗教本质的揭示和批判，这种揭示和批判本质上是哲学的和政治的。实际上，在马克思和恩格斯生活的时代，宗教问题是相当凸显的。但是与其他思想家形成鲜明对照的是，无论是马克思还是恩格斯，都没有把自己的主要精力放在宗教问题上。这是我们应当引起注意的第一个特点。而当我们将马克思和恩格斯在不同时间、不同地点就宗教问题发表的不同见解抽取出来，单独放在一起时，会发现其中某些论述有着不同的指向。这是我们不能忽视的第二个特点。如何看待和理解这些不同的指向（这也是引起争论和误解的关节点），我们心中要有一个明确的意识：马克思主义的宗教观不是孤立形成的，它是马克思主义这个整体的有机组成部分。这个基本的观点提醒人们，要想准确地把握和理解马克思主义宗教观，首先就要把握马克思主义的基本命脉。

* 金泽，博士生导师，中国社会科学院世界宗教研究所副所长，中国社会科学院研究生院宗教学系主任、中国宗教学会副会长。本文原载于卓新平、唐晓峰主编《马克思主义研究论丛——宗教观研究》，中央编译出版社 2007 年版。

在马克思墓前的讲话中，恩格斯将并肩战斗多年的老战友的贡献概括为三个方面：（1）马克思发现了人类历史的基本规律，这就是"历来为繁茂芜杂的意识形态所掩盖着的一个基本事实：人们首先必须吃、喝、住、穿，然后才能从事政治、科学、艺术、宗教等等；所以，直接的物质的生活资料的生产，因而一个民族或一个时代的一定的经济发展阶段，便构成为基础，人们的国家制度、法的观点、艺术以至宗教观念，就是从这个基础上发展起来的，因而，也必须由这个基础来解释，而不是像过去那样做得相反"。（2）由于剩余价值的发现，"马克思还发现了现代资本主义生产方式和它所产生的资产阶级社会的特殊的运动规律"。（3）恩格斯认为更重要的在于"马克思首先是一个革命家。他以某种方式参加推翻资本主义社会及其所建立的国家制度的事业，参加赖有他才第一次意识到本身地位和要求，意识到本身解放条件的现代无产阶级的解放事业——这实际上就是他毕生的使命。斗争是他得心应手的事情。而他进行斗争的热烈、顽强和卓有成效，是很少见的"。[①] 恩格斯在这里概括的马克思的三大贡献，为我们把握和理解马克思主义的宗教观提供了基本的路径。

在《德意志意识形态》中，马克思和恩格斯从哲学上论证了意识与存在，宗教与社会，神与人的真实关系：意识在任何时候都只能是被意识到了的存在，而人们的存在就是他们的实际生活过程。一句话，不是"意识决定生活，而是生活决定意识"。如果"全部意识形态中人们和他们的关系，就像在照相机中一样是倒现着的"，那么这种现象也是从人们生活的历史过程产生的。由此来看，宗教等意识形态，以及与它们相适应的意识形式，便失去了独立性的外观，所以说"宗教本身既无本质也无王国"。基督教之所以在不同的时代采取不同的形式，并不是因为"宗教精神的自我规定"和"它的继续发展"，而是受到当时当地社会历史条件的制约，并随着社会发展而演变的。那些发展着自己的物质生产和物质交往的人们，在改变自己的社会现实的同时，也改变着自己的思维和思维的产物。所谓的宗教"本质"，既不在抽象的"人的本质"中，也不在"上帝的宾词"中，人们"只有到宗教的每个发展阶段的现成物质世界中去

[①]　参见《马克思恩格斯选集》第3卷，人民出版社1972年版，第574—575页。

寻找这个本质"。① 这种唯物史观在马克思的《政治经济学批判·序言》中得到进一步明确的表述。

人们在自己生活的社会生产中发生一定的、必然的、不以他们意志为转移的关系，即同他们的物质生产力的一定发展阶段相适应的生产关系。这些生产关系的总和构成社会的经济结构，即有法律的和政治的上层建筑竖立其上并有一定的社会意识形式与之相适应的现实基础。物质生活的生产方式制约着整个社会生活、政治生活和精神生活的过程。不是人们的意识决定人们的存在，相反，是人们的社会存在决定人们的意识。社会的物质生产力发展到一定阶段，便同它们一直在其中活动的现在生产关系或财产关系（这只是生产关系的法律用语）发生矛盾。于是，这些关系便由生产力的发展形式变成生产力的桎梏。那时社会革命的时代就到来了。随着经济基础的变更，全部庞大的上层建筑也或慢或快地发生变革。在考察这些变革时，必须时刻把下面两者区别开来：一种是生产的经济条件方面所发生的物质的、可以用自然科学的精确性指明的变革，一种是人们借以意识到这个冲突并力求把它克服的那些法律的、政治的、宗教的、艺术的或哲学的，简言之，意识形态的形式。我们判断一个人不能以他对自己的看法为根据，同样，我们判断这样一个变革时代也不能以它的意识为根据；相反，这个意识必须从物质生活的矛盾中，从社会生产力和生产关系之间的现存冲突中去解释。无论哪一个社会形态，在它们所能容纳的全部生产力发挥出来以前，是绝不会灭亡的；而新的更高的生产关系，在它存在的物质条件在旧社会的胎胞里成熟以前，是决不会出现的。所以人类始终只提出自己能够解决的任务，因为只要仔细考察就可以发现，任务本身，只有在解决它的物质条件已经存在或者至少是在形成过程中的时候，才会产生。②

由唯物史观来看宗教，一个基本的结论就是：不是宗教创造了人，而是人创造了宗教。"宗教是那些还没有获得自己或再度丧失了自己的人的

---

① 参见《马克思恩格斯选集》第 1 卷，人民出版社 1972 年版，第 29—31 页。这也就是恩格斯在《英国状况》中曾经指出的：不应当到虚幻的彼岸，到时间空间以外，到似乎置身于世界的深处或与世界对立的"神"那里去找真理，而应当到近在咫尺的人的胸膛里去找真理。人所固有的本质比臆想出来的各种各样的"神"的本质，要伟大得多，高尚得多，因为"神"只是人本身的相当模糊和歪曲了的反映。《马克思恩格斯全集》第 1 卷，人民出版社 1956 年版，第 651 页。

② 参见《马克思恩格斯选集》第 2 卷，人民出版社 1972 年版，第 82—83 页。

自我意识和自我感觉"。国家、社会产生了宗教即颠倒了的世界观，因为它们本身就是颠倒了的世界。① 宗教上的不平等，并不是社会不平等的原因，而是它的结果。在马克思看来，"宗教的存在是一个缺陷的存在"，但这个缺陷的根源却应该到"国家自身的本质"中去寻找。宗教不是世俗狭隘性的原因，而只是它的表现。在相当长的历史时期内，"人们一直用迷信来说明历史"（马克思的这个观点，可以使我们对当今的"文明冲突论"另有感悟），而马克思恩格斯在探讨宗教问题时始终坚持的原则，是"用历史来说明迷信"，他们不是把世俗问题化为神学问题，而是把神学问题化为世俗问题。②

既然是人创造了宗教而不是宗教创造了人，那为什么宗教中的神灵处于高高在上的主宰地位，而创造者却匍匐在它们的脚下？马克思用"异化"，特别是"劳动异化"所导致的社会异化，揭示了宗教之所以为"颠倒了的世界观"的世俗根源。

马克思和恩格斯坚信社会生活在本质上是实践的。凡是把理论导致神秘主义方面去的神秘东西，都能在人的实践中以及对这个实践的理解中得到合理的解决。③ 从现象上看，宗教"剥夺人和大自然的全部内容，把它转给彼岸之神的幻影，然后彼岸之神大发慈悲，把一部分恩典还给人和大自然"。尽管许多人对宗教信仰提出这样或那样的质疑，但人们还是不了解，他实际上"在崇拜自己的本质，把自己的本质神化，变成一种别的本质"。④ 宗教之所以能够把人的本质变成了幻想的现实性，是因为人的本质没有真实的现实性。⑤ 而"人的本质"之所以没有"真实的现实性"，是因为异化的作用，特别是私有制和阶级产生以来的社会异化。

劳动本是人类在产生和支持他们的面对自然界的社会生活时的自由活动。它应当是丰富的、创造性的，多种多样的和令人满意的——个性整体的表现。但不幸的是它事实上已经变成某种分离的、与自我相异化的东西。虽然人们还是在造船或织网，一旦"我"意识到"我"的劳动产品

---

① 参见《马克思恩格斯选集》第 1 卷，人民出版社 1972 年版，第 1 页。

② 参见《马克思恩格斯全集》第 1 卷，人民出版社 1956 年版，第 425 页。

③ 参见《马克思恩格斯选集》第 1 卷，人民出版社 1972 年版，第 18 页。

④ 恩格斯：《英国状况》，载《马克思恩格斯全集》第 1 卷，人民出版社 1956 年版，第 647—648 页。

⑤ 参见《马克思恩格斯选集》第 1 卷，人民出版社 1972 年版，第 1 页。

作为一个分离的对象，即不再是"我"对共同体利益的贡献的自然表达时，异化就开始了。从那一时刻起，人就与他的生产对象异化了，它是自己能够出卖和别人能够买到的东西。人也与他自己异化了，劳动不再是表达人的独一无二的才能，而只是在制造一个商品，是人可以用来贸易的意在买到其他商品的东西。"劳动所产生的对象，即劳动产品，作为异己的东西，作为不依赖于生产者的独立力量，是同劳动对立的。劳动产品是固定对象中的、物化为对象的劳动，是劳动的对象化"。① 当人与其自身相异化时，劳动的产物便成为"异己的、统治着他的对象的关系。这种关系同时也是劳动者同感性的外部世界、同自然物这个与他相敌对的异己世界的关系"。② 这就是异化。随着私有制和阶级社会的发展，不仅物的世界变成人的统治者，人所创造的社会政治环境也变成了他的主人。"社会活动的这种固定化，我们本身的产物聚合为一种统治我们的、不受我们控制的、与我们愿望背道而驰的并抹杀我们的打算的物质力量，这是过去历史发展的主要因素之一"。③ 人在改造世界和创造物质产品的过程中，异化为物与环境的奴隶，变成世界的软弱无力的附属品，而这个世界实际上却是他自己力量的集中体现。

　　马克思认为我们必须注意到，宗教与社会经济活动之间的引人注目的平行关系。它们都有异化的标记。宗教将品德（道德理想）从我们的自然的人类生活中抽取出来，不自然地赋予我们称为上帝的那种想象的和异化的存在。资本主义经济使我们的自然的人性——我们的生产劳动——采取了另一种表现形式，并将它不自然地转变为一种可以买卖并为他人所有的物质对象。一方面，是我们将自己的某些部分（我们的美德和自我价值的意识）移交给完全是幻想的存在。另一方面，我们出卖劳动只是为了挣工资以购买其他的物品。宗教夺走了我们的人类美德而把它们赋予了上帝，资本主义则夺走了我们的劳动（我们的真正自我表现）而把它们作为商品交到有钱购买它们的人（富人）的手中。这种不幸的结合，绝不是一种巧合。我们要牢记，宗教是社会的上层建筑的组成部分。经济的现实构成它的基础。我们在宗教中见到的异化，实际上只是我们更根本的

---

① 马克思：《1844 年经济学—哲学手稿》，人民出版社 1979 年版，第 44 页。
② 同上书，第 48 页。
③ 马克思、恩格斯：《德意志意识形态》，人民出版社 1988 年版，第 37 页。

不幸（它总是经济的）的"表现"。所以宗教中所显示的异化，要被看作真正的和底层的人性异化——它是经济的和物质的，而非精神的——的一种反映或镜像。[①]

当代西方宗教学者帕尔斯（Daniel L. Pals）认为，马克思将宗教看作一种麻痹人和禁锢人的幻想。宗教通过将愤怒的动机拖入幻想和消磨工人组织起来进行反抗的需要来麻痹他们。对天国的渴望使得人们满足于尘世。与此同时，宗教还禁锢人，它通过提出一套信仰的系统来维护压迫制度，即宣扬贫穷和苦难是凡人必须接受的生活现实。但是从根本上说，马克思和恩格斯是将宗教看作"果"而不是"因"。在孔德那里，只有通过"人性宗教"才能有良好的社会秩序；而在马克思与恩格斯那里，只有建立良好的社会秩序才能消除宗教的异化。因此，他们非常明确地将自己对宗教的批判作为批判整个剥削制度，特别是资本主义制度的一个组成部分。因为在他们看来，要彻底改变劳动者所处的异化状态，首要的任务不是去批判宗教，而是要改造社会。恩格斯说"基督教和工人的社会主义都宣传将来会解脱奴役和贫困；基督教是在死后的彼岸生活中，在天国寻求这种解脱，而社会主义则是在这个世界里，在社会改造中寻求这种解脱"。[②]

简言之，"废除作为人民幻想的幸福的宗教，也就是要求实现人民的现实的幸福"。摘去装饰在锁链上的那些虚幻的花朵，只是手段，目的在于要人们砸碎锁链。因此尘世的改造不再是批判的武器，更重要的是用武器的批判。马克思充满激情地指出："彼岸世界的真理消逝以后，历史的任务就是确立此岸世界的真理。人的自我异化的神圣形象被揭穿以后，揭露非神圣形象中的自我异化，就成了为历史服务的哲学的迫切任务。于是从认识上说，人们已无必要再将已经认识到的东西投射到异己的对象身上并对之顶礼膜拜；从实践上说，对天国的批判就变成对尘世的批判，对宗教的批判就变成对法的批判，对神学的批判就变成对政治的批判。"[③]

---

①　Daniel L. Pals, *Seven Theories of Religion*, Oxford University Press, 1996, Chapter4.

②　恩格斯：《论早期基督教的历史》，载《马克思恩格斯全集》第 22 卷，人民出版社 1965 年版，第 525 页。

③　马克思：《黑格尔法哲学批判·导言》，载《马克思恩格斯选集》第 1 卷，人民出版社 1972 年版，第 2 页。

二　马克思主义宗教观在宗教人类学方面的丰富与发展

进入 19 世纪 60 年代后，随着达尔文的（Charles Robert Darwin，1809—1882）《物种起源》（1859）、巴霍芬（Johann Jakob Bachofen，1815—1887）的《母权论》（1861）和摩尔根（Lewis Henry Morgan，1818—1881）的《古代社会》（1877）等著述的问世，人们对文明时代以前的原始社会和原始宗教的认识更深入一步。19 世纪 70 年代初，泰勒的《原始文化》和缪勒的《宗教的起源与发展》等著述问世，在实证科学的演进中，这标志着宗教人类学应运而生。宗教人类学属于文化人类学的一个子目，它与文化人类学的其他分支学科有着共同的关注点，这就是从发生学的角度研究人类文化（整个的或其中某个方面）的起源、成长、变迁和演化的进程，比较各部族、各民族、各国家、各地区、各社区（群体）的文化异同，借以发现和归纳人类文化事象的起源和意义及其在社会结构的地位和功能。所不同的在于它聚焦于宗教这种特殊的精神现象、社会实体和文化形态。从现象上看，宗教人类学着眼于宗教起源和发展的脉络，即宗教的纵向方面。它既研究非制度化的宗教，也研究制度化的宗教，不仅研究宗教的神话和教义，而且研究宗教的仪式和象征等。历史和现实构成宗教人类学的基础，比较和田野调查乃是它的基本方法。宗教人类学的研究主旨，它的理论框架更接近比较宗教学，即以一些基本的范畴为主干，对宗教这种历史悠久、特殊而又复杂的社会文化现象的发生和起源、它的文化意义与社会功能，展开深入的探索与分析。

从这一角度看，马克思主义宗教观是与时俱进的。因为我们知道，马克思晚年做了大量的人类学笔记。而且我们还看到，在 19 世纪 60 年代以后马克思和恩格斯对宗教的论述中，增添了许多分析和阐述宗教起源方面的内容。这些内容大致可以分为两个部分：一部分属于对于宗教作为一个整体之起源与发展的认识，另一部分则涉及具体宗教的分析，特别是对于他们所处社会文化背景中的主流宗教——基督教的分析。

1. 论宗教的起源与发展

早在 1842 年，马克思就已阐明自己的历史唯物主义宗教观的基本立场："不是古代宗教的毁灭引起古代国家的毁灭，相反地，正是古代国家的毁灭才引起了古代宗教的毁灭"。① 1846 年，恩格斯在致马克思的信中指出，如果要想就自然宗教、多神教、一神教的陈旧论调说些什么，那就必须用这些宗教形式的现实发展来对比，为此首先必须研究这些形式。② 时过二三十年后，恩格斯在《论住宅问题》中明确重申马克思主义解析宗教起源的这一基本立场和观点："唯物史观是以一定历史时期的物质经济生活条件来说明一切历史事变和观念、一切政治、哲学和宗教的"。③ 但是我们也可以发现，恩格斯在坚持这种观点的同时，还强调要以实证的分析来丰富他们对宗教的认识和理解。比如他在分析早期基督教时指出：对于一种征服罗马帝国、统治文明人类的绝大多数达 1800 年之久的宗教，简单地说，它是骗子凑集而成的无稽之谈，是不能解决问题的。④ 只有"根据宗教借以产生和取得统治地位的历史条件，去说明它的起源和发展，才能解决问题"。⑤

尽管基本观点前后是一致的，但若将具体的表述做前后的对照，可以显而易见地看到后来的论述中吸取了宗教人类学的研究成果：

自然界起初是作为一种完全异己的、有无限威力的和不可制服的力量与人们对立的，人们同它的关系完全像动物同它的关系一样，人们就像牲畜一样服从它的权力，因而，这是对自然界的一种纯粹动物式的意识

---

① 马克思：《第 179 号"科伦日报"社论》，载《马克思恩格斯全集》第 1 卷，人民出版社 1972 年版，第 114 页。

② 马克思：《恩格斯致马克思》（1846 年 10 月 18 日），载《马克思恩格斯全集》第 27 卷，人民出版社 1972 年版，第 66—67 页。

③ 恩格斯：《论住宅问题》（1872），载《马克思恩格斯选集》第 2 卷，人民出版社 1972 年版，第 537 页。

④ 而且他发现，自发的宗教，如黑人对偶像的膜拜或雅利安人共有的原始宗教，在其产生的时候，"并没有欺骗的成分"，这和人为的宗教是不一样的，后者"虽然充满着虔诚的狂热，但在其创立的时候便少不了欺骗和伪造历史，而基督教，正如鲍威尔在批判新约时所指出的，也一开始就在这方面表现可观的成绩"。参见恩格斯《布鲁诺·鲍威尔和早期基督教》（1882），载《马克思恩格斯全集》第 19 卷，人民出版社 1963 年版，第 327—328 页。

⑤ 恩格斯：《布鲁诺·鲍威尔和早期基督教》（1882），载《马克思恩格斯全集》第 19 卷，人民出版社 1963 年版，第 328 页。恩格斯在《关于德国的札记》（1873—1874）中曾明确指出："仅仅用嘲笑和攻击是不可能消灭象基督教这样的宗教的，还应该从科学方面来克服它，也就是说从历史上来说明它，而这一任务甚至连自然科学也是无能完成的。"（参见《马克思恩格斯全集》第 18 卷，人民出版社 1964 年版，第 654 页。马克思、恩格斯：《费尔巴哈唯物主义观点和唯心主义观点的对立》（1845—1846 年），载《马克思恩格斯选集》第 1 卷，人民出版社 1972 年版，第 35 页。）

（自然宗教）。①

看一看神圣的观念是怎样产生的——在原始部落那里可以看到，这很有意思。神圣的东西最初是我们从动物界取来的，就是动物②……

恩格斯在 19 世纪 80 年代的几篇论著中，把自己的研究目光从阶级社会延伸到史前的原始社会，他在《家庭、私有制和国家的起源》中，在谈到印第安人时说，"他们的神话迄今还远没有批判地加以研究；他们已经给自己的宗教观念——各种精灵——赋予人的形象，但是他们还处在野蛮时代低级阶段，所以还不知道具体的造像，即所谓偶像。这是一种正向多神教发展的对大自然与自然力的崇拜。各部落各有其正规的节日和一定的崇拜形式，即舞蹈和竞技；舞蹈尤其是一切宗教祭典的主要组成部分；每一部落各自庆祝自己的节日"。③ 而在《路德维希·费尔巴哈和德国古典哲学的终结》中，我们可以看到恩格斯在吸收泰勒等学者关于灵魂观念起源说的基础上，对原始社会宗教观念的社会功能，做了有别于阶级社会的阐发：

在远古时代，人们还完全不知道自己身体的构造，并且受梦中景象的影响，④ 于是就产生一种观念：他们的思想和感觉不是他们的活动，而是一种独特的、寓于这个身体之中而在人死亡时就离开身体的灵魂的活动。从这个时候起，人们不得不思考这种灵魂对外部世界的关系。既然灵魂在人死时离开肉体而继续还活着，那么就没有任何理由去设想它本身还会死亡；这样就产生了灵魂不死的观念，这种观念，在那个发展阶段上绝不是一种安慰，而是一种不可抗拒的命运，并且往往是一种真正的不幸，例如在希腊人那里就是这样。到处引起这种个人不死的无聊臆想的，并不是宗教上的安慰的需要，而是由普遍的局限性所产生的困境：不知道已经被认为存在的灵魂在肉体死后究竟怎么样了。同样，由于自然力被人格化，最

---

① 马克思、恩格斯：《费尔巴哈唯物主义观点和唯心主义观点的对立》（1845—1846 年），载《马克思恩格斯选集》第 1 卷，人民出版社 1972 年版，第 35 页。

② 《恩格斯致马克思》（1882 年 12 月 8 日），载《马克思恩格斯全集》第 35 卷，人民出版社 1971 年版，第 121 页。

③ 恩格斯：《家庭、私有制和国家的起源》（1884），载《马克思恩格斯选集》第 4 卷，人民出版社 1972 年版，第 88 页。

④ 在蒙昧人和低级野蛮人中间，现在还流行着这样一种观念：梦中出现的人的形象是暂时离开肉体的灵魂；因而现实的人应当对自己出现于他人梦中时对做梦者所采取的行为负责。例如伊姆·特恩于 1884 年在圭亚那的印第安人中就发现了这种情形。

初的神产生了。①

在恩格斯看来，灵魂观念和神灵观念产生之后，其演变的脉络是从多神教到一神教。在 1876 年发表的《反杜林论》里，恩格斯既吸收了比较神话学的研究成果，同时对其不足也有着敏锐的把握。他说"一切宗教都不过是支配着人们日常生活的外部力量在人们头脑中的幻想的反映，在这种反映中，人间的力量采取了超人间的力量的形式"。在历史的发展序列中，首先是自然力获得了这种反映，随之在不同的族群那里经历了"极为不同和极为复杂的人格化"。恩格斯指出，虽然比较神话学的研究证明这一最初的过程在印欧民族中可以一直追溯到印度的吠陀经，而后见之于印度人、波斯人、希腊人、罗马人、日耳曼人等，但是恩格斯始终将历史唯物主义的基本观点贯穿于对宗教起源与发展的分析之中：一方面，恩格斯认为一神教的产生是人的智力"蒸馏过程"的产物。他说："由于自然力被人格化，最初的神产生了。随着宗教的向前发展，这些神愈来愈具有了超世界的形象，直到最后，由于智力发展中自然发生的抽象化过程——几乎可以说是蒸馏过程，在人们头脑中，从或多或少有限的和互相限制的许多神中产生了一神教的唯一的神的观念"。② 另一方面，恩格斯强调宗教产生的过程，不仅仅是自然力成为崇拜的对象，更重要的在于"不久社会力量也起了作用，这种力量和自然力量本身一样，对人来说是异己的，最初也是不能解释的，它以同样的表面上的自然必然性支配着人"。于是，最初仅仅反映自然界的神秘力量的神灵，现在又获得了社会的属性，成为历史力量的代表者。而比较神话学的失误，恰恰在于它片面地认为神灵只是自然力量的反映，没有认识到神灵具有两重性。而恩格斯则在坚持他于 1846 年就已提出的"没有统一的君主就决不会出现统一的神"③ 的观点基础上，把认识论分析和社会根源的分析结合在一起，提出"在更进一步的发展阶段上，许多神的全部自然属性和社会属性都转移到一个万能的神身上，而这个神本身又只是抽象的人的反映。这样就产生了

---

① 恩格斯：《路德维希·费尔巴哈和德国古典哲学的终结》（1886），载《马克思恩格斯选集》第 4 卷，人民出版社 1972 年版，第 219—220 页。

② 同上书，第 220 页。

③ 《恩格斯致马克思》（1846 年 10 月 18 日），载《马克思恩格斯全集》第 27 卷，人民出版社 1972 年版，第 65—66 页。

一神教"。①

　　恩格斯强调"古代一切宗教都是自发的部落宗教和后来的民族宗教，它们从各民族的社会和政治条件中产生，并和它们一起生长。宗教的这些基础一旦遭到破坏，沿袭的社会形式、继承的政治结构和民族独立一旦遭到毁灭，那末与之相适应的宗教自然也就崩溃"。② 这种"毛"与"皮"的关系，在下面这段话中得到系统的表述：

　　宗教是在最原始的时代从人们关于自己本身的自然和周围的外部自然的错误的、最原始的观念中产生的。但是，任何意识形态一经产生，就同现有的观念材料相结合而发展起来，并对这些材料作进一步的加工；不然，它就不是意识形态了，就是说，它就不是把思想当作独立地发展的、仅仅服从自身规律的独立本质来处理了。头脑中发生这一思想过程的进行，这一事实，对这些人来说必然是没有意识到的，否则，全部意识形态就完结了。因此，大部分是每个有血统关系的民族集团所共有的这些最初的宗教观念，在这些集团分裂以后，便在每个民族那里依各自遇到的生活条件而独特地发展起来，而这一过程对一系列民族集团来说，特别是对雅利安（所谓印欧人）来说，已由比较神话学详细地证实了。这样在每一个民族中形成的神，都是民族的神，这些神的王国不越出它们所守护的民族领域，在这个界线以外，就由别的神无可争辩地统治了。只要这个民族存在，这些神也就继续活在人们的观念中；这些民族没落了，这些神也就随着灭亡。罗马世界帝国使得旧有的民族没落了……旧有的民族的神就灭亡了，甚至罗马的那些仅仅适合于罗马城的狭小圈子的神也灭亡了。③

　　族群是信仰的载体。当然，"皮之不存，毛将焉附"，族群的衰落必然对其宗教的存亡产生极大的影响，历史上的许多宗教和许多族群确实如此。但宗教与族群的关系绝非单向度的，宗教观念的存在对族群存在也有强大的维系作用，我们仅以犹太教对犹太族群的维系作用，就可以看到两者的关系是互动的和辩证的。

---

　　① 恩格斯：《反杜林论》（1876），载《马克思恩格斯选集》第3卷，人民出版社1972年版，第354—355页。

　　② 恩格斯：《布鲁诺·鲍威尔和早期基督教》（1882），载《马克思恩格斯全集》第19卷，人民出版社1963年版，第333页。

　　③ 恩格斯：《路德维希·费尔巴哈和德国古典哲学的终结》（1886），载《马克思恩格斯选集》第4卷，人民出版社1972年版，第250页。

２．论基督教的形成与发展

马克思与恩格斯对佛教、伊斯兰教等宗教的产生与发展也有些论述，如马克思曾将伊斯兰教的核心归于宿命论。[①] 在谈到印度教时，马克思曾将其概括为意大利与爱尔兰（一个淫乐世界和一个悲苦世界）的奇怪的结合物，"这个宗教既是纵欲享乐的宗教，又是自我折磨的禁欲主义的宗教；既是林加崇拜的宗教，又是札格纳特的宗教；既是和尚的宗教，又是舞女的宗教"。[②] 然而从总体上看这些论述比较零散且不系统。相对说来，马克思和恩格斯对基督教的论述多于对佛教和伊斯兰教的论述，其中，恩格斯的论述又多于马克思的论述。恩格斯对基督教的产生与发展、特别是早期基督教的演变过程，有比较系统的论述和分析。这些论述和分析，集中见于19世纪80年代以后的几篇论文里，即《布鲁诺·鲍威尔和早期基督教》（1882）、《启示录》（1883）、《家庭、私有制和国家的起源》（1884）、《路德维希·费尔巴哈和德国古典哲学的终结》（1886）、《论早期基督教的历史》（1894）等。如果我们将其中的重复内容过滤掉，那么可以看到恩格斯对基督教的产生和早期基督教的演变是围绕以下几个线索展开的：

首先，早期基督教的成员来自哪些人呢？恩格斯认为主要来自属于人民最下层的"受苦受难的人"，其中既有城市里形形色色的破产的自由人，还有"被释放的奴隶和特别是未被释放的奴隶"，在农业地区是"日益陷入债务奴役的小农"。他们为什么会加入基督教呢？因为罗马帝国打碎了部落联盟，瓦解了氏族关系，"军事暴力、诉讼程序、税收机构彻底瓦解了传统的内部组织。除失去独立和特有的组织而外，更加之以军事和民政当局的强暴掠夺：它们先夺走被征服者的资财，然后又以重利贷给他们，为的是让他们能够交纳新的苛捐杂税"。一方面是富者更富、贫者赤贫的社会现实，另一方面是小规模的零散反抗形同以卵击石。"被奴役、受压迫、沦为赤贫的人们的出路在哪里？他们怎样才能得救？所有这些彼此利益各不相同甚至互相冲突的不同的人群的共同出路在哪里？"

这样的出路找到了，但不是在这个世界上。在当时的情况下，出路只

---

① 马克思：《战争问题，金融状况，罢工》（1853），载《马克思恩格斯全集》第9卷，人民出版社1961年版，第463页。

② 马克思：《不列颠在印度的统治》（1853），载《马克思恩格斯选集》第2卷，人民出版社1972年版，第62—63页。

能是在宗教领域内。于是另一个世界打开了。肉体死后灵魂继续存在，就渐渐成为罗马世界各地公认的信条。同样，死后的灵魂将为其生前的行为受到某种报偿或惩罚这一信念，也越来越为大家所接受。但报偿是相当靠不住的；古代世界具有强烈的自发唯物主义，它把人世生活看得比冥土生活宝贵得多；希腊人则宁可把死后的永生看作一种不幸。可是，基督教出现了。它认真地对待彼岸世界里的报偿和惩罚，造出天国和地狱。一条把受苦受难的人从我们苦难的尘世引入永恒的天堂的出路找到了。①

其次，基督教教义的形成是个复杂的思想融合过程。恩格斯指出，基督教刚刚问世的状态，只要看看约翰启示录，就可以有一个概念。"粗野的混乱的狂热，教义还处在萌芽时期，所谓基督教道德只有禁欲这一条，相反地，幻觉和预言却很多"。② 较系统的教义和伦理学是稍后形成的，那时福音书和使徒行传都已经成书。在恩格斯看来，基督教同任何大的革命运动一样，是群众创造的。它是在出现数以百计的新宗派、新宗教、新先知的时代，在巴勒斯坦自发产生的。它是那些"最发达的宗派相互影响而产生的中间物，后来由于加进了亚历山大里亚犹太人斐洛的论点，稍后又由于受到斯多葛派思想的广泛渗透，而形成一种教义"。③ 在世界发生整体变化的时候，哲学与宗教教义都以粗俗的形式被庸俗化，并且得到广泛流传。希腊哲学在庸俗化的过程中，发展为一神论和灵魂不死说，犹太教则在庸俗化中忽视了法定的仪式并且也接受了灵魂不死说。"这样，一神论的庸俗哲学和庸俗宗教相遇了，后者为前者提供了现成的唯一的神"④。恩格斯吸收了鲍威尔的研究成果，将此过程概括为：

公元 40 年还以高龄活着的亚历山大里亚的犹太人斐洛，是基督教的真正父亲，而罗马的斯多葛派塞涅卡可以说是基督教的叔父。在斐洛名下流传到现在的许多著作，实际上是讽喻体的唯理论的犹太传说和希腊哲学即斯多葛派哲学的混合物。这种西方观点和东方观点的调和，已经包含着

---

① 恩格斯：《论早期基督教的历史》，载《马克思恩格斯全集》第 22 卷，人民出版社 1965 年版，第 542 页。

② 恩格斯：《布鲁诺·鲍威尔和早期基督教》（1882），载《马克思恩格斯全集》第 19 卷，人民出版社 1963 年版，第 330 页。

③ 恩格斯：《启示录》（1883），载《马克思恩格斯全集》第 21 卷，人民出版社 1965 年版，第 11—12 页。

④ 参见恩格斯《布鲁诺·鲍威尔和早期基督教》（1882），载《马克思恩格斯全集》第 19 卷，人民出版社 1963 年版，第 329 页。

基督教全部的本质观念——原罪、逻各斯（这个词是神所有的并且本身就是神，它是神与人之间的中介）、不是用牺牲而是把自己的心奉献给神的忏悔，最后还有以下的本质特点，即新的宗教哲学倒转了从前的世界秩序，它在穷人、苦难人、奴隶和被排斥的人中寻找信徒，蔑视有钱人、有势力的人和有特权的人，因而也就有蔑视一切尘世享乐和禁止肉欲的规定。①

第三，基督教毕竟是一种宗教而不仅仅是一种哲学，恩格斯认为最关键的"一块石头"是人格化的逻各斯体现为一定的人物，"他为了拯救有罪的众生而在十字架上作出赎罪的牺牲"。恩格斯说，创立宗教的人，必须本身感到宗教的需要，并且懂得群众对宗教的需要。他特别指出，基督教拨动的琴弦，在无数人的心中唤起共鸣：承认每个人在总的不幸中都有一分罪孽，这是无可非议的，这种承认也成了基督教同时宣布的灵魂得救的前提。并且，这种灵魂得救的安排，使每个旧宗教团体的成员都易于理解。一切旧宗教都熟悉献祭赎罪这一概念，它能使被亵渎的神怒气冰释。那么，一位中间调停人牺牲自己永远赎出人类罪孽的概念，怎么会不容易得到地盘呢？这样，基督教就把人们在普遍堕落中罪在自己这一普遍流行的感觉，明白地表现为每人的罪孽意识。同时，基督教又通过它的创始人的牺牲，为大家渴求的、摆脱堕落世界获取内心得救、获取思想安慰，提供人人易解的形式。②

第四，除了这种思想融合之外，仪式上的突破构成基督教成为世界宗教的内在根据。恩格斯认为在以前的一切宗教中，仪式是一件主要的事情。在东方还须遵守十分烦琐的饮食和洁净方面的清规，才能证明自己的教籍。"罗马和希腊在这方面是放任的，在东方则盛行着一套宗教戒律，这在不小程度上促使它终于崩溃"。因为属于不同宗教的人（如埃及人、波斯人、犹太人、迦勒底人）不能共同饮食，甚至不能交谈。而"基督教没有造成隔绝的仪式，甚至没有古代世界的祭祀和巡礼。它这样否定一切民族宗教及其共有仪式，毫无差别地对待一切民族，它本身就成了第一

---

① 参见恩格斯《布鲁诺·鲍威尔和早期基督教》（1882），载《马克思恩格斯全集》第19卷，人民出版社1963年版，第328页。

② 同上书，第335页。

个可行的世界宗教"。①

　　在某种意义上，马克思和恩格斯对宗教人类学研究成果的吸收与借鉴，极大地丰富了马克思主义宗教观本身，使他们对宗教的哲学分析与政治批判，在大量的历史资料和民族志资料的支撑下，更具科学性与说服力。与此同时，马克思主义宗教观在宗教人类学方面的丰富与发展，也反过来促使一些宗教人类学家，运用历史唯物主义的观点和方法来解析宗教。

三　马克思主义宗教观对当代宗教人类学的影响

　　尽管许多人反对所谓的还原论，即反对从社会、经济、文化、心理等因素解析宗教的起源和本质，但是我们依然可以在当代宗教人类学的诸多成果中，看到马克思主义宗教观基本观点的影子，即将宗教事象放到特定的社会历史文化的背景关联中来解析。当然，可以说马克思主义宗教观的这种影响是间接的，因为在许多宗教人类学家的表述中，虽然不否认，但也没有直接承认马克思或恩格斯对他们的影响。然而在当代宗教人类学家中，也有一脉是直接继承马克思主义宗教观的。正如拉姆贝克（Michael Lambek）所说：从 20 世纪 60 年代起，人类学家有了更多的政治的自我意识。在对美国进行越战的反思中，在思考由经济学家和其他社会学家提出的现代化理论的缺陷中，人类学家越来越关注经济不平等与政治压迫。学者们不仅考察不平等之特定结构的历史根源，而且要认识包括宗教在内的所有社会构成的基础的史实性。由此开始了一种生机勃勃的讨论：宗教在殖民主义和资本主义的扩展浪潮的作用，这其中既有传教士的部分作用，也有殖民化的或根本改变的社会中的宗教系统的转变，有时还有当地人高度原创的回应。"当然，这个学术传统或多或少直接受惠于马克思，但是在经济决定论的理论作用方面，都有不同的变化。马克思关于商品拜物教的论述，对于搞清楚资本主义文化的意义，一直是特别有用的"。②

　　　①　参见恩格斯《布鲁诺·鲍威尔和早期基督教》（1882），载《马克思恩格斯全集》第 19 卷，人民出版社 1963 年版，第 334 页。

　　　②　参见 *A Reader in the Anthropology of Religion*，edited by Michael Lambek，Blackwell Publishers Inc. 2002，p. 471。

（一）魔鬼的劳动和钱的洗礼

陶西格（Michael Taussig）在《南美农民中的资本主义"创世纪"》中[1]，分析了哥伦比亚种植园工人在从传统的生产方式过渡为资本主义生产方式的过程中产生的商品拜物教的宗教意识。他给自己提出的问题是：工资劳动与资本对一个正在遭受急剧的乡村无产阶级化的农民意味着什么？其意义的基础是什么？陶西格据哥伦比亚农民在糖料种植的扩展中，他们的土地被兼并，自己转变成没有土地的工资劳动者，他们表现出的某种意识形态的反作用，来讨论这个问题。

陶西格指出，在考卡流域南部，当地人（城镇居民和乡村民众，无产者和农民）普遍相信，男性种植园工人有时会单独地和秘密地与魔鬼勾结，以便增加他们个人的产量从而提高他们的工资。人们认为如果单个工人的产量有了极大的增长，肯定是有了这种勾结。人们普遍地认为，没有不动产的挣工资的工人，把他们的灵魂卖给了魔鬼，以便保持（更普遍的是增长）他们的生产力。但是，在作为农民为自己的土地劳作时，这两个群体都没有这种行为。只是当他们被无产阶级化时，魔鬼才以这种方式进入场景。"在农民的生产方式中，是上帝和善的形象，自然精灵和祖先精灵，支配着劳动的精神，而在资本主义的生产方式中，则是魔鬼与邪恶弥漫在当地的形而上学中"。[2] 人们普遍认为，这种勾结可使一个种植园工人的产量增加二三倍。然而作为这种勾结的结果，当事人会过早地死亡或陷入病苦，即使活着，也是没有灵魂的，仅仅是魔鬼手中的一个傀儡。此外，这种条件还会使人得到挣钱的机会。这种钱不能用作生产的"资本"，而只能立即花费，用来消费一些被看作奢华品的东西，诸如好布料、酒、黄油等等。如果用这些钱来生更多的钱，即将其用作资本，就会招灾惹祸。当地人还认为，当一个孩子接受天主教神甫洗礼时，有的教父教母会在他或她的手里藏一个比索的钞票。人们相信这个钞票就会替代孩子接受洗礼。当一个受过洗礼的钞票进入一般的钱的流通过程时，人们相信它会给它的主人不断地带回利息使它的主人富起来，并使与钞票主人

---

[1]　Michael Taussig, "The Genesis of Capitalism amongst a South American Peasantry: Devil's Labor and the Baptism of Money", in *Comparative Studies in Society and History*, Vol. 2, No. 19, 1977, pp. 130 – 155.

[2]　Ibid.

关联的另一方的金钱越来越少。而孩子却是没有受过洗礼的，这事关重大，因为那个被替代的孩子则被剥夺了进入天堂的正当机会。

陶西格指出通过"在其社会的和历史的背景关联中分析这些信仰，显示出下层阶级对新生产方式的模糊理解，有一种固有的批评与敌对的态度"。这种对抗性的基础，在于他们对"使用价值"与"交换价值"对立的意识——满足自然需求为一方面，无限地追求利润与资本的积聚为另一方面之间的对立。在这种理解中，他们的民间神秘主义与资本主义的神秘化的形式（马克思称之为"商品拜物教"）形成对比。这种推理似乎来自一个作为相互联系的有机体的宇宙概念，它被理解为通过有意识地应用万物有灵论的类比，而不是用原子论的因果范式。

商品拜物教的概念意味着对下述事实引起关注：资本主义社会使之本身表现出不同于其基础的意识，尽管这种意识反映了或多或少表面和实体化的社会结构。拜物教指明了一种生活、自治、权力的态度，甚至驾驭着其他没有活性的对象，预示着从人类行为者（他赋予这些属性）那里排除了这些性质。因此在商品拜物教中社会关系被肢解了，被溶解到事物的关系中——劳动者的产品在市场上交换——由此剥削的社会学就被化妆成系统的人工制品间的自然关联。明确的社会关系被还原为事物间的巫术矩阵。一种自然性的以太（ether）——命运和物质——隐瞒和掩盖了人类社会的组织化，市场的历史意义，以及挣工资的无产阶级的发展。不是人成为生产的目的，而是生产变成人的目的，财富变成生产的目的；不是工具和生产机械将人从辛苦的奴役中解放出来，而是人变成了工具和生产之体制化过程的奴隶。[①]

陶西格认为，在前资本主义的社会中，缺乏商品交换与市场，盛行的是万物有灵论、巫术和各种形式的拜物教。但是这种拜物教，只是相似于见之于资本主义生产方式的（马克思所说的）商品拜物教。马克思给他自己提出的问题，即资本主义经济增长和资本积累的秘密（资本表现为自我增殖），在考卡流域南部有关钞票洗礼的信仰中，被看作超自然力的结果，而这种超自然力是通过给钞票做基督教的洗礼获得的。一旦以这种方式获得了活力，钱就成了能够产生利息的资本。一个无活力的交换媒介

---

① Michael Taussig, "The Genesis of Capitalism amongst a South American Peasantry: Devil's Labor and the Baptism of Money", in *Comparative Studies in Society and History*, Vol. 2, No. 19, 1977.

变得具有自我繁殖的属性，在此意义上，它变成了一个神物、一个具有了生命力的东西。

陶西格进一步指出，在考卡流域见到的"迷信"，显示出一种信念信仰，它系统地认可了使用价值与交换价值之间矛盾的逻辑。对使用价值与交换价值的区别的感受，由这些信仰而凸显出来，这不仅仅是曾经繁荣的小农生产方式遗留下来的已经木乃伊化的理想的产物。似乎也不能仅仅归因于某些小农的生产方式与发展中的资本主义生产方式的并存。它还与近来都市化农民的"贫民窟经济"有关，那里在很大程度上依然以使用价值的活动为基础。①

（二）意识的殖民化

约翰和简（John and Jean Comaroff）是一对杰出的学术伴侣。1989年，他们发表了《意识的殖民化》一文②，拉姆贝克对此文的评价是：在对小规模社会的分析中，假若宗教被理解为与社会关系、生产、再生产和政治密切相关，那么他们则论证了基督教传教士的活动对南非的冲击，尽管这表面上是纯粹"宗教的"问题，但实际上却重塑了社会、人格和日常生活，使非洲人在正在出现的资本主义经济中成为处于底层的温顺劳工，成为新成立国家的驯良公民。他们说明了现代性彻头彻尾是文化的，强调了基督教在输出和引导这种文化中的作用，尽管传教士本人并非总是意识到这种联系。他们指出无论非洲人皈依与否，也无论这种"皈依"意味着什么，传教士的作用之一是他们要用欧洲人的话语（概念与论证）来交流。与此同时，他们还讨论了既不是不可避免的也不是完全彻底的后果：新的因素与旧有的因素相混合并构成了一个反抗空间。这种反抗寓于已变成日常生活的有意味的活动之中，对沉默的大多数人来说，这或许更有力量。③

约翰与简指出，伦敦传教协会（LMS）的英国新教福音派信徒和卫理

---

① Michael Taussig, "The Genesis of Capitalism amongst a South American Peasantry: Devil's Labor and the Baptism of Money", in *Comparative Studies in Society and History*, Vol. 2, No. 19, 1977.

② John L. and Jean Comaroff, "The Colonization of Consciousness", in *Ethnography and the Historical Imagination*, Boulder, CO: Westview Press, 1992［1989］, pp. 235－263.

③ 参见 *A Reader in the Anthropology of Religion*, edited byMichael Lambek, Blackwell Publishers Inc. 2002, p. 492。

公会传教协会（WMMS）的信徒，在 20 世纪 20 年代进入了今天称作茨瓦纳语区的世界。以此为起点，南部茨瓦纳人开始其意识的殖民化与殖民化的意识过程。这些"传教士不仅是英国进入南非这块土地的先锋；他们还是帝国之雄心勃勃的意识形态和文化的代表，肩负着以上帝和大英帝国的名义重建这块土地的直接目的"。从自身的动机说，这些传教士"受到正在迅速改变的、日益世俗化的欧洲内在张力的驱使，他们努力建立大英帝国之后的一个精神上的新帝国：他们想重建一个浪漫（和神话般的）构想的社会，在这个社会里，精神的权威具有无可质疑的地位；在这个社会中，备受赞美的技术进步，不会引发英国北部工人阶级所面临的大规模的社会巨变；在这个社会中，乡村不会变得穷困荒芜，也不会让自耕农变得无依无靠——不会像他们的许多父辈农民或祖辈农民那样。换句话说，他们寻找的是没有其根本矛盾的现代工业资本主义世界"。从传教的对象说，传教士们的直接工作是"开化"土著："重塑人格与背景关联；重塑他们的习惯和习俗；在土著的脑海里驱逐魔鬼，它已经将其灵性与推理全毁了。然而关键在于，他们想建立的那种自给自足的小农社会——受挫的英国自耕农在非洲重建他们自己想象的家园——是与土地和一种普世商业的精神联系在一起的。"

殖民主义者的入侵使茨瓦纳人的社会发生了巨变，这种场景"十分有利于传教，极有利于传教士进入茨瓦纳人的世界"。约翰与简就水、生产和语言这三个方面，具体分析了意识殖民化的过程。

1. 水的政治

在传统的茨瓦纳社会，对水的控制是首领权力的一个极其至关重要的方面：每年一度的雨季，被认作出自一位男性统治者或由他选定的一位唤雨巫师（moroka）之手，这是一种赠予大地和民众的"授精"之力；没有这些王者的仪式，生产的循环就不能开始。实际上，雨（pula）的政治象征是公共生活的核心。不仅首领们在集会的开始和结束时以"风调雨顺"（ka pula）祝福他的臣民，而且这个词本身与集体的安康密切相连。而水的正常供应，在新教徒的计划中也是至关重要的。为了实现他们在非洲"荒凉的葡萄园"里重新创造出在英国消失的小农的理想。他们开始挖井挖渠，以灌溉他们的田园。于是，就有了从价值观念到行为上的冲突：

对于南部茨瓦纳地区来说，水与土地不是自然赋予的，而是由首领给予家庭的，而在家庭中，则是由作为原初的生产者的女性来直接掌控它们的。在这种干旱的生态中，水对于经济来说太缺乏了，以至于不能用来浇灌传教士的"田园"；毫不奇怪，女人们将整个观念看作不讲道理的……

求雨仪式以其最切实的形式让欧洲人看到了茨瓦纳人的"迷信"。这些令人敬畏的仪式，在首领的引领下进行，而传教士在其中读出了野蛮人无理性的本质。……福音传教士着力消除求雨的影响，并将此举和资产阶级的理性胜利联系起来，看作他们成功的主要指标。①

在此过程中，能够打井和灌溉的基督教徒还与能够举行求雨仪式的巫师处于竞争之中。一方面，基督教徒将技术创新与"科学的"关系引入水的生产，因而使原来的不可思议非神秘化。然而另一方面，他们又力图证明基督教的上帝是水之供应的最高源头。因而，他们使自己表现为一个具有竞争力的降雨者。而土著巫师也不甘示弱，在一位传教士记载的对话中，表现了这种较量：

医生［Medical Doctor］：你真的相信是你在呼风唤雨？我认为只有上帝才能这样做。

祈雨法师［Rain Doctor］：我们都相信同样的事情。就是说是上帝在降雨，但是我借助这些医药手段向他祈祷，结果降雨了，当然这就是我做的事了。我为人这样做了许多年……而且通过我的智慧，他们的女人变得肥胖与光亮。你可以去问他们，他们会说得和我一样。

医生：但是我们被我们的救星分别告知不同的话语，我们只以上帝的名义祈祷，而且不借助医药手段。

祈雨法师：如此！上帝告诉我们的不一样……上帝给我们一点点东西，这个你们不知道。他给我们一些医药知识，我们可以借此降雨。"我们不"轻视你们拥有的东西，尽管我们不了解它们。我们不理解你们的书，然而我们不轻视它。"你们"不应轻视我们拥有的知识，尽管你不会。［原文斜体］

医生：我不轻视我不了解的东西；我只是认为你说你有医药可以影响降雨是错误的。

① John L. and Jean Comaroff, "The Colonization of Consciousness", in *Ethnography and the Historical Imagination*, Boulder, CO: Westview Press, 1992［1989］.

　　祈雨法师：这恰恰是人们在说他们不知道的对象时的说话方式。首先我们要睁开眼睛，我们就能够看到祖先在降雨，我们追随他们的脚步。你送给 Kuruman 人玉米，浇灌你的田园，可以不用降雨做到这些；但"我们"不会以此方式行事……

　　医生：我完全同意你对雨的评价；但是你用医药对云施魔咒。你等到你看到云来了，然后使用你的医药，而这种荣誉只属于上帝。

　　祈雨法师：我使用我的医药，你使用你的；我们两个人都是医生，医生是不骗人的。你给你的病人医药。有时上帝愿意借助你的药治疗病人；有时病人不愿意——结果病人死了。当病人治愈后，你把荣誉归于上帝。我做了同样的事情。有时上帝同意给我们降雨，有时不愿意。当他降雨时，我们相信魔咒。当你的病人死了，你并没有放弃对你的医药的信任，我在降雨失败时也没有放弃我的信任。假如你希望我放弃我的医药，你为什么还执着你的医药？①

　　用约翰与简的话说，有关祈雨等问题的争论，或说两种不同世界观的接触与较量，"逐渐变成了两种文化和两种社会秩序的对峙"。对于茨瓦纳人来说，他们想得到适宜的白人文化与技术的力量，而又不失去自治。然而在努力运用这种力量以实现自己的目的的过程中，深深地改变了他们对自己和对他们的世界的感知。"关键在于：他们在这样做时，他们被引入欧洲人讨论的'形式'之中；引入理性论证和经验推理的意识形态因素之中"。

　　2. 生产的政治

　　约翰与简指出，当劳动者在耕作土地时，农业也教化他：在福音的意象中，新的谷物生产与新的自我人格是一起成长的。而且更重要的是，这种新的生产模式鼓励皈依者生产更多的谷物，通过与基督教的欧洲的贸易，使他与上帝的王国（看似是个帝国市场）联系起来。黑暗的大陆（非洲）不再是毁灭，而是变成"富饶的田野"，一个已经确立的文明中心的田园"郊区"。传教士将田园变成一种手段，教育土著把"劳动"与"懒惰"对立起来，而且以传教士与他的妻子为样板，将男人劳动与女人

---

　　①　John L. and Jean Comaroff, "The Colonization of Consciousness", in *Ethnography and the Historical Imagination*, Boulder, CO: Westview Press, 1992 [1989].

劳动做价值的比较。在英国新教传教士提供新技术的同时，茨瓦纳人开始将这些生产力与白人的个人力量区别开来，最初是井和灌溉渠，然后是犁，每一步对于建构新教世界观都是决定性的，它们都是实现转变的工具，使"不规则的和无序的"茨瓦纳人变成基于私有财产的定居共同体。

茨瓦纳人的生活大大改变了：日益增多的用卖掉剩余产品换来的钱，购买耕作器具和生活消费品；私人财产日益增长；劳动分工发生变革，妇女失去了对谷物生产的控制。但是同时：干旱与沙漠威胁着畜牧经济；处于耕作的牧场越多，能够控制这些土地（包括自然水源周围的最好的牧场）的强力家庭就越少。"所有的"茨瓦纳人都要面对市场，使自己在某种程度上适应商品生产的文化与实践。当然，大多数人都成为劳工。尽管基督教徒想的是重建已经失落的英国小农，但他们奠定的基础却不是独立的小农，而是工资劳动者大军；或者更确切地说，面对的是庞大的陷入经济附属网络中的农村无产者群体。"总之，强迫的殖民政策迫使茨瓦纳人变成永久的工资劳动者"。

约翰与简认为虽然福音传教士不应对此负全责，在对南部茨瓦纳人的剥夺与统治中还有其他因素在起作用，但是他们确实在文化和物质上起了作用，推动当地人进入了农业生产与工资劳动的循环。

3. 语言的政治

约翰与简还从语言的层面分析了意识的殖民化进程。他们指出，茨瓦纳人的语言结构与其思维结构密切相关，传教士将土著的语言和思维看作混乱的和非理性（巫术）的。"对于基督教徒来说，再造非洲人的意识，必须将土著从这个万物有灵论的迷信网络、非理性的认识论中解救出来"。但这种"改造"必然会产生回应，茨瓦纳人也"发出他们那一边的交谈声音"。当他们在这样做时，他们抑制了许多由基督教徒引入的区别——特别是切断人与物、抽象与具体、话语和世界的关系。

在过去的研究中，人们往往较多的关注殖民化群体在政治上的抗争，约翰和简提醒人们还要关注语言层面上的抗争：

对于殖民主义的人类学家来说，还有另一更清楚的信息……殖民者与臣民间的论战，往往在推理的口头论战记录中没有记载。历史是建造出来的，如同民族志一样，并非总是可以还原为一种记述或一个文本。事实上，对理性论战类型的殖民化回应——至少作为欧洲术语所定义的——殖民化文化的霸权可以对其新臣民进行潜移默化的灌输；这也就是真正反霸权的回应，为何经常选择二择其一的表达方式。因此，假如我们要恢复被统治者的反抗回应，就必须跟随他们努力（往往是意想不到的手段）的路径：将他们与欧洲人的不平等遭遇转移到完全不同的层面上；换句话说，要承认这种遭遇包括表达术语的斗争在内，既有它可能唤起的具象的诗学，也有它所依赖的话语的谈论。在这种斗争中，意义的政治，也超出了一个文化的符号对另一文化符号的占有。在塑造含义的新形式的过程中，它们的本质带有历史所强调的经过美化的意象。①

4. 约翰与简的结论

从茨瓦纳人的意识的殖民化中，约翰与简认识到：南非的殖民化（以及世界上的其他许多地方）从一开始就带有意识形态的冲击，它构成自称为欧洲文明之传播者的基督教传教士活动的组成部分。这些人的出发点是通过用他们的神学信息的内容，甚至更深层地通过他们重建自己的日常生活，劝说异教徒"皈依"。当然，现代基督教的皈依，本身是个意识形态的框架，这个框架包括理性信仰与自我反思的资产阶级意象；包括在精神层面上回应自由市场的物质经济的个人选择的道德经济。传教的日常谈话，即世俗剧场，是最基本有效的，水、生产和语言的政治（还可以并列地选择建筑、衣饰或其他许多事物来讨论），全都讲述的是同一个故事。文明化传教的内容，它的实质信息是有争论的和往往遭到拒绝的。但是它的形式，从茨瓦纳人参与其中的那一时刻起，就由交谈的结构来承载了。"甚至关于两种降雨医药的相对成功的争论，都不经意地涉及许多理性经验主义的意识形态；采用犁，就会沿着资产阶级家庭及其标记的线索重新确定劳动分工；要阅读本国的圣经，就要在浅薄的 sekgoa 叙述方式中重新表达茨瓦纳语的诗歌；等等。在每个方面，讨论都预示着某种从属，一种认知与存在的特殊模式"。

换句话说，意识的殖民化在两个层面上展开。在最切实的层面上，它包含使茨瓦纳人"皈依"的明显努力，意象与信息的论战有意使他们相信基督教的意识形态内容。在此层面，福音传教士力图在黑暗的心灵中，散布"好消息"，一种圣经道德与"真理"的说服性叙述。在更深的层面上（与第一个层面相区别），是他们将自己的眼界置于异教世界的整个

---

① John L. and Jean Comaroff, "The Colonization of Consciousness", in *Ethnography and the Historical Imagination*, Boulder, CO: Westview Press, 1992 [1989].

"改革"之上；即，以理所当然的符号与实践，霸权的形式谆谆教诲殖民化的文化。"正如我们所了解的，英国新教徒有时非常清楚他们同时在这两个层面所做事情，因为真正得到教化的都是皈依了的或改变了的"。

约翰与简强调说，要关注诸如茨瓦纳人等族群对（他们发现自己正在追求的）现代历史进程，亦即对他们的殖民意识的反作用。

在历史学家与人类学家中间，对于这种反作用的性质，特别是对抗议的性质和所谓"弱者的武器"，有太多的争论。一个行动只有具备了明确的意识和清晰度，才能被适当地称作反抗吗？这个术语只能用于社会的和政治的行为背后的意图，还是同样地涉及它们的结果？当一个族群被揭示出他们表达了对自己作为统治牺牲品的困境的程度的意识——更好的，能够陈述他们的回应——问题是清楚的。然而在不这么清楚的地方，明确他们的反作用并加以特征化，就变成一件昏暗不明的事了。然而我们提出，要从明显的事实中吸取分析的教训：大多数历史境遇，在这方面都是昏暗不明的。①

除了有组织的反抗之外（以西方的眼光容易识别的"政治行为"），许多可以看作对殖民化的回应，看作这种或那种（默许的，间接的）反抗形式，是"产生"历史意识的实践手段。约翰与简认为他们的研究澄清了茨瓦纳人对殖民遭遇的许多回应，是努力塑造一种正在变化的世界的意识并获得概念上的把握：这似乎是非常普遍的现象。在殖民化过程的早期，无论它发生在什么地方，对当地与文化的攻击，对于牺牲者这部分人来说，既不是"有意识的"，也不是"无意识的"，而是处于两者之间的某种东西：未定型与清晰之间各种程度的认识。这些反作用，经常被看作足以威胁统治者的权威，因而导致强制措施，以加强殖民化进程的垂直深度。对于新近被殖民的人来说，通常相信有某种不可见的东西（某种更深层的东西）发生在他们身上；而他们的未来，则取决于他们对它的掌控。世界上许多被"基督教化"的族群相信或曾经相信，白人还有一个秘密的圣经或一套仪式（板球？旗语？茶话会？）并以此获得他们的力量。诸如船货崇拜等运动的稀奇古怪的"非理性"，恰恰是在这种深信中滋生的。随着时间和历史经验的积累，被殖民者在解释欧洲人所拥有的及

①　John L. and Jean Comaroff, "The Colonization of Consciousness," in *Ethnography and the Historical Imagination*, Boulder, CO: Westview Press, 1992 [1989].

其含义方面，越来越有辨别力，越来越微妙。力图与之发展的妥协越变化多样，其与阶级形成过程的联系越紧密。在最充分地采取"现代性"形式的那些人当中，即分散在世界体系边缘的小资产阶级和"新精英"，逐渐地将"后启蒙"西方的意象、意识形态和美学据为己有。但是对于其他人来说，现代性以及反抗它的模式，乃至意识的殖民化的结果或随之而来的殖民化的意识，绝不是不可避免的。文化帝国主义的动力在于：尽管殖民主义的权力结构在后来已经明显地垮台了，殖民化过程本身很少只是统治与反抗的简单辩证法。①

　　马克思主义宗教观对当代宗教人类学的影响绝非仅此两例，但这些例证足以说明马克思主义宗教观在宗教人类学领域中的影响之深远。而当代宗教人类学家运用历史唯物主义解析殖民地民众的宗教意识，在某些方面不仅印证而且深化了马克思主义宗教观对宗教的基本认识和论断。这是个值得进一步关注和研究的课题。

---

① John L. and Jean Comaroff, "The Colonization of Consciousness", in *Ethnography and the Historical Imagination*, Boulder, CO: Westview Press, 1992 [1989].

以科学代宗教

——中国早期马克思主义者陈独秀的宗教观评述

唐晓峰[*]

　　20 世纪初期，中国社会和文化经受了前所未有的冲击与挑战。在西方列强的"刀俎"下，中国这条昏昏欲睡的巨龙任人宰割，被强行瓜分为各个列强的势力范围。同时，这种既成事实的瓜分并没有给中国的社会和人民带来丝毫稳定，随之而来的军阀混战、帝制复辟屡屡将中华民族推向危亡的边缘。危机面前，辛亥革命、北伐战争的成功也只是杯水车薪，中国萧条落后的政治经济状况无丝毫改观。面对民族危亡的局面，很多知识分子将过错归于中国的传统文化和制度，认为它们是制约中国社会进步、国民人格发展的"羁绊"，于是一场借鉴西方政治、经济、文化制度和思潮，用以破除中国传统思想的桎梏并挽救中国于危难中的"新文化运动"拉开了帷幕。新文化运动的倡导者高举"科学"和"民主"两面旗帜，对中国原有的传统和价值进行了颠覆性的批判。站在科学对立面的宗教现象自然在这场声势浩大的运动中首当其冲。作为西方文化底蕴的基督教信仰也没有像其他西方思潮一样受到礼遇，同样遭到无情批判。陈独秀（1879—1942）是新文化运动的主要倡导者和领导人之一，也是我国马克思主义思想的早期接受和传播者，中国共产党的主要创始人之一。面对中西文化中的宗教现象，他多次加以评论，阐释了他的科学主义宗教观。他对宗教问题的分析一方面可以代表新文化运动倡导者以及当时中国的马克思主义者对宗教的普遍看法。另一方面作为新思潮的领军人物，他的宗教观又有其深刻独特的一面。

---

　　* 唐晓峰，哲学博士，中国社会科学院世界宗教研究所副研究员、所长助理，本文原载于卓新平、唐晓峰主编《马克思主义研究论丛——宗教观研究》，中央编译出版社 2007 年版。

一　陈独秀宗教观的核心："以科学代宗教"

科学和宗教在新文化运动的倡导者的眼里无疑是一对死敌。在宗教信徒心目中，宗教信仰无疑是他们生活最终和最根本的意义所在。而在高举新文化大旗的人们那里，科学无疑是衡量其生活意义的根本标准，他们对科学同样达到了一种笃信的地步。既然科学和宗教没有任何可以调谐的余地，面对在社会文化和人们生活中占有重要地位的宗教信仰，新文化运动的倡导者们唯一能采取的办法就是用科学来取代宗教。而要做到这一点，首先是要将宗教彻底置于死地，同时让科学拥有其至高无上的地位。批判宗教现象是陈独秀早期思想的一个重要组成部分。

（一）从宗教发生角度进行批判

首先，陈独秀认为宗教是想象的产物。"想象者何？既超脱客观之现象，复抛弃主观之理性，凭空构造，有假定而无实证，不可以人间已有之智灵，明其道理，道其法则者也。在昔蒙昧之世，当今浅化之民，有想象而无科学。宗教美文，皆想象时代之产物。"① 为了论证自己的主张，陈独秀进一步将人类的古代宗教分为崇拜太阳、崇拜火、崇拜动物三种，在一一分析了这三种崇拜的起源后，他认为人们所以有崇拜心，有两种原因：一为可怕，二为可爱。但随着科学的发展，人们逐渐认识到自然是不可信的，没有什么可以崇拜，于是又想拥有一种超越人类灵性的庞大的力量，来支配人类的灵魂，于是人们就想象出抽象的神。但无论如何因为宗教信仰与主观理性以及客观事实都不相符合，是未经证实的假定，所以它不具有纯在的普遍性与必然性，至多只存在于"蒙昧之世"、流行于"浅化之民"。

其次，陈独秀从宗教信仰的发生出发，预测宗教的必然灭亡趋势。他将宇宙的法则分为两种：一是自然法，二是人为法。自然法是普遍的、永久的、必然的，是科学所涉猎的范围；而人为法是部分的、一时的，当然的，是宗教、道德、法律的涉猎对象。人为的法则不具备普遍必然性，它

① 陈独秀：《敬告青年》，载《陈独秀著作选》第1卷，上海人民出版社1993年版，第134页。

们只能适用于一个国土一个时期。人类将来的进化，在陈独秀看来就是使人为法则具有像自然法一样的永久效力，只有这样宇宙人生才能真正契合。而这些只能依靠科学才能达到。所以陈独秀断言"人类将来真实之信解行证，必以科学为正轨，一切宗教，皆在废弃之列"[1]。

（二）从宗教教义角度进行批判

首先，陈独秀认为所有的哲学和宗教，都必须面对一个终极问题，即，人生的真相是什么？他认为印度宗教在回答这个问题时，"悉以现象世界为妄觉，以梵天真如为本体"。这样做的结果，只会"薄现实而趣空观，厌倦偷安，人治退化"，所以印度民族之所以衰微，他的古教宗风是要承担责任的。陈独秀也考察了基督教的理论，认为"耶稣之教，以为人造于神，复归于神，善者予以死后之生命，恶者夺之，以人生为神之事业。"虽然说基督教信仰不认为现世为虚幻，但理论的架构却过于荒诞。无论如何，随着近世科学的兴起，任何宗教依靠先知之说或迷信，都不能解决人生的问题。要解决人生问题，人们必须诉诸"现实主义"。陈独秀认为这种现实主义精神无所不至："见之伦理道德者，为乐利主义；见之政治者，为最大多数幸福主义；见之哲学者，曰经验论，曰唯物论；见之宗教者，曰无神论；见之文学美术者，曰写实主义，曰自然主义。一切思想行为，莫不植基于现实生活之上。"与这种现实主义精神相对比，所有的宗教因为主张他世的存在，都不免位于淘汰之列。[2]

其次，具体到基督教教义本身，陈独秀提出了以下几点批评：①基督教教义中有一个两难问题无法解决，即上帝全能和全善的问题。如果上帝是全能的，他就能够创造出一个无罪恶的世界。然而世界上恶势力正肆意横行，正义之人却遭受迫害。这要么是上帝无能，要么是他并非全善，所以容忍这种恶势力的存在。②基督教中有关耶稣的降生、奇迹、复活等，都没有历史的、科学的证据给予我们证明，在科学面前，它们无疑面临迷信罪名的指控。③虽然博爱、牺牲是基督教教义中至可宝贵的成分，但是在当时帝国主义、资本主义的侵略之下，我们应该为什么人牺牲，应该爱

---

① 陈独秀：《再论孔教问题》，载《陈独秀著作选》，上海人民出版社 1993 年版，第253 页。

② 以上引文参见陈独秀《今日之教育方针》，载《陈独秀著作选》，上海人民出版社 1993年版，第142—143 页。

什么人，陈独秀认为应该有点限制才对，盲目的博爱、牺牲反而要造罪孽。① 同时，陈独秀认为博爱牺牲的教义并非基督教独有，他们已经转化为人类伦理的一种。④他还批评了基督教信仰所特有的"有罪"和"赎罪"的教义，认为一方面上帝没有必要造一个有罪的世界，另一方面人类又具有自治独立的精神，不需要上帝的监护，同时，这种赎罪的教义，还无异于纵容了罪恶的增加。如果人们一经受洗，便可以免除罪恶，那么又何乐不做罪恶呢？陈独秀认为光"有罪"和"赎罪"的教义本身就足以使基督教失去他存在的价值。②

（三）从宗教制度方面进行批判

陈独秀认为所有的宗教制度因为它的保守性、迷信性、排他性都会成为人类社会进步的羁绊。宗教的"迷信神权，蔽塞人智"，是其最大的弊处。陈独秀做过以下归纳，试图将民族的落后以及宗教的迫害与其宗教信仰建立一种必然联系，"然愚尝诉诸直观，比量各教，无不弊多而益少。是以笃信宗教之民族，若犹太；若印度，其衰弱之大原，无不以宗教迷信，为其民族改进之障碍。法兰西人受旧教之迫害，亦彼邦学者所切齿；其公教会与哲人柏格森，俨如仇敌。此乃宗教之弊，事实彰著，无可讳言"。③ 陈独秀甚至认为："欧人笃信创造世界万物之耶和华，不容有所短长，一若中国之隆重纲常名教也。"④

在陈独秀的眼里孔教只是一种哲学；佛教只讲迷信的、独身的宗教，势力很小；道教微不足道，只有基督教才能作为各类宗教的典型，⑤ 所以在批判宗教制度和宗教教义时，陈独秀主要是围绕着基督教进行的。陈独秀在多篇文章中列举了基督教会制度在历史上以及现在的中国所犯下的种种罪恶（见陈独秀的《基督教与基督教会》、《宗教问题》、《对于非宗教同盟的怀疑及非基督教学生同盟的警告》等文章）。从历史上来说，异教

---

① 陈独秀：《基督教与基督教会》，载《陈独秀著作选》，上海人民出版社 1993 年版，第330 页。

② 参见陈独秀《宗教问题》，载《陈独秀著作选》，上海人民出版社 1993 年版，第342—348 页。

③ 陈独秀：《再答俞颂华》，载《独秀文存》，安徽人民出版社 1987 年版，第697 页。

④ 陈独秀：《法兰西人与近世文明》，载《陈独秀著作选》，上海人民出版社 1993 年版，第137 页。

⑤ 陈独秀：《宗教问题》，载《陈独秀著作选》，上海人民出版社 1993 年版，第346 页。

审判所（Inquisition）在信札 Auto-da-fe 的美名下对于人们思想自由的压迫，对异教徒的烧杀，可谓罄竹难书。而在当今世界，大战杀人无数，各国的基督教教会都祈祷上帝保佑他们本国的胜利；各基督教的民族都同样的压迫远东弱小民族，教会不但不帮助弱小民族来抗议，而且做政府殖民政策的导引。在中国，青年会恭维权贵交欢财主，聚敛钱财的种种恶行比比皆是，教徒们大多是"吃教"之人，而非真正的信徒。综观基督教的历史，陈独秀认为："过去的横暴和现在的堕落，都足以令人悲愤而且战栗，实在没有什么庄严神圣之可言。"①

　　陈独秀对宗教的批判，深受西方科学主义和实用主义思潮的影响。在新文化运动期间西方学者罗素、杜威都曾在中国演讲，陈独秀还和罗素有书信上的往来，他在《新青年》的第一篇文章中就多处引述密尔（J. S. Mill）及孔德（Comte）的思想。这些学者都无一例外地主张用科学的、实用的标准来衡量一切文化因素。这种思潮深深地影响了陈独秀的宗教观。他在《敬告青年》一文中，首先给予科学一个定义："科学者何？吾人对于事物之概念，综合客观之现象，诉之主观之理性而不矛盾之谓也。……近代欧洲之所以优越他族者，科学之兴，其功不在人权说下，若舟车之有两轮焉。今且日新月异，举凡一事之兴，一物之细，罔不诉之科学法则，以定其得失从违；其效将使人间之思想云为，一遵理性，而迷信斩焉，而无知妄作之风息焉。"② 从定义上来看，宗教和科学正好是相抵触的。科学符合客观现象和主观的理性，而宗教恰恰违背了两者。在《近代西洋教育》一文中，陈独秀坚持孔德的有关人类进化三个时代的划分（第一个时代是宗教迷信的时代，第二个是玄学幻想的时代，第三个是科学实证的时代），认为欧美的文化自 18 世纪起，渐渐由第二个时代进步到第三时代，一切政治、道德、教育、文学，无一不含有科学实证的精神。随之一切宗教的迷信，虚幻的理想，都被抛到九霄云外。所以，中国的教育，应该取法西洋，弃神而重人，弃神圣的经典与幻想而重自然科学的知识和日用生活的技能。③

---

①　陈独秀：《基督教与基督教会》，载《陈独秀著作选》，上海人民出版社 1993 年版，第 331—332 页。

②　陈独秀：《敬告青年》，载《陈独秀著作选》，上海人民出版社 1993 年版，第 134 页。

③　陈独秀：《近代西洋教育》，载《陈独秀著作选》，上海人民出版社 1993 年版，第 278 页。

总之，科学"无不欲解在信先"而宗教却"未解而信"，① "都是一种骗人的偶像：阿弥陀佛是骗人的；耶和华上帝也是骗人的；玉皇大帝也是骗人的；一切宗教家所尊重的崇拜的神佛仙鬼，都是无用的骗人的偶像，都应该破坏！"② 要解除人生的疑惑，勘探人生的意义，我们不能依靠假想的偶像，"真能决疑，厥惟科学。故余主张以科学代宗教，开拓吾人真实之信仰，虽缓终达"。③

二　陈独秀宗教观的运用：孔教非教说

陈独秀的宗教观一方面是面对各种宗教现象和问题直接阐述出来的，而更多的则是在批判"孔教"的过程中，间接体现出来的。在新文化运动过程中，以康有为为代表的部分维新派人士认为中国人应该效仿西方文明国家，拜奉教主（在康有为看来中国人应尊孔子为教主），脱离"生番野人无教"的状态，并提出了立孔教为国教的主张。康有为的主张无非是由以下这个三段论支撑着：大前提：宗教是人类文明发展的必要因素。小前提：孔教是中国的宗教。结论：我们应该立孔教为国教。陈独秀从他的科学主义宗教观的立场出发，对康有为的主张予以抨击。

（一）对大前提的批判：从宗教的必然灭亡的趋势出发，批判了立孔教为国教的说法

康有为曾经在致总统总理书中谏言："今万国之人，莫不有教，惟生番野人无教。今中国不拜教主，岂非自认为无教之人乎？则甘认与生番野人等乎？"④ 针对康有为的言论，陈独秀在《驳康有为致总统总理书》一文中进行了反驳，他认为康有为此言的大前提是错误的。首先，"生番野人"并非无教。台湾的生番，及内地的苗民都有宗教信仰，都拜神祇，甚至比文明人尤笃，所以宗教并不是文明产生的必要条件；其次，西方文

---

① 陈独秀：《答李大槐（佛教）》，载《陈独秀著作选》，上海人民出版社1993年版，第162页。

② 陈独秀：《偶像破坏论》，载《陈独秀著作选》，上海人民出版社1993年版，第391页。

③ 陈独秀：《再论孔教问题》，载《陈独秀著作选》，上海人民出版社1993年版，第25页。

④ 陈独秀：《驳康有为致总统总理书》，载《陈独秀著作选》，上海人民出版社1993年版，第215页。

明国家的基督教信仰中有关唯一教主和宗教仪式的信仰已经由隆重而淡化，一些西方神学流派开始斥教主灵迹为惑世之言，并认为宗教的仪式可以废除。随着西方科学的兴起，"西洋宗教，且已由隆而之杀"。陈独秀由以上的推理得出宗教与文明不但不存在互为因果的关系，相反它们是互相冲突的两个对立因子。所以康有为在中国推行儒教的信仰无异于倒行逆施，效果将适得其反。① 康有为从日趋走向衰落的西方宗教，尤其是日渐颓废的"唯一神教"那里是得不出宗教是中国走向文明的必要条件这一大前提的。

（二）对小前提的批判：从孔子的学说与宗教本质的差别来批判孔教的说法

陈独秀认为孔教名之为"教"，却不是宗教。因为首先，凡宗教必有教主，为信徒所崇拜、祭祀，而"孔子，儒者也"，"其立说之实质，决无宗教家言也"②。其次，"凡宗教必言神，必论生死，此大前提未必有误。孔子不语神怪，不知生死，则孔教自非宗教。"虽然儒教有一些关于鬼神之说，但这些"非宗教家所谓有命令的拟人格的主宰之神也。"③ 最后，在陈独秀看来"宗教实质，重在灵魂之救济，出世之宗也"④。而孔子不事鬼，不知死，文行忠信。他的学说谈论的完全是入世之教，至多只是一种必随社会之变迁为兴废的人伦日用之世法。⑤ 所以，孔子之道根本不具备宗教的实质。如果牵强附会地将孔教认为是一种"伦理的宗教"，那么世界上的伦理学者和哲学家都可以被称为宗教学家。因为"宗教之根本作用，重在出世间，使人生扰攘之精神有所寄托耳。倘以规定人生之行为为义，则属入世间教，与伦理道德为枝骈，宗教之为物，将从根本上

---

① 陈独秀：《驳康有为致总统总理书》，载《陈独秀著作选》，上海人民出版社1993年版，第215页。

② 陈独秀：《再论孔教问题》，载《陈独秀著作选》，上海人民出版社1993年版，第253页。

③ 陈独秀：《答俞颂华（宗教与孔子）》，载《陈独秀著作选》，上海人民出版社1993年版，第278页。

④ 陈独秀：《驳康有为致总统总理书》，载《陈独秀著作选》，上海人民出版社1993年版，第21

⑤ 陈独秀：《孔子之道与现代生活》，载《独秀文存》，安徽人民出版社1987年版，第85页。

失其独立存在之价值矣"①。所以，孔教是宗教的这个小前提是不能成立的。

（三） 对于孔子学说本身的批判

如果大小前提均不能成立，康有为自然得不出他"立孔教为国教"的结论。在陈独秀看来，此还不算完结，因为孔子之道本身也是捉襟见肘。他认为孔子之道和现代生活格格不入，正是应该被新文化所抛弃的事物。在陈独秀眼里，孔子之道与三纲五常的封建礼教是等同的，他不但要以科学代宗教，而且还要以科学代孔子之道。他认为孔子"所提倡之道德封建时代之道德也；所垂示之礼教，即生活状态，封建时代之礼教，封建时代之生活状态也；所主张之政治，封建时代之政治也。封建时代之道德、礼教、生活、政治，所心营目注，其范围不越少数君主贵族之权利与荣誉，与多数国民之幸福无与焉"②。而孔子所主张的维护君主贵族的封建时代的道德、礼教早已经和现代社会脱节，就此陈独秀曾发感慨："其实孔子精华，乃在祖述儒家，组织有系统伦理学说，宗教立学，皆非使长，其伦理学说，虽不可行之今世，而在宗法社会封建时代，诚属名产，吾人所不满意者，以其为不适于现代社会之伦理学说，然犹支配今日之人心，以为文明改进之大阻力耳。"③ 毋庸置疑，将孔子之道等同于封建道德、礼教，并将之视为与现代社会格格不入的"过去的化石"的陈独秀，怎么会让孔子之道堂而皇之地登上国教的位置呢？

三　陈独秀宗教观的拓展：宗教合理价值的评述

作为新文化运动的倡导者和领袖陈独秀在对宗教进行考察和评判的过程中并不仅仅停留在对宗教进行武断的讨伐上面，他也曾敏锐地感觉到宗教之所以存在于各个时代和社会，尤其是西方文明国家必有其对社会和人生有益的、合理的价值。对宗教合理价值的发掘和发扬在陈独秀五四运动后期的思想中，表现得尤为突出。这种探求不仅停留于早期"宗教之功，

---

① 陈独秀：《再答俞颂华》，载《独秀文存》，安徽人民出版社 1987 年版，第 697 页。
② 陈独秀：《孔子之道与现代生活》，载《独秀文存》，安徽人民出版社 1987 年版，第 85 页。
③ 陈独秀：《再答俞颂华》，载《独秀文存》，安徽人民出版社 1987 年版，第 697 页。

胜残劝善，未尝无益于人群"① 这种肤浅的论断上；他甚至一改以往对于宗教现象的否定态度，认为，"宗教在旧文化中占很大的一部分，在新文化中也自然不能没有它"，② 陈独秀对于宗教态度的这种转变当然是由宗教的一些正面的功能引发的。

（一）作为原始情感冲动的宗教是知识理性的一种补充

陈独秀认为人类的行为动作，完全是因为外部的刺激，从而导致内部发生反应。有时外部虽有刺激，但内部究竟反应不反应，反应采取什么方法，理性知识固然可以进行指导，但真正起决定作用的还是本能上的感情冲动。如何来利导本能上的感情冲动，使他浓厚、挚真、高尚？在陈独秀看来知识上的理性、德义都不及宗教的力量大。就此，陈独秀认为从实用的角度来看，宗教是必需的。"凡是在社会上有实际需要的实际主义者都不应反对宗教。因为社会上若还需要宗教，我们反对是无益的，只有提倡较好的宗教来供给这需要，来代替那较不好的宗教，才真是一件有益的事。"③

此时，陈独秀已经认识到基督教信仰所能提供的情感正是中国文化缺少的。他认为支配中国人心的最高文化是伦理的道义，而支配西方人心的最高文化是美的情感和基督教的信与爱的情感。道义是当然的、知识的、理性的；情感是自然的、盲目的、超理性的。道义的行为，是知道为什么应该如此，是偏于后天的知识；情感的行为，不问为什么只是情愿如此，是偏于先天的本能。道义的本源，也是出自情感的，逆反人类天性的道义，自然算不得道义；但是道义一经落到伦理的轨范，便是偏于知识理性的冲动，不是自然的纯情感的冲动。比如同是忠、孝、节的行为，也有伦理的和情感的分别。情感的忠、孝、节都是内省的、自然而然的、真纯的；伦理的忠、孝、节，有时是外铄的、不自然的、虚伪的。知识理性的冲动，我们固然不可看轻；自然情感的冲动，我们更当看重。对于那些没有情感的人，任凭你如何灌输有关伦理的知识，没有什么力量能叫他行

---

① 陈独秀：《法兰西人与近世文明》，载《陈独秀著作选》，上海人民出版社 1993 年版，第137 页。

② 陈独秀：《新文化运动是什么》，载《陈独秀著作选》，上海人民出版社 1993 年版，第123 页。

③ 同上。

动。陈独秀认为："离开情感的伦理道义，是形式的不是里面的；离开情感的知识是片断的，不是贯串的，是后天的不是先天的，是过客不是主人，是机器、柴炭，不是蒸汽与火。美与宗教的情感，纯洁而深入普遍我们生命源泉底里面。"①

（二）借鉴基督教中耶稣的博爱、牺牲的人格

重视宗教在现代社会中的作用，对于陈独秀来说，就是注重基督教在社会中的作用，因为他认为："现在的所谓宗教，就是基督教；所谓基督教，也就是宗教。因为现在最有势力的宗教，就是基督教。"② 所以，他对五四运动前宗教观的反省，也主要是针对基督教做出的。他认为自己"向来不把他（基督教）当作社会上一个重大的问题，只看作一种邪教，和我们的生活没有关系，不去研究解决方法，所以只是消极的酿成政治上社会上许多纷扰问题，没有积极的十分得到宗教的利益。现在若仍然轻视他，不把他当作我们生活上一种重大的问题，说他是邪教，终究是要被我们圣教淘汰的；那么，将来不但得不着它的利益，并且在社会问题上还要发生纷扰。因为既然有许多人信仰它，便占了我们精神生活上一部分，而且影响到实际的生活，不是什么圣教所能包办的了，更不是竖起什么圣教底招牌所能消灭了。所以我以为基督教的问题，是中国社会上应该研究的重大问题"。③ 陈独秀虽然仍认为基督教假信神信教的名义，压迫科学，压迫自由思想家，他们的罪恶我们不能否认，但同时他认为我们不能否认的还有基督教信仰是欧洲文化的一个重要来源，这与基督教的根本教义是相联系的。"基督教是爱的宗教……基督教底根本教义只是信与爱，别的都是枝叶"。④ 陈独秀甚至还在《基督教与中国人》一文中发出呼吁："我们今后对于基督教的问题，不但要有觉悟，使它不再发生纷扰问题；而且要有甚深的觉悟，要把耶稣崇高的、伟大的人格和热烈的、深厚的情

---

① 陈独秀：《基督教与中国人》，载《陈独秀著作选》，上海人民出版社1993年版，第88页。

② 陈独秀：《宗教问题》，载《陈独秀著作选》，上海人民出版社1993年版，第344页。

③ 陈独秀：《基督教与中国人》，载《陈独秀著作选》，上海人民出版社1993年版，第84页。

④ 同上书，第85—86页。

感，培养在我们的血里，将我们从堕落在冷酷、黑暗、污浊坑中救起。"①
同时陈独秀还列举了耶稣所能给予我们的三种人格感情：①崇高的牺牲精
神。②伟大的宽恕精神。③平等的博爱精神②。他认为耶稣的这三种人格
是基督教的根本教义，除此之外，基督教再无教义，这种教义在任何时候
都是科学所不能破坏的。

　　从以上陈独秀对宗教尤其是基督教的评析中，我们确实看到了陈氏对
于宗教的合理价值方面较前期有更多的强调和关注，甚至在理论上也表现
出一定程度的转变。但是本文认为陈独秀在五四运动前后期对于宗教的评
价并没有发生实质性的变化。即使在他关注并弘扬基督人格的时候，他对
宗教的看法仍基于以下这个前提：宗教情感必须接受科学知识的指导。他
认为"宗教的情感固然重要，但是情感是盲目的、超理性的，我们不能绝
对依靠知识，也不能抛弃知识，情感是人走路的腿，而知识却是引导人走
路的眼睛"③。陈独秀正是通过知识这双"眼睛"分辨出，"基督教底'创
世说'、'三位一体说'和各种灵异，大半是古代的传说、附会，已经被历
史学和科学破坏了，所以我们应该抛弃旧信仰，另寻新信仰。新信仰是什
么？就是耶稣崇高的、伟大的人格和热烈深厚的情感。"在陈独秀看来，现
代的虚无烦琐的神学、形式的教义在给予人情感方面都没有耶稣的人格那
样重要。此时的陈独秀虽然肯定了宗教信仰的合理价值，但在将这种宗教
信仰的合理价值科学化、伦理化的同时，仍旧坚守着宗教必然灭亡的信
念。宗教在古代以及现代社会之所以必需，是由于科学还没有发达到足以
解决一切宗教所提出的问题的程度，而陈独秀对科学所拥有的这种潜力是
乐观的。所以无疑陈独秀此时所努力的目标，仍旧是"以科学代宗教"，
唯一的转变是科学代替的是一个什么样的宗教和什么时候代替宗教，他对
于宗教合理价值的肯定和评判是其科学主义宗教观的一种拓展和深化。

四　陈独秀宗教观及方法论评析

　　陈独秀从其科学主义的立场出发对宗教的评判，适应了当时新文化运

---

　　① 陈独秀：《基督教与中国人》，载《陈独秀著作选》，上海人民出版社1993年版，第
86页。

　　② 同上书，第90—92页。

　　③ 同上书，第89页。

动追求科学理性、反对迷信权威的思想潮流，对当时追求新文化、新思潮的知识分子们的宗教观起到引领作用。他让人们看清了宗教现象在某些教义、制度及仪式方面的不合理、非科学因素，也使得各个宗教派别为了守卫他们的信仰立场，不得不迎合科学主义、理性主义思潮，对他们的信仰进行重新诠释。但我们认识到陈独秀宗教观拥有这些合理性的同时，也应该对其中的纰漏及引发的问题予以说明：

首先，科学主义自身的局限性使陈独秀的宗教观的基础受到质疑。科学主义是一种时代精神，也可以说是当时人们的一种认识、改造世界的态度，时代精神不足以成为真理的试金石。用它来衡量一切、代替一切不免失之偏颇。科学主义的世界里很难为人的价值、意义和尊严提供基础，这是包括实证主义学派大师罗素自己也不得不承认的事实。① 科学只适用于事实界、现象界，而在事实和现象背后蕴含的价值问题是科学无论如何也没有办法给予解答的，脱离了价值关切的科学反倒成了无源之水、无本之木。同时，单纯地强调科学的全能，无异于打倒宗教、儒学的偶像的同时，又立了一个新的偶像，如果陈独秀用迷信、崇拜"假想的偶像"的借口来打倒一切宗教的话，那么科学同时也就失去了它立足的可能。

其次，无论是以科学代宗教的论断，还是对于孔教学说的批判，以及对于基督教信仰中合理性因素的评析，陈独秀无不从宗教的社会功能作为切入点。宗教的社会功能是宗教现象中一个重要的组成部分。从宗教的功能出发来考察宗教现象显然是有益之举。从此视角出发，我们很容易看到宗教的正面功能，也很容易否定其负面作用，甚至也很容易寻找另一文化现象来弥补宗教的这些负面功能，取代宗教的正面社会功能。如科学能够像早期的宗教一样解决人们心中有关自然的疑惑；伦理学可以代替宗教的道德宣教。但如果仅仅从宗教的功能方面来考察宗教，不免忽略了宗教的本质及没有表现于功能层面的宗教要素。从功能上看宗教，宗教都将失去其本质的规定性，比如灯泡、太阳、火都具有产生光的功能，但我们不能将它们混为一谈。吕大吉在《宗教学通论》一书中认为宗教的功能并不代表宗教的本质。"一种事物的功能，乃是它所表现出来的作用和作用的

---

① 罗素不得不承认事实和价值之间存在的难以跨越的鸿沟（fact-value gap or is - ought gap），他认为："自然的哲学是一回事，价值的哲学就完全是另一回事。把两者混为一谈是有害无益的。我们认为好的，我们会喜欢的，同实际存在的事物并没有丝毫的关联。"参见罗素《真与爱——罗素散文集》，上海三联书店1996年版，第8页。

结果，因而属于事物之现象形态范围。不同的事物可能有同样的作用和效果。……宗教与他的社会功能之间并没有等质、等量或等价的关系。"①何况，事物的功能往往由事物的本质所决定，去其本质，功能哪里还在。所以无论是对宗教正面功能的取代，还是对宗教负面功能的批判，都不能脱离宗教的本质，而这种对于宗教本质的分析是陈独秀的宗教理论所匮乏的。

现代世界的大量事实向我们表明，宗教的命运并非像孔德、罗素以及陈独秀等人所断言的那样：随着科学的发展，它必将缩小其领地，并逐步走向灭亡。相反在现代社会科技发展、文化普及的背景下，在战胜无知、了解新鲜事物的过程中，人类不仅没有抛弃宗教，反而是信教人数增加；宗教不仅没有灭亡，反而进入了一个新的发展时期。"孔德（A. Comte）宣称神学与形上学的阶段已经过去，到了实证阶段，旧的迷信均在被打倒之列。但现在到了后逻辑实证主义的阶段，乃明白以逻辑与经验知识排斥宗教信仰的做法是犯了范畴错置（category-mistakes）的错误。"② 这或许也是陈独秀科学主义宗教观的软肋：一方面是价值范畴与事实范畴的错置，一方面是宗教的本质与功能的错置。

---

① 吕大吉：《宗教学通论新编》，中国社会科学出版社 1998 年版，第 61 页。

② 刘述先：《儒家思想开拓的尝试》，中国社会科学出版社 2001 年版，第 57 页。

再论马克思主义宗教观的方法论意义

张志刚*

一 问题、判断与思路

本文之所以题为"再论",主要是有感于这样一种理论现象:在以往关于马克思主义宗教理论的研究中,我们对于"经典论断"的重视程度往往超过了对于"方法论观念"的重视程度。改革开放后随即发生的那场著名的"宗教鸦片论之争",就是一个值得反省的学术史例证。30多年过后,我们回顾这场学术争论时,无疑要首先肯定,它是改革开放后中国宗教学的起点或开端——没有它,就没有中国宗教学界的思想解放、学科重建以及现有成就。然而,重读这场争论留下的文献,我们不禁掩卷深思:为什么马克思经典著作中的一个论断,会在百余年后的中国宗教学界引起激烈的争论呢?尽管争论双方都引经据典并旁征博引,可为什么没能达成共识呢?此种论争后果令人进而反思:争论双方当年是否过于重视这个论断的"直接含义"或"定论性质",而轻视了它所蕴含的方法论意义呢?

本文之所以追究上述问题,主要是基于这样一个学术判断:从整个哲学、社会科学和人文科学发展史来看,那些具有原创性和里程碑意义的理论学说,其恒久的科学价值主要不体现为"某个具体的论断或说法"——可供后人不分时间和地点地遵照执行,而在于建树了"一种科学的方法论或世界观"——值得后人与时并与地俱进地予以继承和发扬。

---

* 张志刚,哲学系、宗教学系教授、博士生导师,北京大学宗教文化研究院院长。本文原载于卓新平、唐晓峰主编《论马克思主义宗教观》,社会科学文献出版社2009年版。

在人类思想史上具有划时代意义的马克思主义也不例外。我们常说，要坚持马克思主义的立场、观点和方法，要理论联系实际，切忌照抄照搬，克服教条主义等，其主要道理也在于此。

鉴于以上问题和判断，本文的"再论思路"是这样展开的：首先，根据马克思原著里的前后文，阐明"宗教是人民的鸦片"这一论断的具体含义及其理论性质；其次，进而考察这一论断得以推出的哲学思维方式，以探究马克思宗教观的方法论意蕴；最后，基于前两部分理论探讨，再论马克思宗教观的理论价值和现实意义。

二　经典论断考释

"宗教是人民的鸦片"一语，见于马克思的《〈黑格尔法哲学批判〉导言》。这篇名著开宗明义："就德国来说，对宗教的批判基本上已经结束；而对宗教的批判是其他一切批判的前提。"马克思接着指出："反宗教的批判的根据是：人创造了宗教，而不是宗教创造了人。……但是，人不是抽象的蛰居于世界之外的存在物。人就是人的世界，就是国家，社会。这个国家、这个社会产生了宗教，一种颠倒的世界意识，因为它们就是颠倒的世界。……因此，反宗教的斗争间接地就是反对以宗教为精神抚慰的那个世界的斗争。"正是据此，马克思断定："宗教里的苦难既是现实的苦难的表现，又是对这种现实的苦难的抗议。宗教是被压迫生灵的叹息，是无情世界的心境，正像它是无精神活力的制度的精神一样。宗教是人民的鸦片。"①

以上便是马克思提出"宗教是人民的鸦片"这个经典论断的前后文。这里较为完整地把它们引录下来，并非照抄书本，搞本本主义，而是为了重现经典作家的逻辑思路，并为我们的研讨提供可靠的文本依据。晚近国际学术界的马克思研究，广泛借鉴了哲学、社会科学和人文研究的大量新成果，更注重联系历史、社会、特别是文化等多层面的背景来诠释经典原

---

① 上列三段引文，依次参见马克思《〈黑格尔法哲学批判〉导言》，《马克思恩格斯选集》第1卷，人民出版社1995年第2版，第1、1—2、2页。顺便需要说明的是，《马克思恩格斯选集》（四卷）在我国首版于1972年，主要是依据俄文版编译的，而1995年发行的第2版则参照权威性的国际版《马克思恩格斯全集》进行了严格的校订。对比这前后两个版本，可发现上列三段引文也做了多处修改。

著，以求如实地把握马克思的原创性思想。关于"宗教是人民的鸦片"这个论断的研讨，显然也应该采纳这样一种更为严谨的、实事求是的做法。

众所周知，《〈黑格尔法哲学批判〉导言》是马克思的早期代表作，写于 1843 年 10 月至 12 月间，刊于 1844 年的《德法年鉴》。这篇名著在俄文两卷本（1923 年首版）和中文四卷本（1972 年首版）的《马克思恩格斯选集》里均被列为开篇之作，由此足见该文在马克思的思想形成过程中的重要地位。从前引几段相对完整、逻辑严谨的文字来看，马克思首先点明了该文的写作背景：就德国来说，对宗教的批判是其他一切批判的前提。这短短的一句话，当时的读者应能一目了然，但对后世的读者、特别是生活于不同的文化和时代背景下的中国读者来说，恐怕就不如此简单了。为什么宗教批判在当时的德国显得如此重要呢？研读全文可得到诸多重要的提示。

例如，（在当时欧洲的社会和文化背景下）宗教可谓"苦难尘世的神圣光环"；因而，消除"真理的彼岸世界"，确立"此岸世界的真理"，乃是（当时的）历史任务；于是，"对天国的批判"变成了"对尘世的批判"，"对宗教的批判"变成了"对法（意指法哲学和国家哲学）的批判"，"对神学的批判"变成了"对政治的批判"。

又如，（当时）德国的法哲学和国家哲学在黑格尔的著作中得到了最系统、最丰富和最终的表述，因此，对黑格尔法哲学的批判就是对现代国家及其现实的批判。

再如，（当时的）德国理论是从积极废除宗教出发的，而对宗教的批判最后（在费尔巴哈那里）归结为"人是人的最高本质"这样一个学说，从而也归结为这样一种绝对命令：必须推翻那些使人成为被侮辱、被奴役、被遗弃和被蔑视的东西的一切关系。①

由此可见，《〈黑格尔法哲学批判〉导言》确有其特定且复杂的写作背景，尽管在这篇短文里难以就此展开详尽的考察分析，但我们凭借上列几段重要的提示，应能做出这样两点相对明确的文本解释：首先，"宗教

---

① 以上三个作为"写作背景提示"的例证，基本上是按马克思的原话概括出来的，括号里的文字则是笔者为强调其"背景提示意义"而加上的。这三个例证，依次参见《马克思恩格斯选集》第 1 卷，人民出版社 1995 年版，第 2、8、9—10 页。

是人民的鸦片"这个论断，显然是马克思针对当时欧洲的社会现状而得出的"一个批判性的结论"，其深刻的批判性就在于，通过深思宗教现象的现实社会根源——"一个颠倒的世界所产生的一种颠倒的世界意识"，不仅犀利而且形象地阐明了宗教信仰在贫苦大众当中所发挥的消极作用或负面功能——"是对现实苦难的抗议，是被压迫生灵的叹息，是（被压迫）人民的鸦片"；其次，"宗教是人民的鸦片"这个论断，显然又是马克思着眼于当时德国的理论背景而得出的"一个批判性的结论"，因而其重要的理论意义并不限于"宗教社会功能批判"，这是我们接下来要一起探讨的。

三　方法论意蕴探析

前述"背景提示"表明，写作《〈黑格尔法哲学批判〉导言》时，理论创新是摆在青年马克思面前的首要任务，而在当时德国的社会和思想背景下，宗教批判则可谓"理论界的制高点"和"学术更新的突破口"。正因如此，青年马克思通过宗教批判，力求扬弃德国古典哲学的集大成者和终结者黑格尔、费尔巴哈等人的思想观点，阐发一种新的哲学思维方式。在《〈黑格尔法哲学批判〉导言》里，这种新的哲学思维方式主要表述如下：

> 反宗教的批判的根据是：人创造了宗教，而不是宗教创造了人。
> 但是，人不是抽象的蛰居于世界之外的存在物。人就是人的世界，就是国家，社会。这个国家、这个社会产生了宗教，一种颠倒的世界意识，因为它们就是颠倒的世界。

我们可以把以上原文所表述的哲学思维方式理解为：是人创造了宗教，而并非相反；是人类社会产生了宗教，而并非相反。这也就是说，我们理应通过"现实的人及其社会来解释宗教现象及其问题"。在马克思同一时期写的《论犹太人问题》里，这种逻辑思路表达得更为明确也更加具体。

> 我们不是到犹太人的宗教里去寻找犹太人的秘密，而是到现实的

犹太人里去寻找犹太教的秘密。

我们不把世俗问题化为神学问题。我们要把神学问题化为世俗问题。相当长的时期以来，人们一直用迷信来说明历史，而我们现在是用历史来说明迷信。①

从马克思思想的形成过程来看，上述哲学思维方式不仅为当时德国理论界的宗教批判提供了一种新的逻辑思路，而且为日后成熟的马克思主义方法论——唯物史观奠定了理论基调。关于这一点，我们通过对照如下经典论断便可大致了然。

那种使人们满足于这类精神史的观点，本身就是宗教的观点，因为人们抱着这种观点，就会安于宗教，就会认为宗教是 Causa Sui［自身原因］（因为"自我意识"和"人"也还是宗教的），而不去从经验条件解释宗教，不去说明：一定的工业关系和交往关系如何必然地和一定的社会形式，从而和一定的国家形式以及一定的宗教意识形式相联系。

一种只是在思想中的、想像中的本质，这个本质作为某种异物与人们对立着。这决不是又可以用其他概念，用"自我意识"以及诸如此类的胡言乱语来解释的，而是应该用一向存在的生产和交往的方式来解释的。这种生产和交往的方式也是不以纯粹概念为转移的，就像自动纺机的发明和铁路的使用不以黑格尔哲学为转移一样。如果他真的想谈宗教的"本质"，即谈这一虚构的本质的物质基础，那末，他就应该既不在"人的本质"中，也不在上帝的宾词中去寻找这个本质，而只有到宗教的每个发展阶段的现成物质世界中去寻找这个本质……②

上述论述引自马克思和恩格斯合著的《德意志意识形态》。这部哲学名著一般被看作唯物史观形成的主要标志，即第一次系统地阐发了唯物史观的基本原理。从《〈黑格尔法哲学批判〉导言》到《德意志意识形

---

① 《马克思恩格斯文集》第1卷，人民出版社2009年版，第446、425页。
② 《马克思恩格斯全集》第3卷，人民出版社1960年版，第162、170页。

态》，如此系统地研读马克思主义创始人的原著，不但可使我们重温马克思主义理论及其宗教观的形成过程和基本原理，更为重要的是，让我们学会如何思考，如何用其科学的方法论观念来研究我国现阶段所存在的宗教现象及其重大现实问题，这是本文的目的。下面笔者略陈浅见，主要是提出问题，供大家一起思考。

四　观念转变和理论选择

我们用目前通用的术语来说，唯物史观的基本原则就在于社会存在决定社会意识，经济基础决定上层建筑。一门科学的原则或原理总是简明的。问题在于我们今天应该如何把作为一种科学方法论的唯物史观具体落实于我国现阶段的宗教研究呢？关于这个问题，我们可从前引几段经典论述中得到诸多思想深刻的学术启发，譬如，要从现实的社会或国家出发来解释宗教现象及其问题；又如，要把宗教问题转化为社会问题，要用历史来说明宗教；再如，要以经验条件来解释宗教现象及其本质，因为宗教意识形式总是与特定的国家形式、社会形式相联系的，并由特定的社会关系和生产关系所决定的……

按笔者的理解上述一系列学术启发的方法论意义可归结为一句话：要实事求是，以唯物史观的科学态度，与时与地俱进地研究宗教现象的本质与作用。这里之所以在大家耳熟能详的"与时俱进"一词上复加"与地俱进"的意思就是想强调，我们的宗教研究也要像经济学、政治学、法学和社会学等研究领域一样立足当代中国国情，紧随中国社会不断改革开放、走向繁荣富强的前进步伐。就此而言，我们是否应当反省：我国宗教学界的学术观念还不够开放，我们的研究成果还不能适应国家的发展战略呢？究其原因，我们是否应该认可本文开头所提出的问题和判断呢？笔者以为我们的回答应当是明确的。

笔者进而认为，我们的马克思主义宗教理论研究，迫切需要在学术观念上实现两个转变：一是从"注重经典论断注释"转向"注重方法论观念的继承发扬"；二是从"批判性的研究倾向及其结论"转向"建设性的研究取向及其结论"。关于第一种观念转变的理由，前面已有较为充分的讨论，无须多做解释。关于第二种观念转变的理由，主要补充说明两点：首先，众所周知，马克思主义产生于无产阶级革命时期，其历史使命就在于批判旧世界，建设新世界。这就决定了马克思主义形成时期的宗教理论主要是以批判当时欧洲的资本主义社会为目的的，"宗教是人民的鸦片"等经典论断便是由此而来的一些批判性的深刻结论；其次，如果这种理论背景诠释没有违背历史的话，我们今天便不能不慎重思考这样两种理论选择了：既然我们所处的历史、文化和社会背景均已不同于马克思主义创始人的生活时代，我们的宗教研究应该坚持马克思和恩格斯当年的批判性倾向及其具体结论，还是理应继承发扬马克思主义宗教观的方法论精神，广泛借鉴国际学术界的新近成果，着眼于当代中国国情，服务于国家发展战略，在正视宗教现象及其正负两方面功能的前提下，为构建和谐社会与和谐世界多多提供具有建设性的积极结论呢？笔者以为，我们对于后一种理论选择的回答也应当是明确的。

马克思主义宗教观的方法论探究

卓新平[*]

　　系统认识和研究马克思主义宗教观，对于我们今天的宗教研究和宗教学学科发展有着非常重要的意义。必须注意的是，对马克思主义宗教观的理解和掌握，应是弄通其基本精神和基本方法，把握其精髓和核心意义；而对马克思主义宗教观基本观点的运用和实践，则是旨在实现其"中国化"，即由当代中国马克思主义者来科学继承、科学发展，形成创新意义的、当代版的、具有中国优秀文化参与和中国特色的马克思主义宗教观理论体系。这种思考乃基于一个客观事实，即马克思、恩格斯是在19世纪中叶创建马克思主义理论体系时开始关注宗教问题的，其视域主要是19世纪的西方社会及其宗教现象，而其对宗教历史的回溯也主要是基于欧洲历史资源。这是马克思主义形成其关于宗教的基本观点的社会、历史、文化和资料背景，也体现出这些经典作家实事求是的科学精神。此后在19世纪与20世纪之交，列宁根据其在俄国的社会主义的早期实践来运用、推广马克思主义，创造性地继承并发扬了马克思主义的理论体系，而且在这种构建中以较大的注意力和敏锐的问题意识关注到宗教问题，由此在其探究中结合俄国当时的社会状况和十月革命前后的发展来具体、深入地探究宗教问题，提出了其相应的宗教观和理论政策。一方面，列宁继承了马克思、恩格斯对宗教与资本主义社会之关系的分析、研究；另一方面，列宁亦有新的发挥和创见，即在其领导的社会主义革命实践中特别探讨了社会主义与宗教的关系，对之有过许多具体论述和未来展望，从而对马克思主义宗教观有着重要补充、扩展和进一步的思想与阐发。不过，由于列宁

　　* 卓新平，博士生导师，中国社会科学院学部委员、世界宗教研究所所长、研究员。本文原载于卓新平、唐晓峰主编《论马克思主义宗教观》，社会科学文献出版社2009年版。

的时代是社会主义社会刚刚形成的时代，其特点、规律和未来发展尚不十分明朗，所以列宁提出了社会主义与宗教的关系问题，但没有来得及系统探讨和全面回答，给后人留下了许多思索和想象的空间。在中国社会主义革命和建设时期，中国共产党及其领导下的中国学术理论界对马克思、恩格斯和列宁等经典作家关于宗教的论述曾有过专门梳理、翻译、解释和研究，其中因历史阶段和社会环境的不同而有过不同的认知，在理论界甚至还出现过几次大的争论，留下了观点上的分歧和看法上的差异。随着当代中国改革开放的深入发展，我们中国学术界对马克思主义宗教观的研究已有所突破，达到了前所未有的广度和深度，在许多问题上形成了共识，在仍有分歧的地方亦开展了积极而开放的对话。这些研究已经取得了一些阶段性、富有建设性的成果。经过改革开放以来多年的理论探究、上下求索和实践应用，我们也深深感觉到，对马克思主义宗教观的正确理解和科学运用，关键之处就在于要学会并掌握马克思主义认识和解决宗教问题的方法，即应该把对马克思主义宗教观的方法论探讨作为基本探讨和基础研究。这样才能纲举目张、把握真理、科学发展、避免失误。为此，本文将重点展开对马克思主义宗教观的方法论探讨，并具体阐述马克思主义宗教观"以唯物史观为基础"和"强调存在决定意识"这两个最基本的方法论原则。

一 以唯物史观为基础

马克思主义对宗教加以认识和理解的方法，是以唯物史观为基础的。马克思主义将唯物史观视为正确认识宗教问题的前提和指南。恩格斯指出："唯物史观是以一定历史时期的物质经济生活条件来说明一切历史事实和观念、一切政治、哲学和宗教的。"① 根据这一重要原则和基本立场，马克思主义对宗教的本质、其起源和发展，都是基于其得以存在的"物质经济生活条件"，注意其具体的"历史时期"和"历史事实"。这种宗教理解是把宗教置于整个社会的经济发展和物质状况之中去分析，依据宗教借以产生和存在的具体历史条件来说明。也就是说，应该从"物质经

---

① 恩格斯：《论住宅问题》（1872—1873），载《马克思恩格斯选集》第 2 卷，人民出版社1972 年版，第 537 页。

济生活条件"来看思想文化发展，从"经济基础"来分析由此所奠立的"上层建筑"和所形成的"意识形态"。因此，马克思主义乃从对社会生产力和生产关系、经济基础和上层建筑等深入研究的角度来剖析宗教的本质，从而形成其从社会存在探讨社会意识、从现实社会寻找宗教秘密的研究方法及原则。这种唯物史观的认知方法和从物质经济基础入手来展开整体分析的研究进路，对我们今天认识和研究宗教仍然有着非常重要的指导意义。根据这一认知方法，可以说，不同的"物质经济生活条件"、不同的"历史时期"和"历史事实"，以及不同的"社会基础"和"社会背景"，会产生出不同的宗教或教派；同一历史时期和社会背景中我们所看到的共存的不同宗教和不同教派，也必须首先根据它们各自在"物质经济生活条件"上的不同来分析、区别，其次才能观察它们在思想、文化、教育、社群、传承上的不同影响，对之加以深入、细致和具体的说明。由此而论，我们应该对今天宗教多元发展的现象基于这一方法来对其群体、社团进行社会学、经济学意义上的"物质经济生活条件"之剖析，然后才是对其他方面的参照、考虑。而对于同一宗教在不同"历史时期"和不同"物质经济生活条件"中的发展嬗变，也应根据这一基本方法来分析、研究其不同，捕捉其发展变迁的原因、线索及特点。就此而论，虽然不可忽视相关宗教信仰传统的历史延续，但更应关注它们在"新的时期"、"新的社会条件"及其影响下的维新、创新、变革和发展。

方法论问题决定了研究事物的出发点之选择，由此而影响到其路向正确与否。运用唯物史观的科学方法，马克思主义强调要"始终站在现实历史的基础上，不是从观念出发来解释实践，而是从物质实践出发来解释观念的东西"。[①] 在认识和界定宗教上，过去人们习惯于就宗教现象来谈现象，以观念来解释观念。从精神来说明精神，企图以其精神现象本身来说明宗教的本质。对此，马克思主义认为，不要抽象地谈论宗教的本质，因为"宗教本身既无本质也无王国"，"只有到宗教的每个发展阶段的现成物质世界中去寻找这个本质"。[②] 也就是说，宗教在不同的时代、不同的社会中有其极为具体的精神特征和现实反映。要弄清某一宗教在相关社

---

① 马克思、恩格斯：《德意志意识形态》（1845—1846），载《马克思恩格斯选集》第1卷，人民出版社1972年版，第43页。

② 马克思、恩格斯：《德意志意识形态》（1845—1846），载《马克思恩格斯全集》第3卷，人民出版社1960年版，第170页。

会中的真正意义和作用，就必须实事求是地了解这一宗教在其存在的社会政治制度中的精神追求、价值判断、道德标准、政治意向和社会实践，把握其适应社会的态度和方式，评估其社会作用及影响。这里，马克思主义研究宗教的指导思想和基本方法乃是调查研究、客观分析、实事求是。由此，认识宗教不是从抽象观念到其社会现实，而恰恰相反。马克思曾形象地比喻说，"我们不是到犹太人的宗教里去寻找犹太人的秘密，而是到现实的犹太人里去寻找犹太教的秘密"。"我们不把世俗问题化为神学问题。我们要把神学问题化为世俗问题。"[①] 这实际上已经指明，研究宗教这一人类精神现象的方法是要找出产生这一现象的现实社会基础，从这一基础出发来分析、解剖相关问题，而不能仅以一种抽象的思辨方法来囿于精神现象之内来说明精神之源及其发展变化。同样，马克思主义的这一认识方法也要求我们不能囿于任何现成的判断和结论，而必须弄清这些判断和结论所依据的现实条件、历史背景、物质经济状况和相应的社会发展。不是从观念到观念，而是从现实来揭示观念之反映。不是简单地应用任何判断或结论，而必须首先弄清它们的来源和依据，这样才能科学地运用前人根据其现实之依而达到的科学结论。如果从经典作家关于宗教的现成判断或结论来看，其基本认知是以"问题意识"来看待宗教，即宗教的出现乃人的存在或意识"出了问题"，尤其是指出"产生"这些宗教的"社会"出了问题；也就是说，宗教不是简单的认识问题，而是社会问题。如果从"找问题"的角度来看宗教，认为"宗教"或"宗教发展"在根本上还是"不好"，是一种"有问题"的社会存在，那么，其归根结底是看到了"社会问题"，即一针见血、直截了当地指出其"社会不好"，故而产生了"不好"的宗教。所以，按照马克思主义的方法论，从"不好的"宗教看到了当时欧洲"不好的"社会，这是正确的、客观的，也是马克思主义开展无产阶级革命的原因和动力。这正是马克思主义从"宗教批判"转向"社会批判"、"政治批判"、"法律批判"和"经济批判"的根本理由。而我们今天看待在中国的宗教，则没有必要先入为主地非要认为宗教"不好"，从而不顾马克思主义所特别强调和突出的"社会关联"；若坚持如此去认为及做出判断，这样就可能会教条主义地"看出"或"推出"

---

① 马克思：《论犹太人问题》，载《马克思恩格斯全集》第 3 卷，人民出版社 2002 年版，第 169 页。

不符合事实的结论。恰恰相反，我们应该客观地看到宗教今天在中国发展的"正常的"、"好的"、"积极的"方面，从而得以从"好的宗教"推论出"好的社会"，形成"积极引导宗教与社会主义社会相适应"的良性互动。这才是基于马克思主义方法论而对于马克思主义宗教观的客观理解、正确认识，并应根据中国社会主义社会实践而对之加以创新性继承与发展。

马克思恩格斯以唯物史观的方法来对19世纪欧洲资本主义社会中的宗教情况进行了分析、判断，因而其表述和结论乃有其具体的针对性。马克思主义这种研究方法的精髓及灵魂乃在于具体问题具体分析、阐明并强调一切事物都因时间、地点和条件而变化。其唯物史观之方法旨在告诫我们不要忘记其分析研究宗教的历史背景及其时代氛围，指明其对宗教的认识和判断不是抽象、凭空而谈，而乃基于其对当时宗教所依存的社会现象、物质条件，人类历史发展所达到的阶段之具体分析。而且，马克思主义的辩证思想还强调这种认识方法不是静止的、孤立的，而是发展的、变化的、与社会历史变迁相关联的。所以，马克思主义对宗教问题的认识乃突出宗教存在的物质基础、历史背景和时代氛围并提醒人们不要无视宗教由此而形成的运动、发展与变化。只有基于这种审视和考虑，我们才能科学地运用马克思主义关于宗教的观点和阐述使其真知灼见真正得以放之四海而皆准。

二　强调存在决定意识

根据马克思主义认识宗教的方法，宗教与现实的关系乃是存在决定意识的关系，宗教是现实社会、现实生活曲折、复杂的反映，同时又会反作用于社会、现实，产生复杂的影响。马克思说，"这个国家、这个社会产生了宗教"，而不是相反；正是这种"社会存在"决定了"宗教意识"的产生。只是在这一前提下，马克思才针对19世纪欧洲资本主义社会的现实，进而认为当时的宗教是"一种颠倒的世界意识"，其所反映的是资本主义剥削、压迫的现实，"因为它们就是颠倒的世界"。① 因此，我们必须

---

① 马克思：《〈黑格尔法哲学批判〉导言》(1844)，《马克思恩格斯全集》第3卷，人民出版社2002年版，第199—200页。

以马克思主义的这种认识宗教之方法论来正确看待社会与宗教的关系，应在根本弄清宗教现象所依存、所反映的现实基础上分析宗教、认识宗教、界说宗教，并进而看到宗教与其存在的社会之间出现的相互渗透、相互影响、相互适应和相互促进。

中国当今的改革开放给社会带来了天翻地覆的变化，这种"社会存在"与欧洲 19 世纪资本主义的社会存在是截然不同的。因此，当代中国的"社会存在"不应该产生出像 19 世纪西方那样的"社会意识"。我们认识和分析当代中国的宗教问题，理应按照马克思主义"存在决定意识"这一方法论原则来推理，准确把握中国当今社会存在的性质，而不能人为地、随心所欲地打破时空区别来臆想、拼凑宗教意识与社会存在的关系，决不可断言今天的中国社会存在会重新产生 19 世纪西方的那种宗教意识，从而使存在与意识实际上相脱离。正确的方法则应是具体地、客观地分析研究今天中国的社会状况，弄清这种社会存在与今日中国宗教发展的内在关联及其客观规律。按照马克思主义宗教观的方法论来推断，"不好的"、"颠倒的"社会或"世界"会产生"不好的"、"颠倒的"宗教这类"世界意识"；同埋，"好的"、"积极的"社会要么根本就"不再"产生"宗教"（如果我们把宗教完全视为消极的、不好的、颠倒的社会意识的话），要么产生的宗教作为这一"好的"、"积极的"社会存在的意识也势必是"好的"、"积极的"、"正常的"宗教，至少其本身应涵括有积极因素，从而也会给我们的社会带来积极的作用和影响。若带着先入为主的"敌情"观念来看待当今中国宗教，实际上已经脱离了"存在决定意识"这一基本方法。

很显然，马克思主义认识宗教的方法既能帮助我们从社会现实出发来把握宗教、了解宗教的根源和本质在其所依存及反映的社会现实，又能提醒我们辩证、能动地洞察宗教与社会的关系，充分认识到宗教对其存在之社会也会产生的影响和作用。中国自改革开放以来，其"社会存在"已发生了深刻变化，尤其是目前"我国已进入改革发展的关键时期，经济体制深刻变革，社会结构深刻变动，利益格局深刻调整，思想观念深刻变化"。① 我们应该密切关注和认真研究"当代中国正在发生广泛而深刻的

---

① 中共十六届六中全会《决定》。

变革",① 看到"从生产力到生产关系，从经济基础到上层建筑都发生了意义深远的重大变化",② 真正认识到当今中国社会存在的真实特征及其特色。在对宗教的认识与评价上，我们也必须"彻底否定'以阶级斗争为纲'的错误理论和实践",而应该从构建和谐社会的积极角度来认识和评价当今中国的宗教存在，以及这一"社会意识"与中国当前"社会存在"的辩证关系。

由此可见，认识并把握马克思主义的宗教观，必须遵循唯物史观这一基本方法。我们应在具体的物质经济条件和时空背景中对相关宗教的存在及作用加以具体分析，得出准确的判断和正确的结论。如果脱离马克思主义经典作家论述宗教的时空背景而对之随意套用或机械照搬，以静态历史观来代替动态发展观，以抽象继承法来取代历史唯物论，结果就会造成时空的错位、范式的混淆，犯下经验主义或教条主义的错误。所以说，马克思主义所指明的认识和界说宗教的正确方法，就是基于物质条件、位于时空处境、源于现实生活、置于社会存在。这种唯物史观的认识态度和研究方法，是我们今天必须继承和发扬的，而且也必须长期坚持的。总而言之，我们研究当今中国的宗教存在与发展，首先必须学会正确理解和运用马克思主义宗教观的方法论，将马克思主义的基本原理和方法与中国实际有机联系起来。正如胡锦涛总书记在"十七大"报告中深刻指出的："马克思主义只有与本国国情相结合、与时代发展同进步、与人民群众共命运，才能焕发出强大的生命力、创造力、感召力。在当代中国，坚持中国特色社会主义理论体系，就是真正坚持马克思主义。"③

---

① 胡锦涛：《高举中国特色社会主义伟大旗帜　为夺取全面建设小康社会新胜利而奋斗》，人民出版社 2007 年版，第 1 页。

② 同上书，第 14 页。

③ 同上书，第 12 页。

西部民族地区社会稳定的
价值及其表现

谢俊春[*]

西部民族地区是我国多民族聚居区，文化多元，宗教复杂是当前群体性事件的多发地带。西部民族地区的稳定是西部地区的经济社会发展的基础和前提，关系到边疆的巩固和我国现代化的实现。由于西部民族地区的社会稳定从整体上看，虽然表现为民族关系融洽、宗教和睦相处、经济社会发展和社会治安良好，整个社会表现出一种公正的状态，人与人之间互相尊重、和衷共济。但是，在西部民族地区近年来发生的事件，像贵州"瓮安事件"、云南"孟连事件"和"丽江事件"、甘肃"陇南事件"等群体性事件以及西藏"拉萨事件"、甘肃"甘南事件"、四川"阿坝事件"、新疆"乌鲁木齐事件"等群体性暴力犯罪事件说明在社会转型加速期，在西部民族地区的社会矛盾和社会冲突也进入了一个新的阶段，西部民族地区公民的非制度参与日益频繁。在这些事件的背后，无一例外都有着一定的社会政治心理在起作用，极大地威胁西部民族地区的社会稳定和边疆安全。

一

西部民族地区所处的地位决定了西部地区的社会稳定是事关全局的重大问题。第一，西部民族地区的社会稳定能极大地促进西部民族地区的经济社会发展。社会稳定是西部民族地区发展与改革的前提和保障。由于历史和现实的双重原因，西部民族地区在经济社会发展方面总体上落后于东

---

* 谢俊春（1963— ），博士，甘肃山丹人，西北师范大学马克思主义学院教授，研究方向为马克思主义理论与思想政治教育。

部地区和中部绝大多数地区，加快改革步伐，改变西部地区的落后面貌是西部地区各族人民的共同愿望。但是，如果没有一个安定的社会环境，暴力恐怖势力猖獗，社会动荡不安，人心惶惶，不但不能吸引区外境外的资金、技术和人才，而且现在取得的成果也会因为社会动荡不安而流失，开发西部的战略目标就会落空。邓小平指出："要实现自己的发展目标，必不可少的条件是安定的国内环境与和平的国际环境。"① 国际经验证明，动乱必然带来经济社会发展的停滞和倒退。改革开放 30 多年西部地区之所以取得如此大的成果，社会稳定是最重要的因素。第二，只有西部民族地区社会稳定，才能保持边疆的安定与巩固，保证国家的领土主权不受侵犯。"我国的陆地边界，西部地区占了百分之五十七点三。"② 西部地区与中亚、西亚、南亚等地区的 14 个国家接壤，陆上边境线长达 1 万多千米，是我国通往南亚和中亚的重要门户，是保障国家安全的重要前沿，具有特殊的战略地位。只有西部地区广大民众将自己的政治经济诉求纳入制度化、法律化的轨道，安居乐业，维护祖国统一，反对分裂，形成安定团结、和睦相处的社会环境，才能为巩固边防打下最深厚的基础。西部边疆地区历史上与周边国家遗留下了诸多领土争端，某些外国势力还在觊觎我国边疆领土，国内还有极少数分裂分子企图分裂国家。只有社会安定、经济繁荣和地方政权稳固，才能挫败各种分裂势力的阴谋，保证国家统一和领土完整。第三，西部民族地区的社会稳定既是构建和谐民族关系的重要途径，又是民族关系和谐的重要表现。"历史发展表明：国家统一、民族团结，则政通人和、百业兴旺；国家分裂，民族纷争，则丧权辱国、人们遭殃。"③ 西部民族地区的社会动乱，首先表现为各民族之间的纠纷和冲突。西部地区有 50 个少数民族聚居，占我国少数民族总人口的 50%。除了朝鲜族、赫哲族、满族、达斡尔族、毛南族、高山族等少数民族外，其他各少数民族在西部地区都有聚居地。只有保持社会稳定，各民族之间才能友好往来，互相学习、互相交流、共同发展，最终在市场经济作用下，实现经济一体化和社会结构一体化，形成互相依赖、互相促进的关系，使一体多元的和谐民族关系格局得以巩固。第四，西部民族地区的社会稳定

---

① 《邓小平文选》第 3 卷，人民出版社 1993 年版，第 360 页。
② 《江泽民文选》第 3 卷，人民出版社 2006 年版，第 58 页。
③ 《江泽民文选》第 1 卷，人民出版社 2006 年版，第 182 页。

关系到我国现代化建设的大局，也关系到中华民族伟大复兴的目标能否实现。"少数民族和民族地区的经济社会发展，直接关系到我国整个现代化建设目标的顺利实现。民族地区的现代化同全国其他地区的现代化，少数民族的振兴同整个中华民族的振兴，是密不可分、互相促进的。"① 西部地区资源富集，潜在市场巨大，在我国现代化建设中占据着独特的地位。以西藏为例，其面积占全国面积的1/8，是全国的五大牧区之一，蕴藏着丰富的矿产、水能、地热、旅游资源和独具特色的动植物资源，有着巨大的经济发展潜力。促进西部民族地区的经济发展，把潜在的资源优势逐渐变为现实的经济优势，不仅首先会造福于各少数民族群众，而且对促进整个国家的发展将日益发挥重要作用。从全局看，中国的现代化首先起于东部，最后完成于西部。只有西部民族地区社会稳定，才能为东部的发展提供广大的市场和大量资源，并保持长江、黄河源头良好的生态环境，减少东部地区灾害发生频率，减轻就业大军东移对东部地区造成的就业、教育、社会保障和社会治安等压力。只有西部地区社会稳定，东西部才能发挥各自的区位优势，做到全国经济社会发展一盘棋，构筑我国经济安全的堡垒，促进我国现代化早日实现。第五，西部民族地区社会稳定对整个国家的政治稳定都具有重大的意义。西部民族地区的社会稳定，涉及整个国家的稳定；西部民族地区的安全，涉及整个国家的安全。社会动乱具有传染和扩散的特性。目前我国改革开放进入关键时期，利益群体快速分化，各个利益群体之间的利益矛盾和利益冲突非常尖锐，群体性事件层出不穷。如果西部民族地区社会不稳定，必然引发其他地区的社会矛盾，酿成大规模的社会动乱。

二

马克思主义认为，事物总是处于不断发展变化之中，稳定就是事物的质保持不变的状态。社会稳定就是社会在相当长的时期处于良性运行和协调发展的状态之中。从社会关系来看，表现为社会群体的社会活动的组织性和社会关系的协调性，即社会群体的各种社会活动或社会行为都按照一定的社会规范得到了有效的组织，人们之间的社会关系在一定的社会规范

① 《江泽民文选》第1卷，人民出版社2006年版，第182页。

的指导下显得协调、融洽，社会成员无根本利害冲突，社会各个群体、各个阶级阶层之间能够实现良性互动，整个社会表现出一种公正的状态，人与人之间互相尊重、和衷共济。从政治权威来看，政府和现行的社会规范能够有效地组织人们的社会活动，协调人们之间的社会关系，即使人们在社会生活中出现了一些超出现行社会规范的行为，人们之间在社会关系上出现了一些不协调、不和谐的情况，也能够有效地限制在一定的范围内，不会对社会生活产生毁灭性的影响。同时，在民族政治共同体中，绝大多数公民确信政治权威的合法性，认同和服从政治领袖和政府，政府的法律和政策能得到比较顺利的贯彻执行。从社会结构来看，具有多元性、平等性、流动性和现代性的阶级阶层结构。在一定范围内保持阶级阶层的多元性，可以鼓励先进，鞭策落后，强化竞争和激励机制，调动社会成员的积极性和创造性，形成阶级阶层结构内部的动力源，有利于一个社会国民经济持续快速稳定发展，从而为社会稳定奠定坚实的经济基础。在一个稳定的社会，各阶级阶层的差别更多地表现为社会分工和社会成员所从事的职业不同，而不是社会成员占有社会资源的差异，社会在起点、规则和结果方面公正地对待每一个社会成员。在政治上，各阶级阶层都是平等的，有同等的选举权和被选举权，政治参与的机会也是相同的，社会成员之间不存在按照财产多少、民族类别、地域差异、受教育程度高低、有无家庭背景而获得不同权利的情况。在经济利益的获取上，一方面社会为所有成员提供选择职业的自由，另一方面社会给予所有成员平等的自由从事经济活动的权利。在一个稳定的社会，社会通过行政干预和教育等手段，防止社会优势阶层在职业和身份方面产生代际内继承现象，上升性社会流动是社会流动的主流。同时，阶级阶层结构是"橄榄型"的。政府和社会通过完善市场经济体制、发展教育事业、促进科技进步、制定公平的分配制度以及实施反贫困的公共政策，防止出现"葫芦型"社会结构，使中等收入阶层占社会主体，成为社会上层和社会底层的"缓冲层"，有效地消除极端思想和暴力行为的发生。

对于西部民族地区来说，社会稳定还具体表现为：一是民族关系融洽。由于我国的民族关系是建立在生产资料公有制的基础之上的，各民族具有根本利益上的相对一致性和目标的相同性，决定了各民族之间是一种友好合作的关系，是劳动人民之间的关系。在这种关系格局中，汉族离不开少数民族，少数民族离不开汉族，少数民族互相也离不开，中华民族政治共同体与国家共同体得到高度认同，形成一个不分彼此的中华民族大家庭；因为民族压迫、民族歧视和民族不平等的根源得以消除，使各民族获得了平等的政治地位、经济地位和社会地位；各民族的风俗习惯、语言文字和宗教信仰得到尊重，优秀文化得以传承和发扬；各少数民族地区的经济、政治、文化和社会获得发展，各民族在经济社会和文化发展水平方面的差距逐步缩小。二是宗教和睦相处。在宗教信仰复杂多元的民族地区，不同宗教之间和同一宗教的不同教派之间能互相尊重；各宗教都能遵守党和国家的法律和宗教信仰自由的政策，服从宗教管理，做到宗教与政治相分离、与教育相分离，不以宗教干涉政治事务、以宗教教育代替国民教育；各宗教和各教派都能约束本教的教职人员和信徒，充分理解和尊重其他宗教的宗教仪式和宗教习俗，自觉维护正常的社会秩序；各宗教和教派从事宗教活动能服从和服务于国家利益和中华民族利益，结合时代特点对宗教作出符合社会进步要求的阐释。三是中央与民族自治地方关系协调。在单一制的国家结构形式下，中央享有最高权力，全国只有一个中央政权、一部宪法、一种法律体系，是国际交往中的国际关系主体，它制定和实施整个国家的发展规划。同时，充分尊重各少数民族的民族自主权和自决权，实行民族区域自治，依照当地民族的政治经济和文化特点，行使自治权力。在这种制度框架下，中央和民族自治地方不存在权益之争，中央和民族自治地方权限清晰，中央支持民族自治地方行使自治权，支持民族自治区域经济、政治、文化和社会发展，民族自治地方尊重和维护中央权威，不搞地方保护主义，中央和地方互相配合、互相支持，构成中央和地方和谐的政治关系。四是社会治安良好。"搞好社会治安，是关系广大群众切身利益，保证社会稳定和经济发展的大事。"[1] 社会治安状况反映着一个社会的稳定度，稳定的社会必定是社会治安良好的社会。如果犯罪现象丛生、人人自危，这样的社会就不是一个稳定的社会。所以，在一个稳定的社会中，绝大多数社会成员都应具备现代公民素养，尊崇民主、自由、平等、公平、正义、法治、和谐、秩序等价值，珍爱和平与安定的生活，有强烈的权利意识、责任意识和道德意识；在利益冲突中，各利益群体的利益主张合理、合法，利益诉求行为理性，都乐意和习惯通过协商、谈判、沟通、妥协解决问题；社会成员善于利用现有制度渠道和法定程序

---

[1] 《江泽民文选》第 1 卷，人民出版社 2006 年版，第 236 页。

维护权益；人与人之间互相忍让、互相帮助，遵守道德和法律，对社会安定有序有强烈的期盼，对破坏社会安定和社会秩序的行为能自觉地进行抵制。五是不存在改变现存社会政治秩序的企图和力量。西部地区的各民族、各新社会阶层、各宗教界人士都能被纳入现存政治体系，不存在游离于现存政治体系的任何社会力量，更不允许与现存政治体系相对抗的力量存在；各利益主体的利益诉求都有畅通的表达渠道，合理的利益要求通过正当的程序就可以得到满足。

民间信仰对新农村建设的影响及对策

邵路才[*]　李园园^{**}　陈建松^{***}

社会主义新农村建设是个全方位的系统性工程，由于包括了物质文明建设和精神文明建设，缺少其中任何一方都是不完整的。民间信仰在中国广大农村地区有一定的市场，其影响相当广泛，对社会主义新农村建设有重要影响。因此，要通过加快发展农村的生产力、提高农民的文化素质、宣传社会主义的核心价值观、加强对民间信仰的管理、提升民间信仰的文化品格并对民间信仰进行积极引导使之更好地与社会主义相适应，推进社会主义新农村建设。所以，在社会主义新农村建设中，在大力发展农村经济的同时，积极开展社会主义精神文明建设，充分吸收包括民间信仰在内的传统文化优秀成果，成为"乡风文明"的重要组成部分对构建社会主义新农村极为重要。

一　民间信仰与新农村建设

（一）民间信仰的内涵

人不能没有信仰，没有信仰的生命等于没有灵魂。民间信仰是指那些长久在中国社会广大基层民众中广泛存在的、属于非官方的、非组织的、具有自发性的一种情感寄托、崇拜以及伴随着精神信仰而发生的行为和行

* 邵路才（1977—　），男，河北沧州人，硕士，讲师，河北沧州医专，主要从事马克思主义理论与实践研究。

** 李园园（1982—　），女，河北沧州人，学士，河北沧州医专，主要从事思想政治教育与研究。

*** 陈建松（1981—　），男，河北沧州人，学士，河北沧州医专，主要从事思想政治教育与研究。

动，即"民众中自发产生的一套神灵崇拜观念、行为习惯和相应的仪式制度"。① 它不像正统宗教那样有严密的组织、系统的经典教义和严明的教规，但又自然地兼容和吸收了正统宗教的不少观念与仪式，活动方式贴近民众生活，简单易行，形式多样，而且还具有相当明显的地域性。民间信仰的主体是农民群众，它的主要阵地在农村，因而对社会主义新农村建设的影响尤为突出。②

（二）社会主义新农村建设内容

建设社会主义新农村是我国现代化进程中的重大历史任务，要按照"生产发展、生活宽裕、乡风文明、村容整洁、管理民主"的要求，坚持从各地实际出发，尊重农民意愿，扎实稳步推进新农村建设。社会主义新农村的文化建设是指在加强农村公共文化建设的基础上，开展多种形式的、体现农村地方特色的群众文化活动，丰富农民群众的精神文化生活。乡风文明，是农民素质的反映，体现农村精神文明建设的要求。只有农民群众的思想、文化、道德水平不断提高，崇尚文明、崇尚科学，形成家庭和睦、民风淳朴、互助合作、稳定和谐的良好社会氛围，教育、文化、卫生、体育事业蓬勃发展，新农村建设才是全面的、完整的。③

二　民间信仰对新农村建设的影响

（一）民间信仰对新农村建设的积极作用

1. 发挥着道德教化的作用

民间信仰蕴含着敬畏感恩、忠孝节义、惩恶扬善、与自然和谐相处等精神理念。它弘扬爱国主义与民族精神，引导民众参与社会公益事业。自然崇拜、土地崇拜中蕴藏着热爱自然、爱护环境等生态伦理思想。许多地方神具有弘扬社会正气、惩恶扬善的积极作用。祖先崇拜，促进家庭团

---

①　钟敬文：《民俗学概论》，上海文艺出版社 1998 年版，第 27 页。

②　陈传善：《论民间信仰对社会主义新农村建设的影响》，《宿州学院学报》2009 年第 6 期。

③　《中共中央关于制定国民经济和社会发展第十一个五年规划的建议》，2005 年 10 月 11 日（http：//haike. baidu. com/view/2668684. htm）。

结，维护社会和谐。①

2. 促进地区性经济发展

民间信仰作为一种传统文化资源具有一定的经济开发利用价值，对促进地区性经济发展有十分重要的作用。以民间文化为载体，能够有效地促进经济的交流与发展，带动地区经济的快速、持续、健康发展，并能更好地保护传统优秀文化。

3. 加强对外联系的平台

民间信仰作为中华民族传统文化的重要组成部分，具有很强的凝聚力、向心力、感召力和整合力，是炎黄子孙联系的重要纽带。在与港、澳、台同胞及海外的联系过程中，民间信仰起到了一定的积极作用，"寻根热"已成为一个流行的词汇。

4. 丰富了农村的文娱活动

民间信仰具有文化娱乐功能，极大地丰富着农村的文化生活，如其中的音乐、戏曲、舞蹈、绘画、灯会、传说故事等，这些原生态文化是中国传统文化的重要组成部分。这些文娱活动贴近群众、贴近生活，灵活多样，内容丰富，喜闻乐见，易被群众接受。

（二）民间信仰对新农村建设的消极影响

1. 对主流意识形态产生消解

改革开放以来，西方思想观念大量涌入，一些腐朽思想与民间信仰相结合，对主流意识形态产生极大的消解作用。农民的实用主义和小农意识开始盛行，对集体主义和爱国主义造成冲击。国外宗教势力通过民间信仰传输西方价值观，严重消解社会主义核心价值观在人民群众心目中的影响。

2. 封建迷信扰乱人的思想

民间信仰的核心理念仍是有神论、万物有灵论、因果报应论等，对民众的思想产生极大的毒害。近年来，我国农村地区一些迷信活动重新抬头，如看风水、占卜与巫术等。它们甚至和现代科技手段相结合，给民众造成极大的迷惑性，如电脑算命就受到众多网民推崇。

---

① 贾廷秀、周从标：《论民间信仰对社会主义新农村建设的影响》，《理论月刊》2007年第7期。

3. 易被邪教利用危害社会

随着宗教政策的松绑，在广大农村，民间信仰得到迅速复苏。宽松的信仰环境也滋生了邪教、伪科学、地下宗教的出现，如"法轮功"、"门徒会"等，他们大肆宣扬生病不吃药、不打针，祷告治病，给人民的生命财产带来危害。

4. 易被不法分子利用破坏稳定

民间信仰易被不法分子利用，他们采取一些欺骗性的手段来蒙蔽民众，对社会的稳定与发展产生破坏作用。在现实社会中，一些不法分子利用民间信仰进行诈骗活动，骗人钱财，害人性命；一些不法分子利用民间信仰散布谣言，蛊惑人心，危害社会。

三 积极引导与规范管理民间宗教信仰的对策

(一) 加快发展农村生产力

"加快农村经济发展，增加农民收入是稳定农村社会秩序、巩固农民政治信仰的重要措施。新时期的农民不再是五六十年代的农民，他们已需要切切实实的利益来诱导，他们需要从现实的好处中来证实这种理论和信仰的价值所在。越来越具有市场精神和经济理性的农民，不再信奉那些被宣传得极为崇高的理论。因而让农民逐步富裕起来，让农民的生活质量不断提高，是巩固农民政治信仰的根本措施。"① 调动民众建设社会主义新农村的积极性、创造性，培养艰苦奋斗的致富观，明白供奉财神不是等待命运的垂青，而是将美好的愿望与科学的致富观结合起来。

(二) 提高农民的文化素质

民间信仰的信众，与他们的科学文化程度较低有很大的关联性，大多是老人、妇女、文化水平低者或文盲。没有文化素质的提高，不会树立科学的精神信仰。农民素质提高的关键在于加强农村教育。加大基础教育的投入力度，切实改善教育设施，提高农村办学条件。对农民的精神信仰进行正确引导，繁荣农村文化生活，提倡科学、积极、健康向上的精神信

---

① 朱兴涛：《陇中泰县农民精神中信仰问题调查报告》，2006 年 4 月 13 日（http://www.ccrs.org.cn）。

仰。目前，很多地方开展的文化下乡、健身协会、秧歌队等文娱活动就是
很好的引导方式。

（三）社会主义核心价值观引领民众精神信仰

在农村，社会主义核心价值体系建设应主导民众的精神文化建设，引
领广大民众树立科学的世界观、人生观、价值观和社会主义共同理想信
念，努力践行社会主义荣辱观，养成文明健康的生活方式，努力在农村社
会形成知荣辱、讲正气、促和谐的良好风尚，促进农民群众自我管理，自
我约束，弘扬正气，抵制歪风。充分调动农村信众的积极性，引导他们加
快发展生产，创造财富，建设美好生活。

（四）提升民间信仰的文化品格

挖掘民间信仰中的优秀成分，消除其迷信、消极等不良内容，提升民
间信仰的文化品格。一方面，要努力挖掘民间信仰中的良风美俗，弘扬中
华民族传统美德，丰富民众精神文化生活，对于诸如黄帝、孔子、屈原、
关羽等历史人物，可由相关部门组织编写真实的宣传材料，乃至组织祭祀
活动，科学地阐释民间信仰所传承的文化精神，大力弘扬其中的积极意
义，有效遏制当前民间信仰中存在的消极因素。另一方面，彰显民间信仰
的文化价值，提升民间信仰的文化品格，使之成为传播精神文化的有效载
体。对民间信仰中与社会时代精神相契合的优秀成分，广泛宣传，使之深
入人心，在民间信仰中形成强势地位。近年来，许多地方开展围绕民间信
仰和民俗活动为中心的文化节，取得了很好的效果，提升了民间信仰的文
化品格。[①]

（五）加强对民间信仰事务的管理

完善民间信仰事务管理体制，明确主管部门，将管理职责落实到位。
完善相关管理制度，进行科学化管理，规范民间信仰活动，避免放任自
流。由于民间信仰的复杂性，实际工作中需要分类管理。对于比较正规、
比较成熟，与佛教、道教有着深厚历史渊源关系的民间信仰，在自愿的原

[①] 张祝平：《论社会主义新农村建设中的民间信仰问题》，《湖北社会科学》2008 年第
3 期。

则下，可考虑分别归入佛教、道教，按宗教政策来管理。对于大量的中间部分，要明确其民间信仰属性，由当地宗教事务部门参照对宗教的管理，进行分级分类、属地管理。对巫婆、神汉乱搞迷信活动的，坚决予以取缔。特别要警惕少数民间信仰与邪教、非法宗教、国外宗族势力、黑社会势力相结合，形成不稳定因素。[①]

（六）依法管理民间信仰事务

依法管理民间信仰事务，将其纳入法律轨道，其目的就是保护合法、制止非法、抵御渗透、打击犯罪。任何时候，都不能以信仰自由和政教分离原则为借口，脱离依法对民间信仰事务的管理。当前，加强规范化管理，排除一些民间信仰堂点开展活动时因群众过多而出现的安全、卫生、消防等方面的隐患，强化用法律手段来处理存在或产生的问题。在依法处理民间信仰问题时，要严格区分不同性质、不同类型的矛盾，有针对性地采取不同的方法加以妥善处理，绝不能伤害具有强烈爱国心的群众信仰感情。运用法律手段妥善解决农村中因民间信仰问题而导致的各类突发性事件，有效地维护农村社会的稳定与发展。

[①]　张剑：《关于我国民间信仰问题的理论政策思考》，《中国宗教》2007 年第 7 期。

第四篇　马克思主义中国化与思想政治教育

马克思主义中国化与新中国现代化模式的启动与转向

——兼论马克思主义中国化与中国现代化关系

李　斌[*]

新中国的现代化进程经历了两次选择，即新中国成立初期的全面启动和改革初期的转向并分别形成了"国家主导型"和"社会主导型"两种发展模式。由于在两个阶段的现代化进程中，马克思主义中国化都为各时期现代化的启动和转向构筑了基础条件，即对现代化历史课题的科学回应、对现代化政治权威的成功塑造和对现代化社会基础的有效构建证明，新中国现代化的社会实践与马克思主义中国化的发展历程相统一，二者互为条件，相互促进，共同构筑了中国社会主义现代化建设的伟大历史进程。因为，在近现代中国的国家现代化建设始终是历次革命与改革的核心，现代化的成败直接关系着国家的兴衰荣辱，其中马克思主义理论不仅以其巨大的真理发挥了不可替代的指引作用，还以其与中国实践相结合的中国化形式显示了旺盛的现实生命力。所以，马克思主义中国化是马克思主义基本原理与中国具体实践相结合的历史过程，是马克思主义在中国的具体运用和丰富发展。在党领导国家推进现代化建设中，尤其是现代化面临停滞及危机的关键时期，中国化的马克思主义理论成果高瞻远瞩地对历史难题进行了科学回应，从而保证了党领导的现代化建设顺利进行。

一　近现代中国现代化的历史困境及必备条件

近代中国的现代化是在西方列强的压力下被迫开启的，在新中国成

---

* 李斌（1984—　），男，云南玉溪人，西北民族大学马克思主义学院讲师，主要研究方向为马克思主义中国化与社会现代化。

立前的 100 多年里，各种政治力量都曾试图开启中国现代化的历史进程，这其中，有地主阶级的努力，以洋务运动为其主要代表的器物层面的现代化最终因缺乏政治制度的变革而失败，资产阶级维新派努力以其君主立宪的政治理想推进开启国家现代化，最终却因军权及社会基础的缺失而不了了之。在清廷的制度框架下，现代化的机遇已经一再丧失，辛亥革命成为又一次开启国家全面现代化的历史时机，但是，这个亚洲第一个共和国却也因不敌封建势力而陷入长年的军阀混战，尽管其也在一定程度上推动了中国的现代化。在诸多现代化政治力量轮番登场之后，南京国民党政权成为最有希望开启中国现代化的一股力量，在其所谓的"黄金十年"发展中，中国现代化确实有过短暂的启动，也得到了一定的发展，但是，就是这样一个在诸多旧势力中最具现代化取向的政治力量，却也最终逃脱不了失败的命运。中国的现代化进程何以一再丧失时机、在几十年的挣扎中艰辛而难有起色？成为近代中国现代化发展的历史难题。

现代化启动为何一再失败？还得从近代中国现代化发展的内部历史条件加以考察。半殖民地半封建的社会状况、小农经济占统治地位的社会经济结构，使得开启现代化的内生动力难以在近代中国社会内部有效生成，传统势力对于现代化的阻碍力量过于强大，由此形成了近代中国特有的现代化失败路径依赖。一般而言，现代化启动取决于三个方面的因素：其一是坚定的现代化权威力量的形成，即现代化的精英群体；其二是现代化权威对现代化的时代难题所进行的及时有效回应；其三是能够提供现代化发展持久动力的稳定社会基础的形成。遗憾的是，在近代中国，几乎难以同时形成以上三个方面的要素，从而一再延缓了中国现代化的历史进程。首先，自清末以降，各种进步政治力量都试图充当现代化的当然权威，但都无一例外地难以逃脱被旧势力瓦解、变质的命运，即便是最具现代化取向的南京国民党政权，在其执政后也迅速成为官僚资本、地主豪绅等封建权力经济的代言人，最终丧失其现代性，难以承担起推动国家现代化持续发展的历史重任。其次，各种现代化的精英群体也难以对中国现代化启动的时代难题做出科学回应，这其中包括对中国社会性质、发展阶段、现代化启动条件、外在环境的科学分析，30 年代的社会性质大论战虽然使这一问题得以初步提出，但各种力量都始终难以形成一致共识，更难以形成有效方案；再次，作为"后发外生型现代化"的典型，近代中国社会内部难以形成启动现代化的初始动力，深厚的封建小农社会基础并不能提供推动现代化的内在动力，近代以来基层社会的溃败更使其自身缺乏内在整合能力，这样的基层社会不可能成为现代化启动的基础，对其加以深刻改造成为历史的必需，遗憾的是，各种现代化力量都忽视或怯于触及这一层面，从而在封建权力的包围下丧失现代性。当然，我们也应该看到，作为现代化新兴力量的资产阶级也在发展，并不断构建着有利于现代化发展的社会基础，然而，在过于强大的旧势力的排挤下，这一阶级也不得不在夹缝中求生存，最终被官僚资本和封建势力所挤压。可以说，这也正是最有可能启动现代化的南京国民党政权丧失最后一点现代性的表现。

近代中国正是在这样的路径依赖中徘徊行进的，即一方面具有现代眼光的新兴现代化精英，在国家面临现代化机遇时，轮番充当现代化权威，却又在开启现代化的过程中逐渐被瓦解与腐蚀，蜕变成为封建权力经济的代言人，从而因丧失现代性而致使现代化失败；同时，由于现代化权威内部整合机制的缺失和外在环境的强力压迫，导致各派精英难以形成国家现代化的共识及方案，从而难以在诸如社会性质、发展阶段、历史任务等问题上作出科学回答。另一方面这些轮番登场的现代化权威都怯于触及封建社会基础，从而导致现代化内在社会动力的缺失，最终导致现代化失败。而这两方面却又互为因果，共同形成了近代中国一再错失现代化机遇的路径依赖。跳出这一怪圈、开启现代化进程并使之具有持久发展动力，不仅需要对现代化的重大问题作出正确回应，而且需要保证现代化政治权威坚定的现代性不发生蜕变，更需要实现现代化社会基础的深刻变革。

带领中国走出这一历史怪圈的正是以马克思主义为指导的中国共产党，党在领导人民经过长期的革命和建设的过程中，不仅实现了国家独立，而且在新中国成立后成功开启了现代化历史进程，走出一条"国家主导型"的现代化模式，并在经历挫折后，又成功实现了现代化模式向"社会主导型"的转向，两次历史性转变的实现，都是中国共产党在各个历史阶段根据国情作出的正确选择，都是我们党将马克思主义基本原理与中国具体实际相结合的实践产物，尤其是现代化启动和转向的历史条件，更是在马克思主义中国化的两次历史性飞跃中成功构建起来的。

二　马克思主义中国化的第一次历史性飞跃与"国家主导型"现代化模式的全面启动

按照一般意义上的划分，国家现代化可分为"先发内生型"和"后发外生型"两类基本模式，二者的区别不仅仅在于时间上的先后顺序，更在于其现代化启动并推进的动力来源。在"先发内生型"模式中，现代化的动力主要来自于社会内部，是基层社会成员自发实现的历史过程，而在"后发外生型"现代化模式中，国家的作用就显得尤为重要，不仅需要承担起现代化启动的初始成本，而且需要具备强大的社会动员能力及坚定的现代化取向。

新中国成立之初，选择什么样的现代化发展道路以摆脱近代中国现代化困局，成为中国共产党必须认真思考的历史课题。实质上，在革命战争中逐渐走向成熟的中国共产党，早已将马克思主义的现代化取向与中国具体实际的结合过程中，自觉地选择了一条适合中国国情的现代化启动及推进道路。在这一过程中，以毛泽东思想为代表的马克思主义中国化第一次飞跃的各个具体理论成果，已经在逐渐构建着新中国现代化启动的具体历史条件。

（一）科学回应了"革命后社会"现代化启动的历史课题

新中国诞生于革命战争之中，中国共产党也是通过领导人民进行革命战争而一步步取得胜利的，党所选择的现代化模式的条件早已经孕育于革命战争时期。在经历了早期现代化的屡次失败之后，五四前后，关于中国的现代化该如何启动的问题就成为马克思主义在中国首先要解决的关键问题，而这一问题又包含着以下几个子问题，即中国究竟是一个什么样的社会？中国革命的性质、历史任务、动力、前途究竟是什么？这也正是马克思主义中国化第一次历史性飞跃所要解决的核心问题。在领导中国革命的进程中，以毛泽东为代表的中国共产党人，自觉地将马克思主义基本原理与中国具体实际相结合，逐步形成了新民主主义革命理论，并在这一理论的指导下取得了中国新民主主义革命的胜利，实现了民族独立和人民解放，成功构建起中国现代化启动的先决条件。

新中国成立初期，以毛泽东为代表的中国共产党人，在继续探索新的历史条件下该如何全面开启中国现代化进程的过程中，又将马克思主义与中国当时的实际紧密结合，试图走出一条高速发展的现代化暨工业化道路。早在1949年新中国成立前夕的七届二中全会上，毛泽东就指出了中国由农业国向工业国转变，由新民主主义向社会主义转变的历史任务。针对我国当时所处的现代化发展阶段，他明确指出社会主义国家在工业化过程中的主导性作用。新中国成立初期，苏联社会主义工业化的成功经验成为了当然的借鉴，毛泽东等在借鉴苏联经验的基础上，又提出了马克思主义和中国实际的"第二次结合"的问题，试图探索出一条适合中国发展的社会主义现代化道路。在《论十大关系》中，毛泽东对我国现代化的发展道路和模式选择进行了新的思考，并形成了丰富的理论成果。与此同时，对于我国"国家主导型"现代化模式的外在环境，毛泽东也作出了科学的判断和分析，认为新中国不能走向封闭，必须在对外交往中实现社会主义工业化，但又必须认清当时的国际形势，在两大阵营的对峙中，中国必须而且只能倒向苏联社会主义阵营一方。新中国成立初期，毛泽东正是将马克思主义基本原理与中国具体实际相结合，科学地分析了中国工业化的发展方向、发展道路、外在环境等重大问题，从而为成功开启中国现代化进程提供了理论指导。尽管在1957年之后，其对中国现代化道路的判断一定程度上脱离实际，但新中国成立初期的探索仍然具有十分重要的指导意义。

（二）推动了"革命型"现代化政治权威的成功塑造

近代中国各阶级的精英群体都试图充当中国现代化的政治权威，然而都陷于失败，究其原因，乃在于各派精英都缺乏彻底的、坚定的现代化取向，内部涣散而缺乏整合，缺少强有力的社会动员及改造能力等，而这些方面的缺陷又源于其本身的阶级局限。作为以马克思主义为指导的无产阶级革命政党，中国共产党自诞生之日就具有其他势力所不具备的当然优点，并在长达28年的革命实践中不断推进马克思主义的中国化，从而在新中国成立初期塑造了一个坚定的"革命型"现代化政治权威，为新中国"国家主导型"现代化模式的开启提供了必要的权威保障。

首先，作为最具革命性和科学性的现代化学说，马克思主义不仅以其超强的现实解释力为中国革命指明了方向，而且成功塑造了具有坚定现代化取向的政治权威。马克思主义非常注重无产阶级政党的建设，马克思曾指出："工人阶级在反对有产阶级联合权力的斗争中，只有组织成为与有产阶级建立的一切旧政党对立的独立政党，才能作为一个阶级来行动。"①以毛泽东为代表的中国共产党人，创造性地发展了马克思主义关于无产阶级政党的学说，提出了一系列保障党的现代化取向的党建原则。一方面，针对我国及党内无产阶级力量薄弱、非无产阶级思想广泛存在的现状，毛泽东根据列宁的党建学说，创造性地发展了"思想上建党"的党建理论，从而保障了党的无产阶级性质和坚定的现代化取向而不被各种落后旧势力所瓦解剥蚀；另一方面，毛泽东、刘少奇等人还坚决纠正了各种急于求成的民粹主义错误，提出了诸如"新资本主义"之类的符合马克思主义唯物史观的科学论断，从而保证了党的现代化取向的科学性。

其次，在将马克思主义中国化的过程中，党成功探索出一整套党的建设的科学理论和党建原则，从而在革命时期及新中国成立初期保证了党的团结。一方面，以毛泽东为首的党的第一代领导集体，将建设一个全国范围的、广大群众性的、思想上政治上组织上完全巩固的党作为一项伟大工程，在将马克思主义运用于中国具体实践的过程中，探索出诸如"把思想建设放在党的建设的首位"、"坚持民主集中制"、坚持"三大作风"、"正确处理党内矛盾和开展党内斗争"等党建原则，并创造性地运用整风运动对党员进行马克思主义教育，从而在最大限度上保证了党的团结和党的战斗力；另一方面，在即将夺取政权之际，毛泽东又在七届二中全会上告诫党内同志：在胜利面前保持清醒头脑，在夺取全国政权后要经受住执政的考验，务必使同志们继续地保持谦虚、谨慎、不骄、不躁的作风，务必使同志们继续地保持艰苦奋斗的作风。

再次，在将马克思主义中国化的过程中，党还不断增强了其社会动员和改造能力，并形成了一整套社会动员及改造策略。改造旧社会、构建新社会是无产阶级政党的重要历史使命。以毛泽东为首的第一代领导集体非常注重党在打破旧社会制度、建设新社会中的作用，一方面，毛泽东非常重视党的基层组织建设，并视其为确保党的行动力的基础，早在土地革命战争时期就创造了"支部建在连上"的组织形式，并把它作为提高人民

---

① 《马克思恩格斯全集》第18卷，人民出版社1964年版，第165页。

军队战斗力的根本制度，新中国成立初期，毛泽东更加注重党的基层组织建设，使其在各次大规模社会改造中发挥了更加不可替代的作用；另一方面，中国共产党人还创造出诸多动员手段和策略，诸如"洗脸"、"诉苦"等方式，并强调阶级动员和教育群众的重要性，毛泽东曾指出："严重的问题在于教育农民。"党的组织的有力量和策略的有效性，共同构筑起党作为现代化权威的社会动员及改造能力，为现代化初期所必需的大规模社会动员提供了坚实的保障。

（三）促进了"革命后"现代化社会基础的高速构建

马克思主义认为，社会主义的实现必然是建立在社会化大生产的基础之上，小农经济不可能成为社会主义的现实基础。马克思曾在《路易·波拿巴的雾月十八日》一文中对小农经济作出过深入细致的分析，指出小农经济的分散性、封闭孤立性和行政支配的特点。近代中国现代化失败的历程也一再证明，小农社会基础的根本变革是现代化启动的先决条件，任何不触及小农分散社会基础而仅仅进行政治变革的革命和改革，都难以推动现代化真正起步。究其原因，一方面在于小农经济的孤立和封闭难以提供现代化发展的内生动力；另一方面则在于小农经济不断地产生着封建的生产关系，并使之成为阻碍中国现代化启动的因素。新中国成立初期，我国"国家主导型"现代化模式的选择，也必然要求对社会基础进行改造。中国共产党人正是在将马克思主义中国化的进程中，不断构建起可以支撑新中国"国家主导型"现代化社会基础的。

以毛泽东为代表的党的第一代领导集体，将马克思主义的"社会主义革命"学说与中国具体实际相结合，发展出了具有中国特色的"社会主义改造理论"，不仅实现了新中国高度组织化的社会基础的构建，而且实现了在不破坏生产力、不导致社会动荡的前提下的和平改造。经过社会主义改造，支撑"国家主导型"现代化模式的基层社会被成功建构起来，在当时，社会力量的薄弱明显难以承担启动现代化的历史重任，国家的主导成为历史的必然，而高度组织化的基层社会则为国家的工业化提供了积累源泉和稳固基础，成为新中国成立初期我国跳出近代以来现代化困局并成功启动现代化进程的关键环节。

三　马克思主义中国化的第二次历史性飞跃与
"社会主导型"现代化模式的转向

在经历了现代化发展的挫折之后，中国现代化发展模式需要全面反思并重新选择，"国家主导型"的现代化模式已经难以承担起新时期高速推进现代化的历史重任，以邓小平为核心的党的第二代领导集体，在总结国内外现代化建设成败历史经验的基础上，意识到激发社会内生动力在现代化发展中的关键作用，从而在实践中逐步探索出一条"社会主导型"的社会现代化新路。在这一过程中，马克思主义与中国具体实际的开始了第二次真正理论与实践的结合，并成功实现了马克思主义中国化的第二次历史性飞跃，马克思主义的现实解释力不断提高，成为改革开放新时期现代化全面转向的自觉先导。具体而言，关于马克思主义中国化第二次历史性飞跃在改革初期现代化模式转向中的作用，主要表现在以下三个方面。

（一）及时回应了改革条件下现代化转向的历史课题

改革开放的伟大实践需要正确理论的及时指导，科学理论的生命力在于其能够与时俱进地不断解释并指导着实践的发展，正如新中国成立初期我国现代化的全面起步需要对当时的历史课题进行有力的回应一样，改革开放初期我国现代化模式的全面转向也同样需要对当时的历史课题作出科学回应。为此，以邓小平为核心的党的第二代领导集体在时代主题、社会主义本质、改革的动力、条件等方面都作出了科学判断和分析，从而为现代化的全面转向提供了理论指导。

首先，通过对时代主题的科学回应，为现代化的转向提供了理论前提。是指人类社会某一发展阶段中带有全球性、战略性和关乎全局的核心问题。是国际社会在一个较长时段里所面临的主要任务和主要课题。对社会主义国家来说，时代主题是观察和处理国内国际问题的出发点，制定对内对外战略的根本依据。在改革开放新的历史条件下，邓小平通过对国内外新形势的分析，指出："现在世界上真正大的问题，带全球性的战略问题，一个是和平问题，一个是经济问题或者说发展问题。和平问题是东西问题，发展问题是南北问题。概括起来，就是东西南北四个字。"①这一科学论断，为我国向新型的开放式现代化的转向提供了理论依据，从而在战略环境的高度为"社会主导型"现代化模式的启动及推进指明了方向。

其次，通过对社会主义本质和发展阶段的科学论述，提供了现代化转向的理论基础。一方面，为突破以高度集中的计划经济为模式特征的现代化发展路径，邓小平从社会主义本质的高度，指出社会主义的本质是解放生产力、发展生产力，消灭剥削，消除两极分化，最终达到共同富裕。从而将社会主义的本质与具体特征区分开来，为我国现代化的市场化转向扫清了障碍，也提供了我国改革开放的合法性依据。另一方面，对现代化历史课题的回应还需要对我国所处的发展阶段作出科学判断，为此，邓小平经过反复思考，提出我国正处于并将长期处于社会主义初级阶段的科学论断，并明确了初级阶段"三步走"的发展战略，从而将对国情的认识提高到一个新的高度，增强了对历史课题回应的全面性。

（二）推动了"发展型"现代化政治权威的成功塑造

新中国成立初期"国家主导型"现代化的启动，需要"革命型"现代化权威的领导一样，改革初期向"社会主导型"现代化的转向也需要相应地形成新型的现代化权威，在改革的具体实践中，党的第二代领导集体经过不断探索，进一步将马克思主义党建学说与改革的新要求结合起来，逐步将我们党塑造成为具有时代特征的"发展型"现代化政治权威。同样，这一历史过程也是马克思主义中国化第二次历史性飞跃的具体表现。

以邓小平为核心的党的第二代领导集体，从社会主义现代化建设全局的高度出发，将党的建设与改革开放的时代要求结合起来，将马克思主义党建学说发展到一个新的阶段，探索了在以"社会"为现代化动力的新时期如何实现党的现代化权威转变、巩固党的执政地位的同时成为现代化的领导核心的问题。一方面，邓小平继承了列宁、毛泽东关于党的建设的基本原则，紧密联系改革开放的新形势和建设中国特色社会主义的新任务，提出了党的建设的新目标。在党的十二届二中全会上，邓小平指出，新时期党的建设总目标和总要求就是"把我们党建设成为有战斗力的马

---

① 《邓小平文选》第 3 卷，人民出版社 1993 年版，第 105 页。

克思主义政党，成为领导全国人民进行社会主义物质文明和精神文明建设的坚强核心"①。这就要求党在新的历史条件下，始终具有坚定的现代化取向，与时俱进地推进自身建设；另一方面，邓小平又从改革的实际出发，提出了党的建设的新路，也即不断推进党的改革和制度建设。1980年，邓小平在《党和国家领导制度的改革》的讲话中强调指出："制度好可以使坏人无法任意横行，制度不好可以使好人无法充分做好事，甚至会走向反面。""领导制度、组织制度问题更带有根本性、全局性、稳定性和长期性。这种制度问题，关系到党和国家是否改变颜色，必须引起全党的高度重视"。② 实践证明，党的第二代领导集体对马克思主义党建学说的发展，对于中国共产党从"革命党"向"执政党"的转向、中国特色社会主义现代化道路的开辟都起到了不可替代的作用。

（三）促进了"内生型"现代化社会基础的构建

改革初期"社会主导型"的现代化转向也对社会基础提出了新的要求。众所周知，改革前"国家主导型"现代化模式下，基层社会被行政权力高度组织起来，缺乏内在活力，国家现代化严重依赖于国家权力的强力推动，社会自主性的缺乏造成了现代化动力明显不足，改革的一个重要目的就是激发社会的内在动力，实现现代化发展方式上的彻底转变。为此，需要重新构筑具有活力的基层社会，这一历史过程同时也是马克思主义基本原理与当代中国具体实践相结合的产物。

一方面，通过"权力下放"的方式，改革高度集中的权力结构，释放社会活力，为构建"内生型"社会基础创造条件。邓小平曾多次提到关于"权力下放"的问题，在十一届三中全会上，他在《解放思想，实事求是，团结一致向前看》的讲话中指出："当前最迫切的是扩大厂矿和生产队的自主权，使每一个工厂和生产队能够千方百计地发挥主动创造精神。"③同时，针对政治权力的高度集中，邓小平也指出："权力过分集中于个人或少数人手里，多数办事的人无权决定……必然要损害党和政府的民主生活、集体领导、民主集中制、个人分工负责等等。"④邓小平关于

---

① 《邓小平文选》第 3 卷，人民出版社 1993 年版，第 39 页。
② 《邓小平文选》第 2 卷，人民出版社 1993 年版，第 333 页。
③ 同上书，第 146 页。
④ 同上书，第 329 页。

"权力下放"的思想是对社会主义苏联模式的突破，在一定程度上发展了马克思主义关于社会管理方式的思想，为我国现代化模式转向中社会基础的构建提供了理论和制度前提。另一方面，突破计划经济是社会主义唯一经济形式的传统观念，通过市场机制培育出具有活力的社会力量，成功构筑了推动"社会主导型"现代化发展的结构性动力。计划经济是马克思主义经典作家对未来社会经济形式的理想化构建，然而，对于社会主义发展的各个阶段采用什么样的经济形式，经典作家并未做过多论述。一直以来，苏联式的计划经济都被认为是社会主义的唯一经济形式，但在实践中这一经济形式却凸显出诸多弊端，我国改革的重点就是要改革这一经济体制，为此，邓小平从阐述社会主义本质出发，逐渐科学地区分了经济体制和社会制度的不同范畴，确立了建立社会主义市场经济体制的发展目标。在这一历史进程中，崛起的市场力量成为"社会主导型"现代化模式的内生动力，从而在改革实践中成功构建起适应现代化转向要求的"内生型"现代化社会基础，实现了现代化动力从"国家"向"社会"的顺利转变。

四　马克思主义中国化与当代中国现代化进程的历史性推进

纵观新中国成立60多年的现代化历程，在经历了新中国成立初期全面启动的"国家主导型"现代化和改革初期转向的"社会主导型"现代化两类模式的进程中，马克思主义都以其与中国具体实际相结合的方式发挥着巨大的现实解释力及指导作用，并在各自阶段构建着现代化的必备条件。在中国，现代化进程与马克思主义中国化的历史进程是统一的，二者相互促进，共同构筑了我国现代化的发展架构。

当前我国正面临着现代化向着纵深推进的历史新课题，这就对当代马克思主义中国化提出了更高的要求，笔者认为，要持续发挥马克思主义中国化在当代中国现代化推进中的巨大作用，使当代中国马克思主义焕发出新的生机和活力，就必须在以下几个方面推进马克思主义中国化进程。

（一）持续推进马克思主义中国化、时代化、大众化，增强马克思主义对现代化历史课题的回应力度及现实解释力

马克思主义的生命力在于其对现实的巨大解释力，主要表现在对现实

历史问题的回应上面，即对发展难题、发展阶段、发展道路、发展途径和前途的解释。新中国成立以来我国现代化发展的历程表明，对各阶段现代化问题的及时科学地回应，是现代化成功推进及转型的先决条件，也是马克思主义中国化不断推进的重要内容。

现阶段我国现代化正面临着如何向纵深推进的阶段性问题、改革的动力显得不足，各类社会矛盾及问题集中凸显，这些问题的解决，有赖于马克思主义中国化的持续推进，其中蕴含着马克思主义时代化和大众化的历史要求，只有不断地、切实地推进理论创新，在形成新的理论成果的基础上推进马克思主义的时代化、大众化，增强其现实回应力度和解释力，才能巩固马克思主义在当代中国的指导地位，同时为当代中国现代化的推进提供持续的理论支撑。

（二）将马克思主义中国化与党的权威转型紧密结合起来，合理定位党与国家、社会之间的关系

经过 30 多年的改革发展，作为现代化权威的中国共产党已经实现了由"革命党"向"执政党"的初步转型，领导方式和执政方式也发生了相应的转变，然而，党的建设任务也还非常艰巨，在新阶段，如何实现党在日益复杂的执政环境中继续保持并提升现代化权威的合法性，成为马克思主义中国化需要着力解决的一个重大问题。历史已经证明，顺应各个时代的阶段性历史要求是党成为现代化领导核心的关键。现阶段，面对社会新阶层的不断出现、社会矛盾的复杂多变和日益凸显，执政党要提升执政能力，就必须发挥马克思主义对现代化权威领导方式的阐释力度，合理定位在党与国家、党与社会之间的关系，消除旧有的体制障碍，从而实现党的领导方式的"现代化"和"内在化"，确保党的现代化权威即核心地位不动摇。

（三）在推进马克思主义"大众化"的同时努力实现马克思主义"化大众"，为当代中国现代化推进提供持久的社会动力

现代化社会基础是现代化得以启动、转向和持续推进的重要条件。建国初期，正是高度组织化的基层社会支撑起了"国家主导型"现代化模式的启动，改革以来，现代化的成功转向和推进也得益于释放巨大活力的"内生型"社会基础的动力支持。现阶段，我国的现代化已经进入深层次

推进的阶段，改革进程面临着新的问题，社会及政治改革的有力推进成为
阶段性的历史要求，这就对社会基础的构建提出了更高要求，建立在更加
理性、包容、合作、协商的社会基础成为现代化推进的必需。而这一任务
的完成则有赖于作为指导思想的马克思主义的及时阐释和科学回应，并将
马克思主义的社会改造能力与现阶段新社会基础的构建结合起来，从而在
推进马克思主义"大众化"的同时实现马克思主义"化大众"的历史任
务，为在 21 世纪成功推进我国的现代化进程创造新的更加稳定、更具活
力的社会基础。

中国的抗日战争为世界反法西斯战争做出了重要贡献

甄喜善[*]

中国在长期的抗日战争过程中付出了巨大的代价，做出了艰苦的努力，消耗和牵制了大量敌人，为世界反法西斯战争做出了重大贡献。因为，在中国长达 8 年的抗日战争是在日本帝国主义变中华民族为日本完全殖民地的情况下，中华民族同日本帝国主义之间进行的一场生死存亡的斗争，是世界反法西斯战争的重要组成部分。在抗击日本的过程中，中国战场是开辟最早、结束最晚、中间从未停止过的唯一战场。中国人民在亚洲大陆上承担了反对日本法西斯的主要责任而起着举足轻重的作用。毛泽东说："中国在八年抗日战争中，为了自己的解放，为了帮助各同盟国，曾经作了伟大的努力。"[①] 所以，对中国在第二次世界大战中的地位和作用作出符合历史实际的科学评价，摆正中国抗战的国际地位，对中华民族在世界反法西斯战争中的重要贡献作回顾，以此纪念壮烈牺牲的革命先烈，激励后人不忘革命先烈的英雄事迹，缅怀革命先烈的丰功伟绩，继承革命先烈的遗志等，对当前的国际形势的把握，乃至我国现代化建设事业的顺利进行大有裨益。

一　中国人民在抗日战争中表现出了极其强大的反抗能力

日本帝国主义侵华的图谋由来已久，而且野心很大。早在 19 世纪末

＊　甄喜善（1966—　），男，硕士，甘肃环县人，教授，现任西北民族大学马克思主义学院副院长，主要研究方向为马克思主义理论、中国近现代史和民族理论与政策。

①　《毛泽东选集》第 3 卷，人民出版社 1991 年版，第 1033 页。

期，就挑起了中日之间的甲午战争，逼迫腐败无能的清政府签订了丧权辱
国的不平等条约——《马关条约》，从中攫取了大量特权，特别是给日本
以任意投资设厂的特权，从此使中国对帝国主义的资本输出敞开了大门。
不仅如此，日本还企图通过占领中国，进而称霸世界。到了 20 世纪 20 年
代，它就策划"利用中国的富源"，"和赤俄发生冲突"，"与美国一战"。
正是有着这种征服世界的狂妄企图，日本于 1931 年 9 月，公然践踏《九
国公约》，侵占中国东北，为其进一步实现侵略苏、美创造前提条件，因
为"在对俄作战上，满蒙是主要战场，在对美作战上，满蒙是补给线"①。
日本为实现上述战略企图的猖狂军事行动，加剧了同苏、美之间的矛盾，
遭到了苏美两国的谴责和反对。由于和苏美矛盾的加剧，日本于 1936 年
6 月修改《帝国国防计划》，把苏、美并列为第一"假想敌国"。同年 8
月，日本五相会议制定了《国策基准》，规定日本要"确保帝国在东亚大
陆地位的同时，向南方海洋方面发展"。为此要充实陆军军备使其"与苏
联在远东能使用的兵力相对抗"，在同苏联开战初期就"能给予打击'；
要加强海军军备，"使其能足以对抗美国海军，确保西太平洋的制海
权。"② 1937 年夏天，日本又拟订了以 5 年为期的军备计划和生产能力扩
充计划，以不断增强军事实力，为参加世界大战和实现称霸世界的野心进
行精心准备。日本帝国主义的计划，是同轻视中国人民的抵抗能力联系在
一起的。当时任日本陆相的杉山元竟向天皇保证，侵华战争"可以在一
月之内完全结束"，陆军省的其他幕僚也几乎都认为："一个不可能统一
的分裂的弱国，日本只要表示一下强硬态度，中国立即就会屈服。"③ 由
此可见，在日本的决策中"采取中间突破的方针，先打中国"，攫取丰富
的战争资源，取得强国的战略支点，然后再"南进"或"北进"是个最
理想的方案。但是，日本帝国主义显然是错误地估计了中国人民在外敌入
侵情况下的坚强抵抗能力。中日战争一开始，日本侵略者就遭到中国人民
的沉重打击。卢沟桥抗战中，中国 29 军"不惜牺牲，奋勇冲锋"，和敌
人进行肉搏战，歼灭了很多敌人，同时，卢沟桥附近的铁路工人冒着枪林
弹雨，帮助军队构筑防御工事，当地农民群众自发组织起来也积极支援

---

① 《现代史资料 7·满洲事变》，三铃书房 1977 年东京版，第 144 页。
② 《现代史资料 8 · 中日战争 1》，三铃书房，1977 年东京版，第 361 页。
③ ［日］武藤章：《军务局长武藤章回想录》，1981 年东京版，第 97 页。

29 军，一些青壮年主动帮助军队修路、送情报、运送弹药物资等，七八岁的小孩也端水供士兵磨刀。长城内外，形成了军民共同抗日的热潮，充分显示了中国人民团结御侮的强大力量和从不屈服于任何外来压迫的顽强民族精神。平型关一战，我八路军又歼灭日本板垣师团第 21 旅团 1000 余人，戳穿了日本皇军不可战胜的神话，极大地鼓舞了中国军民的抗战信心。淞沪战役中，日军调集海陆空军 20 余万人，飞机 300 余架，军舰 150 余艘，向上海中国守军发起猛攻。中国调集各路大军驰援上海，在广大人民群众的有力配合下，往返冲杀，英勇奋战达 3 个月之久，使日军伤亡达 4 万之众，打破了日军快速攻破上海的计划。到 1937 年年底，日本向中国战场派遣了约 60 余万人，相当于当时陆军总兵力的 2/3。

1938 年春，日军为了打通南北战场的联系，控制中原和华中，从南北两面夹攻徐州。但我国军队在李宗仁将军的指挥下，一举歼灭日军 2 万余人，取得台儿庄大捷，日军精锐矶谷师团的大部分和板垣师团的一部分在此役中被歼灭。

日军全面侵华战争第一年，伤亡就非常惨重。中国的有力抵抗，陷日本帝国主义于泥沼之中，使其"南进"、"北进"计划严重受阻。为了尽快摆脱困境，阴谋摧毁国共合作的抗日战争最大力量。在汉口作战中，日军投入兵力近 38 万人，这是在整个中日战争中动用兵力规模最大的一次战役。针对日军的军事行动，中国国民党军事当局调集李宗仁等部 100 多个师的兵力沿长江两岸保卫武汉。敌我双方进行了大规模的会战，历时三个多月。中国军队和人民群众在这次战役中对日军进行了有力的抵抗。据日方统计，仅参加武汉战役的日军第二、第十一军在作战中损伤即达 31000 多人。武汉最后虽为日军所占领，但国共既未分裂，中国也未投降。相反，由于日军占领区的日益扩大和对中国侵略的不断加深，迫使更多的中国人民起来进行更有力的抗击日本的斗争，从而使日本的侵略企图不能得逞。

二 中国的抗日战争承担了世界反法西斯的重任

第一，中国的抗日战争打破了日军北进与德军会师西伯利亚的阴谋计划。日本军部早在 1933 年就制订了进攻苏联的北进计划。1938 年 7 月，日军出动 7000 多人，大炮 30 余门，抢占位于临近朝鲜的中苏边境，制造了张鼓峰事件。苏军出动 2 万多人，大炮 100 余门，坦克 200 多辆，从 8 月初开始反攻。双方经过 5 天激战，日军被击败。1939 年 5 月，日军又在中国东北西部的中蒙边境制造了诺门坎事件，以数万人的兵力，发动了规模较大的反苏军事挑衅。双方出动了飞机、坦克和大炮。苏蒙军队从 8 月 20 日起展开了猛烈的攻势，分南、中、北三路进行反击，打得日军一败涂地，仓皇而逃。

日军两次挑衅都吃了败仗的原因是，日本的主力被牵制在中国，日军正在进攻武汉和广州。按照日本首相阿部信行的话说，日本政策的核心在于处理中日事变，一旦与中国议和，即可威胁苏联。当然，苏联也看到了日苏之间所存在的尖锐矛盾，终究免不了大战，苏联将面临德日东西夹攻的危险。针对这种情况，1940 年斯大林对将要出发去中国担任苏联驻华大使馆武官的崔可夫说："你的任务，驻华大使馆全体人员的任务，是紧紧束缚日本侵略者的手脚。只有这样，才能在德国侵略苏联时避免两线作战。"① 日本一再纵容德国进攻苏联。日本外相松冈洋右对德国驻日大使奥托说，苏德战争爆发，日本一定支持德国，并从东边配合，攻打西伯利亚。1941 年 6 月 22 日，苏德战争爆发后，德国力促日本进攻海参崴，夹击苏联。当时苏联为了对付德国在西线的大举进攻，东部防务减弱。这是多年来日本侵略者求之不得的进攻苏联的大好时机。但据服部卓四郎洪称，大本营的方针是："帝国不论世界之情势演变如何，仍坚持一贯方针。建设大东亚共荣圈。仍努力于中国事变的处理。"② 7 月初，当日本统治集团在御前会议上讨论进攻苏联的问题时，"枢密院议长原敬声称：'我请求政府和最高统帅部尽快地进攻苏联。苏联必须消灭掉。'陆相东条英机支持原敬的意见，但他指出，兵力不足和正在继续进行的'中国事变'妨碍日本立即参加对苏战争。"③ 这件事弄得日本外相松冈里外处于被动地位，对德国食言，在国内受冷落。其实，是日本侵略军受到中国人民全面抗战，特别是华北抗战的牵制，心有余而力不足，因而始终未能实现它的北进计划。这样，就使苏联不仅在卫国战争过程中能够避免两面作战的危险局面，而且当德军打到莫斯科近郊，苏联卫国战争处于十分困

---

① ［苏］崔可夫：《在华使命》，新华出版社 1980 年版，第 12 页。

② ［日］服部卓四郎：《大东亚战争全史》，俄文节译本，第 86 页。

③ ［苏］格列奇科主编：《第二次世界大战史》第 4 卷，1975 年莫斯科俄文版，第 244 页。

难的境况下，苏联还有可能从远东方面调出 8 个步兵师、13 个坦克师和航空部队，去救莫斯科之急。所以说，中国坚持八年之久的抗日战争，实际上也同时在保卫着苏联，对苏联的卫国战争给予了重大的支援。

第二，中国的抗日战争推迟了日本侵略者南进的时间，粉碎了与德国法西斯军队会师的计划。1940 年春夏之际，希特勒的闪电战在西欧得逞于一时，在短短的一个多月的时间里，侵占了很多国家。这对日本法西斯南进来说，无疑是最好的时机。日本法西斯认为一旦控制东南亚的丰富资源，就能解决侵华战争的一切需要，在经济上和军事上完全支配亚洲。所以从 1940 年 6 月起，日本陆军参谋本部就派遣特务，到南洋各地活动，并制定以武力南进为基本内容的作战指导方针。正如美国驻日本大使格鲁向国务院的报告中所说的："德国人的胜利就像烈酒一样，进入日本沙文主义者的头脑，使他们认为这是他们实现自己扩张美梦的黄金时机。"① 的确，当时在西太平洋及东亚地区享有宗主权的欧洲国家，受到极大的削弱，希特勒不仅在欧洲逞凶狂，并极力怂恿日本南进。日本法西斯也被德国囊括西欧的侵略成功弄得眼花缭乱，又得到希特勒的撑腰打气，侵略气焰十分嚣张，国内"不要误了公共汽车"的侵略舆论甚嚣尘上。6 月底，日本陆相召集陆军省人员训话，发誓要迎接这千载难逢的好机会，利用欧洲战局在远东造成的有利形势，向南洋地区扩大侵略战争。

是什么原因使日本侵略军推迟了太平洋战争的发动呢？还是中国的抗日战争捆住了日军扩大战争的手脚。1940 年 7 月，毛泽东明确指出："日本帝国主义正在准备向南洋侵略。加紧向中国进攻……我们的任务是团结一切抗日力量，反对投降分子，战胜一切困难，坚持全国抗战。"② 根据党中央的方针，八路军总部于 1940 年 8 月发动了"百团大战"。在三个半月中，大小战斗 1800 余次，毙伤俘日伪军 46 万余人，极大地破坏了敌人控制的交通设施和能源基地。与此同时，中国的正面战场的战斗也很激烈，1940 年日伪军的伤亡达 27.3 万人。原来，是中国人民的抗日战争，使日本法西斯失去了扩大侵略的行动自由，它不得不暂时放弃南进的计划，推迟太平洋战争的发动。

1941 年 12 月，日本侵略军冒险发动了太平洋战争。但是，它既不能

---

① ［美］弗兰西斯、米勒：《第二次世界大战史》，1945 年费城英文版，第 316 页。
② 《毛泽东选集》第 2 卷，人民出版社 1991 年版，第 761 页。

抽出上百万在华日军，更无法利用中国的人力和物力。这就限制了日本法西斯的侵略范围，埋下了它彻底失败的种子。美国总统罗斯福对他的儿子伊利奥说："假如没有中国，假如中国被打坍了，你想一想有多少师的日本兵可以因此调到其他方面来作战？他们可以马上打到澳洲，打下印度——他们可以毫不费力地把这些地方打下来。他们并且可以一直冲向中东……和德国配合起来，举行一个大规模的夹击，在近东会师，把俄国完全隔离起来，吞并埃及，切断通过地中海的一切交通线。"① 如果这样，全世界反法西斯战争的局面就会大大改观了。历史事实充分证明，中国的抗战不但为了自救，而且在全世界反法西斯阵线中尽了它的伟大责任。

第三，中国抗日战争是世界反法西斯战争的主要战场之一。中国抗战八年，正面战场和敌后解放区战场都给日本侵略者以重大打击。虽然中国每一战的规模不及盟国之大，但战斗次数之多，比盟军不知要超过多少倍。尤其是解放区战场，经常开展的是人民游击战争。它无处不在，无时不有。它每天每夜打，各个地方同时打，有战斗能力的每个人都在打，积小胜为大胜，加起来战绩是十分辉煌的，这就是人民战争的显著特点和巨大威力。

从日本侵略者投放在中国的兵力可以看出来：1937 年，日本侵略军总共为 24 个师团，在中国战场上就有 21 个师团，约占 90%，1938 年日军扩充为 34 个师团，在中国战场就有 32 个师团，约占 90% 以上，1939 年日军扩充为 41 个师团，在中国战场就有 34 个师团，约占 80% 以上，1941 年日军扩充为 51 个师团，在中国战场就有 40 个师团，约占 80%，比日本在太平洋战场上初期的陆军兵力要多三倍左右。从日本侵略军发动太平洋战争直到 1945 年战败为止，由于中国人民的英勇抗击，日军被迫经常在中国战场上保持 27—29 个师团的兵力。这就是说，在这几年里，中国战场都牵制着一半以上的日本侵略军。

从日本侵略军在战争中的伤亡人数来看，也是如此。日军总共伤亡160 万左右，其中中国战场为 133 万余人，占 83.1%，而在太平洋和亚洲其他战场，被美、英、澳、荷等国军队击毙和死于伤病者，共计 19 万人，被苏军在中国东北、朝鲜、南库页岛和千岛群岛击毙的，共 8 万余人。从盟军在亚洲和太平洋战场的伤亡人数看，同样如此，中国军队伤亡的数字

① ［美］伊旦奥·罗斯福：《罗斯福见闻秘录》，上海新群出版社 1949 年版，第 49 页。

为 381 万，美军为 33 万，苏军为 3.2 万。

从以上情况可以看出，中国的抗日战争承担了世界反法西斯战争的重要责任，付出了巨大代价。

三 中国抗日战争有力地支援了英美的对日战争

1941 年 12 月太平洋战争爆发后，由于受到中国战场的有力牵制，日军没有能力冲进中东地区，这就使从伊朗进入里海，直通苏联中心地带的交通要道畅通无阻。英美借此要道为太平洋战争运送了大量的物资，保证了太平洋战争的胜利。在第二次世界大战中，这条要道的运输量超过北大西洋海路。同时，通过此要道，英、美等国还有力地支援了苏联的反法西斯战争。据统计，自太平洋战争爆发到 1945 年大战结束，英、美和加拿大各国向苏联提供了 1700 万吨各种物资，而其中有 1220 万吨是通过这条通道运抵苏联的，占总吨位的 72%。这样，英、美和苏各盟国间不仅军事上可以东西呼应，而且在战略物资上也紧密结合起来对共同进行反法西斯斗争是十分有益的。从上可知，中国的抗日战争对英美的对日斗争给予了有力的配合和支援。

参考文献

1. ［日］重光葵:《日本侵华内幕》，齐福霖、李松林等译，解放军出版社 1987 年版。

2. 《抗日战争研究》1995 年第 1 期，中国抗日战争史学会主办，中国社会科学院近代史研究所编辑。

3. 《抗日战争时期的八路军和新四军》（中国现代史资料丛刊），1953 年 7 月第 1 版，1980 年 8 月北京第 3 次印刷，人民出版社出版。

4. 中共中央党史资料征集委员会编:《中共党史资料 18》，中共党史资料出版社 1986 年版。

5. 中共中央党史资料征集委员会编:《中共党史资料 20》，中共党史资料出版社 1986 年版。

6. 中共中央党史研究室著，胡绳主编:《中国共产党的七十年》，中共党史出版社 1991 年版。

"狱中红色党校"：建设学习型党组织的可鉴范式[*]

杨洪林[**]

在 20 世纪 30 年代被关押在北平"草岚子监狱"中以杨献珍、孔祥祯、殷鉴、薄一波、刘澜涛、安子文等为代表的共产党人，通过建立狱中党支部，组织共产党员和难友翻译、学习、研究、传播马克思主义理论和共产国际文件，秘密创办地下刊物，把白色恐怖的监狱建构为"狱中红色党校"，他们也同时努力培养了大批优秀党员和高级干部、革命家、政治家、哲学家、教育家等，创造了中共党史和国际共运史上的奇迹，为推进学习型党组织建设提供了可资借鉴的范式。因为，他们把反动派囚禁共产党人的牢狱，化为学习马克思主义理论的"狱中红色党校"，锻造了一批有较高马克思主义理论修养的优秀党员和高级干部，为中国革命和社会主义建设建立了卓越功勋。所以，在中国共产党把思想理论建设作为党的根本建设，努力建设学习型政党进程中对"'草岚子'狱中红色党校"进行考察、深入研究具有重要理论意义和实践价值。

一 "草岚子监狱"地下党支部的建立及对敌斗争

"草岚子监狱"具有较高的知名度，与一批中国共产党高级干部、著名学者的命运和党的秘密战线的对敌斗争息息相关，与马克思主义理论在中国的翻译、学习、传播密切相连。

---

[*] 本文为国家社科基金"杨献珍与马克思主义哲学中国化研究"项目，编号：09BZX013。

[**] 杨洪林（1950— ），湖北省郧西县人，武汉纺织大学二级教授、博士生导师，享受国务院政府特殊津贴专家。研究方向为马克思主义哲学、中国传统文化。

1. "草岚子监狱"的历史考察

1931 年夏，在北平地安门外后门桥帽儿胡同，东北宪兵司令部直属看守所内，关押着杨献珍、殷鉴、孔祥祯、薄一波、刘澜涛、魏文伯、刘锡五、张友清、胡锡奎等，他们大多被判处死刑。此后，又被转押至北平陆海空军副总司令行营军法处，被押者还有在天津被捕的陈原道、刘亚雄、安子文、周仲英等共产党人。

1931 年秋，这批人又被转押至"北平军人反省分院"（总院在南京），地址在东距北海不远的草岚子胡同，"草岚子监狱"由此得名。美其名曰"反省分院"，实质上是为了关押政治犯而设的新监狱。监狱面积不大，周围设置了电网和岗楼，看守十分严密，监狱关押多则 100 多人，少则六七十人。被关押的政治犯主要是在天津和北平被捕的顺直省委（后为河北省委），以及从北方各地抓捕的共产党员。许多同志曾担任省委、市委、特委书记、秘书长、部长、团中央候补委员和团市委书记等重要领导职务。

2. "草岚子监狱"中地下党支部

1932 年春，蒋介石对政治犯实行"反省政策"，派遣特务进行诱降、逼降。规定"草岚子监狱"中的政治犯必须进行"反省"，刊登"反共启事"，履行手续，才能释放出狱。规定六个月为一期，对三次审查拒不"反省"者"军法从事"，直至枪毙。在敌人的威逼利诱下，出现了动摇、脱党分子，甚至叛徒。为了反对敌人的"反省政策"，领导狱中对敌斗争，殷鉴、孔祥祯、陈原道、杨献珍、薄一波、安子文等组建了狱中党支部。党支部的建立使狱中斗争有了领导核心，成为同敌人"反省政策"斗争的坚强堡垒。党支部对狱中共产党员开展革命气节教育，把"慷慨赴死易，从容就义难"作为共产党员的座右铭，要求党员在铁窗岁月里接受各种考验，保持崇高气节和坚忍不拔的斗争意志，在斗争中求生存、提高水平，随时准备"从容就义"，努力争取"红旗出狱"。在党支部领导下，党员们同监狱当局展开了长期艰苦卓绝的斗争，挫败了敌人一系列阴谋诡计。

二 "狱中红色党校"创立了中共党史上学习型 党组织建设的范例

用马克思主义理论武装的中国共产党本质上就是一个学习型政党，在革命战争年代无论是在正面战场，还是在秘密战线都体现了这一特质。在"草岚子"狱中党支部领导下，党员们以顽强的革命精神和隐蔽斗争方式，组织翻译、学习、研究马克思主义理论，把敌人囚禁、迫害共产党人的牢笼，变成传播马克思主义理论、培养党的领导干部的"狱中红色党校"，堪称学习型党组织建设的范例。

1. "狱中红色党校"创建了翻译马克思主义理论著作的园地

党支部认真分析所处形势，决定利用漫长狱中岁月组织学习马克思主义理论，提高思想理论水平。规定每个党员不论文化水平高低，都要学习马克思主义理论，文化低的要补习文化，有条件的还须学习外语。杨献珍是党支部负责宣传工作的学习干事，由他组织理论学习。监狱当局禁止政治犯接触进步书刊，规定通过邮寄或亲友探监带来的资料必须是公开出版的，而且要经狱方检查批准。杨献珍和几位懂得外语的同志发挥了关键作用。当时，法国人开设的北京饭店内，附设了由法国共产党创办的"东方书报流通社"，出售英、俄文报纸、杂志和书籍。有马、恩、列、斯外文著作，共产国际机关报，英文版《国际通讯》，俄文版《布尔什维克》杂志等。他们把钱交给争取过来的看守去购买，看守和管理员不懂外文，无法检查。买来的外文书刊，英文由杨献珍和廖鲁言等翻译，俄文由殷鉴、孔祥祯等翻译，刘子久也参与翻译，杨献珍是主要翻译者。译完后在狱中各号子秘密传阅。阅毕后由杨献珍收回，用水搓洗，倒入马桶，再送到厕所倒掉。

杨献珍翻译了大量马列主义著作，据杨献珍晚年回忆，自己翻译过的英文版书籍有：列宁的《卡尔·马克思》、《帝国主义是资本主义的最高阶段》、《社会主义与战争》，斯大林的《列宁主义基础》、《列宁主义问题》、《马克思主义和民族问题》等，以及共产国际领导人季米特洛夫的《论国际反法西斯统一战线问题》等文章，还有德国共产党总书记皮克、英共总书记等人的文章。① 杨献珍将自己翻译的《马克思主义和民族问题》和《社会主义与战争》两本书的译稿，设法送出狱外出版。《马克思主义和民族问题》译稿交到李哲人手中，不料被警察在搜捕人犯时抢走而未能出版。《社会主义与战争》译稿由看守交给魏文伯的族侄王伯平，经油印后在党内传阅。后来，杨献珍出狱到山西太原工作，一次到王若飞

---

① 关山编：《杨献珍研究资料》，湖南人民出版社1987年版。

那里，王若飞把一本油印的《社会主义与战争》送给他看。杨献珍翻开一看，惊喜地发现此书就是他在草岚子监狱中翻译的文本。

2. "狱中红色党校"建构了学习、研究马克思主义理论的坚强阵地

在狱中党支部的领导和杨献珍精心组织下，这所关押政治犯的"草岚子"监狱，变成了学习、研究、传播马克思主义的"狱中红色党校"。党支部还创办了一个小型秘密刊物《红十月》，由杨献珍和胡锡奎等负责编辑，刊载理论文章和学习心得，传送党和红军的消息。《红十月》刊登过杨献珍写的《要辩证唯物主义，不要唯心主义和形而上学》、殷鉴写的《革命斗争中左倾与右倾试析》、薄一波写的《中国革命之战略与策略的研究》等文章。①狱中的理论学习和研究，提高了大家的马克思主义水平和思想政治觉悟，坚定了革命信念，激励了斗志，保证了长期的狱中斗争。"草岚子监狱"变成了革命者"学习马列主义的大学校"。作为当年同狱难友的薄一波曾高度评价、充分肯定杨献珍在"草岚子监狱"对马克思主义理论研究、教育的重要贡献："杨献珍一生贡献很多，办党校，宣传、捍卫马列主义，这是他实实在在的贡献。30年代，杨老在监狱中开展的学习活动，实际上就是党校。所以，我说，杨老办党校的时间最早，也最长。"②在马克思主义中国化历程中杨献珍谱写了具有传奇色彩的重要篇章。

3. 将"狱中红色党校"创塑为培养革命家和党的领导干部的"摇篮"

1936年年初，党中央派刘少奇（化名胡服）到北方局任书记，北方局亟须大批经过考验的领导干部广泛地发动群众，组织开展抗日救亡运动。刘少奇请求中央批准，允许采取相应的策略对这批党的骨干实施营救。杨献珍、殷鉴和薄一波等同志于1936年8月到9月相继出狱，结束了5年漫长的狱中生活。经党组织营救出狱后，他们或奔赴抗日前线，或坚持做地下工作。杨献珍、薄一波、周仲英、王鹤峰、韩钧等赴山西开展抗日统一战线工作；安子文到北平市委任组织部长；刘澜涛到绥东开展工作，后任天津市委副书记；张友清到山西任工委书记，后任北方局统战部长等。在抗日战争和解放战争中，有10位同志英勇牺牲。然而，因组织上营救他们出狱的特殊方式，"文革"被诬蔑为"叛徒集团"，受到残酷

①　龚士其主编：《杨献珍传》，中共党史出版社1996年版。
②　夏莉娜、陈济：《杨献珍把自己的历史用红笔写到底》，《中华英才》1992年第13期。

斗争、政治陷害。当年同狱难友非常珍惜这段经历，认为"狱中红色党校"打下的坚实马克思主义理论基础，成为他们此后克服困难、战胜强敌的理论武器。

新中国成立后，他们在经济建设、理论研究、文化建设，甚至在担任党和国家重要部门领导人的岗位上做出了卓越贡献。"文革"前，担任省委书记、副省长、中央机关副部长以上职务者多达 22 人。"文革"时期，他们因被诬为"六十一人叛徒集团"而惨遭迫害，11 人致死。1978 年 12 月 16 日，中共中央发出《通知》，做出了正确历史结论，为他们平反昭雪。杨献珍任中央党校名誉校长、中顾委委员，安子文任全国人大常委会法制委员会副主任、中央党校副校长，薄一波任中顾委副主任，刘澜涛任中央统战部第一副部长、中央顾问委员会常委、全国政协副主席等。他们为恢复党的实事求是思想路线，为中国特色社会主义理论和改革开放事业做出了卓越贡献。杨献珍的论著成为马克思主义中国化的重要文献。

三　"狱中红色党校"对推进学习型党组织建设的理论与实践价值

"狱中红色党校"在推进马克思主义中国化，丰富党建理论与实践，加强党的思想理论教育，培养党和国家领导干部等方面做出了突出贡献。它不仅有利于深化、丰富对马克思主义中国化规律的认识，坚持马克思主义思想理论阵地，创新马克思主义教育内容和实践，而且为高举中国特色社会主义伟大旗帜，推进学习型党组织建设提供了可资借鉴的范式和宝贵经验。

1. "狱中红色党校"堪称建设学习型党组织的成功范式

"狱中红色党校"建立了真正意义上的学习型党组织，铸造了坚忍不拔地学习马克思主义理论的隐秘阵地，确立了党组织全员学习、逆境中学习的理念，建立健全了行之有效的学习制度，使被关押党员的学习能力不断提升、理论素养逐步提高，使党组织的凝聚力、战斗力得到增强，发挥了战斗堡垒作用。

第一，"狱中红色党校"的成功实践证明，建设学习型党组织关键是健全组织机构，提供组织保障，发挥组织功能。在艰苦卓绝的"草岚子监狱"，组建了狱中党支部，形成了组织学习的领导核心，建构了学习马克思主义理论的坚强堡垒，为确保学习效果提供了坚强的组织保证。

第二，建构理论学习骨干队伍，形成高素质的翻译、辅导团队，确保了理论学习质量。组建了以杨献珍为主的马克思主义理论翻译、辅导队伍，如杨献珍、廖鲁言、殷鉴、孔祥祯、胡锡奎等。杨献珍利用放风之际悄悄进行答疑释惑。

第三，党支部成员带头进行理论研究、创新，为建设研究性学习型党组织率先垂范。党支部成员坚持理论联系实际，带头研究、撰写理论文章。杨献珍、薄一波、殷鉴等联系革命斗争实践，撰写理论文章刊登在《红十月》上秘密传阅。推进了研究性学习型党组织——"狱中红色党校"建设，提高了学习成效。

第四，创新学习载体与机制，激发内在生机与活力。在5年漫长的狱中斗争岁月里，他们长期坚持马克思主义理论学习制度，使学习常态化；形成传阅译文、文件的秘密渠道；创办地下刊物《红十月》，刊登理论文章、学习心得和时事新闻；大家用诗歌、杂文等形式，交流对敌斗争感受，激发了学习理论的积极性。

第五，创新、丰富学习内容，将学习经典与时事相结合，理论与实践相统一。学习内容有翻译的马、恩、列、斯等经典作家著作，共产国际文件，毛泽东在瓦窑堡会议的报告和时事新闻、理论研究文章等，坚持了理论与实践相结合。

2. "狱中红色党校"作为学习型党组织，推进了马克思主义中国化

"狱中红色党校"是马克思主义理论中国化的重要阵地之一，中共党史上学习型党组织建设的范例，创造了马克思主义中国化和马克思主义传播史的奇迹。

第一，展现了中国共产党人接受马克思主义理论，推进马克思主义中国化的一段艰难历程。大批被关押的中国共产党人通过翻译、学习、研究马克思主义理论，成长为坚定的马克思主义者和党的高级干部，展现了中国共产党人接受马克思主义理论→实现马克思主义化→在斗争实践中成长为坚定的马克思主义者→将理论与实践相结合实现马克思主义中国化、民族化→在实践的基础上进行理论创新，丰富和发展中国化的马克思主义……这样一个历史和逻辑相统一的辩证发展、理论创新过程。为当下马克思主义理论教育、中国特色社会主义理论体系教育提供了有益借鉴。

第二，"狱中红色党校"中的理论骨干，为中国化的马克思主义做出

了杰出贡献。这批共产党人在各个历史时期，对中国化的马克思主义理论，包括经济、政治、文化等做出了重要理论贡献。如杨献珍的哲学思想、党的教育思想，薄一波的经济思想，安子文的党建思想，刘澜涛的统一战线思想等，不仅丰富了毛泽东思想，而且对邓小平理论形成、发展做出了重要理论贡献，并成为集体智慧结晶的毛泽东思想、邓小平理论的有机组成部分。他们对党史、党建的许多真知灼见，有利于深化我们对中国化的马克思主义理论的认识，对中国共产党理论创新的认识。

3. "狱中红色党校"作为学习型党组织，其优秀成员为中共党史、党建谱写了重要篇章

"狱中红色党校"共产党人的艰苦卓绝奋斗史，为马克思主义理论中国化、中共党史谱写了壮丽篇章：他们在革命战争时期，为推翻"三座大山"做出了不可磨灭的历史贡献；新中国成立后，担任党政要职建立了卓越历史功勋；党的十一届三中全会后，倡导实事求是思想路线，坚决支持、贯彻落实邓小平改革开放的一系列重大决策，深刻总结党的历史经验教训，弘扬党的优良传统，为推进改革开放和现代化建设倾注了大量心血；为废除领导干部职务终身制，选拔培养优秀中青年干部，开展了卓有成效的工作；著书立说进行理论创新，推进了马克思主义中国化；充分体现出他们的优秀理论品质和人格风范。

对"狱中红色党校"及其优秀共产党人群体的学习奋斗历程、思想理论素质进行深入考察研究，正确评价他们在马克思主义中国化和建设学习型党组织中做出的杰出贡献，有利于推进学习型党组织建设，加强党的思想理论教育，提高党的执政水平，坚持走中国特色社会主义道路。

探析马克思主义中国化的起点过程说

曲　菁*

对马克思主义中国化的研究中涉及的首要问题是马克思主义中国化的起点论题。目前的研究，众说纷纭。因为，自从 20 世纪 90 年代以来不少学者对马克思主义中国化问题进行了研究，尤其是在 2004 年 1 月，中共中央决定实施"马克思主义基础研究和建设工程"后，马克思主义中国化研究逐渐成为理论研究的热点。所以，笔者认为对马克思主义中国化的研究首先要弄清楚中国化的起点，若对这个问题要是弄不清楚，就会混淆对马克思主义中国化问题的研究视线。因此，起点研究是马克思主义中国化研究中需要探讨的基本问题。

一　关于马克思主义中国化起点的观点及评介

（一）关于马克思主义中国化起点观点的论述

关于马克思主义中国化起点问题的研究，很多学者也都在探索马克思主义中国化的历史进程中进行过相关的研究。根据对中国期刊网的检索，主题包括"马克思主义中国化起点"的文章，就有 18 篇。关于马克思主义中国化的起点，结合中国革命发展的实践，学术界的观点众说纷纭。笔者在总结目前所看到资料的基础上，将其总结为以下几类。

1. 1920 年前后共产主义知识分子群体形成说

张远新、张正光在文章中指出："1920 年前后，中国已经具备了马克思主义中国化的社会历史条件。中国早期共产主义知识分子群体一经形

＊　曲菁（1986—　），硕士，西北民族大学马克思主义学院讲师，主要研究方向为毛泽东思想和中国特色社会主义理论。

成，他们便以马克思主义为武器，为实现社会主义、共产主义的崇高理想，向旧中国社会‘实境’开火，尽管由于种种条件的制约，他们在用马克思主义基本原理‘化’中国的实践过程中还存在着这样或那样的不成熟，也远没有形成中国化的马克思主义理论，但他们毕竟掀起了这一历史的伟大开端，揭开了马克思主义中国化的伟大序幕。"①

2. 马克思主义的传入和俄国十月革命说

有学者认为马克思主义中国化的起点应该从马克思主义传入或是从俄国十月革命开始算起。何一成教授认为："作为一个实践过程，可以说马克思主义中国化从马克思传入中国时就开始了，尽管那时并不是真正自觉地‘中国化’，而且理解和表述都不完全标准、科学。"② 邱建观认为，马克思主义中国化的起点应该从俄国十月革命算起，他指出："马克思主义在中国的传播和发展，如果从 1917 年俄国十月革命算起，已经有八十多年的历史。这个历史过程，就是马克思主义中国化的过程。"

3. 1921 年中国共产党建党说

这类观点认为，马克思主义中国化，是中国共产党成立以后的事，所以马克思主义中国化的起点应该是 1921 年中共一大的召开或是中国共产党的成立。这一观点在理论界有很多学者支持，代表了当前学界的主流观点。中央党校马克思主义中国化专业博士涂小雨认为："在中国，把 1921 年中国共产党成立作为马克思主义中国化的起点，才体现了马克思主义中国化的推动力量和领导力量在实践上和理论上的科学性和客观性。"③

4. 中共二大说

这种观点认为马克思主义中国化的历史起点是中共二大，苏州大学的马乙玉认为："中共二大把马克思主义的基本原理与中国具体实际结合起来，制定我党的第一个也是中国近现代历史上第一个反帝反封建的民族民主革命纲领，同时中共二大还对中国国情和中国革命基本问题做了初步而正确的阐述。所以马克思主义中国化的历史起点是中共二大。"

5. 八七会议和井冈山道路说

有学者认为，在八七会议上，毛泽东总结大革命失败的教训，通过了

---

① 张远新、张正光：《马克思主义中国化逻辑新谈》，《马克思主义研究》2008 年第 6 期。

② 何一成：《马克思主义中国化专题研究》，湖南人民出版社 2005 年版，第 2—3 页。

③ 涂小雨：《论马克思主义中国化研究中需要廓清的七个基本问题》，《职大学报》2009 年第 3 期。

土地革命和武装反抗国民党反动派的总方针，提出"须知政权是由枪杆子中取得的"① 的著名论断，是中国革命新道路探索的起点。此外，有学者提出："井冈山革命根据地就是总结了第一次大革命失败的经验教训，在反复的实践中把马克思主义基本原理与中国当时的革命实际逐步相结合而创立的"，"井冈山道路是马克思主义中国化的第一篇"。②

6. 中共六大和六届六中全会说

少数学者认为，党的六大系统总结第一次国内革命的经验教训，批判"左"倾盲动主义错误和右倾投降主义错误，制定了党在新时期的纲领路线，是探索中国革命道路的起点。毛泽东在 1938 年 10 月召开的六届六中全会中首次提出了马克思主义中国化的观点，他指出："马克思列宁主义的伟大力量，就在于它是和各个国家具体的革命实践相联系的。对于中国共产党说来，就是要学会把马克思列宁主义的理论应用于中国的具体的环境。成为伟大中华民族的一部分而和这个民族血肉相联的共产党员，离开中国特点来谈马克思主义，只是抽象的空洞的马克思主义。因此，使马克思主义在中国具体化，使之在其每一表现中带着必须有的中国的特性，即是说，按照中国的特点去应用它，成为全党亟待了解并亟须解决的问题。洋八股必须废止，空洞抽象的调头必须少唱，教条主义必须休息，而代之以新鲜活泼的、为中国老百姓所喜闻乐见的中国作风和中国气派。"③ 因此，很多学者就把六届六中全会作为马克思主义中国化的起点。

（二）对以上几种观点的评析

在分析马克思主义中国化的起点时，我们必须要明确与中国化起点内涵相关的问题。张远新教授将判断马克思主义中国化起点的标准分为五个基本要件："谁来化"，即承担马克思主义中国化任务的历史主体。"化什么"，即马克思主义中国化的客体对象。"为什么化"，即马克思主义中国化的根本目的。"怎样化"，即马克思主义中国化的实现途径。"化"的社会历史条件，即国家、社会需要的程度。④ 只有在所有这些内涵都具备的基础上，才能形成这个起点。

① 《毛泽东文集》第 1 卷，人民出版社 1993 年版，第 47 页。
② 夏斯云、张云：《马克思主义中国化新论》，上海人民出版社 2009 年版，第 1—2 页。
③ 《毛泽东选集》第 2 卷，人民出版社 1991 年版，第 534 页。
④ 张远新、张正光：《马克思主义中国化逻辑新谈》，《马克思主义研究》2008 年第 6 期。

根据以上理论，1920 年前后共产主义知识分子群体形成说与马克思主义的传入和俄国十月革命说，只能从"化"的社会历史条件角度说明当时的中国，在进行了一系列农民阶级、资产阶级的失败探索后，国家社会迫切需要一种新的道路与方向，而俄国革命的胜利和中国共产主义知识分子群的形成就给中国带来了新希望。虽然早期的马克思主义学者开启了中国化的时代先河，但就实际而言，他们此时只是把马克思主义作为一种思想来进行宣传，他们本身也对马克思主义理论缺乏认识，更无从谈起与中国的实际情况相结合了，再加上当时马克思主义在中国的影响只是在一个小的范围之内，根本不能同中国的革命相结合，所以这几种观点只能从条件角度来作为马克思主义中国化起点开始的准备环节，而不是这一历史事件的逻辑起点的内涵。

中国共产党建党说和中共二大说则是强调主体"谁来化"的同时说明了中国化的根本目的。中国共产党成立以后，马克思主义中国化的任务自然而然地落到了中国共产党的肩上，马克思主义中国化离不开中国共产党，但是中共一大没有把马克思主义同中国的实际结合起来，没有形成符合中国国情的革命纲领及方针。"一大"通过的党的纲领，主要是照搬了共产国际和俄共有关文件的条文，规定党的纲领是"推翻资本家阶级的政权"、"消灭资本家私有制，没收机器、土地、厂房和半成品等生产资料，归社会公有"① 等等。但实际上，当时中国并没有形成"资本家阶级的政权"，"资本家私有制"在全社会所占的比重也非常低。因此，按照这个脱离中国实际情况的党纲规定的任务，中国实际上无法开展革命活动。虽然中国二大在分析当时社会形势的基础上，制定了党的最低、最高革命纲领，提出实现社会主义和共产主义，在中国历史上具有重要的意义。但是从实践角度而言，此时党还没有将理论与实践结合起来，形成一条正确的路线。单从理论层面论及，当时马克思主义传入中国仅仅几年而已，其基本理论知识自身在中国还不成熟，而且当时的中国还处在一个四分五裂的半殖民地半封建状态，与此同时，作为马克思主义中国化主体的中国共产党也仅仅是一个刚刚萌芽的幼小的党，对于应该通过怎样的途径才能达到二大纲领提出的革命前途，还没有清楚的认识，也不能做到一切

---

① 《中国共产党的第一个纲领》，载中央档案馆编《中共中央文件选集》第 1 册（1921—1925），中共中央党校出版社 1989 年版，第 3 页。

从实际出发，对中国的国情和中国革命的整体问题做出正确的阐述。因此，从内涵的角度来讲，中国共产党的成立以及中共二大都没有解决"怎么化"的问题，所以不能成为马克思主义中国化的起点。

八七会议和井冈山道路说则更进一步地分析了"怎样化"这一方法论的问题，把中国化的起点内涵上升到将中国的实际情况结合到中国革命的具体实践层面上来。1938 年六届六中全会提出了马克思主义中国化的任务，表明了我们的党开始自觉推进马克思主义中国化的发展，即比较完整地提出了马克思主义中国化的科学含义，针对主体，表述了"化什么"以及"怎样化"的历史问题，进一步丰富了中国化起点的科学内涵。然而仅仅将一次会议或是革命道路的探索作为整个马克思主义中国化的起点，依然是不具有说服力的。马克思主义中国化是一个理论与实践相统一的历史过程，从八七会议、中共六大会议的角度和对井冈山道路的探索，涵盖不了中国化起点的内涵要义，因此具有不完整性。而单纯将六届六中全会当作马克思主义中国化的起点，若以 30 年代中后期毛泽东对中国化概念的提出和要求的充分展开作标志，似乎有承认中国化的历史自 30 年代中后期开始，显然不合事实。总之，上述几种观点说法虽然从不同的角度出发，对于这一问题有着各自的见解，但从完整性、全面性、科学性的角度而言，都不能回答这一问题。

二　毛泽东思想的形成过程是完整意义上中国化的起点

（一）对马克思主义中国化起点过程的学理分析

恩格斯在《政治经济学批判》中提出："历史从哪里开始，思想进程也应当从哪里开始，而思想进程的进一步发展不过是历史过程在抽象的、理论上前后一贯的形式上的反映；这种反映是经过修正的，然而是按照现实的历史过程本身的规律修正的，这时，每一个要素可以在它完全成熟而具有典范形式的发展点上加以考察。"[①] 历史和逻辑是抽象辩证的统一，马克思主义中国化是历史进程和思想进程的统一，在这个统一的过程中，中国化起点问题是其中的一个重要要素，而这个要素，必须要建立在各种成熟的、具有典范形式的发展点综合的基础之上。所以，起点问题不单是

---

① 《马克思恩格斯选集》第 2 卷，人民出版社 1995 年版，第 43 页。

一个具体的点，而是一个过程。恩格斯之前提出："这个划时代的历史观是新的唯物主义观点的直接的理论前提，单单由于这种历史观，也就为逻辑方法提供了一个出发点。"① 从历史观和认识论的角度来讲，马克思主义中国化起点要素不是一个静态停止的关键点，而是多个历史发展点发展而成的动态结合，也即一个完整的历史过程，也就是起点过程论，只有把一个历史过程作为起点，才能够完整包括中国化起点内涵的五方面要义，才能构成问题的完整要素。

对于马克思主义中国化起点的全面考察，必须从对"中国化"的主观认识和客观实践两种向度来权重。马克思主义中国化不仅是一个理论问题，而且更主要的是一个长期的实践的问题，而这个实践问题，就是要把马克思主义理论与中国的实际进行有机的结合。马克思主义中国化是一个漫长的过程，所以马克思主义中国化的起点也必然需要一个长期的过程，而不能单方面地定为某个点。上述的几类观点，无论是早期知识分子群体的形成，或是马克思主义的传入以及俄国十月革命，或是中国共产党的成立，或是中共二大、中共六大，或是井冈山道路、秋收起义，或是六届六中全会，都仅仅是一个事件，一个个具有典范形式的分散的点，都从单向维度来衡量，较之整个马克思主义中国化起点的长期性和复杂性来看，都存在一个时间差，所以不能准确地表述马克思主义中国化的起点。而毛泽东思想的形成过程，不光从理论向度精准论述了将马克思主义作为共产党人探索的指导思想，更是从实践向度践行了将马克思主义同中国具体实践相结合的行动，既说明了中国化"谁来化"、"化什么"、"怎么化"、"为什么化"的问题，更从其本身的形成条件完整地表述了"化"的社会历史条件，全面而科学。

（二）毛泽东是对马克思主义中国化命题系做统论述的先行者

党的早期领导人都曾经提出过要把马克思列宁主义与中国的实际相结合，以陈独秀为代表的党中央在开始投身中国革命后，逐步认识到了马克思主义理论不能简单地搬用到中国。陈独秀在党的三大报告中指出："以前，我们党的政策是唯心主义的，不切合实际的，后来我们开始更多地注

---

① 《马克思恩格斯选集》第 2 卷，人民出版社 1995 年版，第 42 页。

意中国社会的现状，并参加现实的运动。"① 蔡和森认为："马克思列宁主义足以在世界各国共产党是一致的，但当应用到实际上去才行的。要在自己的争斗中把列宁主义形成自己的理论武器，即以马克思主义列宁主义的精神来定出适合客观情形的策略和组织才行。"② 此外，党早期的其他领导人也有相同的观点，如瞿秋白提出"革命的理论永不能和革命的实践相离"，恽代英指出"解决中国的问题，自然要根据中国的情形，以决定中国的办法"，李达指出，我们要"根据马克思关于社会革命的一般的原理，按照目前中国国情，即当时产业的情况和文化的程度完全可以定出一个政策来"等思想，都是马克思主义传入中国以后，先进的中国人对于这一科学理论的进一步思考。

基于时间维度来考证，马克思主义中国化的开启者应该是以李大钊为代表的中国第一批马克思主义者这样一个群体，但是在党的幼年时期，对于这个问题还没有形成深刻、完整、统一的认识。正如毛泽东同志说的那样："我党在幼年时期，我们对于马克思列宁的认识和对于中国革命的认识是何等肤浅，何等贫乏"③，所以在中共成立之初，我党的实践还不能自觉地将马克思主义中国化。直到后来在毛泽东思想的形成过程之中，我党才开始将马克思列宁主义的科学思想用于指导中国的实践活动。因此，从对这一具体命题的系统论述以及实际推进相结合的角度而言，毛泽东无疑是马克思主义中国化的首倡者和先行者。毛泽东《反对本本主义》、《新民主主义论》、《实践论》和《矛盾论》等文章的发表，1938 年《论新阶段》政治报告中对"马克思主义中国化"命题的提出，以及土地革命初期对于中国革命道路的正确探索，都是对马克思主义中国化起点问题的成功探索。因此，从理论实践第一人的角度而言，将毛泽东思想的形成过程定义为中国化的起点是有理有据的。

（三）从中国化的内涵看，马克思主义中国化的起点需要一个过程

把毛泽东思想的形成过程作为中国化的起点，符合马克思主义中国化的内涵要义。马克思主义中国化的内涵就是将马克思主义的基本原理同中

---

① 《中国共产党的第一个纲领》，载中央档案馆编《中共中央文件选集》第 1 册（1921—1925），中共中央党校出版社 1989 年版，第 169 页。

② 《中国共产党第一次代表大会档案资料》，第 62 页。

③ 《毛泽东选集》第 3 卷，人民出版社 1991 年版，第 795—796 页。

国具体实际相结合，运用马克思主义解决中国革命、建设和改革的实际问题，把中国革命、建设和改革的实践经验和历史经验提升为理论，把马克思主义植根于中国的优秀文化之中。中国共产党把马克思主义基本原理同中国具体实际相结合的进程，就是马克思主义中国化的进程。马工程的教材指出，"中国共产党人对这个问题（马克思主义中国化）的认识，经历了一个过程"，"党的中央领导真正认识到这个问题的重要性是在1935年遵义会议以后，而就全党来讲，则是在延安整风以后"。① 中国共产党人对于中国化问题的认识是一个过程，所以对马克思主义中国化的起点的认识也需要一个过程。因此，这一由认识到应用的历史选择，这一由"是什么"到"怎么办"的自觉不自觉过程就是马克思主义中国化的起点。而"遵义会议以后"，"延安整风以后"则从时间维度澄清了对中国化起点问题认识的终止阶段，即我党1941年到1945年的延安整风运动。

1921年中国共产党的成立到1927年第一次国内革命的失败，毛泽东初步认识了中国的特殊国情，分析了中国社会各阶级的关系，明确了中国革命的领导权问题，开始重视对农民问题的研究，探索中国革命的基本问题，这是毛泽东思想形成的萌芽阶段，也是对马克思主义中国化起点认识的萌芽阶段。从土地革命战争的前期到中期，毛泽东揭示了中国社会发展的不平衡规律，开辟了一条中国式的武装夺取政权的新道路；提出了建党建军的正确原则，形成了一条中国式的马克思主义军事路线；揭露了本本主义的错误，提出了一条辩证唯物主义的思想路线，这就标志着毛泽东思想的初步形成，也就是马克思主义中国化起点问题的初步形成。从土地革命战争后期至抗日战争结束，毛泽东打破教条主义的思想束缚，在全党确立了实事求是的思想路线，根据中国社会和中国革命的特点，完整创立了新民主主义革命理论。1945年中共七大上，将毛泽东思想写入党章，标志着毛泽东思想的完全形成。这一事件，也标志着中国共产党人对于中国化起点问题的认识完成。这一完整的历史发展阶段，一方面从时间上与1945年整风运动结束相吻合，另一方面完整地包括了对中国化起点问题的正确认识，构成了起点问题过程论的全部内容。

毛泽东思想是在总结我国革命建设正反两方面历史经验的基础上，逐

---

① 本书编写组：《毛泽东思想和中国特色社会主义理论体系概论》（2010年修订版），高等教育出版社2009年版，第1页。

步形成的一个内容丰富的科学体系，反映中国新民主主义革命和建设规律的理论形态。

毛泽东思想是伴随中国新民主主义革命的发生而逐步形成的。在马克思主义指导下，中国共产党自成立之日起便担当起了马克思主义中国化的主导思想引导中国新民主主义革命。从 1921 年到 1940 年，中国共产党领导的新民主主义革命经历了两次胜利和两次失败，在这胜利与失败的对照中，以毛泽东为代表的中国共产党人对中国的实际国情有了深刻的认识，在这不断的探索过程中，毛泽东认真地总结经验教训，实事求是地判断了中国革命的性质与动力，明确指出中国革命的对象、任务与前途，及时停止苏联 "城市中心" 策略，正确地制定争取群众的党的总路线，产生 "农村包围城市" 的正确理论，并制定正确的方针政策，逐步走向一条符合中国国情的革命和建设道路，不断形成马克思主义中国化起点的理论。整个毛泽东思想的形成过程及其过程当中各个动态的、连续的典型发展点：中国共产党的成立、中共二大、南昌起义、八七会议、秋收起义、土地革命的深入、井冈山革命道路的建立、遵义会议、中共六大、六届六中全会、中共七大，就共同构成了马克思主义中国化起点这一逻辑要素，回答了起点内涵的五方面要义，这一过程形成了完整的马克思主义中国化起点的表述，所以说马克思主义中国化的起点是毛泽东思想的形成这一过程。这一伟大起点的确立具有重要的意义，它引领了马克思主义中国化的历史进程，开启了中国革命的胜利，开创了中国特色社会主义道路的探索，推进了中国特色社会主义事业的不断向前发展。

以高度的理论自觉加强马克思主义
理论建设

侯国亮[*]

党的先进性源于党的指导思想的先进性。在世界文化交流、交融和交锋日益频繁的大背景下，中国共产党只有以高度的理论自觉巩固和发展马克思主义才能使中国特色社会主义事业沿着正确的道路取得新的成就。由于理论自觉是中国共产党的重要特征、优良传统和政治优势，中国共产党始终高度重视对马克思主义理论的坚持、发展和创新。因此，在当前置身于以经济全球化和世界多极化为背景，既充满机遇又面临风险和挑战的大变革时代，我国的深度改革发展任务异常艰巨。同时，随西方资本主义的总体没落和东方社会主义中国的加速崛起，使东西方在意识形态上的斗争也变得更加复杂化，而中国特色社会主义的指导思想——马克思主义理论也遭到西方资产阶级国家越来越激烈的歪曲和诋毁。所以，中国共产党只有继续以高度的理论自觉坚持并推进马克思主义理论，才能自觉抵制西方人对马克思主义理论的攻击和破坏，才能巩固发展马克思主义理论阵地，使中国特色社会主义始终沿着正确道路开拓前进。

一　理论自觉是马克思主义政党的鲜明特征和优秀品格

"自觉"是相对于"自发"来说的，是指活动主体摆脱被客观规律盲目支配的状态，对自身活动的对象有所认识、有所察觉、有所意识，并把这些认识、察觉和意识的成果用于实践，以增强自身活动的目的性和计划

---

* 侯国亮（1969—　　），男，山东滨州人，潍坊学院思想政治理论教学部讲师，中国社会科学院研究生院博士生，主要研究方向是马克思主义发展史和中国特色社会理论与实践。

性。"理论自觉"就是社会主体能够自我意识到理论的重要性，增强理论的觉悟性、主动性、积极性，自觉消除理论失觉和理论矮化，并主动在实践中接受理论的指导。马克思主义政党的理论自觉，就是马克思主义政党深刻认识到马克思主义理论对党自身的建设，对民族和国家的发展所具有的思想引领、精神旗帜和精神动力作用，自觉把马克思主义作为自己的行动指南。

马克思主义向来高度重视理论的指导作用。恩格斯指出，"一个民族要站在科学的最高峰，就一刻也不能没有理论思维"。① 马克思主义本身就是应当时欧洲工人运动的理论需要而产生的。马克思主义的产生使工人运动由自发状态上升到自觉状态，极大地促进了工人运动的发展。为了强调社会民主党要加强理论方面的"自觉性"，列宁在《怎么办》中指出："没有革命的理论，就没有革命的运动"、"只有以先进理论为指南的党，才能实现先进战士的作用"。中国共产党从成立之日起，一刻也没有放松对先进理论的探索与追求。于是马克思主义这一以人类解放为己任，具有改变世界的物质力量的先进理论就成为中国共产党矢志不移的选择。毛泽东在《实践论》中指出："马克思主义看重理论，正是，也仅仅是因为它能够指导行动"。"当着某一件事情（任何事情都是一样）要做，但是还没有方针、方法、计划或政策的时候，确定方针、方法、计划或政策，也就是主要的决定的东西。"这时，"革命理论的创立和提倡就起了主要的决定的作用"。在改革开放中，也正是因为我们党高度重视理论工作，才有了中国特色社会主义理论体系的不断发展和完善。

今天，以高度的理论自觉来指导中国的革命、建设和改革事业已经成为中国共产党的鲜明特征和优良传统，这种理论自觉体现为对马克思主义基本理论和价值理想的深刻认识；体现为对马克思主义当代价值和现实意义的自觉彰显；体现为不断推动马克思主义理论创新，创造性地回答当代人类社会的重大问题，指导中国社会和谐发展。"实践发展永无止境，认识真理永无止境，理论创新永无止境"。② 随着改革发展的不断推进，中国化马克思主义必将得到进一步丰富和发展。

---

① 《马克思恩格斯文集》第 9 卷，人民出版社 2009 年版，第 437 页。
② 《胡锦涛在中国共产党第十八次全国代表大会开幕式上的讲话》。

二　高度的理论自觉，要求旗帜鲜明地坚持和学习马克思主义

首先，高度的理论自觉，要求必须毫不动摇地坚持马克思主义。马克思主义的诞生，是人类历史发展的必然结果，是无产阶级争取自身解放的必然要求。马克思主义是无产阶级争取自身解放和整个人类解放的科学理论，是关于无产阶级斗争的性质、目的和解放条件的学说；是无产阶级的科学世界观和方法论，是关于自然、社会和思维发展的普遍规律的学说，是关于资本主义发展和转变为社会主义以及社会主义和共产主义发展的普遍规律的学说。它实现了科学性和革命性的高度统一，在科学揭示人类历史运行规律的基础上，指明了实现无产阶级和人类解放的条件、路径和方法。马克思主义的科学性和革命性，已经被世界社会主义运动和我国革命、建设和改革实践的巨大成就所证实。马克思主义所针对的总的历史时代没有变，所以它所揭示的时代内容仍然是真理。我们今天所处的历史时代，只是马克思主义所针对的大的历史时代的一个阶段，因此，马克思主义并没有"过时"，它所揭示的客观规律对今天的社会实践仍具有不可替代的巨大指导作用。作为以马克思主义为思想灵魂武装起来的中国共产党，无论在什么情况下都必须毫不动摇地坚持而不能放松这一重要的思想武装。在当前全球化背景下，各种思想文化相互激荡，不同文化交流、交融、交锋日趋频繁，坚持马克思主义，必须进一步加强意识形态工作，自觉划清马克思主义同反马克思主义、非马克思主义的界限，引导全社会公民尤其是党员、干部不断筑牢思想防线，坚持正确的马克思主义，纠正错误的马克思主义，抵制反马克思主义，加强马克思主义指导地位，巩固马克思主义理论阵地。

其次，高度的理论自觉，要求必须学习马克思主义。马克思主义理论以整个世界为自己的研究对象，博大精深。只有通过不断的学习，才能比较全面、深刻地掌握它的精髓和要领。否则，就有可能重蹈历史上教条主义的覆辙。那样的坚持，并不是坚持真正的马克思主义，而是在坚持的名义下偏离了马克思主义，由此带来的失败也不是马克思主义的失败，而是违反和脱离马克思主义的失败。这种失败，从反面进一步证明了马克思主义理论的伟大和科学对待马克思主义的重要性。学习马克思主义，正确理解和掌握马克思主义，还有利于防止由于教条主义在实践中的失败而走向

另一个极端——抛弃马克思主义而步入经验主义的泥潭。产生这种错误的原因，主要也是由于没有真正理解马克思主义，对马克思主义一知半解所致。学习马克思主义理论，马克思主义经典作家的文本是要读的，但阅读马克思主义经典作家的文本要与实际相结合，做到有的放矢，用马克思列宁主义之箭去射中国革命、建设和改革之的。其实，马克思恩格斯曾多次强调，他们的理论，不是供人背诵的教条，而是提供一种进一步研究的方法。在《祖国纪事》中，马克思针对一部分俄国批评家把他关于西欧资本主义历史起源的概述教条式地变成一般发展道路的历史哲学理论，一针见血地指出："他那样做，会给我过多的荣誉，同时也会给我过多的侮辱。"① 只有在理论与实践反复辩证互动中才能不断加深对马克思主义理论的认识与把握，把这种批评的武器化作建设中国特色社会主义、实现民族振兴和人民幸福的强大物质力量。

当下，除了研究学习马克思主义经典作家的文本，还要着力研究学习中国化马克思主义的最新理论成果：中国特色社会主义理论体系。中国特色社会主义理论体系是马克思主义同当今时代特征和中国国情相结合的产物，是经过实践检验的指导中国改革开放和现代化建设的正确的理论原则和经验总结，是当代中国发展进步的旗帜，也是全党全国人民团结奋斗的旗帜。中国特色社会理论体系是与马克思主义既一脉相承，又与时俱进的理论体系。在当代中国，坚持中国特色社会主义就是真正坚持马克思主义。学习马克思主义，最终要落实到中国特色社会主义理论体系，用中国特色社会主义理论体系武装头脑，指导实践，特别是要深入学习并贯彻落实科学发展观，以科学发展观为指导，开创各项事业的广阔发展前景。

三 高度的理论自觉，要求必须紧跟时代，不断创新马克思主义

马克思主义理论是时代发展的产物，也必将随着时代的发展而发展。实践的观点是马克思主义理论基本的观点，实践的发展决定了马克思主义理论必然随着实践的发展而不断发展。在继承基础上的创新也就成为马克

---

① 《马克思恩格斯文集》第3卷，人民出版社2009年版，第466页。

思主义理论发展的必然的内在要求和显著的外在特征。从马克思主义发展史上可以很清晰地发现这种创新的轨迹。在 20 世纪初，列宁并没有固守马克思恩格斯关于社会主义革命必须在多个国家同时发生和进行才能取得胜利的一般结论，而是运用马克思主义的基本立场、观点、方法，科学分析论证了帝国主义的内在规律和时代特征，指出经济政治发展的不平衡是帝国主义的绝对规律，社会主义革命可能在帝国主义统治最薄弱的环节发生，并在一国首先取得胜利。通过把这种创新理论付诸实践，列宁领导的布尔什维克最终取得了社会主义革命的胜利，成功建立了世界上第一个社会主义国家，把马克思主义推进到列宁主义时代。

在半殖民地半封建的贫穷落后的旧社会，中国能否复制苏俄的道路推翻三座大山，实现民族独立、国家富强、人民幸福？实践证明，答案是否定的。以毛泽东为首的第一代中国共产党人没有固守苏联的革命和建设模式，而是运用马克思主义的基本原理，科学分析世界的形势和中国革命的特点，独立探索怎样夺取政权、怎样建立社会主义制度等一系列问题，使中国走出了农村包围城市的新型革命发展道路，通过新民主主义革命和社会主义革命既相互区别、又密切联系的两个阶段，成功建立了社会主义制度，走出了符合中国国情的革命和建设道路，把中国化马克思主义推进到毛泽东思想时代。

以毛泽东为首的中国共产党人对社会主义的探索有成功的经验，也有失败的教训。十一届三中全会以后，以邓小平为首的中国共产党人，在深刻分析总结中国社会主义建设经验教训的基础上，围绕什么是社会主义，怎样建设社会主义，坚持解放思想，实事求是，实行改革开放，把工作重心转移到经济建设上来，揭开了中国特色社会主义建设的新篇章，创立邓小平理论。十三届四中全会以后，以江泽民为主要代表的中国共产党人，在应对国内外政治风波和经济风险并吸收苏东剧变教训的基础上，创立了"三个代表"重要思想，丰富和发展了中国特色社会主义理论体系。新世纪新阶段，以胡锦涛为主要代表的中国共产党人，运用马克思主义发展原理，总结我国发展实践，借鉴国外发展经验，创立了科学发展观，进一步丰富和发展了中国特色社会主义理论体系。

实践反复证明只有创新才能激发马克思主义理论的活力。创新是坚持马克思主义的正确途径。否则，马克思主义随着时代的发展变成无源之水、无本之木，马克思主义的生命力也就因此遭到窒息。

四　坚持马克思主义必须坚决反对指导思想的多元化

改革开放以来，随着中外交流的不断扩大和国内人群利益和诉求的不断分化，多种社会思潮也在不断涌动、激荡。在这种背景下，有一种声音特别引人警醒，就是要求取消马克思主义在中国的指导地位，代之以指导思想的多元化。

有人提出，在我国社会主义市场经济条件下，多种经济成分并存决定了不能搞马克思主义指导思想的一统天下，而应顺应多种利益主体存在的现实，搞指导思想的多元化。毫无疑问，按照历史唯物主义的观点，物质决定意识，有多少所有制和多少阶级，就会有多少反映这些所有制和阶级利益的意识形态出现。但是，所有制的多样化并不必然导致指导思想的多元化。因为历史的发展从来不是抽象的，而是具体的。某个国家在某个具体的历史发展阶段，各种所有制成分的地位从来不是平等的，其中总有一种占主导地位的所有制关系存在。反映这种占主导地位的所有制关系的意识形态，也必然在社会中占据主导地位。这种占主导地位的意识形态就是为巩固和加强它为之服务的所有制关系服务的。正如马克思指出的："统治阶级的思想在每一时代都是占统治地位的思想。这就是说，一个阶级是社会上占统治地位的物质力量，同时也是社会上占统治地位的精神力量。"① 中国是社会主义国家，现阶段实行以公有制为主体，多种所有制共同发展的制度。这种所有制构架反映到思想领域，也必然是代表公有制与广大人民群众根本利益的马克思主义在意识形态领域占据主导地位。也只有马克思主义在意识形态领域占据主导地位，才能切实维护公有制的主体地位，维护广大人民群众的根本利益。否则，社会主义公有制就难以保障，广大人民群众的根本利益也就难以维护。所以，多样并不代表多元。以物质利益的多样化来鼓吹意识形态的多元化从道理上是讲不通的，从实践上是很危险的。国际上热衷于对中国搞和平演变的西方反华势力及其在国内的代理人强调西方国家没有统一的指导思想，没有起主导作用的意识形态，并大肆宣传推销"自由"、"民主"、"普世价值"等理念。实际上，资本主义不可能没有自己的主流意识形态。资本主义的经济基础，是

---

① 《马克思恩格斯文集》第 1 卷，人民出版社 2009 年版，第 550 页。

以资本主义私有制为核心的生产关系。作为这种生产关系的反映，资产阶级的意识形态也必然要以极端的个人主义为其核心内容。对资本主义的历史考察可以很明显地发现，作为资产阶级意识形态核心的极端个人主义，已渗透到资本主义社会的各个领域，形成了一个盘根错节、根深蒂固的价值体系。这种价值体系不仅有力维护了资产阶级的利益和资本主义的生产关系，而且也成为国际垄断资本推行世界霸权的重要工具。国际资产阶级及其代理人极力向我国推销的西方价值理念，具有很大的虚伪性和欺骗性。在资本主义国家内，自由从来就是有产者的自由，被剥夺了生产资料的广大劳动人民根本不可能实现真正的自由；民主也是有产者的民主，经济上不占统治地位的广大劳动群众的民主权利不可能得到切实的保障；所谓"普世价值"，其实质也是在"普世"的幌子掩盖下的资产阶级的价值观而已。这种价值观的对外输出，实质就是资本主义价值观的输出；目的就是取消马克思主义的指导地位，进而改变中国的颜色，为霸权主义的推行扫除障碍。

当下既然马克思主义的指导地位不能动摇，多种思潮的涌现也是历史发展的必然，那么，如何处理二者的关系呢？这就要用马克思主义引领当代社会思潮。正确的社会思潮对社会发展有推动作用，错误的社会思潮会成为社会发展的绊脚石。面对清浊并存的各种思潮，"必须坚定不移地巩固和加强马克思主义的指导地位，决不允许搞指导思想的多元化"①，否则，就会冲击社会主义的意识形态，动摇社会的根基。对待各种社会思潮，不能用简单取代或粗暴压制的方式应对，而要在马克思主义指导下对这些社会思潮进行疏导和整合，用马克思主义的立场、观点和方法对这些思潮进行分析甄别，使健康的文化得到支持，落后的文化得到改进，腐朽的文化得到抵制。要在保证马克思主义指导地位的前提下尊重差异，扩大交流，凝聚共识，齐心协力为建设中国特色社会主义保驾护航。

---

① 江泽民：《论"三个代表"》，中央文献出版社 2001 年版，第 126 页。

"两个必然"和"两个决不会"
对践行中国梦的启示

侯国亮*

"两个必然"和"两个决不会"是马克思主义理论体系的重要组成部分，而正确理解"两个必然"和"两个决不会"是科学发挥指导作用的重要前提；"两个必然"和"两个决不会"对实现中国梦也有重大的指导作用，它为中国梦的正确方向保驾护航，为中国梦的强势推进凝神聚力。因为，唯物主义历史观是马克思一生中做出的最伟大贡献之一，是马克思主义理论大厦的基石，在人类社会发展中正是有了唯物史观的指导，使社会主义才不断地取得了从空想到科学，从理论到实践，从自发、自在到自觉、自信的跨越发展。所以，我们钻研"两个必然"和"两个决不会"闪耀的科学真理，认真学习和正确领会两个理论对我们在唯物史观指导下抓住和用好战略机遇，沿着正确的方向开拓前进，顺利实现中国梦具有重大的指导意义。

一 正确解读"两个必然"和"两个决不会"原理

在《共产党宣言》中，马克思和恩格斯指出："资产阶级的灭亡和无产阶级的胜利同样是不可避免的。"① 简称"两个必然"。另外，在《〈政治经济学批判〉序言》中，马克思又根据自己的研究进一步指出"无论哪一个社会形态，在它所能容纳的全部生产力发挥出来以前，是决不会灭

* 侯国亮（1969— ），男，山东滨州人，潍坊学院思想政治理论教学部讲师，中国社会科学院研究生院博士生，主要研究方向是马克思主义发展史和中国特色社会理论与实践。
① 《马克思恩格斯文集》第 2 卷，人民出版社 2009 年版，第 43 页。

亡的；而新的更高的生产关系，在它的物质存在条件在旧社会的胎胞里成熟以前，是决不会出现的。"① 这就是人们常说的"两个决不会"。正确理解和处理它们之间的关系是发挥指导作用的前提。

1. "两个必然"揭示了社会主义代替资本主义的历史必然性

直到现在，仍然有部分人怀疑甚至否定"两个必然"的正确性。譬如，有人声称资本主义是"历史的终结和最后一个人"，有人认为中国特色社会主义就是"中国特色资本主义"，等等。由此可见，否定"两个必然"，本质上就是否定社会主义制度的历史合理性。继续学习和深化对"两个必然"的认识，对反对错误观点，坚持中国特色社会主义理论自信、道路自信和制度自信将具有重大的推动作用。众所周知，社会基本矛盾运动是推动人类社会历史前进的根本决定力量。"社会的物质生产力发展到一定阶段，便同它们一直在其中运动的现存生产关系或财产关系（这只是生产关系的法律用语）发生矛盾。于是这些关系便由生产力的发展形式变成生产力的桎梏。那时，社会革命的时代就到来了。随着经济基础的变更，全部庞大的上层建筑也或快或慢地发生变革。"② 人类社会就是这样不断由低级阶段向高级阶段发展的。迄今为止，人类历史发展的实际进程也充分证明了马克思主义这一伟大理论的正确性。

"两个必然"的历史结论，即资本主义的暂时性和社会主义必然性同样是由上述规律决定的。正如列宁指出的："资本主义社会必然要转变为社会主义社会这个结论，马克思完全是从现代社会的经济的运动规律得出的。"③ 毋庸置疑，资本主义极大地推动了社会生产力的发展和社会的文明进步，同之前的历史发展阶段相比具有不可比拟的优越性。但是，资本主义的历史进步性丝毫也不能掩盖它的历史局限性，资本主义的内在矛盾决定了资本主义必然被社会主义所代替。资本主义基本矛盾"包含着现代的一切冲突的萌芽"。资本主义越是发展，"社会的生产和资本主义占有的不相容，也必然越加鲜明地表现出来"。④ 资本主义的经济危机正是这种基本矛盾发展的结果。日益频繁和严重的经济危机说明："一方面，资本主义生产方式不能继续驾驭这种生产力。另一方面，这种生产力本身

---

① 《马克思恩格斯文集》第 2 卷，人民出版社 2009 年版，第 592 页。
② 同上。
③ 《列宁专题文集·论马克思主义》，人民出版社 2009 年版，第 29 页。
④ 《马克思恩格斯文集》第 3 卷，人民出版社 2009 年版，第 551 页。

以日益增长的威力要求消灭这种矛盾，要求摆脱它作为资本的属性，要求在事实上承认它作为社会生产力的那种性质"。① 也就是说，只有用社会主义代替资本主义，才能从根本上解决资本主义的基本矛盾。

资本主义日益频繁、严重的经济危机和社会主义所取得的巨大成就也进一步验证了上述理论的正确性。资本主义的经济危机和其处理危机的能力与方式越来越显示着资本主义发展的颓势，社会主义苏联在卫国战争中所表现出来的巨大实力和中国社会主义建设在短时期内所取得的巨大成就都初步显示了社会主义的优越性。虽然社会主义代替资本主义是一个长期、曲折的过程，但这种历史趋势已表现得越来越清晰，越来越势不可当。由此便可知晓，当前关于"两个必然"的争论，从最根本意义上讲，与其说是一种科学争论，不如说是一个立场选择，争论的最终目的不在于孰是孰非，而是要改变中国社会发展的社会主义方向。因此，坚持"两个必然"，就必须毫不动摇地坚持中国特色的社会主义方向，毫不动摇地同各种资本主义主张和倾向做坚决的斗争。只有这样，才不致使中国特色社会主义走上"改旗易帜的邪路"。

2. "两个决不会"揭示了社会主义代替资本主义的条件性

同"两个必然"一样，人们对"两个决不会"的理解也存在较大分歧，由此也导致了对当下资本主义和社会主义发展趋势的不同判断。其中一种较为典型的理解认为，一种社会形态只要其经济还有所发展，它就不会灭亡，更不会被取代。根据这种理解自然就能得出如下结论：既然当代资本主义经济仍在发展，那么说资本主义的丧钟已敲响还为时尚早，资本主义作为一种社会形态还保持着相当大的存在合理性；同理，社会主义革命不管是俄国十月革命还是中国的社会主义革命其条件都不完全成熟，因此在实践中也是注定要失败的。

然而，仔细分析就会发现上述对"两个决不会"原理的表面化、断章取义的理解显然站不住脚。马克思主义创始人在强调生产力对社会发展的基础性作用的同时，也丝毫没有排除其他因素的重要作用。马克思曾多次论述社会基本矛盾是社会历史发展的根本动力的思想。在强调客观规律性的同时，马克思还非常重视人的主观能动性在创造历史中的伟大作用。恩格斯在晚年也指出，社会历史发展是各种因素组成的合力共同推动的结

---

① 《马克思恩格斯文集》第 3 卷，人民出版社 2009 年版，第 557 页。

果，是客观规律性和历史选择性的有机统一。马克思之所以要强调"两个决不会"，并不是认为生产力是社会发展的唯一决定因素，而主要是出于当时论战的需要。因为在唯物史观创立后的很长一段时间内，马克思、恩格斯所面临的主要任务就是同历史唯心主义作斗争，因此，他们不得不对历史规律进行突出和强调。也正是看到了生产力在社会变革发展中的基础性作用，马克思才把代替资本主义社会的共产主义社会分为低级阶段和高级阶段两个阶段，并指出共产主义的低级阶段是从资本主义向共产主义高级阶段的过渡阶段。这个过渡阶段的重要特征就是还存在着大量的资本主义残余，只有大力发展生产力，才能最终消灭资本主义残余，由共产主义低级阶段发展到共产主义高级阶段。

纵观当前的社会主义国家都没有建立在资本主义高度发达的基础之上，而是在资本主义发展很不充分的情况下建立的，这就使现实的社会主义国家必然存在更多的资本主义因素和经历更长的同资本主义的共存期。"两个决不会"提示我们资本主义在一定时期内的存在仍然有某种程度的合理性，科学处理与资本主义的关系、利用好资本主义因素是关系到社会主义国家能否顺利发展的必要条件，这与列宁和毛泽东既要限制资本主义，又要发展和利用资本主义的观点是一致的。同时，大力培植和壮大社会主义要素是巩固发展社会主义的根本和主要途径，只有社会主义因素强大了，社会主义才能最终战胜资本主义。改革开放以来我国以公有制为主体，多种所有制共同发展对生产力和社会主义制度所显示出来的巨大推动作用，社会发展历史充分证明了"两个决不会"的指导价值。

需要指出的是"两个必然"和"两个决不会"具有内在统一性，不能人为地把它们割裂开来，不能因为"两个必然"就忽视或否定社会主义存在和发展的条件性，也不能因为"两个决不会"就怀疑或否定社会主义的历史必然性。历史表明只有将两者统一于社会主义的实践过程中，才能使社会主义沿着正确的方向健康快速发展。

二　"两个必然"和"两个决不会"对践行中国梦有指导作用

中国梦是习近平同志在中国特色社会主义进程的关键节点上，站在历史的高度，面对新情况新任务提出的崭新战略思想。它贯通中国的历史与未来，是激发各方力量，科学决策，战胜各种困难和挑战，顺利实现社会主义现代化和中华民族伟大复兴的锐利武器。因此，中国梦同马克思主义理论体系是一脉相承的，作为马克思主义重要组成部分的"两个必然"和"两个决不会"，也必然对中国梦的实现起到重要的指导作用。

1. "两个必然"为践行中国梦指明了"中国道路"

从根本上说，因为中国梦就是实现国家富强，民族振兴，人民幸福。具体来看，中国梦就是现代化之梦、社会主义之梦、民族复兴之梦。"两个必然"启示我们，只有沿着社会主义道路，才能实现国家富强和民族复兴，除此之外，别无他途。所以，社会主义是中国梦的灵魂，必须牢牢坚持，毫不动摇。这一真理也已被中国自近代以来的历史发展所证实。众所周知，中华民族是一个创造了五千年辉煌文明的伟大民族，为世界文明的发展做出过卓越贡献。但1840年的鸦片战争把中华民族推入了耻辱的深渊，自此，救亡图存成了中国梦第一个百年目标的主旋律。

实践证明只有社会主义才能救中国。鸦片战争以后，中国人民开始了探索实现民族独立的道路。农民战争、洋务运动、维新变法，资产阶级革命的先后失败，都说明中国已经历史地错过了走上独立发展的资本主义社会的机遇，要想实现国家独立和人民解放，必须另辟蹊径。十月革命后马克思主义同中国革命的结合促成了中国共产党的诞生。正如毛泽东所言，中国共产党成立，"中国就改变了方向"。1949年，中华人民共和国的成立宣告了新中国的诞生，中国人民民族独立的百年梦想终于得以实现。

实践也同样证明只有社会主义才能发展中国。新中国成立后，我国踏上了中国梦的第二个百年征程，其间虽有挫折，但中国的现代化建设不断在社会主义的道路上创造奇迹。如今，社会主义中国以长时间的持续快速发展使经济总量跃升至世界第二位，金融危机后经济发展率先走出低谷，实现企稳回升也令世界刮目相看。由此，我们有理由相信，社会主义是我们克服一切困难和挑战，顺利实现中国梦的光明大道，只有始终坚持社会主义方向，中国才能变得更加繁荣富强。但是，行百里者半九十，为山九仞功亏一篑。走好"中国道路"，实现中国梦，还面临着诸多困难和挑战，只有正视和战胜这些困难挑战，中国梦的正确方向才有坚强保障，苏联、东欧社会主义垮台的噩梦才不会在中国重演。为此，尤其要抓好以下几点工作。

首先，要不断加强和改善党的领导。"形势的发展、事业的开拓、人民的期待，都要求我们以改革创新精神全面推进党的建设新的伟大工程，全面提高党的建设科学化水平。"党所面临的四大考验和四大危险都是长期的、复杂的、严峻的。当前落实党要管党、从严治党的任务比以往任何时候都更为繁重、更为紧迫。因此,党必须以先进性和纯洁性为主线,加强自身建设,努力把自己建设成为学习型、服务型、创新型的马克思主义执政党,确保党始终成为中国特色社会主义事业的坚强领导核心。只有这样,才能保证党不变颜色,社会主义不变颜色,使中国梦的实现有坚强的领导保障。

其次,要以马克思主义为指导,加快社会主义核心价值体系建设。随着改革开放和社会主义市场经济的发展,我国社会正经历着深刻的变革。在社会主义主流意识形态得到巩固和发展的同时,社会生活多元、多样、多变的特征日益凸显,各种思想文化交流、交融、交锋更加频繁,人们思想活动的独立性、选择性、多变性和差异性也愈加明显。因此,我们必须以马克思主义为指导,大力加强社会主义核心价值体系建设,弘扬中国精神,唱响社会主义主旋律,引领各种社会思潮。只有这样,才能为中国梦的实现提供强大的思想保障。

再次,要牢固树立和践行人民主体观。人民群众是历史的主体,是真正的英雄。中国梦为了人民,也必须依靠人民。只有为了人民,才能切合中国梦的出发点和落脚点,激发广大人民群众无限的追梦热情;只有依靠人民,才能极大地焕发人民群众创造历史的积极性和主动性。因此,必须始终贯彻党的群众路线,尊重劳动、尊重知识、尊重人才、尊重创造,尊重人民的首创精神,充分发挥人民群众的主力军作用。这样,人民群众就成为实现中国梦最自觉、最积极、最热诚的担当主体,中国梦的实现也就有了最为持久强大的力量保障。

2. "两个决不会"为践行中国梦凝聚了策略力量

中国梦的实现也不可能是一个径情直遂的过程。"两个决不会"提醒我们发展生产力是社会主义的根本任务,只有大力发展生产力才能使社会主义制度有更稳固的物质基础,才能逐渐取得相对于资本主义的比较优势。而只有协调和调动各方面的积极性,才能使生产力获得持续快速的发展。对于践行中国梦所处的时代背景来说,我国仍将长期处于社会主义初级阶段的基本国情不会改变,人民日益增长的物质文化需要同落后的社会生产之间的矛盾作为社会的主要矛盾没有改变,资本主义发达国家在经济、科技方面的相对优势仍很明显。特别是近年来,我国经济发展的阶段性特征对经济的长期稳定快速发展带来新的挑战。依据世界银行的划分标准，我国已于 2010 年以 4260 美元的人均收入跻身世界中等偏上国家行列。历史经验告诉我们，这一阶段，既是中等收入国家迈向中等发达国家的战略机遇期，更是矛盾增多，经济容易失调、社会容易失序、心理容易失衡、发展容易掉进"中等收入陷阱"的敏感期。因此，发展生产力面临诸多新的难题。为此，必须以改革创新精神激发各方活力，为经济发展开路。笔者认为，在综合协调好各方关系的基础上，尤其要突出以下几个方面：

首先，要进一步健全和完善社会主义市场经济体系。实践证明，社会主义市场经济是调动各方积极性，促进社会主义经济快速发展的必然路径。面对新的国内外形势，我国的市场经济体制还有许多地方不健全、不完善，对经济的发展造成了很大阻碍。因此，要通过继续深化改革、扩大开放，进一步理顺各方面关系，充分利用国际国内两个市场、两种资源，使各种力量在社会主义市场经济框架内充分迸发活力。其中要注意处理好社会主义要素与资本主义要素、社会主义国家与资本主义国家的关系，在确保公有制经济主体地位和国有经济主导作用的前提下引导和鼓励非公有制经济的健康发展，努力在公平、公正、合作、共赢的基础上推进同西方国家的经济技术合作与交流。

其次，要进一步提高自主创新能力，建设创新型国家。创新是一个民族进步的灵魂，是一个国家兴旺发达的不竭动力。当今世界，新科技革命发展迅猛，科技作为第一生产力的地位和作用越来越突出。提高自主创新能力、建设创新型国家越来越成为国家发展战略的核心和提高综合国力的关键。从当前的发展状况看，我国的自主创新能力正在显著提高，但同我国经济发展和国际竞争的需求相比仍有较大差距。因此，一方面，必须紧紧抓住新一轮世界科技革命带来的战略机遇，更加注重自主创新，提高原始创新能力和关键核心技术的创新能力，加快重大科技成果产业化，并向现实生产力转化；另一方面，必须加快推进创新体系建设，形成以政府为主导、充分发挥市场配置资源的基础性作用、各类创新主体紧密联系和有效互动的创新体系，为建设创新型国家提供良好的制度保障。

再次，要进一步加快转方式、调结构步伐。促进国民经济又好又快发展，必须加快转变经济发展方式，推进经济结构战略性调整，推动产业结构优化升级，这是我国经济保持持续健康发展的必由之路。金融危机以来我国经济发展速度趋缓，增长方式粗放的问题仍很突出，资源环境的压力越来越大，使得推进这一战略任务显得异常紧迫。要成功规避中等收入陷阱，顺利建成小康社会，如期实现中国梦，就必须拿出足够的勇气和智慧，促进这一战略方针的贯彻落实。要把转方式和调结构结合起来，以转方式引导调结构，以调结构促进转方式；要不断完善相关的法律法规，以强力手段对违反转方式、调结构的经济行为进行处罚；要进一步完善政策，对符合转方式、调结构的经济行为进行扶持鼓励。总之，唯有疏堵并举、协调推进，转方式、调结构才能取得预期效果。

"中国梦"文明维度及话语构建

——文明视域中"中国梦"内涵及其马克思主义话语构建

李　斌[*]

实现中华民族伟大复兴的"中国梦"有深刻的文明指向及文明内涵。由于从文明的视域看"中国梦"有三重维度，即对马克思主义文明观的继承和发展、对传统中华文明的承载与扬弃、对世界文明成果的吸收与超越。因此，在习近平总书记提出"中国梦"以来，对其研究已经成为社会学界探讨的热点，展示了其强大的社会感召力和理论吸引力。然而，对于"中国梦"的丰富内涵进行研究者却集中于实践层面，基于文明视角的探讨相对较少，对其话语体系的研究也相对不足。笔者认为，"中国梦"作为十八大以来党中央对当前时代特点及实践需求做出的有力回应要从人类文明发展高度加以把握，并在此基础上构筑既能有力回应实践需求，又能与历史及世界进行对话的科学话语体系有多方面意义。所以，笔者通过对"中国梦"的文明指向及内涵的分析，要较深地解读"中国梦"与马克思主义文明观、中华文明及世界文明成果的关系，进而探讨"中国梦"的内在文明维度，并以此为基础尝试着探讨"文明视域"中的"中国梦"话语构建，以期望为"中国梦"的话语体系及话语权的确立提供参考。

一　"中国梦"的文明指向

2012 年 11 月 29 日，习近平总书记在参观《复兴之路》的展览时，提出了"中国梦"的内涵，他指出："实现中华民族伟大复兴，就是中华

---

* 李斌（1984—　），硕士，云南玉溪人，西北民族大学马克思主义学院讲师，主要研究方向为马克思主义中国化与社会现代化。

民族近代以来最伟大的梦想。这个梦想，凝聚了几代中国人的夙愿，体现了中华民族和中国人民的整体利益，是每一个中华儿女的共同期盼。""实现中华民族的伟大复兴"是"中国梦"的总目标，规定了"中国梦"的价值及实践指向，其中关键是对"复兴"的理解，蕴含着"中国梦"的文明内涵，应从文明的高度加以把握：首先，"复兴"不仅仅是经济复兴，更指的是基于经济复兴基础上的"文明"转换，即"文明复兴"，是对世界文明的贡献与引领。毛泽东在 20 世纪就指出："6 亿人口的国家，在地球上只有一个，就是我们。过去人家看我们不起是有理由的。因为你没有什么贡献。我们这个国家要建设起来，完全改变过去 100 多年落后的那种状况，赶上世界上最强大的资本主义国家。你赶不上，那你就不那么十分伟大。经过许多年，应该赶过人家，这是一种责任。""如果不是这样，那我们中华民族就对不起全世界各民族，我们对人类的贡献就不大"，"中国应当对于人类有较大的贡献"。① 其次，"复兴"不是对传统中国甚至是帝国时代的复归，而是对人类文明在新的历史条件下的超越与提升，进而引领世界文明的发展。中华文明从来是以"文明"而自居并产生"民族自信"的，封建帝国式的回归并不是社会主义中国的"复兴"。再次，"复兴"不是简单的"固步自封"，而是以制度文明的高度发达为基础并以实现人民幸福为最终目标的历史进程，是对世界文明成果的借鉴和吸收过程。这一切都体现着"中国梦"的文明内涵，都指向中华文明在中国特色社会主义道路上的提升与蜕变。

为此，2013 年 3 月 17 日，在十二届全国人大一次会议闭幕会的讲话中，习近平进一步阐释了"中国梦"的科学内涵："实现中华民族伟大复兴的中国梦，就是要实现国家富强、民族振兴、人民幸福。"这就指出了"中国梦"的三个方面，即国家富强的"国家梦"、民族振兴的"民族梦"、人民幸福的"人民梦"。"中国梦"的内涵进一步清晰并明确起来，为我们把握"中国梦"科学含义提供了基础。

二　"中国梦"文明内涵的三个维度

"中国梦"的文明内涵既体现了对马克思主义文明观的继承和发展，

---

① 石仲泉：《伟大的中国梦》，《光明日报》2013 年 1 月 10 日第 1 版。

又体现出对传统中华文明的扬弃与超越，还体现着对世界文明成果的借鉴与吸收，因此，"中国梦"的文明内涵，应在以下三个维度中加以理解。

（一）"中国梦"是对马克思主义文明观的继承和发展

"中国梦"是我们党在新的历史条件下，为回应时代呼声和现实发展需求、引领中国人民不断开创中国特色社会主义事业新局面的重要战略思想，是"国家富强"、"民族振兴"和"人民幸福"三者的统一，也即是"国家梦"、"民族梦"、"人民梦"的统一，把国家、民族、人民的价值追求统一起来，其中的文明复兴指向，是对马克思主义关于人类文明发展的基础及动力、载体及全面性、历史主体及最终目标等思想的继承和发展，充分体现了马克思主义文明观在当代中国特色社会主义实践中的具体形态。

首先，"国家富强"的国家梦是"中国梦"的基石，是对马克思主义关于人类文明发展的基础及动力的时代表达，是要使社会主义中国更加繁荣富强，其指向是"强盛中国"。国家梦是民族梦和人民梦实现的前提，为民族振兴和人民幸福的实现提供了坚实的物质基础。马克思主义始终坚持物质文明是人类文明的核心和支柱，即强调物质资料生产实践对文明发展的基础性作用，认为"全部社会生活在本质上是实践的"①。恩格斯在讲到《共产党宣言》的基本思想时指出："每一历史时代的经济生产及必然由此产生的社会结构，是该时代政治的和精神的历史的基础"②，正是因为有了最基本的人类物质资料生产实践，才锻造了人类文明，马克思在《〈政治经济学批判〉序言》中指出："人类社会的全部上层建筑和意识形态竖立在作为生产关系综合的经济结构之基础之上"，"物质生活的生产方式制约着整个社会生活、政治生活和精神生活"③，可见，马克思主义经典作家对文明的阐释首先关注其坚实的物质基础，在唯物史观基础上的马克思主义文明观，是对资产阶级启蒙学者和空想社会主义者的批判性继承，是科学的文明史观，它不仅指出了物质成果是人类文明发展进步的基础，而且指出物质成果的文明属性，其本身就是文明的成果。"国家富

---

① 《马克思恩格斯选集》第1卷，人民出版社1995年版，第18页。
② 同上书，第232页。
③ 《马克思恩格斯选集》第2卷，人民出版社1995年版，第32页。

强"作为中国梦的第一方面，不仅强调强盛的国家是民族复兴的物质基础，而且强调"强盛中国"本身就是文明的成果，是对世界文明的巨大贡献，一个实现十几亿人脱贫致富的中国，本身就是人类文明的巨大进步，同时也是社会主义文明对资本主义文明超越性的体现。

其次，"民族振兴"的民族梦是"中国梦"的依托是对马克思主义关于文明发展的载体及全面性的体现，其目的是要使社会主义中国更加文明昌达，直接指向"文明中国"。民族梦是国家梦和人民梦的重要保障，为国家梦的实现提供重要的文化支撑。一方面，"民族振兴"内在地包含着实现中国梦的精神文化动力，只有实现精神文明的繁荣，大力弘扬社会主义先进文化，才能为物质文明、政治文明、社会文明及生态文明提供坚实的文化载体和深厚的文化源泉。马克思指出："任何真正的哲学都是自己时代的精华"，"是文明的活的灵魂"①，恩格斯也曾指出："文明是实践的事情，是一种社会品质"，一个民族真正的复兴，必然是体现其道路特征的民族文化的复兴，是其民族精神的主要体现，并为其物质、政治、社会的文明进步提供持续动力；另一方面，"民族振兴"也内在地包含着中国梦的文明全面性，中国梦是物质文明、精神文明、政治文明、社会文明和生态文明"五位一体"的体现，中华民族伟大复兴是全面的文明复兴，是一个文明体系的复兴。恩格斯在《反杜林论》中明确指出：未来社会的发展就是"经济、政治和精神的发展"。按照经典作家的论述和唯物史观的论点，人类文明的发展是全方位的，不仅包括物质文明的发展，更是政治、精神、社会以及自然关系的总和，是一个文明体的全方位提升。

再次，"人民幸福"的人民梦是"中国梦"的目的，是对马克思主义关于文明发展的历史主体及最终目的的体现。习近平总书记在十二届全国人大一次会议闭幕会上谈道："中国梦归根到底是人民的梦，必须紧紧依靠人民来实现，必须不断为人民造福。"要使"生活在我们伟大祖国和伟大时代的中国人民，共同享有人生出彩的机会，共同享有梦想成真的机会，共同享有同祖国和时代一起成长与进步的机会"。这充分体现了"人民梦"的重要地位，也体现了马克思主义关于人类文明进步与人的发展的统一的思想。第一，人民是文明发展进步的历史主体。马克思在《德意志意识形态》中指出："历史什么事情也没有做，它并不拥有任何无穷

---

① 《马克思恩格斯全集》第 1 卷，人民出版社 2002 年版，第 121 页。

无尽的丰富性，它并没有在任何战斗中作战，创造这一切、拥有这一切并为这一切而斗争的，不是历史，而是人，现实的、活生生的人。"① 人民群众是历史的创造者，中华民族伟大复兴和人民幸福的实现都要紧紧依靠人民群众的力量和智慧，并尊重人民的主体地位；第二，人的全面发展是"人民幸福"的重要文明内涵。马克思在对人的历史形态进行研究之后，提出了共产主义社会将是"自由人的联合体"的思想，指出"每个人的自由发展是一切人的自由发展的条件"。"人生出彩"、"梦想成真"、"成长与进步"正是对马克思主义关于人的发展思想的"文明阐释"；第三，人的现代化是文明进步的集中体现。自党成立以来，在领导中国人民进行革命、建设和改革的历史征程中，先后开启了"国家现代化"和"社会现代化"进程，现阶段则更加注重在"以人为本"理念下实现"人的现代化"，马克思也曾在其世界历史理论基础上对人的现代化进行论述：在世界历史的文明进程开启后，"狭隘地域性的个人为世界历史性的真正普遍的个人所代替"。② 习近平对人民幸福的阐述，正是马克思主义人的现代化思想的当代表达。

（二）"中国梦"是对传统中华文明的承载与扬弃

文明的发展从来都是不同步的，马克思主义在承认世界文明发展一致性的前提下，丝毫不否认各国文明发展的特殊道路，并将其看作文明发展的必然途径。在 19 世纪下半叶，马克思在各种人类学及社会学研究新成果的基础上，敏锐地观察到各国文明发展的特殊性，提出了东方国家可以跨越资本主义"卡夫丁峡谷"的设想，即对文明发展的差异作出了科学回应。"中国梦"是对传统中华文明的扬弃与超越，既有着纵深的文明历史感，又是对中华文明的承载，还同时是"中国道路、中国精神、中国力量"的文明展示。

首先，"中国梦"有着纵深的文明历史感。一方面，"中国梦"源自于对我国五千年文明的充分自信。中华文明是世界唯一延续几千年而未中断的古老文明，其历史的生命力就在于中华文明的独特品质，在于中华民族生生不息的民族精神，更在于古老中国人民对中华文明的高度自信及基

---

① 《马克思恩格斯全集》第 3 卷，人民出版社 2002 年版，第 32 页。
② 《马克思恩格斯选集》第 1 卷，人民出版社 1972 年版，第 40 页。

于此的强大凝聚力，中华民族伟大复兴的"中国梦"，正是扎根于这种文明自信之中。据统计，在16世纪前影响世界的300多项发明中，中国就占了160多项，美国著名政治家本杰明·富兰克林曾说过，在世界历史上，"中国被视为古老而高度文明的国家"。正是这种纵跨几千年的历史感，丰富了"中国梦"与中华文明的内在联系，赋予中国梦深厚的历史底蕴。另一方面，"中国梦"源自于近代百年来中国人民探索民族独立、国家富强、人民幸福的历史逻辑。正如习近平在参观中国人民百年追梦的《复兴之路》展览后所言："实现中华民族伟大复兴，就是中华民族近代以来最伟大的梦想。"从鸦片战争开启的中国近代化历程，都是伴随着无数仁人志士不断追求国家梦想的过程，一次次的失败使历史终于选择了中国共产党，并在28年革命之后实现了1949年的民族独立，自那时起，中国共产党人开始了新的民族复兴征程，1961年，毛泽东在同英国元帅蒙哥马利谈话时指出："在我国，要建设起强大的社会主义经济，我估计要花100多年。"这是中国共产党人提出的新的百年目标，这一进程并未终结，邓小平在20世纪80年代相继提出"小康"目标及"三步走"发展战略，党的十五大、十六大、十七大、十八大都对我国在新世纪的发展战略作出更为具体的规划。100余年的艰苦探索，构筑了"中国梦"深厚的时代底蕴，正是这种深厚的历史和时代底蕴赋予"中国梦"新的文明内涵。

其次，中国梦是对中华文明的扬弃。一方面，中国梦内含着对中华文明优秀成果的汲取。在世界文明史上，中华文明的成果资源可谓极为丰富，其延续性及包容性的特点为中国梦的内涵提供了丰富的养分，支撑了中国梦的文化内涵。中国梦是中华民族的伟大复兴，核心是文明的复兴，文明具有历史性、延续性、体系性的特征，任何文明的转型与复兴都不可能脱离其母体，中华五千年文明成果构成了中国梦当代内涵的重要基础，是可以不断挖掘并发扬光大的重要资源；另一方面，中国梦也内含着对中华文明历史资源的提升与超越。中国梦不是对古代盛世的恢复，更不是对皇权帝国的回归。习近平同志指出："实现中国梦必须走中国道路、弘扬中国精神、凝聚中国力量。"所谓"中国道路"，即是"中国特色社会主义道路"，是在社会主义条件下实现中华民族伟大复兴，其最终目标是实现"人民梦"，而非"帝王梦"，因此，对于中华传统文明仍需要取其精华、去其糟粕，在中国特色社会主义基础上实现"中华文明"的历史性跨越，使中华文明成为对人类文明有巨大贡献，并能够引领世界文明发展方向的新的文明形态。

（三）"中国梦"是对世界文明成果的吸收与超越

马克思曾指出："大工业……首次开创了世界历史，因为它使每个文明国家以及这些国家中的每一个人的需要的满足都依赖于整个世界，因为它消灭了以往自然形成的各国的孤立状态"①，正是在世界历史的进程中，民族的历史变为了"世界历史"，各国的文明不可能孤立于世界而继续自己的既有轨迹，因此，任何文明的进步与发展都必须依赖于构成"世界历史"的各种因素，其中既包括物质的和技术的因素，也包括精神的和制度的因素，"中国梦"的文明内涵也不例外。

一方面，立足于新世纪新阶段的"中国梦"的提出，本身也是借鉴和吸收世界文明成果的产物，并体现出与世界文明成果的某些共通性，2013年6月7日，习近平主席在与美国总统奥巴马的会谈中就指出："中国梦是和平、发展、合作、共赢的梦，与包括美国梦在内的世界各国人民的美好梦想相通。"这种"相通"，本质上是由人类文明方向的一致性决定的，同时也源于中国梦对自资本主义大工业开创世界历史以来人类文明成果的积极吸收。

另一方面，"中国梦"又是对现存以资本主义文明为主导的现代文明体系的超越。现代文明虽然经历了从最初的野蛮掠夺到现在以资本扩张为特征的全球化阶段，文明的具体形态发生了明显的变化，但是其"资本统治"的实质并未发生根本变化，正如马克思所言："资本来到这个世界，每一个毛孔都流着血腥和肮脏"，由于资本统治所体现出的单向度的工业文明及国际社会的对立与分化、环境污染及转嫁、人的异化等问题都是现代文明所必须舍弃却又难以突破的文明障碍，因此，中国梦对世界文明成果的借鉴与吸收并不意味着对现存的资本主导的世界历史的全盘接受，中国梦所要实现的世界文明的"转型"，内在地包含着对资本主义全球化的扬弃，这种引领与超越，是建立在新型社会主义发展模式上的超越，是对人类文明做出的巨大历史性贡献。就中国梦的内涵而言，其超越的自信首先来自于中华文明的深厚历史资源及独特文明轨迹，与西方文明不同的是，中华文明显现出难得的文化韧性与和谐包容，可以为世界文明

---

① 《马克思恩格斯选集》第1卷，人民出版社1972年版，第67页。

的发展转型提供丰富资源；同时，超越的自信还来自于中国特色社会主义道路的成功实践，新中国成立 60 多年尤其是改革开放 30 多年的发展，不仅为十几亿人口的中国探索了一条成功的发展新路，也为世界各国尤其是发展中国家探索了一条文明进步的新途，基于此之上的"道路自信"是我们对世界文明引领与超越的重要体现。

三　"中国梦"文明内涵的马克思主义话语构建

"中国梦"的文明内涵及文明维度要求有与之相适应的相应话语体系，"中国梦"自提出以来，其自身话语一直处于形成、丰富的过程中，如何站在文明的视野中去构建既符合马克思主义学理要求，又能回应通俗的实践需求，同时还体现"中国梦"与中华文明及世界文明关系的话语体系，是关系"中国梦"话语权及理论自信的关键环节，为此，需要处理好以下三个方面的关系。

（一）马克思主义理论话语与实践话语

在处理"中国梦"的理论话语与通俗的实践话语的关系上，应从以下三个方面着手：首先，构筑"中国梦"的马克思主义学理体系及话语表达，理论的生命力就在于其现实解释力，"理论只要能说服人，就能掌握群众"，因此，必须研究"中国梦"与马克思主义基本原理之间的学理关系，并在此基础上形成准确的理论话语表达；其次，完善"中国梦"通俗的实践话语表达。"中国梦"自提出以来，就体现着贴近群众、贴近实践的大众化话语表达特点，这也成为中国梦为社会所热议的重要原因；再次，实现理论话语与实践话语的准确衔接，理论话语要求准确反映学理关系，表现为其严谨性和逻辑性，实践话语要求为大众所掌握，表现为其通俗性及灵活性，在二者的衔接上，需要着重把握实践话语的准确表达，以通俗浅显的方式将"中国梦"的丰富内涵加以概括，以体现话语表达的准确灵活。

（二）马克思主义理论话语与中华文明话语

作为源自于西方的马克思主义理论话语，一经传入中国，就面临着中国化的艰巨任务，在马克思主义中国化的进程中，毛泽东为代表的中国共产党人开创了将马克思主义理论话语与中华文明话语成功结合的典范，例如，"实事求是"一词原本是《汉书·河间献王德传》中的古语，毛泽东将其用以表达马克思主义的认识论，"以人为本"一词原本也是中国古语，我们党将之用以表达马克思主义的人的解放的思想，都实现了马克思主义理论话语与中华文明话语的有机结合。"中国梦"的话语表达既直接体现出中国话语特点，又体现了马克思主义文明观的深刻内涵，其全方位话语体系的构建，要在研究中华文明话语的内涵指向及文化背景的基础上，探究中华文明话语的特点，使之能够准确地反映马克思主义的学理体系，将"中国梦"丰富内涵扎根于中华文明的深厚文化土壤之中。

（三）马克思主义理论话语与世界文明话语

树立"中国梦"的马克思主义话语，面临着如何在与世界文明对话的同时，自觉抵制来自西方的"话语霸权"的问题。"中国梦"的文明内涵要求必须积极吸收包括话语文明在内的世界文明成果，因此，须以开放包容的心态对待各种优秀文明资源，与世界文明话语实现有效对话，让"中国梦"拥抱世界，也让世界了解"中国梦"，这就需要在尊重人类共有文明及各自文明差异的基础上形成话语互动，不断增强话语的开放性和包容性；同时，还需要积极构建为世界所接受的自主的话语体系，防止陷入西方话语霸权及意识形态渗透的"话语陷阱"，将中国梦与世界文明成果的关系提到一个既相互尊重又有效互动的新高度。

参考文献

1. 《马克思恩格斯全集》第 1 卷，人民出版社 1956 年版。

2. 《马克思恩格斯选集》第 1 卷，人民出版社 1995 年版。

3. 石仲泉：《伟大的中国梦》，《光明日报》2013 年 1 月 10 日。

4. 周锡荣：《马克思主义文明观研究》，《中共中央党校学报》1997 年第 2 期。

5. 刘思华、方时姣：《马克思主义文明理论新探》，《东南学术》2006 年第 2 期。

6. 任仲平：《筑就民族复兴的"中国梦"》，《人民日报》2013 年 4 月 1 日。

7. 王天玺：《"中国梦"创造崭新的人类文明》，《重庆日报》2013 年 7 月 5 日。

了解才能理解：感受信仰的力量
寻觅实践的真知

徐志中[*]

马克思主义学院在党的群众路线教育实践活动学习教育阶段，采取规定动作与自选动作结合、理论学习与实践调研结合、学习与教学科研结合的原则，认为了解才能理解，学习中抓好汲取理论营养、感受信仰力量、寻觅实践真知三个环节。学院班子成员和党员在集中理论学习的基础上，参观了重庆市白公馆、渣滓洞旧址和歌乐山下的红岩魂纪念馆；贵州省遵义会议旧址、娄山关战斗遗址，重温中国共产党可歌可泣的革命征程，感受共产党人光辉伟大的革命情怀。深入贵州省道真县、正安县展开调研活动，让党员们更好地了解到西南少数民族地区民族风情、社会经济教育发展、基层党组织建设等情况，扩展视野，以期提高教师服务民族高等教育水平。通过这阶段的学习、参观、调研，大家学以致用、学有所思、学有所获、学有所得，取得了一定的成效。

一　汲取理论的营养

从理论上学习马克思主义群众观，主要围绕群众路线的形成和发展过程，群众路线的哲学基础和理论依据，群众路线对党的极端重要性，新形势下怎样坚持党的群众路线四个方面问题开展了较系统、深入的学习。群众路线的最主要内容就是"两个一切"、"一来一去"。通过学习，在贯彻党的群众路线的实践中，班子成员清醒地认识到既要一切为了学院师生，

* 徐志中（1965— ），硕士，西北民族大学马克思主义学院党总支书记，主要从事思想政治教育研究。

又要一切依靠师生；既要从师生中来，又要到师生中去。同时我们贯彻落实党的群众路线必须坚持"为民务实清廉"，在思想认识、工作作风上要牢固树立群众观点，努力改进工作方法，切实解决好立场问题、感情问题、方法问题。换句话说，就是要多做学院师生希望我们做的事，做好师生希望我们做的事。大家进一步认识到群众路线是个"法宝"，是党的政治优势。毛泽东曾引用"愚公移山"的寓言做比喻，他讲的是感动"上帝"即人民，依靠广大人民群众的支持战胜强大敌人的问题。在新中国成立后，毛泽东同志又提出了"上帝"不能惹，谁惹怒了"上帝"，谁就必定要垮台的论断。英国元帅蒙哥马利于1960年访问中国后这样说："毛泽东的哲学非常简单，就是人民起决定作用。"历史中蕴藏着走向未来的智慧。党的历史证明，是人民的力量推动着中国社会永不停歇的进步。92年岁月，正是紧紧依靠人民，我们党才能引领中国社会，不可逆转地结束了近代以来中国内忧外患交织、几近亡国灭种的悲惨境遇，不可阻挡地开启了中华民族不断发展壮大、走向伟大复兴的历史征程。事实充分说明，人民群众是党的根，是党的血脉，是党的力量源泉。我们党的最大政治优势是密切联系群众，我们党执政后的最大危险是脱离人民群众。在长期执政和改革开放的条件下，脱离人民群众的危险现实地摆在了我们面前，并十分严峻地考验着我们党。一些党员干部把党的为人民服务变成为人民币服务，不给好处不办事，给了好处乱办事，对群众冷若冰霜、形同陌路，对领导拉拉扯扯、吹吹拍拍。党群、干群关系从蛙水关系，需要就跳进水里，不需要就出来了。到油水关系，是浮在上面，它是不相溶的。如何处理党和人民群众的关系问题。在长期的实践中，我们党对这一关系形成了许多生动的、形象的比喻。鱼水关系、血肉关系、瓜秧关系、大地与安泰的关系等等。这些深刻的认识是阐述了党与人民群众的不可分离性。如果有了人民群众的支持，共产党就力大无比，就战无不胜。

二　感受信仰的力量

马克思主义学院全体党员在白公馆、渣滓洞旧址、红岩魂纪念馆、遵义会议旧址、娄山关战斗遗址等革命遗迹亲身体验、亲耳聆听、亲身感受，触摸并感知到信仰的厚重和震撼，狱中同志对未来执政党八条建议即《狱中八条意见》，其中有三条意见对当前正在开展的党的群众路线教育实践活动有启迪与借鉴作用：防止领导成员腐化；重视党员特别是领导干部的经济、恋爱和生活作风问题；严格进行整党整风。狱中烈士面对即将到来的死亡，希望党认真总结和吸取地下斗争时期的经验教训，希望党的事业健康发展，希望共产党人一定要保持先进性和纯洁性。这些意见，今天仍然充满着巨大的警示意义和践行价值，大家完全被英烈们64年前用鲜血凝结成的远见卓识震撼了。遵义会议是中国共产党革命进程中的转折点。其本身就是反对官僚主义、本本主义、形式主义的成果。这些参观革命遗址中"体验式教学"的感悟，使政治理论课教师对书本里的革命历史、革命精神和革命理论有了更加深刻和直观的认识，教师身临其境地感受到中国共产党人全心全意为人民服务的宗旨，在残酷斗争中坚守共产主义理想，在艰苦曲折中探索中国革命道路，在白色恐怖中点燃星星之火的坚定信念。正如学院教师在学习心得体会中所讲："群众路线是党的生命线和根本工作路线。教师面对的群众是学生，牢记立德树人的使命，以先进的教学内容培养学生、以一流的教学方法引领学生、以高尚的人格魅力感染学生，是教师党员实践党的群众路线的本质要求。"

三　寻觅实践的真知

学院突出深入民族地区调查研究载体，在改进学风上取得了一定的实效。8月10日到22日，学院26名政治理论课教师根据课程与专业，确定调研内容，制定调研提纲，深入重庆、贵州民族地区开展了为期12天的以调研民族风情、民族文化，了解民族地区社会经济发展的状况为内容的调研与实践教学活动。经过两天的长途奔波，教师们不辞辛劳分成三个调研组立即开展调研工作，人人虚心向实践、向工作一线的干部、农民学习，气氛热烈的讨论、畅所欲言的交流、联系实际的问题、严谨求实的作风，虚心好学的态度，给调研所涉及的部门干部、群众留下良好的影响，政治理论课教师在深入民族地区的实践中进一步锤炼了师德、增强了师风和促进了学风建设。大家带着问题下去，多看、勤思，撰写了一批学习心得体会、调研报告和学术论文。目前，在调研基础上，学院教师撰写了《农村基层党组织党内关怀的遵义实践调查》、《西部民族地区全面小康的建成：基础、困难及特殊性——以黔北武陵山区两县为例》、《贵州道真仡佬文化研究保护与开发利用》三份调研报告，教师们或写了调研心得体会，或收集实践教学资料，学院已将调研报告、心得体会发到群里共享，供教师们互相学习交流。教师们认为，学校要针对民族地区人才缺失、资源丰富的现状，主动适应民族地区的需求，发挥民族高校为民族地区经济、社会发展服务的功能，调整专业结构，关注民族地区人才培养，开展民族团结进步示范区建设，承担民族文化的研究保护工作。同时，有些教师在党的群众路线教育实践活动的学习中撰写了理论研究文章，如《中国梦：实质、意义、实践要求》、《现阶段党内批评的变化与实践》、《新时期加强中国共产党执政有效性路径分析》等，其中有的文章已在学术刊物上发表。

"意莫高于爱民，行莫厚于乐民。"总的来说，马克思主义学院领导班子和党员在学习中达成的共识是：群众路线，就像是一面很科学的"镜子"，只要敢于面对，认真面对，就可以照出我们的差距，可以帮助我们摆正自己的位置。群众路线，又像是一个很管用的"法宝"，只要准确使用、用心使用，可以帮助我们掸去身上的灰尘，可以帮助改进我们的作风。

实事求是推进武陵山地区发展

——关于推进武陵山片区扶贫攻坚试点工作的若干建议

李正元[*]

实事求是的工作作风对推进民族地区经济社会发展，特别是对扶贫攻坚具有非常重要的作用。本文以马克思主义实事求是的精神，对民族地区进行了深入调研，提供了切实可行的对策建议，是对中国特色社会主义实践研究的深入体现。由于经过多年持续不断的艰苦奋斗，贵州省扶贫开发取得了阶段性成就，但因自然、历史和地理等方面原因，扶贫攻坚任务依然非常艰巨。贵州省是全国农村贫困面最大、贫困程度最深、贫困人口最多的省份，按照农民人均纯收入 2300 元的新扶贫标准，贵州省共有贫困人口 1149 万人，占全国总数的 9.4%。譬如，从遵义市的情况看，新阶段扶贫开发以来特别是"十一五"以来，遵义市扶贫开发工作取得了明显成效，农村贫困人口大幅减少，贫困群众生产生活条件不断改善，农村居民生存和温饱问题得以基本解决。遵义市面临的扶贫开发的任务同样十分繁重。目前，遵义全市还有 4 个国家扶贫开发重点县，占全市县区市总量的 28.57%，占全省重点县的 8%；116 个扶贫开发重点乡镇，占全市乡镇总量的 47.74%，占全省重点乡镇的 12.4%；2398 个重点村，占全市行政村的 47.83%，占全省重点村的 17.2%。按照 2300 元的国家扶贫新标准，全市目前尚有农村贫困人口 144.99 万人，占全市农村户籍人口的 21.85%。其中，武陵山片区 64.08 万人，占全市农村扶贫人口的比重达 44.20%。所以，党的十八大提出了全面建成小康社会的目标，同时强调优先推进西部大开发，加大对革命老区、民族地区、边疆地区、贫困地

---

　*　李正元（1957—　），教授，甘肃民勤人，硕士生导师，现任中共西北民族大学委员会委员、副校长，主要从事马克思主义中国化研究。

区扶持力度，也提出了建设美丽中国的时代号召，类似的号召对武陵山片区扶贫攻坚试点工作具有十分重大的指导意义。

武陵山片区扶贫攻坚试点工作启动以来，在党中央、国务院和国家部委的关心和指导下，经过片区各级党委政府和广大干部群众的共同努力，取得了阶段性成果，为如期实现规划规定的目标展示了美好前景。但从武陵山片区试点工作实际推进情况看，还存在一些值得各级政府引起注意的事项和问题。国家民委派驻遵义市武陵山片区联络员通过调查研究和直接参与片区扶贫攻坚试点工作，对扶贫攻坚试点工作中存在的一些问题有直接的感受和认识，其中许多问题在武陵山片区带有一定的普遍性。现提出一些不成熟的意见和建议，供各级党委和政府部门参考。

一　武陵山片区县域规划需要进一步修订完善

在目前，武陵山片区各地扶贫攻坚实施规划已进入实施阶段，一些规划项目也已开始启动。但从各县的规划来看，在规划项目可行性论证、扶贫产业选择与布局、重大项目的协调与对接等方面还存在一些不尽科学和完善的地方。建议对片区试点规划实行动态管理，在实施过程中酌情进行修订完善，以期更好、更快地推进区域发展与扶贫攻坚试点工作。

二　扶贫攻坚要进一步加大产业扶贫工作力度

实践证明大力发展扶贫产业既是近期减贫摘帽的有效途径，也是脱贫致富的长远之计。从遵义市片区情况看，培育和发展扶贫产业已经成为贫困地区群众增加收入的重要渠道，扶贫成效日益显现。建议各级党委和政府要把产业扶贫摆在更加突出的地位，在国家和地方各级层面设立扶贫产业专项基金，在片区各县选择若干特色扶贫产业项目予以重点支持，以更大的力度抓好产业规划、抓好落实、抓出成效。

三　推进产业扶贫要在突出产业特色上下功夫

在近几年来遵义市片区扶贫产业发展较快，在培育、发展茶叶、烟草、药材等种植业和养牛养羊等养殖业及发展乡村旅游业方面体现了地方产业特色，前景看好。另一方面，我们也看到虽然有的乡镇发展扶贫产业的积极性很高，但一部分产业缺乏地域资源特色，也有一部分具有特色的产业尚未转化为产业优势，效益十分有限。建议各级政府部门牵好头，经过专家充分论证，依托当地资源禀赋选中选好特色扶贫产业，并通过加大政策导向和政府帮扶等方式对特色产业予以大力培育和支持。

四　推进扶贫攻坚要更加注重整合扶贫资源

从遵义片区产业扶贫情况看，"一乡一业，一村一品"的产业扶贫措施值得充分肯定。但产业扶贫中存在的问题也不少。例如资金短缺，规模偏小，技术力量薄弱，产品附加值不高、品牌效应缺乏以及同类产业不当竞争，等等。这些因素直接影响了产业经济效益和社会效益的提升，使产业的扶贫效益大打折扣。因此，建议不仅要整合片区内人力、物力、财力、科技等多方面的资源，还要积极引进社会资金、企业、能人等片区外可利用资源，壮大扶贫开发的力量。对一些潜力较大的特色优势扶贫产业，还要打破地域界限，强化统筹协调，实现跨区域合作，合理布局扶贫产业，以期形成规模效应，在扶贫攻坚中发挥更大的辐射和带动作用。

五　推进扶贫攻坚需要更加注重扶贫机制创新

创新扶贫机制是武陵山片区扶贫攻坚试点贯穿始终的重要环节。我们要进一步完善"政府主导、部门分工、各方参与、合力攻坚"和"县负总责，乡抓落实，部门参与"的扶贫工作机制和总结"能人带头、大户带动、龙头企业拉动、合作社联动"等好的做法的基础上，大胆探索推广行之有效的扶贫组织模式，提高农民的组织化程度，延长扶贫产业经营链条，促进扶贫产业不断发展壮大，推动贫困群众持续增加收入。建议国家民委和国家扶贫办组织力量对武陵山片区扶贫机制创新进行专项调研，总结创新经验，推进先行先试，为全国连片特困地区扶贫攻坚提供示范。

六　推进扶贫攻坚试点要高度重视扶贫工作的针对性

扶贫攻坚的核心是贫困群众增加收入。在当前，一方面要按照国家扶贫标准，瞄准 2300 元以下的贫困群众；另一方面又要特别关注重点人群，更要瞄准最贫困的群众。建议在扶贫开发过程中，将国家扶贫标准以下的扶贫对象进一步细化为一般贫困人口、中度贫困人口、极度贫困人口三种类型，在财政扶持和社会帮扶上区别对待，增强帮扶的针对性和有效性。同时建议将"扶贫到户、扶贫到人"作为考核片区扶贫攻坚试点工作的一项重要指标，争取做到不让一户特困群众掉队。

七　推进扶贫攻坚要把劳动技培训作为重中之重

长期以来贫困山区之所以贫困，突出问题在于劳动力素质过低，自我发展能力偏弱。劳动技能培训既是燃眉之急，也是长远之计。近几年来，遵义市劳动力培训工作成效显著，在扶贫开发中发挥了重要作用。但从片区各县情况看，劳动力培训工作仍须进一步加强。建议各级政府要在抓好基础教育的同时，设立劳动技能培训专项基金，大力发展职业教育，大规模培训贫困农村青年，让他们真正掌握一至两门劳动技能；要扶持好提高素质创业致富的典型示范，增强贫困地区青年农民依靠提高素质、依靠掌握劳动技能创业致富的信心和能力。

八　推进扶贫攻坚试点需要进一步完善片区内外协作机制

根据中央安排，国家民委作为武陵山片区联系单位在建立和完善协调机制方面做了卓有成效的工作，保证了试点工作的顺利开展。但随着试点工作的不断深入，我们感到这种协调机制特别是省市之间、省内各片区之间以及市州内县域片区之间区域沟通联动机制还不能很好地适应形势发展的需要，有待于进一步完善。建议国务院有关部门分类成立专门专项协调委员会，统筹建立信息资源平台，制定相关操作性较强的协作制度，使其制度化、规范化。

九　武陵山区域发展要加大对少数民族和民族地区的支持力度

根据国家国家民委发布的 2011 年少数民族地区农村贫困监测数据，全国民族八省区农村扶贫对象为 3917 万人，占八省区农村户籍人口的比重为 26.5%，占全国农村扶贫对象的 32%。广西、贵州、云南三省区有农村扶贫对象 3113 万人，占八省区农村扶贫对象的比重为 79.5%。在扶贫开发的新阶段，少数民族地区仍是我国扶贫开发工作的重点和难点地区，西南少数民族地区的扶贫开发任务更为繁重。贵州省是全国农村贫困面最大、贫困程度最深、贫困人口最多的省份，按照农民人均纯收入 2300 元的新扶贫标准，贵州省共有贫困人口 1149 万人，占全国总数的 9.4%。遵义市农村贫困人口近 145 万人，其中少数民族人口占 60% 以上。建议在国家、省、市层面上设立贫困地区少数民族扶贫开发基金，进一步加大对少数民族地区的扶持力度。

十　武陵山片区扶贫开发要关注少数民族文化的研究和保护

遵义市武陵山片区民族成分众多、民族文化丰厚，是民族团结的典范。扶贫开发过程中要注重少数民族文化的研究、开发和保护工作，总结片区民族团结进步创建工作的成功经验。建议国家民委对遵义市仡佬族文化研究和特色村寨保护工作给予更多的关注和支持，推进少数民族文化产业发展。

十一　扶贫开发要大力发展片区旅游产业

武陵山片区旅游资源十分丰富，但由于历史的和山区自然条件的原因，长期以来没有得到充分开发。近几年来，片区各地重视旅游开发，一些地方培育和发展旅游产业，旅游业带动了扶贫开发，为当地群众增加收入开辟了新的途径。从遵义市旅游业发展的情况看，前景十分广阔。但相对于丰富多彩的资源来说，尚未得到充分开发，旅游产业的扶贫效益尚未达到应达到的程度。建议有关政府部门制定武陵山片区旅游业发展专项规划，制定旅游产品培育和发展扶贫规划，指导旅游产业健康发展；建议遵义市以红色文化为轴心、辐射民族风情、国酒文化、山水景观、民居风格、乡村旅游，构建"一轴心多辐射"的"大旅游"格局；同时，在跨区域旅游产业布局上形成更加有利于旅游产业扶贫的大规划、大整合，形成跨区域的旅游产业体系，让旅游产业成为片区扶贫开发的主导产业之一。

十二　高等院校应当在扶贫开发中发挥更大的助推作用

国家民委在武陵山片区四省市派驻联络员，受到了地方政府和干部群众的欢迎和好评，联络协调工作取得了积极成效。特别是委属 6 所民族院校依托自身在人才培养、科学研究、社会服务等方面的优势，积极为武陵山片区扶贫攻坚开展了各种形式的帮扶活动，取得了积极成效。武陵山片区大多为民族地区，民族院校应当在各类高校招生、职业技术培训、民族团结创建、民族文化研究和特色村寨保护等方面进一步加强合作，为创建两个示范区做出更大贡献。

当代中国爱国主义视角下的
国家认同探析

常卫兵*　　王慧娟**

爱国主义是中华民族民族精神的核心，是中国人民抵御外辱，实现民族独立强大的重要精神力量。在今天，中国依然需要加强爱国主义教育，而国家认同是爱国主义的前提和基础，没有国家认同，爱国主义无从表现。由于特别是自近代以来在西方列强的入侵下，中国遭遇了前所未有的危机，可谓"三千年未有之变局"，面对如此危亡中国人民克服重重危机实现了中华民族的独立，为中华民族的伟大复兴奠定了基础，其中爱国主义教育发挥了至关重要的作用。中华人民共和国成立后，爱国主义教育在推动中国现代化、实现国家统一、维护中国主权和领土完整等各项事业上都起了不可代替的作用，"爱国主义是由于千百年来各自的祖国彼此隔离而形成的一种极其深厚的感情"。① 因此，爱国主义虽已成为中华民族精神的核心。但是，因受历史和现实因素的影响，中国的国家认同存在模糊性，从而相应地削弱了当代中国的爱国主义教育，影响了中国爱国主义的坚守与传承。所以为回应新的挑战坚守和传承爱国主义教育有重要意义。

一

归属感是人类众多情感中最重要的一种。面对大自然的恐惧，面对人

* 常卫兵（1979—　），博士，内蒙古大学公共管理学院讲师，研究方向为中国海洋权益与周边外交。

** 王慧娟（1980—　），硕士，内蒙古大学交通学院教师，研究方向为中国基层民主政治与城市社区治理。

① 《列宁选集》第3卷，人民出版社1995年版，第579—580页。

类自身的争斗单靠个人力量远远无法应对。因此，依靠族群、依靠集体力量回应挑战就成为自然的选择。归属感有两个层面：一是个体对族群的需求，希望从中得到承认和保护；二是族群是个体价值存在的源泉，个人的价值只有和族群的价值相吻合时，个人的价值才有意义。如果第一方面是功利性的，那么第二方面则是价值性的。

族群认同是归属感得以建立的基础。认同，简言之就是认为彼此是同类，具有亲近感或可归属的愿望，"是人们意义和经验的来源"①，其特点是自愿即自己主动产生认同感。当然这种认同感可以是自己自主形成的，也可以是接受外在影响，内化为自主行为，如接受教育。认同是人类历史上诸多思潮和运动形成的基础。

爱国主义就是其中之一。爱国主义是一种复杂的体验和感知，是伴随着民族国家的出现而形成的一种情感、思潮和运动。其核心表现为个人或团体对祖国的认同和忠诚，这种认同和忠诚既含有理性认知，又含有非理性的情感表达。从中可知，爱国主义是以国家为基础，这里的国家特指近代以来，从西欧蔓延到全世界的民族国家。所以，爱国主义是建立在国家认同的基础之上，没有国家认同，爱国主义就失去了根基，就无从演变和生成。在当下民族国家时代，国家依然是国际社会中最基本的构成单位，国籍成为人们之间相互区别的基本标志，国家充当着保护国民的角色。在此背景下，爱国主义的存在依然具有合理性，具有积极的价值。

从历史的逻辑看，作为一种思潮和运动，爱国主义是历史的产物，是随着现代民族国家的形成而出现的，"严格说来，爱国者一词的最早使用者，应该是美国独立时期的先贤以及 1783 年的荷兰革命"②，但真正推动爱国主义兴起的是法国大革命。

国家认同就是认同自己所在的国家，它是一个国家的国民对自己归属那个国家的认知以及对这个国家的构成，如政治、文化、族群等要素的评价和情感，是族群认同和文化认同的升华。具体表现为国民愿意将自己的命运与国家的命运联系起来，愿意为自己所认同的国家奉献一切乃至生命。

国民对国家的认同并非是虚幻和抽象的，它表现为对国家标识和记忆

---

① ［美］曼纽尔·卡斯特：《认同的力量》，社会科学文献出版社 2006 年第 2 版，第 5、298 页。

② ［英］埃里克·霍布斯鲍姆：《民族与民族主义》，李金梅译，上海人民出版社 2006 年版，第 85 页。

的认同和维护。如面对国旗、国徽、国歌等标识时，国民内心会自发生出一种激动、肃穆的情感；当国家遇到困难时，愿意"舍小家为大家"，牺牲自我利益，维护国家利益。

二

在中国近代历史上，爱国主义作为积极的思潮和运动，推动了中华民族追求独立的进程。今天，爱国主义依然是推动中华民族实现伟大复兴的积极力量。但同时必须承认，由于历史因素和现实因素的影响，中国的国家认同存在一定不足，这也影响了中国当代爱国主义精神的弘扬。

从历史传统看，中国是一个历史文明古国，有着悠久的历史传统，很早就出现了国家这种政治组织形式，但以现代民族国家形态衡量，中国转型为现代民族国家则很晚，是近代以来在西方的炮舰侵略下实现转型的。在古代中国，国家形态为天下型。[①] 与现代民族国家相比，其最大特征就是不确定性。首先，国家核心权力不确定，即"家天下"形态下，王朝与国家、皇权与相权交织在一起，没有清楚的边界。无论从组织形式还是实质内容都是"家国同构"，从形式看家庭、家族和国家在组织结构方面具有共同性，均以血亲——宗法关系来统领，存在着严格的父权家长制。从内容看，家事国事不分，具体而言就是国家政权体现为"家天下"，忠君与忠国没有明确界限。朝代的更替自然引发群众忠诚对象的更替，在政治上没有一个持久的共同认同。在此种政治框架下，普通百姓过着"日出而作，日落而息"的生活，天下或者姓刘或者姓赵，皆与我无关，"朝也者，一家之私产也，国也者，人民之公产也"。[②] 其次，国家边界不确定。中原王朝与周边政权并非平等的国与国间的关系，而是处于朝贡体系之下，周边政权定期向中原王朝进贡，中原王朝通过册封等仪式对周边政权加以认可。地区政治的中心与边缘是以文化来鉴定的，即夏和夷之间的界限并不固定。也就是说当时的国家形态下，地区政治处于前现代，处于民族交流与融合的过程之中。表现在国家认同方面就是国家认同淡化，更

---

① ［日］渡边信一郎：《中国古代的王权与天下秩序——从中日比较史的视角出发》，中华书局 2008 年版。

② 梁启超：《饮冰室合集·文集之五》，中华书局 1989 年版，第 9 页。

多地表现为文化认同、血缘认同等。

在此种认知背景之下，重构国民的国家认同即强化现代民族国家认同就成为中国向现代民族国家转型的核心问题之一。但中国近代以来遭受西方列强入侵的历史遭遇，虽然激发了中国民族主义，增强了国民的国家认同。但外有列强环视、内有军阀混战一定程度上也影响了民众的国家认同。中华人民共和国的成立为中国国民国家认同创造良好政治环境，与西方现代民族国家的形成往往上百年甚至数百年相比，中华人民共和国成立至今也只有60多年的历史，因此加强中国国民国家认同的任务非常艰巨。

全球化对中国国家认同也形成巨大挑战。全球化始源于世界经济的发展，得益于战后相对和平的国际环境。全球化加深了国家间的依赖性，推动了世界和平与发展，但同时也引发对传统国家主权形成了挑战，其直接后果就是国家在世界政治中的作用在下降，地区一体化、全球一体化的趋势日趋明显。在国家认同方面，其负面影响主要表现在两个方面。第一，国家主权受到挑战，其内涵和外延在缩小，全球化"是对传统的国际关系，对国家主权及其他权利，对以国界标识的人群活动区别的规则的一种深入持久的挑战"[①]。随着全球化的深入，其引发的许多问题成为全世界人民共同面对的问题，超出了传统国家的边界，如全球气候变暖、毒品等诸多问题，单靠某个国家是无法解决的，需要全球各国的共同努力，如成立相应的国际组织等。为了便于国际组织的工作，各国相应地就需要让渡一部分主权，造成了传统国家主权的破裂。这样，随着民族国家的建构，明晰国家边界，无论是地理边界还是政治边界，重新走向模糊，这无疑会影响国民对国家的认知，进而影响认同。第二，全球化分化了国民间利益，影响了国民身份的构建，进而影响国家认同。在全球化背景下，各国国民利益、需求、价值以及观念等日益多元化，造成其身份的多重性，如某一居民，既是某国国民、又是某个国际非政府组织的成员，在国家利益与国际非政府组织发生冲突时，往往容易造成其身份的困惑，进而影响国家认同。特别是网络技术的发展，世界已逐步"地球村"化，更是造成传统国家认同的困境，"民族国家的执行力确确实实受到了核心经济活动的全球化、媒体和电子通信的全球化、犯罪的全球化、社会抗议的全球化

---

① 王逸舟：《民族主义概念的现代思考》，《战略与管理》1994年第3期。

以及以跨界恐怖主义为主要形式的骚乱的全球化的损害"①。现代国家认同是建立在民族国家之上，民族国家观念陷入危机必然引发国家认同危机。

中国历史进程与世界历史进程的时间错位加剧了中国国家认同的困难。如前所述，从中国自身的历史进程看，中国还处于民族国家的建构进程中，近代中国的遭遇也让中华民族深知国家主权完整的重要性；从世界局势看，中国必须对全球化提出的挑战做出回应，参与到应对全球性问题之中。在此背景下，许多具有冲突性的角色同样出现在中国国民身份上，这必然相应地影响其对国家认同的聚焦度，削弱对国家认同的忠诚感。

中国社会阶层结构的转变影响国民的国家认同。一般认为，中华人民共和国成立以来，中国社会阶层结构经历了三次重大转变，"从 1949 年—1956 年短暂存在的新民主主义社会四大阶级结构，到 1956 年社会主义改造任务完成后确立的'两阶级一阶层'结构，再到 1978 年以来随着经济社会转型，原有社会阶层结构发生分化，逐步形成由十大阶层构成的新的社会阶层结构"②。其中，尤以第三次社会阶层结构的转型对中国影响巨大，"欧洲当年的人口总共不超过 4 亿人，社会转型用了 100 多年的时间，在很大程度上还是靠对外扩张来解决内部危机，甚至还因为转型激化矛盾引发了两次世界大战。而今日中国面临 13 亿人口的转型，转型的时间比欧洲要短的多，而且遇到的能源问题、资源问题、环境问题、农村问题、城市问题等，都比当年欧洲遇到的问题严峻，更何况中国完全是靠自己内部的调节来化解危机，而没有企及外部扩张因素"③。在传统计划经济体制下，国民身份比较固定、自身利益有国家给以保障，价值观、观念等相对统一，所以这个时期是中国国家认同增强的时期。改革开放以来，中国在取得巨大发展成就的同时，社会发生了急剧的变化，社会阶层日益分化，且随着社会阶层财富分化鸿沟加速扩大，阶层间的差距越来越表现出经济资源占有的差距。"日益扩大的利益差距的合理性与合法性，近年来

---

① ［美］曼纽尔·卡斯特：《认同的力量》，社会科学文献出版社 2006 年第 2 版，第 5、298 页。

② 陆学艺主编：《当代中国社会结构》，社会科学文献出版社 2010 年版，第 387、412 页。

③ 李强：《社会分层十讲》，社会科学文献出版社 2008 年版，第 141—142 页。

不断引起公众的质疑。"① 中国民众在利益、价值领域的多元化，一方面，造成群体间的隔阂，虚弱群体间的凝聚力；另一方面，在认知上，由于利益的遮蔽，不同群体往往认为是由于国家的因素，而不是改革不到位、制度不健全等发展过程中的因素导致群体间利益的差异。因此，国家认同也会受到削弱。

<h2 style="text-align:center">三</h2>

面对如此挑战，必须积极应对，才能强化国家认同，进而升发当代中国爱国主义精神，使之成为中国现代化建设中一支积极力量。

第一，重新挖掘和梳理中国传统资源。虽然中国的传统形态并非现代民族国家，且传统中存在许多制约向现代民族国家转型的因素，但同时在中国历史进程中，也出现了深厚的批判传统国家形态的思想，这些思想资源对我们建构现代民族国家形态具有重要意义。在中原王朝与周边政权对峙和交流中，传统观念中也出现了对中国这种天下型国家形态的批判。"垂三统，列三正，去无道，开有德，不私一姓，明天下乃天下人之天下，非一人之天下。"② 强调国家非一姓之天下，而是民众的天下，突出了国家的公共性，而非一家一姓之私产。对这种国家形态自觉意识最深刻的是顾炎武，"亡国与亡天下奚辩？曰，异姓改号，谓之亡国；仁义充塞，而至于率兽食人，人将相食，谓之亡天下。保国者，其君其臣，肉食者谋之。保天下者，匹夫之贱，与有责焉耳矣。"③ 在这里的国是指传统认识中的王朝，天下乃今天所指的国家，将传统中的王朝和国家做了厘清，强化了对国家的认知。梁启超进一步加深了对中国传统天下型国家形态的批判。梁启超认为中国历史学之所以不具有西方历史学那种"国民之明镜，爱国心之源泉"，其中一个因素就在于"一曰知有朝廷不知有国家"，所以中国的传统史学只是"二十四姓之家谱"而已，民众与国家处于一种疏离状态，国家认同也无从谈起。

第二，面对全球化的挑战需重新确定国家的边界，重构新型民族国家

① 陆学艺主编：《当代中国社会结构》，社会科学文献出版社 2010 年版，第 387、412 页。
② （汉）班固：《汉书》卷 85，中华书局 1962 年版。
③ （清）顾炎武：《日知录》，（清）黄汝成集释，花山文艺出版社 1990 年版。

认同。首先应认识到全球化与国家认同并非单向因果关系，固然全球化在削弱着民族国家认同，但同时民族国家认同作为一支独立意识形态也在回应着全球化，"在历史的轨迹中，我们看到了民族国家意识随着资本主义全球化的进展甚至以战争的形式得到加强，在当代的历史境遇中，民族国家意识不仅没有削弱反而会大大加强"。① 此外，全世界风起云涌的反全球化浪潮也证明了这点。其次，面对全球化中国家主权的削弱、国民身份多重化，一方面，国家需要重新确定国家主权的内涵与外延。在全球化的今天，国家依然是国民利益最重要的提供者，依然是世界组织中最重要的行为体，国家的价值和功能依然重要，因此，通过国内法和国际法重新确定国家主权的边界和范围就成为重构民族国家认同的基础；另一方面，国家需要重新确定国民身份之间的关系，平衡身份利益，提高国民身份在众多身份中的地位和作用，从而再次唤醒和强化国民的国家认同。

第三，加快发展，缩小阶层间利益差别，同时通过一定的仪式强化国家认同。中国的历史显示中国的国家思想很浓厚，国民对国家的依赖性也很强，国民与国家间不仅是一种法律关系，也是一种情感关系。当民众对自身利益不满意时，往往将期望投向国家。加之，中国目前阶层间收入差距存在一定的不合理和不合法性，这必然会削弱国内民众间的团结，进而削弱国民的国家认同，因此，国家必须通过加快发展、规范发展，使得各个阶层都能公平、合理地享受到发展的成果，真正做到"发展为了人民、发展依靠人民、发展成果由人民共享"。

人类学认为仪式作为人类生活的一部分，并不只是简单的形式，而是有着深厚的寓意，表达了人们共同的情感和信念，通过一定的仪式，人们再次感受和确认自身所属的共同体，重新确定自己与整体之间的纽带，从而强化自身的族群认同。在加深国家认同方面，国庆节、体育赛事等活动就可以起到这样的作用，因此，国家可以通过强化这些活动来强化国民的国家认同。

国家认同是爱国主义的基石，没有国家认同的爱国主义只能是空中楼阁，但在强化国家认同的同时，必须避免走向狭隘的国家主义，即将国家与国民二元化，进而将国家利益与国民利益对峙，从而以牺牲国民利益来优先强化国家利益。

---

① 房宁、王炳权：《民族主义思潮》，高等教育出版社 2004 年版，第 80 页。

总之，当今中国，强化国家认同是一项未竟的事业，是爱国主义的基石；强化国家认同能够充分激发国民的国家自信心、自豪感，激发国民内心的爱国热情，从而弘扬爱国主义，加快中国的现代化建设，早日实现中华民族的伟大复兴。

中国古代"文质之辨"
对当代"文化大发展大繁荣"的启示

栗振风[*]

"文质之辨"是中国古代哲学一个重要论题。道、法、墨等学派针砭"文过其质"、"以文害质"之弊,主张尚"质"绌"文"。儒家则提出"文质彬彬"的重要命题,倡导中庸、全面的文化观。孔子说:"质胜文则野,文胜质则史。文质彬彬,然后君子。"(《论语·雍也》)这节文字不仅寄寓了孔子的人格理想,同时也蕴含了儒家的文化纲领。作为古代礼乐文化的继承者,孔子对"文"是极为推崇的。然而,孔子尚"文"的同时,并未忽视"质"的重要作用和意义;在揭示"质胜文则野"从而肯定文化的同时,对"文胜质则史"之弊也同样发出警醒。事实上,"文质彬彬"并不意味着"文"、"质"地位上的完全均等,两者相比,"质"更为根本。这一观念使儒家既弘扬文化,又反思文化。历史上,"文质之辨"源远流长,对中国文化传统影响深巨,至今仍对我们推动"文化大发展大繁荣"有重要的启示作用。

一

考辨"文"、"质"二字。"文"同"纹"。《易·系辞》说:"物相杂,故曰文。"许慎《说文解字》说:"文,错画也。"故知"文"的本意乃杂、错形成的纹理、花纹。"质"是个会意字,指实体。许慎释"质"为以物相赘,意为抵押,而古代一般都以实物相赘,故"质"者,

* 栗振风(1968—),哲学博士,河北承德人,四川省社会科学院哲学与文化研究所副研究员,研究方向为中国思想史。

实也。清段玉裁《说文解字注》说："质，朴也、地也，如质有文是。"故"质"常与"实"、"朴"并言（实质、质朴）。

古代"文"、"化"二字一同出现，最早见于《易·象传·贲卦》："关乎人文以化成天下。"唐孔颖达疏："言圣人观察人文，则诗书礼乐之谓，当法此教而化成天下也。"（《周易正义》）其中的"人文"指诗书礼乐，与粗野无知的"质"相对而言。"文"、"化"二字组成完整"文化"一词，则最早出现在西汉刘向《说苑·指武》中："圣人之治天下也，先文德而后武力。凡武之兴，为不服也；文化不改，然后加诛。"这里，"文德"与"武力"相对而言。"武"的本义是"负戈而走"。"负戈而走"需要身体的力气，因而"武力"原属"质"的层面。这样，"文德"与"武力"的关系便等同于"文"与"质"的关系。上面两例中的"化"字，均指教化。所谓"文"、"化"或"文化"，即以"文"教"化"使之改变之义。

那么，"文"要教化、改变的是什么呢？答案便是"质"。孔子曾指出："恭而无礼则劳，慎而无礼则葸，勇而无礼则乱，直而无礼则绞。"（《论语·泰伯》）这是说"恭"、"慎"、"勇"、"直"这些"质"的性格，如果缺少"礼"（文化）的指导，便容易陷入"劳"、"葸"、"乱"、"绞"的危险境地。荀子说得更为直接："故圣人化性而起伪，伪起而生礼义，礼义生而制法度。"（《荀子·性恶》）认为"礼义"、"法度"等文化，乃是由于"化性"的需要而由圣人制定的；其中的"伪"字，指明"礼义"、"法度"等文化乃后天人为的产物，区别于人先天自然的"性"。"性"也即"质"。董仲舒说："性者，天质之朴也；善者，王教之化也。无其质，则王教不能化；无其王教，则质朴不能善。"（《春秋繁露·实性》）可见，"质"属于真的层面，"文"、"教"属于善的层面，以"文"化"质"，就是使真走向善，目的是使人变得更加美好、完善。看上去，"以文化质"的想法很是不错，但事情并没有那么简单。

或许文化的初衷确是出于"对完美的追寻"①。但随着以"文"化"质"的进行，"文"自身出现了问题。这便是荀子所揭橥的"伪"。道家认为"伪"造成了"文"对"质"的戕害，即以文害质："文灭质，

---

① 马修·阿诺德：《文化与无政府状态》，韩敏中译，生活·读书·新知三联书店 2002 年版，第 8 页。

博溺心。"① （《庄子·缮性》）庄子甚至称"儒以《诗》《礼》发冢"（《庄子·外物》），认为儒家在《诗》、《礼》虚伪的外衣下，掩盖着"发冢"（盗墓）一般的丑恶。法家也认为对"文"的喜好追求，将造成"质"的恶化："礼为情貌者也，文为质饰者也。夫君子取情而去貌，好质而恶饰。夫恃貌而论情者，其情恶也；须饰而论质者，其质衰也。"（《韩非子·解老》）以上种种，揭示出"文"对"质"造成的扭曲甚至异化，其结论便是，"文"，或成为更甚的一种恶。有鉴于此，道家提出"绝仁弃义"、"道法自然"的主张，认为"为学日益，为道日损"，只有"损之又损，以至于无为"，才能"无为而无不为"，希望通过返璞归真回到人原初的质朴来克服文化所带来的恶。

当时的另一显学——墨家，同样以"反文化"著称，只是墨家着眼于统治者穷奢极欲所造成的巨大浪费，以及由此给人民带来的深重灾难。《墨子·辞过》说："当今之主……必厚作敛于百姓，暴夺民衣食之财，以为锦绣文采靡曼之衣。铸金以为钩，珠玉以为珮。女工作文采，男工作刻镂，以为身服。"墨家的逻辑是，文化丰富了欲望的种类，加剧了欲望的程度，统治者的横征暴敛正是出于对文化的追求造成的；文化成为统治者的专属品，不仅与人民无关，还加重了人民的苦难。因而，文化理应为此承担责任。为减轻和消除文化所带来的这种负面的恶，墨家竭力主张"节用"、"节葬"、"非乐"以反对文化。针对儒家"乐而不淫，哀而不伤"（《论语·八佾》）对"以文化质"的肯定，《墨子·非儒》则针锋相对地予以驳斥："繁饰礼乐以淫人，久丧伪哀以谩亲。"认为正是文化的"繁"、"伪"造成了"淫人"和"谩亲"。

需要指出的是，道、墨两家虽然均持"反文化"的态度，但两家有着不同的思想依据。质言之，墨家是否定"文"，取消美；道家则是超越文，追求大美。墨家主张回归质朴是为了厉行节约，所谓"墨子蔽于用而不知文"（《荀子·解蔽》）。道家则是以"质"为"朴"，以"朴"喻"道"，认为"质"、"朴"、"道"的境界高于"文"的境界，所谓"清水出芙蓉，天然去雕饰"。

道、墨两家共同批判的对象——儒家，则是礼乐文化的大力弘扬与传播者。孔子首先对文化给予高度的肯定："周监于二代，郁郁乎文哉！吾

———————

① "博"即言"文"。如《论语·子罕》："博我以文。"

从周。"(《论语·八佾》）进而指出君子立身与成人取决于对礼乐文化的学习和掌握："立于礼，成于乐。"（《论语·泰伯》）因此他鼓励学生"行有余力，则以学文"（《论语·学而》）。孔子自己更是以古代文化传承者自居。《论语·子罕》记载孔子周游列国，在一个叫匡的地方身陷困境时慨言道："文王既没，文不在兹乎？天之将丧斯文也，后死者不得与于斯文也；天之未丧斯文也，匡人其如予何？"责无旁贷地将传续先王之道视为自己神圣的使命。孔子的伟大之处，不仅在于他对传统文化的传承与弘扬，还在于他对文化做出的自觉反思。孔子指出："人而不仁，如礼何？如乐何？"（《论语·八佾》）如果人们缺乏最基本、最普遍、最质朴的仁爱情感，哪里还谈得上什么礼乐文化呢？

二

历史证明孔子对"文胜质"的担忧并不是多余的。儒家自汉武帝"独尊儒术"成为经学后，得以迅速繁荣。然而，经学烦琐、虚浮，也即"文胜质则史"之蔽竟也发展到无以复加的地步："一经说至百万余言，大师众至千余人。"（《汉书·儒林传》）至三国时期，终于引发一场经学的反动——玄学思潮。玄学援道入儒，其中心论题——自然与名教之辨，其实质也即"文质之辨"，即先天的"质"、"自然"与后天的"文"、"名教"哪个更为根本的问题。对此，嵇康甚至提出"越名教而任自然"的矫枉过正的主张，折射出当时"以文害质"的严重程度。事实上，玄学家大多并不否定文化，其"反文化"的真正用意不过是反对"坏"的文化，企图建立"好"的文化。而衡量好、坏的基本准则是道家的"道法自然"。玄学家认为，只有符合人天然"性"、"质"的名教、文化才是好的、合理的，否则就是坏的、不合理的。宗白华评论那个时代说："晋人向外发现了自然，向内发现了自己的深情。"① 这场针砭"以文害质"时弊的思潮，看似有某种"反文化"的倾向。但这里出现的一个悖论是，这种向"自然"之"质"回归，貌似"反文化"的思潮，反而造就了历史上的魏晋文化高峰。建安七子、竹林七贤、陶渊明、王羲之、谢灵

---

① 宗白华：《论〈世说新语〉和晋人的美》，载《美学散步》，上海人民出版社 1981 年版，第 215 页。

运……这些享誉古今的文化名士，却无不洋溢和散发着"自然"与"深情"的"质"的动人魅力。

魏晋之后，极尽绮靡骈俪的"齐梁体"的兴起标志着"文胜质"的新一番涨潮。对于这一诗风的批评，刘勰、钟嵘已发先声。如刘勰《文心雕龙》便极力主张"为情而造文"，反对"为文而造情"。唐初沿袭齐梁之风，陈子昂曾感言："仆尝暇时观齐梁间诗，彩丽竞繁，而兴寄都绝。"①"兴寄都绝"乃言其无感而发，虚浮日扇。对此，陈子昂力主回到古朴的"汉魏风骨"。陈氏所褒扬的"风骨"，也即刘勰所推重的"风情骨峻"，是指真挚、质朴的情感与现实的力量。就连浪漫主义诗派的代表人物李白也认为"自从建安来，绮丽不足珍"，推崇"建安风骨"，反对"文过其质"。这样的文化反思，使唐代诗歌得以"文"、"质"兼备；现实主义、浪漫主义的交相辉映，映照出"质"与"文"的"彬彬"之姿。但到了唐代末年，骈文流俗重又粉墨登场，尘嚣日上。疏阔虚浮、文表华艳之弊，终致引发唐宋八大家倡导的"古文运动"。"古文运动"秉承孔子"辞达而已矣"的原则，崇尚"言必近真"、"不尚雕彩"、"文以载道"的朴实文风。这一运动由唐延宋，声势浩大，波及深远。平易自然、朴实生动的笔调，一扫华而不实的文风，使散文走上了反映现实生活的正确道路。

文化的发展繁荣是历史的必然，但人的自然之质则是文化的基础，这意味着"质"比"文"更为根本。事实上，在孔子"文质彬彬"的两点论的背后，是以"质"为本的重点论。"文质彬彬"，无过无不及以达成中庸，是孔子的理想境界。但在现实中，"文"、"质"间难免发生冲突，难免会有过和不及的情况出现。那么这个时候，应遵循何种原则呢？孔子说："礼，与其奢也，宁简。"（《论语·八佾》）尽管"奢则不孙（逊），简则固"，过犹不及，但"与其不孙（逊）也，宁固"。（《论语·述而》）可见，与"文"相比，孔子认为"质"的原则更为根本。故孔子说："先进于礼乐，野人也；后进于礼乐，君子也。如用之，则吾从先进。"（《论语·先进》）

历史上，南宋是一个"文胜质"尤为突出的时代，颜元曾批评朱熹："终日兀坐书房中，萎惰人精神，使筋骨皆疲软，以至天下无不弱之书

---

① 《与东方左史虬修竹篇序》，四部丛刊影明本《陈伯玉文集》卷一。

生，无不病之书生。生民之祸，未有甚于此者也。"（《朱子语类评》）但就是这个"终日兀坐书房中"而被颜元诘责的理学大师，在"文质之辨"中所采取的态度竟然也是"宁质胜文"。《论语集注》注解"文质彬彬"章，朱熹引杨氏的话说："文质不可以相胜，然质之胜文，犹之甘可以受和，白可以受采也；文胜而至于灭质，则其本亡矣。虽有文，将安施乎？然则与其史也，宁野。"明确"质"为"文"之本。再如《论语·颜渊》："棘子成曰：'君子质而已矣，何以文为？'子贡曰：'文犹质也，质犹文也，虎豹之鞟犹犬羊之鞟。'"棘子成尚"质"，向子贡提出对"文"的质疑。子贡回答"文犹质也，质犹文也"，即以"文"、"质"为同等重要，不分上下。这招致了朱熹的批评："而子贡矫子成之弊，又无本末轻重之差，胥失之矣。"（《论语集注》）显然，朱子是严格区分"质"的"本"、"重"与"文"的"末"、"轻"的。

三

当历史步入 20 世纪，我们党的文化路线同样以"质"为"文"的源泉和根据。1942 年，毛泽东的《在延安文艺座谈会上的讲话》指出："一切种类的文学艺术的源泉究竟是从何而来的呢……人民生活中本来存在着文学艺术原料的矿藏，这是自然形态的东西，是粗糙的东西，但也是最生动、最丰富、最基本的东西；在这点上说，它们使一切文学艺术相形见绌，它们是一切文学艺术的取之不尽、用之不竭的唯一的源泉。这是唯一的源泉，因为只能有这样的源泉，此外不能有第二个源泉。"[①] 毛泽东将那些"人民生活中""自然形态的"、"粗糙的东西"，"但也是最生动、最丰富、最基本的东西"——"质"的东西，看作"文学艺术"，也即文化的唯一源泉。

近年来，"文胜质"的现象愈发凸显。各种曲意迎合低级趣味的快餐文化、媚俗作品竞相登台亮相；各种脱离生活、胡编乱造的肥皂剧、穿越剧、抗日神剧等充斥荧幕；而学术腐败所制造的"文化垃圾"则成为另一种生态危机。以上种种文化领域的虚浮、伪劣正严重损害着社会的健康

---

① 毛泽东：《在延安文艺座谈会上的讲话》，载《毛泽东选集》第 3 卷，人民出版社 1991 年版，第 860 页。

与进步。在这样的形势下，2011 年 10 月，党的十七届六中全会继 2007 年十七大以来，首次将"文化命题"作为中央全会的议题，并提出"推动社会主义文化大发展大繁荣"。而在关于文化的动力、源泉、方向等重大问题上，报告特别指出："坚持以人为本，贴近实际、贴近生活、贴近群众，发挥人民在文化建设中的主体作用"；"坚持正确创作方向。正确创作方向是文化创作生产的根本性问题，一切进步的文化创作生产都源于人民、为了人民、属于人民。"人民是核心、是根本、是源泉，也是归宿。事实上，不要说大众文化，即便处于文化前沿的高端文化、高雅文化，其鲜活的灵感和持久的生命力，同样离不开如《在延安文艺座谈会上的讲话》中所说的，人民生活中"最生动、最丰富、最基本"的"质"的东西。由此可以看出，群众路线不仅是我党在各项事业中制胜的法宝，同时也指引着社会主义文化大发展、大繁荣的正确方向。

党的十七届六中全会指出我们党"既是中华优秀传统文化的忠实传承者和弘扬者，又是中国先进文化的积极倡导者和发展者"。民族文化与先进文化，前者是中华民族数千年的根，后者则是中华民族与时俱进的前进方向。这符合马克思所倡导的，文化是世界视野下的民族文化的观点。"文化大发展大繁荣"乃是一项继往开来的伟大事业，而"既往"才能"开来"。黑格尔说："我们之所以是我们，乃是由于我们有历史。"① 中国有着数千年悠久的历史，我们引以为傲是因为它为我们留下了无比珍贵的思想遗产和文化宝库。传承与弘扬传统文化，不仅在于它为我们奠定了深厚的民族文化基础，还在于"以史为鉴"——中国古代的思想智慧为我们提供了一面反思的镜子，可以使我们正心明德，知得失兴替。"文质彬彬"是孔子 2500 年前的理想，或仍可作为当代"文化大发展大繁荣"的一则指南。

---

① 黑格尔：《精神现象学》（上卷），商务印书馆 1979 年版，第 213 页。

继承弘扬西路军精神
切实加强党的思想政治建设

杨惠娟[*]

西路军奉中共中央命令，西渡黄河，执行打通国际路线任务的过程中，将士们浴血奋战、英勇悲壮，铸就了可歌可泣的西路军精神。在新时期新形势下，我们继承弘扬西路军精神，切实加强党的思想政治建设，不断推进中国特色社会主义伟大事业取得新胜利有重要作用。

1936 年 10 月红军三大主力在甘肃会宁胜利会师，红五、红九、红三十军的部队，共计 21800 余人奉中共中央和中央军委命令西渡黄河组成西路军后执行中央战略部署而获得了苏联物资的援助，奠定了巩固西北抗日的后方。因为，西路军是红军万里长征的余续，在徐向前、陈昌浩、李先念等领导下征战河西，历时近五个月，最后"遭到几乎全军覆没的命运，在我军历史上，绝无仅有"①。"西路军所属各部队是经过中国共产党长期教育并在艰苦斗争中锻炼成长起来的英雄部队。在极端困难的情况下，在同国民党军队进行的殊死搏斗中，西路军的广大干部、战士视死如归，创造了可歌可泣的不朽业绩，在战略上支援了河东主力红军的斗争，西路军干部、战士所表现出的坚持革命、不畏艰险的英雄主义气概，为党和人民英勇献身的精神，是永远值得人们尊敬和纪念的。"② 的确，莫以成败论英雄，西路军虽败犹荣，西路军将士为完成党的任务奋力拼搏，英勇杀敌，为革命事业浴血奋战，用鲜血、生命铸就出了历史丰碑——西路军精神，是非常宝贵的精神财富，永放光芒。历史经验启示我们：精神可以转

* 杨惠娟（1979— ），女，硕士，河南许昌人，西北民族大学马克思主义学院讲师，主要从事红西路军和高校思想政治教育的研究工作。

① 徐向前：《历史的回顾》，解放军出版社 1988 年版，第 555 页。

② 《中国共产党历史》（上卷），中共党史出版社 2002 年版，第 510—511 页。

化为动力，伟大的精神更能激励、促进人们奋发有为，党"团结带领全国各族人民不懈奋斗，战胜各种艰难险阻，不断取得革命、建设、改革的伟大胜利"①。所以，在当前西部大开发的历史洪流中，我们要重视挖掘、继承和弘扬西路军精神，大力加强、推进党的思想政治建设，为西部大开发和全面建设小康社会做出不懈的努力，从而推动中国特色社会主义伟大事业取得伟大胜利，谱写中华民族更加辉煌的历史篇章。

一　继承和弘扬民族利益为先，以崇高理想和坚定信念为支柱的西路军精神，加强党的思想政治建设

1936 年 10 月，共产党领导红军转战陕甘之际，中国社会的主要矛盾也悄然发生着变化，民族矛盾日渐成为主要矛盾。为民族、国家计，中共依据现实情况和自身条件，决定打通苏联，解决红军和友军的战略靠背问题，建立坚实巩固的抗日后方，挽救国家危亡。西路军过河西征正是中央基于上述考虑的结果。西路军将士也没有辜负期望，在征战中始终以民族利益为己任，高举爱国主义旗帜，努力发动当地群众，试图联合各方面力量，建立抗日民族统一战线，这些举动令人钦佩；西路军在艰难的战斗中，利用歌谣、标语、传单等形式来宣传红军抗日主张，唤起当地群众革命意识；为了更好地贯彻和实施全民抗日方针的政策，西路军在行军作战间隙建立抗日青年大队、抗日妇女会、少年儿童团，成立"抗日义勇军"、"五佛寺抗日促进会"等组织，激发西部地区人民的抗日爱国热情。同时还一直不停地做"二马"（马步芳、马步青，下同）统战工作，积极拉拢他们到抗日队伍中来。西路军在河西转战，军事异常紧张，仍然积极为建立统一战线奔走。虽然他们的努力，效果不大，但足以显示其抗日救国的诚意，他们深明大义，爱国热忱感染了当地部分进步人士。

可以说，西路军广大指战员在联苏抗日的伟大理想和对革命必胜的坚定信念支撑下，排除万难，在艰苦恶劣的条件下仍保持着昂扬斗志、勇往直前。西路军将士们在天寒地冻、衣不遮体、食不果腹、严重缺水的河西征战中，

---

①　《中共中央关于加强和改进新形势下党的建设若干重大问题的决定》，《求是》2009 年第 19 期。

没有退缩；在数倍于自己的凶悍敌人面前，毫不畏惧；在翻越祁连山，舌燥唇裂，渴饮马血、人尿的死亡线上，仍执着地向星星峡前进，向党中央指定新疆、苏联的目标艰难迈进；在被敌人俘虏时"皆能唱歌呼号，步伐整齐……且面带喜色，毫无惧容……"① 在失散返回延安路中，更是历经艰险，九死一生；在流落西北和家乡几十年里，任劳任怨，无怨无悔。

正是把国家和民族的根本利益看得高于一切，正是坚定理想信念做支柱，党才能领导红军战胜前进中的艰难险阻，不断发展壮大，最终建立新中国，成为执政党后，带领中国人民不断走向新的胜利直到今天。因此，一个政党、一个国家、一个民族只有确立了共同的理想信念，才会有强大的凝聚力和向心力。无论过去、现在和将来，共同的理想都是保证革命和建设事业取得胜利的精神支柱和精神动力。"办好中国的事情，关键在党"。当前形势下，在全面建设小康社会，构建社会主义和谐社会的宏伟蓝图变为现实的进程中，更要加强党的思想政治建设，树立中国特色社会主义共同理想，坚定走有中国特色社会主义道路的信念，践行社会主义核心价值体系，只有这样才能为实现中华民族的伟大复兴提供精神支柱和精神动力。

二　继承和弘扬顾全大局为重，以英勇顽强和艰苦奋斗为核心的西路军精神，提高党的思想政治建设和作风建设

为了实现革命理想，完成党的战斗任务，西路军将士在面临极其险恶的军事环境和自然条件下，顾全大局、不畏艰难、英勇顽强、艰苦奋斗。

西路军河西战斗大致时间是从 1936 年 10 月 25 日靖远西渡黄河到1937 年 3 月底兵败祁连山为止，这段时期西北天气更是寒冷无比，气温有时达到零下二三十度，呵气成冰。西北土地贫瘠，人民贫困，缺粮、缺水是个不争的事实，这些对于大部分来自南方省份、几番出入草地、连续作战而没有得到很好休整补充的红军部队来说，无疑走入绝境。周纯麟回忆说："当时我们身上没有棉衣，脚上没有鞋子，进入了这冰雪世界，随时都有冻死饿死的危险。"② 此外，这些地区没有党的工作基础，群众基

---

① 马鹤天：《甘青藏边区考察记》，甘肃人民出版社 2003 年版，第 152 页。
② 周纯麟：《血战河西走廊》，解放军出版社 1984 年版，第 123 页。

础薄弱，革命观念淡薄，反抗斗争意识不高，对党和红军的主张也不了解，再加之这一地区历史原因形成的回汉矛盾，红军很难在较短时间赢得群众，与群众打成一片，因此红军的给养、扩红很难得到保证。还有红西路军在军事配备方面有先天不足。首先兵力方面，红西路军共有21800余人（其中非战斗人员就占40%），而"二马"却有正规军三万余人，民团武装十多万人。且有较为充足地后备力量做支援；其次从兵种方面，红西路军主要是步兵，骑兵组建不久，且缺马匹，而"二马"却步骑兵都有，尤其骑兵部队最多，也最厉害。还有炮兵连，在战斗中往往以炮兵轰击，步骑兵相互配合进攻。西北地区特殊的地形，是骑兵"游刃有余、大显身手"的地方。最后从武器装备上，据统计西路军各军子弹平均每枪没有超过30发，其中五军才5发，子弹是有耗无补，而"二马"部队却是很快能得到补充。

对于上述的不利因素，在战斗就是生存，生存就是战斗的境遇之下，西路军将士并没有气馁，自暴自弃，而是迎难而上、奋力争取，在古浪、山丹、永昌、高台等地区进行了一系列艰苦卓绝的战斗，先后共消灭"马家军"25000余人，打击了马家军阀的嚣张气焰。同时还在有条件的地方建立苏维埃政权，正如毛主席赞扬"长征是宣言书，长征是播种机，长征是宣传队"一样，西路军在如此艰难条件下，仍满腔热情地宣传着、实践着党的路线、方针、政策及各项主张，组织发动群众，传播革命思想，散播了革命火种，使河西人民对党有了初步了解，为解放战争胜利奠定了良好的群众基础。

西路军在作战中，顾全大局，讲团结，舍己为人，相互支援、密切配合的现象时时出现，在革命的战斗中印证出红军部队不愧为钢铁长城。红三十军八十八师二六三团九连130多人，为保卫总指挥部和兄弟部队的安全，与敌人奋战一整天，到最后只剩下九个人；为掩护三十军的战斗，九军在梨园口两侧的山头与敌人苦力周旋，拼命；为掩护总部机关和伤兵人员向山里转移，三十军指战员前仆后继，顽强与敌人搏击，在南柳沟战役，李先念在自己身处困境，几乎全军覆灭的危险境地，仍毫不犹豫抽出兵力援助兄弟部队突围脱险。转战中红五、红九、红三十军相互配合，互相支持，发挥集体的巨大力量，狠狠打击"马家军"；在"新兵营"里，更是服从集体安排，自觉主动学习各种技术，为我军的现代化建设做出了重大贡献。

艰苦的环境、艰巨的任务，可以磨炼人、锻炼人。治国先治党，治党必须从严，在社会主义初级阶段中建设中国特色的社会主义中，更应端正发扬党的全心全意为人民服务的优良作风，坚持大兴党的艰苦奋斗的作风，确实做到"以优良的党风促政风带民风，形成凝聚党心民心的强大力量"，更要注意党的思想政治建设和作风建设，提高党的执政能力、保持和发展党的先进性，使党始终成为党和人民事业的坚强领导核心，促进社会主义事业又快又好地发展。

三 继承和弘扬真干实干为本，以刻苦顽强和勇往直前为本色的西路军精神，努力建设学习型政党，不断提高党的思想政治水平，永葆党的先进性

1937 年 3 月西路军石窝山分兵，西路军左支队在程世才、李先念、李卓然等率领下历经艰难跋涉，冲出重重包围，于 4 月底转战来到新疆，进驻新疆后左支队改称为西路军总支队，对外称"新兵营"。在党中央"严守纪律、就地学习"的号召下，顽强刻苦、努力向文化和技术军事技术进军，后来大都成为我党我军早期的军事技术人才。

党代表陈云在给左支队做学习动员时指出："没有文化就像盲人。我们在战场上冲锋，是为了革命事业的胜利，现在学习文化知识，也是为了革命事业的胜利，两者内容不同，目标一致，希望大家要像在战场上冲锋陷阵那样向文化进军。"① 既然学习文化是党和人民的革命事业，西路军指战员以满腔的热情，战斗的姿态投入学习之中。在近四个月的学习里，克服自身文化程度不高，没有合适学习教材，没有笔墨纸张等困难，到后来多数人掌握几千个单字，也能读书看报提笔写信，为学习军事技术奠定了一定的知识基础。

"新兵营"经过几个月的政治、文化学习之后开始转入学习军事技术实际操练阶段，他们大致进行有汽车、装甲车、炮兵、无线电通信、航空、医务和情报等军事技术学习和实践训练，"新兵营"指战员军事技术学习中，在没有课程教材情况下，大家上课时认真记录教官所讲内容，课

---

① 中共新疆维吾尔自治区委员会党史工作委员会、中共乌鲁木齐市委员会党史工作委员会编：《中国工农红军西路军左支队在新疆》，新疆人民出版社 1991 年版，第 4 页。

下"及时地互对笔记，向文化水平比较高的同志借笔记，重新整理笔记，重新画图。党支部为此还组织互助组，互帮互学"①，不断地提升和攻破一道道理论关和技术关。航空队在坚持了四年之久的训练学习，后来都成为我国现代化空军和民航事业建设发展的重要奠基者。以空军为例，我军在解放战争初期组建的东北老航校，23 名飞行教员中有 14 人，17 名机械教员中有 12 人都是当年在新疆培养的。②

世界在变化，形势在发展，中国特色社会主义实践在深入，不断学习、善于学习，努力掌握和运用一切科学的新思想、新知识、新经验，是党始终走在时代前列引领中国发展进步的决定性因素，为此建设马克思主义学习型政党是重大而紧迫的战略任务。西路军刻苦顽强学习钻研文化知识和先进军事技术的精神与行动，为党培养了一大批军事技术骨干。西路军努力学习先进的知识和军事技术，勇攀科学高峰，为我们树立很好的榜样。新形势下，加强学习型政党建设，提高党的执政能力，使党永葆先进性，始终站在时代前列，成为建设中国特色社会主义事业的坚强领导核心，实现祖国的繁荣富强。

"雄关漫道真如铁，而今迈步从头越"。西路军在狭长的河西走廊，同优势的敌人反复搏斗拼杀，孤军无援，弹尽粮绝，血染河西走廊，兵败祁连山下。西路军虽失败了，但功不可没。西路军在特殊的历史环境下，在残酷的自然环境中，在惨烈的军事斗争中孕育出的西路军精神，更是我党长期革命精神与中国优秀传统精神的结合、发展的产物，是党和人民宝贵的精神财富，不能因为和平年代而把它置于九霄云外或视而不见。"革命前辈们在艰苦卓绝的革命斗争中培育起来的革命精神和优良传统，对我们坚定信念、鼓舞斗志、做好工作具有重大的现实意义，永远是我们在前进道路上战胜各种困难和风险、不断夺取新胜利的强大精神力量。"③ 为此我们要大力继承和弘扬西路军精神，加强党的思想政治建设，全面推进中国特色的社会主义事业取得更加辉煌的成就！

---

① 中共新疆维吾尔自治区委员会党史工作委员会、中共乌鲁木齐市委员会党史工作委员会编：《中国工农红军西路军左支队在新疆》，新疆人民出版社 1991 年版，第 143 页。
② 祁若雄：《陈云在新疆的革命活动与影响》，新疆党建网。
③ 胡锦涛总书记 2003 年 8 月 30 日瞻仰江西兴国县烈士陵园时的讲话。

试论毛泽东"思想建党"
理论的时代价值

蒋春燕[*]

毛泽东的建党思想有鲜明的特点和基本原则。从思想上建党，最根本的就是用马克思主义理论教育和武装全体党员，强调党员不仅要在组织上入党，且在思想上要入党，即不断地用无产阶级思想克服和改造各种非无产阶级思想，永葆党的工人阶级先锋队性质。因为，马克思恩格斯把共产党定位为无产阶级的先锋队组织，在农民占绝大多数的中国，共产党组织的纯洁性如何保证？在革命战争年代曾有不同的看法。所以，毛泽东为了成功地回答类似问题，在构建其思想中解决了这一历史课题，从而使中国共产党取得了新民主主义革命的伟大胜利，着重从思想上建设党是毛泽东对马克思主义建党学说的继承和创造，是马克思主义与中国具体实际相结合的产物，重温毛泽东的"思想建党理论"有多方面重要价值。

一 毛泽东"着重从思想上建党"理论的形成及其意义

在我国历史上始终十分重视和关注中国国情的毛泽东，早在党的创建时期，就认识到了思想理论建设对于中国共产党的重要性。毛泽东认为，党的建设中的首要问题是思想建设问题，要把思想教育和思想领导放在突出的位置上，这是他在深刻了解了中国国情和党情的基础上所做出的科学判断和决策。

1. "着重从思想上建党"理论的形成

1927年第一次国内革命战争失败以后，中国共产党把工作重心由城

---

* 蒋春燕（1980— ），女，硕士，西北民族大学马克思主义学院讲师，主要研究方向为毛泽东思想和中国特色社会主义理论。

市转到农村，在农村发动群众，开展游击战争，进行土地革命，建立红色政权，恢复和发展了党的组织，开辟了井冈山革命根据地。在农村中发展党的组织，大量的农民和其他小资产阶级分子入党，势必把各种非无产阶级思想带到党内来，造成党在思想上和组织上的不纯。毛泽东就已经强调从思想上建党的重要性。他在《井冈山的斗争》一文中指出："我们感觉无产阶级思想领导的问题，是一个非常重要的问题。边界各县的党，几乎完全是农民成分的党，若不给以无产阶级的思想领导，其趋向是会要错误的。"① 这样，毛泽东从农民、小资产阶级成分占绝大多数的特殊情况出发，初步提出了着重要从思想上建设党的原则。

1929 年 1 月，毛泽东、朱德率红四军进军赣南、闽西，党的队伍迅速发展。由于党和红军中增加了大量的农民和收编的国民党起义军人，使农民和其他小资产阶级出身的党员在红四军党员中的比例大大增加，旧军队作风和各种非无产阶级思想在红四军中和党内突出表现出来。同年 12 月，在著名的《古田会议决议》中，毛泽东突出强调了着重从思想上建设党的极端重要性。决议开头就指出："红军第四军的共产党内存在着各种非无产阶级的思想，这对于执行党的正确路线，妨碍极大。若不彻底纠正，则中国伟大革命斗争给予红军第四军的任务，是必然担负不起来的。"② 强调："红军党内最迫切的问题，要算是教育的问题。为了红军的健全与扩大，为了斗争任务之能够负荷，都要从党内教育做起。不提高党内政治水平，不肃清党内各种偏向，便决然不能健全并扩大红军，更不能负担重大的斗争任务。因此，有计划地进行党内教育，纠正过去之无计划的听其自然的状态，是党的重要任务之一。"③ 因此，加强党的思想建设是头等大事。

古田会议标志着毛泽东着重思想建党原则基本形成。此后，毛泽东继续总结党的建设经验，在理论和实践两个层面进一步深化了着重从思想上建设党的原则，形成了比较完备的体系。在理论上，毛泽东总结中国革命的实践经验，写出了大量的有关党的建设的光辉著作。如《实践论》、《矛盾论》、《反对自由主义》、《中国共产党在民族战争中的地位》、《〈共产党人〉发刊词》、《改造我们的学习》、《整顿党的作风》、《反对党八

---

① 《毛泽东选集》第 1 卷，人民出版社 1991 年版，第 77 页。
② 同上书，第 85 页。
③ 《毛泽东文集》第 1 卷，人民出版社 1993 年版，第 94 页。

股》、《在延安文艺座谈会上的讲话》、《论联合政府》等。这些著述进一步论证了着重从思想上建设党的极端重要性，阐明了着重从思想上建设党的基本原则和基本方法。

2. "着重从思想上建党"理论的内容和意义

思想建党是我们党的伟大创造和优良传统，是毛泽东建党思想的鲜明特点和基本原则。从思想上建党，最根本的就是用马克思主义理论教育和武装全体党员，强调党员不仅要在组织上入党，而且要在思想上入党，不断用无产阶级思想克服和改造各种非无产阶级思想，永葆党的工人阶级先锋队性质。主要包括要把党的思想建设放在党的建设第一位；党的建设必须紧密联系党的政治路线；坚持民主集中制的组织原则，正确选拔和任用干部；重视党风廉政建设；采取批评和自我批评，进行马克思列宁主义教育的整风运动；党内采取"惩前毖后，治病救人"的正确方针等等。毛泽东曾把党的思想工作比喻为党的生命线，这一比喻形象地揭示了党的思想建设是党建思想的核心。

在中国共产党领导人民艰苦卓绝的革命斗争中，毛泽东通过马克思主义理论教育和党性教育，将无产阶级思想意识灌输到每个党员的头脑中，以抵制形形色色的非无产阶级思想的侵蚀，实现对党员的思想改造。毛泽东的一生中，不仅自己认真学习马克思列宁主义原著，写下了大量的读书笔记，而且还教育全党都要认真学习马克思主义基本理论。他强调党员不但要在组织上入党，而且要在思想上入党，经常注意无产阶级思想改造和克服各种非无产阶级思想。并要求共产党员确立全心全意为人民服务、密切联系群众、谦虚谨慎等思想。

毛泽东始终坚持马克思恩格斯所创立的辩证唯物主义和历史唯物主义的无产阶级政党思想路线，在领导中国革命的实践中，结合中国具体的实际情况，创造性地把我党的思想路线表述为"实事求是"。

通过反对主观主义以整顿学风、反对宗派主义以整顿党风、反对党八股以整顿文风为主要内容的整风运动，对危害党的教条主义做了一次彻底的思想清算，提高了全党的马克思主义理论水平，增强了党的纯洁性和战斗力。

二 毛泽东"思想建党"理论的时代价值

"着重从思想上建党"是毛泽东建党理论的创新点，它反映了无产阶级政党发展的一般规律，体现了中国特色，它在认识和实践上的创新为党的思想建设不断发展提供了有力的保障。虽然"着重从思想上建党"理论最初是针对战争年代党面临复杂环境提出来的，在中国共产党建党九十周年之际党情、国情、世情都发生了新的变化，但它的一些基本原则对于今天党的建设仍具有重要的指导意义。

1. "着重从思想上建党"是的历史时期保持和加强党的先进性的条件

中国共产党是我国社会主义现代化事业的领导核心，是中国人民和中华民族的先锋队。没有共产党就没有新中国，没有共产党的领导就没有中国改革开放的今天，中国就不可能走在世界的前列。在新形势下环境不同，条件不同，加强党的先进性建设比任何时候都迫切、都重要。先进性是我们党的灵魂，没有了先进性这个灵魂，我们党也就失去了生机。一个没有生机和活力的党是无法带领中国人民实现中华民族伟大复兴的，更不会获得人民的拥护和爱戴。要保持党的先进性，要增强党的先进性，就必须加强党的思想建设。伴随着改革开放的春风，刮进中国大地的还有西方各种文化思潮，在中国的经济发展强大的同时，腐败现象滋生并蔓延。腐败与我们党所追求的先进性是背道而驰的，增强党的先进性必须坚决进行反腐败斗争，反腐败斗争的基础首先是思想建设。党要先进，思想就得先进，只有思想进步了，党才有先进性。在新形势下，保持和加强党的先进性只有思想先进是不够的，但是，思想先进是最根本的前提，是最根本条件。毛泽东"思想上建党"的理论为新时期加强党的建设指明了方向。我们党仍然要把思想建设放在首位，保持党思想上的先进性，提高广大干部和党员的马克思主义理论修养，提高党的执政能力。

2. "着重从思想上建党"，是新的历史时期我国取得中国现代化建设新胜利的要求

中国共产党作为执政党，领导全国各族人民，肩负着全面建设小康社会、早日实现国家现代化的历史使命。经历了30多年的改革开放，我国的经济建设取得了举世瞩目的成就。当前，我国处于经济发展的关键时期，同时也是矛盾凸显期，经济转轨、人口资源环境的压力、城乡二元格局、区域经济发展不均衡、贫富差距加大、教育体制改革等等许多深层次的矛盾已经成为制约我国经济发展的障碍。在新形势下，要取得我国现代化建设事业的新胜利、新成就，就必然要求我们党加强思想建设。现代化

建设必须要有先进的思想，用落后的思想观念来搞现代化建设是不可能取得新的胜利和成效的，反而可能会导致退步。历史在前进，时代在发展。我们党的思想建设也要紧跟时代步伐，紧跟历史。摒弃那些不合时代精神的落后思想观念。现代化建设首先是思想现代化。只有坚持解放思想、实事求是，用发展着的马克思主义教育和武装全党，与时俱进，顺应实践发展的新要求，才能带领人民进行社会主义现代化建设，实现最广大人民的根本利益。

3. "着重从思想上建党"，是新时期应对国内外新环境，实现社会稳定发展的要求

当前，国际国内关系复杂化，各种新情况、新问题、新矛盾、新挑战不断出现，在这种情况之下，实现国家的稳定繁荣发展是一项繁重而又关键的使命，要求我们党必须拥有清醒的头脑。清醒的头脑来源于先进的思想，所以，加强思想建设是一项历史任务，关系到国家的未来，关系到我们党的前途。思想建党在当前形势下就表现在，把全党的思想统一到增强理想信念，坚持科学发展，推进改革开放，实现民族复兴上来。用毛泽东思想和中国特色社会主义理论体系教育全党、武装全党，使广大党员在思想上深刻认识"发展是硬道理，稳定是硬任务"[①] 的道理，为实现科学发展和社会稳定做出每个共产党员应有的贡献。

4. "着重从思想上建党"，是建设学习型政党，不断促进党的建设创新的理论指南

胡锦涛在庆祝建党九十周年的"七一"讲话中，再次强调了建设学习型政党的要求。[②] 学习型社会建设是构建和谐社会，全面建设小康社会的重要任务之一。学习型政党建设对学习型社会建设又起着示范表率作用。要保证思想建党这个传统得以发扬光大，就必须着力于建设学习型政党，具体性表现在，建设学习型党委、学习型党支部、学习型领导班子、学习型党员群体等方面。这是保证在新时期加强党的思想建设的根本措施。

新时期党的建设要高度重视党建思想理论成果创新。特别是要重视对

---

① 胡锦涛：《在庆祝中国共产党成立九十周年大会上的讲话》，《人民日报》2011 年 7 月 2 日。

② 同上。

党员思想教育的创新，这就要求加强对党建理论成果的创新，物质产品和精神产品都需要物化，才能对社会生活具有价值，才能满足人们的不同需要，物质产品的本质就是物化的，它的成果和表达式是外在的、凝固的、显性的、实体的；精神产品也必须被物化，物化为一项制度、一个原理、一本专著，或者是理论成果，或者是艺术成果，或者是制度成果。新的历史时期加强党的思想建设，贯彻毛泽东着重从思想上建党的伟大论断，必须有新形式、新内容、新方法、新媒介、新思路、新举措。

对当前我校思想政治教育硕士学位点
建设的几点思考

康春英[*]

近几年，我校思想政治教育专业硕士点在培养思想政治教育专业人才方面发挥了积极作用，但目前还存在着许多问题，如生源复杂且专业基础知识差；研究生管理涣散；学科点建设缺乏资金和人力支持，专业教师配备不齐；研究生培养方式太死等。由于思想政治教育作为二级学科是一门悠久而又崭新的学科，该学科建设随着改革开放不断发展和丰富。像我校的思想政治教育硕士点就是根据 2006 年国务院学位委员会、教育部《关于调整和增设马克思主义理论一级学科及所属二级学科的通知》（2005年）精神，将思想政治教育归属马克思主义理论一级学科之下的新学科。因此，与 2007 年才开始独立招生。所以，它为高校思想政治理论课建设，培养思想政治教育工作队伍提供有力的学科支撑。但是，我们也必须冷静理智地看待该学科的发展，目前还存在着许多问题，应该引起我们的重视。

一　当前存在的主要问题

（一）生源复杂且专业基础知识差

近几年，随着研究生招生规模的迅速扩张，我校思想政治教育专业研究生教育也进入了快速发展期。学科发展迅速的客观原因，是党和国家的重视和学校发展的需要。我校思想政治教育专业研究生在入学考试方面，

＊　康春英（1962—　），女，回族，本科双学士，硕士研究生导师，西北民族大学马克思主义学院教授，主要研究方向为大学生思想政治教育和研究工作。

专业课主要有马克思主义基本原理和思想政治教育原理与方法论课程。死记硬背的东西多，应试色彩较重。由于初试成绩比重过高，复试阶段很难在短时间内完全考查出学生的基础知识和学术潜力，师生对双选的结果满意度不高。另外，由于目前思想政治教育招生归属于法学大类，对考生英语水平要求较高，一些优秀的思政本科生只能选择报考其他学科，而招进来的学生有很多是学英语专业的，而且以同等学力身份（专科）进来的较多，学生生源复杂，跨专业占相当的比例，如在2010级的八名学生中，有四名学生在本科或专科时学的是英语专业。这些学生们因基础理论知识的欠缺和经典著作的学习困难，使导师指导时非常为难。由于先天不足，部分人难以快速建立起学科的知识体系，了解学术前沿。另外，从近几年的实际招生情况看，学校和招生单位为了保证一志愿上线率，有时被迫降低专业考试难度，如考的是同一门课程，我们初试时的专业课参考书只指定一本，而兰州大学专业课参考书一般指定3—4本。加之，由于我们没有思想政治教育专业本、专科的办学经历，跳跃式地进入研究生教育，使得本科教育和研究生教育没有形成自然的连接，彼此分隔。这些因素就使得我们招进来的学生专业基础知识较差，为以后的研究性学习带来影响，也使教师们承担了更大的工作压力。

（二）研究生管理涣散

一般来说，研究生教育由研究生处、学院、导师组共同管理，导师组长对研究生只有3天的准假权力。但有些研究生入校时就有工作，或入学半年后参加了工作，或要生孩子，有些学生长期不来学校上课，学期结束时交一份作业，给成绩不行（没来上过课），不给也不行（上面没有通知）；还有个别在职研究生，既不上课，也不交作业。这些问题怎么处理？搞不清楚。

（三）学科点建设缺乏资金，专业教师配备不齐

现在每位研究生的教学经费每年只有1400元，下拨到导师组的只有80%，实际是1120元，而且是一年后才能到账。现在物价上涨快，这些钱只够开题、答辩、实习，其他都顾及不到，如请专家做报告、导师参加学术活动等是不敢想的事。还有，经费使用上卡得太死，按学校规定，开题、答辩都必须请校外知名专家来指导，工作结束后留请一顿便餐是人之

常情，但餐费票报不了，这是最头痛的。另外，师资力量严重不足。我们思想政治教育硕士点目前有专职导师两名，兼职导师一名，目前导师承担了本专业的六门课程，其他课程还由其他专业的老师担任，导师教学工作压力大，静下心来搞科研的时间不多。

（四）研究生培养方式太死

思想政治教育专业的研究生应该具有较强的处理实际工作的能力，然而他们在校学习期间大都只是理论学习或埋头写论文，实践锻炼相对缺乏。其他学校"助研"是与导师共同研究课题，"助教"协助导师完成教学任务，主要是本科教学，指导学生上好讨论课或批改作业等，现在我校在形式上也有助教、助研一说，但助教、助研形同摆设，据说体育类和音乐舞蹈类的研究生可以帮导师上课，我们学院则不行，连讨论课都不准研究生上，助教如何体现？做助研的机会也不多，主要是报课题时没有其名字，完成任务后经费不好支出，课题结项时署名困难等。

二　解决上述问题的初步设想

为了进一步搞好思想政治教育专业学科建设，不断壮大队伍，我们应从如下几个方面考虑。

（一）加强研究生导师队伍建设

要提高硕士研究生的培养质量，增强其建设社会主义现代化的各种素质和能力，就要不断加强硕士研究生的导师队伍建设，这是各学科点未来发展前景优势，建立良好的师生关系达到和谐共赢的双向效果是我们应该追求的目标。既要培养充足的优秀学科带头人和学科骨干，也要建立结构优化的学术梯队。学科带头人不仅要有坚实的理论基础和宽广的学术视野，更要善于把握学术前沿，具有根据社会发展需要研究时代命题的能力。实践证明，学科带头人的创新意识影响到梯队导师的创新意识，而导师的创新意识又影响到研究生的创新意识。保持合理的学术梯队结构可以促进思想政治教育学科建设具有旺盛的生命力，培育出大批创新型人才。目前点上的导师只有3人，不利于专业发展。因为进人的事由学校和学院通盘考虑，希望关注此事。

（二）　加强图书资料和设备上的投入

众所周知，学科的繁荣离不开众多专业的支撑和学术研究的推动。目前，学院有限资源条件不能满足发展的需要。为了保质保量地完成研究生培养任务，需要在图书、资料和相关设备等硬件上加强建设。初步考虑是：能否给每位硕士导师每学期配备 500 元图书资料费，配备教师教学工作使用的电脑等，配备研究生工作室等，请学院领导给予大力支持。

（三）　定期举办"思想政治教育硕士生论坛"，加强导师和研究生学术交流活动

与时俱进、具有鲜明的时代特征是思想政治教育学科的根本属性，因此，研究生的培养要能够体现对社会热点问题的关注和思考。如社会贫富差距、房价飞涨、食品安全、失地农民、环境保护等焦点问题，可以在"研讨课"或"案例分析"中专题讨论，不仅可以强化研究生的创新分析能力，加深其对社会现状的认识，明确自身的职责所在，更有助于其形成服务社会的意识，提高创新能力。学术的生命在于交流，学术交流是研究生创新实践的主要方式。首先，通过导师论坛和研究生学术报告会的形式进行专题探讨和观念交流，为研究生提供新的理论视野和研究视角，引导研究生"多读书，多思考"。初步打算是在每年新生入学两个月后，确定一至两个研究专题，在本专业内举办"思想政治教育硕士生论坛"，论坛分为两个流程进行。第一阶段：应邀研究生作研究成果报告展示。第二阶段：导师指导小组提问及点评指正。一方面，对报告者的研究成果给予肯定及鼓励；另一方面，深刻指出各位同学论文的不足之处，并就研究选题，观点表述，论据引用及文章写作特色和文章"问题意识"方面提出建设性的意见。这样有利于激发广大在校研究生的学术热情，使思想的火花不断迸发，还可以帮助研究生扩展知识面，对本专业的研究方向有较为深刻的认识，为今后的科研工作打下良好的基础。同时，也有利于提升学院的学术氛围。另外，加强导师的国内外学术交流也非常重要。具体有两种形式：一是参加国内本学科相关会议，了解学科的研究热点、发展趋势和研究成果；二是到国内相关院校进行调研，通常安排学生到学科发展较好、具有一定专业影响力的院校去，通过参与其相关课程的学习或名师讲坛等方式"取经"。还可以参加国际交流，了解学科的国际发展趋势和热

点研究领域。我们研究生点的办学时间短，为了学科的进一步发展，一定要坚持"走出去，请进来"的原则，通过国内外学术交流提高学科的科研、学术水平和知名度。导师每年应该参加一致二次学术交流，也可邀请其他学者到我校来讲学。

（四）丰富社会实践内容，增强理论联系实际的能力

社会实践是提高研究生全面素质、发展其创新能力的重要途径。鼓励思想政治教育硕士研究生积极参与社会实践活动，增强其理论联系实际和实践创新的能力尤为重要。这种社会实践不能仅停留在参观考察、社会调查等认识层面，要以解决社会实际问题为导向。除此之外，还应鼓励研究生在学习与科研活动之余，力所能及地从事社会兼职活动，进行角色体验。当今的思想政治教育不同于 20 世纪，创新型的思想政治教育工作者要有敏锐的政治嗅觉和渊博的学识，审时度势，与受教育者息息相通，勇于承担较大的理论风险。成功的思想政治教育使受教育者在人生的常态中迸发出非凡活力。思想政治教育硕士研究生的创新培养模式涉及多个层面，需要多角度、全方位建构，是一项系统工程，有待于不断发展与完善。思想政治教育专业具有鲜明的中国特色和较强的实践性，不仅要求深厚的理论功底，还要求有较强的科研和开展思想政治工作的能力，仅凭一张嘴就能做好思想政治工作的已不太现实，社会对思想政治工作者的能力和个人魅力要求更高。因此，在思想政治教育专业研究生教育中必须加大社会实践环节教育，让研究生从课堂到社会，在拓展开展思想政治工作的能力、技巧的同时，克服其研究泛化、庸俗化和学科边缘化的倾向。具体做法是：让在职脱产或半脱产攻读学位的学员在原单位进行教学实践；让全日制硕士专业学位研究生的教学实践采用由学院集体组织或个人联系相结合的方法进行，教学实践的时间不得少于 6 个月，实践可采用集中实践与分段实践相结合的方式。所有学员必须提交实践学习计划、撰写实践学习总结报告，合格者方可获得相应学分。

（五）实施研究生助教制度

助教在西方大学教育中扮演着十分重要的角色。在一些知名院校中，教授的工作主要集中在研究及指导研究生方面，很多本科生的课程实际上是由助教担任的。助教通常是由全日制的优秀研究生担任。研究生助教是

一件很有意义的工作，首先可以丰富其实践经历，锻炼其实践能力，其次还可以获得一定的酬金来补贴其生活开销。既有效地发挥研究生助教对教学的辅助内实践的机会，也增强了其实践创新的能力。助教研究生细致入微地答疑解惑，或进行小范围的辅导，既"助教"也"助学"，还提高了办学效益，也促进相关学科的教学效果，并且给硕士研究生提供校后创新能力的培养，使助教既达到理论知识的巩固，又不失时宜地进行理论创新或实践创新。

（六）优化思想政治教育硕士毕业论文的选题结构

思想政治教育专业是一个包容性很强的综合性学科，要突出建立有特色的学科方向。我们也可以根据自身优势，建设具有学校特色或区域特色的学科方向。从 2012 年新生开始，我们专业的研究方向由过去的三个（民族地区德育建设研究、民族地区党的建设研究、思想政治教育理论与方法研究）变成现在的四个（马克思主义道德观与当代公民德育研究；西部民族地区公民社会建设的理论与实践研究；思想政治教育的理论与方法研究；西部地区经济社会发展战略研究）。思想政治教育的综合性特征，决定了它不仅要以马克思主义理论为基础，还要吸收借鉴其他学科的知识，所以专业研究与现实生活和其他学科结合得很紧密。当前，要培养高水平高质量的思想政治教育专业的硕士毕业生，必须从优化思想政治教育硕士毕业论文的选题结构上做文章。首先，要在思想政治教育跨学科研究方面张弛有度。多数导师认为，在研究思想政治教育领域复杂的现象和问题时，仅采用单一的方法或视角是十分片面的，不仅不能很好地回应社会现实，很可能还会禁锢思想政治教育的发展。因而，适度的"学科开放"是十分必要的，充分利用多学科理论资源进行思想政治教育研究，既可以扩展理论视野，又能引入相关学科的思维框架、理论观点、解题路径、操作方式，从而深化实践探讨，增强解题能力。但是，盲目的"学科开放"则无异于消解了本学科独立的学科地位。其次，积极引导学生着眼于对实际问题的理论思考和研究。长期以来，我们普遍认为思想政治教育专业在人才的培养、学科理论的建设，在治党治国、理论创新、资政育人等方面都具有重要的作用，全社会都需要。但在学科建设中，却养成了"从高校中来，到高校中去"的研究思路，表现在学生在论文的选题上，忽视了对许多实际问题的理论思考和研究。实际上，由于社会转型期的许多社会矛盾与问题，单纯依靠行政法律手段是无法有效解决的，有时甚至会因为解决问题方式过于刚性化而激化矛盾，反而思想政治教育因其对人的思想、情感、心理等因素的重视而成为更有效的解决方式，也为思想政治教育在社会中的运用开拓了更广阔的空间。因此，我们要破除思想政治教育理论研究的单向化与自闭化倾向，走出书斋，走向企业、农村、社区的现场，从中发现问题，努力作出有针对性、有说服力的回应。

浅谈民族院校预科生的思想政治教育

——以西北民族大学民族预科教育为例

王君强[*]

少数民族预科生是民族院校培养的大学生中重要而特殊的群体，以"文化传承"为切入点加强思想政治工作教育，强化预科学生文化底蕴的培养要着重从"四个认同"，即祖国认同、中华民族认同、中华文化认同和社会主义道路认同上下功夫，塑造健康之人格，深化社会主义核心价值体系教育显得非常重要。

由于各高校的民族预科教育，是党和国家针对民族地区发展需要和少数民族人才培养需要创办的特殊教学模式，是我国高等教育的有机组成部分，担当着增强民族团结、维护祖国统一、构建和谐民族关系和服务民族发展的特殊社会责任。近年来，随着民族预科教育教学改革的不断推进，在思想政治与道德教育中我们以弘扬中华优秀文化传统即以"文化传承"为切入点，在西北民族大学的预科学生中开设了"中国传统文化"选修课，在教学中实际上渗透了中华民族的优秀文化传统。所以，笔者认为通过加强"四个认同"教育使预科生在中学阶段已学历史知识的基础上，对祖国传统文化的认识有了进一步的系统化，使他们能够正确地认识中华民族的优秀文化，并对传承中华民族的优良美德，即做人、处世、自尊、自强和自立原则有了新的理解和把握，从而在一定程度上能自觉承担社会责任和历史责任，自觉地遵守社会道德规范和法律规范，可正确处理个体和群体、个人和社会之间的关系，塑造了健康之人格。

---

[*] 王君强（1963—　），男，副教授，湖南湘潭人，西北民族大学预科教育学院院长。

一　对民族预科生讲解的中国传统文化

通过讲解要让预科生懂得中国传统文化着重指的是以中华文化为源头、在中国境内由各民族共同创造而经长期的历史发展积淀后的优秀文化。中国传统文化在其形成与发展的过程中，通过对自然、社会以及理念等各种事物的认知和评判后逐渐形成和发展成富有自己特性的价值体系，尤其在儒、道、法等诸家学派中获得了自觉的价值取向。中华文化是中华民族的血脉，是中华民族共同体的精神家园。

在汉语中，"文化"是个合成词，其本义是指"以文教化"、"以文化人"。人因文而化，从动物人发展成社会人，从野蛮人进步成文明人。"中国传统文化"就整个体系来说，充满了人文理性精神。它强调主体自我修养和道德实践，尊重人的尊严和价值，追求道德理想人格塑造，注重健康人格的培养。在人与人的相处中，强调"己所不欲，勿施于人"。"己欲立而立人，己欲达而达人"。中国传统文化追求道德理想人格塑造，注重健康人格的培养。提倡"富贵不淫、贫贱不移、威武不屈"的大丈夫气节。它以"自强不息"、"厚德载物"为基本思路，以"伦理"为社会的基础，强调以国家、民族、社会为重的整体主义思想，强调以个人对国家和民族的贡献为人生意义的价值观。并以此构建人与自然、人与人、人与社会之间的和谐与统一。

在儒家思想中，"中国传统文化"思想的核心，是以"求善"为目标的伦理型文化。人格完善是儒学基本的价值追求。在塑造理想人格的过程中，强调主体自我修养和道德实践，鼓励人们通过道德修养来培养高尚的情操，成就完善的人格。儒家从人的发展、需要出发，提出"为己"和"成己"之说。"为己"是指自我的完善，其目标在于实现自我的内在价值，即"成己"。孔子提出"修己以安人"，"修己"即自我的完善，"安人"则是社会整体的稳定和发展。道德关系上的自我完善（"为己"），最终是为了实现广义的社会价值（"安人"）。它的政治原则从道德原则中推导出来要关注现实的人生。

二　对民族预科生进行中国传统文化教育的作用

首先，从中国传统文化的基本特性来看，它将伦理学与政治学融为一体，在中国古代社会最显著的特点是"家国同构"。"天下之本在国，国之本在家，家之本在身"。提倡"修身、齐家、治国、平天下"的人生理想和价值追求，其主导思想是民族精神。它崇尚气节，重视群体，积极进取，天下为公。儒家"内圣外王"的思想无论在历史上还是在当代中国的文化建设中都具有激发民族自尊心、自信心和民族自豪感的动力作用。现代社会的价值根植于古代文明之中，当代公共道德中的"以人为本"、"诚实守信"、"助人为乐"等大多源于我国传统文化中的道德理念。在当今社会里提出的"与时俱进"、"和平发展"、"和谐社会"等承载着中华文明的深厚根基。若对当今社会进行的体制转轨，社会转型，思想多元，利益多样等要深入挖掘其传统伦理、哲学、观念、精神等思想来源时，大多是积淀和传承下来后融入了民族灵魂的道德属性，将传统文化的核心精神——伦理道德提升为社会主义核心价值观，已成为一种共识。党的十八大报告明确提出："加强社会主义核心价值体系建设。倡导富强、民主、文明、和谐，倡导自由、平等、公正、法治，倡导爱国、敬业、诚信、友善，积极培育社会主义核心价值观。"这体现了国家层面、制度层面、公民道德层面的价值取向。从国家层面看，是富强、民主、文明、和谐；从社会层面看，是自由、平等、公正、法治；从公民个人层面看，是爱国、敬业、诚信、友善。中国特色社会主义根植于中华文化沃土，因此，传统文化是进行社会主义核心价值观教育的重要资源。

其次，在给民族预科生讲授中国传统文化中的道德品格时需要讲清楚遵循核心价值观的缘由。因为，核心价值观是社会整体价值观体系的核心，寓含在一定的文化之中并处于核心位置，其中价值体系大致可分为终极价值、规范价值和功利价值。终极价值以人格的塑造、人性的完善为旨归，是社会的文化价值权威。规范价值包括道德规范与制度规范，要求人们按照规范行事，以形成良好的社会秩序。功利价值则是以利益为核心，将前二者视为嘲弄或解构的对象而贬损。信仰在价值体系中居于核心地位。现实社会中，人们的信仰常常立足于个体的主观性，受到客观道德环境的影响，受到传统习惯的熏陶，接受传统文化对它的塑造。在当代，由于社会主义核心价值体系是我们党的价值追求，是全国人民所信仰的道德理念。社会主义核心价值体系内容包括马克思主义指导思想、中国特色社会主义共同理想、以爱国主义为核心的民族精神、以改革创新为核心的时代精神和社会主义荣辱观。《国家中长期教育改革和发展纲要（2010—

2020)》强调："立德树人，把社会主义核心价值体系融入国民教育全过程。"因此，核心价值体系教育传承与弘扬了中华优秀的传统文化，挖掘了传统文化的内在价值，培育、凝练了其具有的当代价值从而体现了时代性，为科学发展、社会和谐提供价值依据，对社会主义核心价值观的培育与凝练具有重要的意义。

再次，在讲授"中国传统文化"时一定要"讲好中国故事，传播好中国声音"。通过教育使学生们从整体上把握了"传统文化"的基本特性和核心精神，最终明白中国是一个多民族的国家，而国家的统一、民族的团结是中华民族共同的价值取向和追求。中华文明是唯一未经中断而延续至今的人类文明。在几千年的风雨沧桑中，它以雄浑的气势、宽阔的胸怀不断地发展壮大，延绵不绝。中华文明根植于多元民族文化的土壤中，中华文明从一开始便具有开放性。课堂教学是围绕学生的学习进行的，课堂上的知识传授过程实际上是教与学互相配合的过程，因而教学的过程就是师生相互学习的过程。老师在讲授"中国传统文化的变异与更新"一章时要突出的重点是：近100多年来，中国一直在探索着适合本国国情的发展道路，并逐渐坚定了走自己的民族复兴之路的信心，这种自信心很大程度上源于对中华文明起源和独特发展道路的深刻认识。既然中华文明曾经以自己独特的方式创造过辉煌，当代中国人更应该有足够的自信，走自己的发展道路，唤醒我们民族的集体记忆，并以独特的方式再造辉煌，向世界展示中华文明的强大创新能力。

最后，经过多方面教育让学生明白对中华文明的传承是中国坚持走自己的发展道路的根基，由此再联系到以实现中华民族伟大复兴为主要内容的中国梦的教育显得特别重要。因为，中国梦是中华民族的优秀品格与时代特征相结合的产物，它以集体主义为思想基础，它是中华民族发愤图强的复兴之梦。中国梦的精髓是中国精神，而所谓的中国精神就是以爱国主义为核心的民族精神，就是以改革开放为核心的时代精神。中国精神如何弘扬？要靠中国故事和中国形象来展示、传承和传播。所以，要实现中国梦必须走中国道路，必须弘扬中国精神，必须凝聚中国每个人的力量。中国梦揭示了中华民族的历史命运和当代中国的发展走向，"传统文化"课即儒家的"为己"和"成己"之说和思想政治教育在解读"中国梦"的过程中找到了切入点。

三　要正确把握民族预科生思想政治教育的特殊性

1. 民族院校预科生居多，学生来源千差万别

在我国目前有十几所民族院校，各学校里培养着数以万计的少数民族学生，而少数民族预科生则是整个大学教育中的一个重要而又特殊的群体。西北民族大学的预科生教育既有针对来自全国各地的少数民族学生开设的普通文、理科班，也有专门针对新疆少数民族开设的两年制民考民协作计划学生。民族预科学生大多来自于民族地区，不同地域、不同民族的生活习俗、宗教信仰、性格特征、文化修养等各个方面都存在差异。尤其是新疆二年制协作计划的学生，汉语基础知识薄弱，在进入大学前，因历史、地理、文化等原因，很少受到传统文化的熏陶。他们往往对本民族文化的认同较高，在生活、学习或交流中，他们的思想意识、价值取向、行为特性，往往会不自觉地以本民族文化背景下形成的认知结构为依据。有些学生混淆宗教问题与民族问题，在道德、法律与宗教教规之间摇摆不定。由于受历史文化、教育状况和生活习俗等影响，他们除了有大学生的一般特性之外，还表现出了与其他大学生有别的一些民族特性。

2. 民族预科生思想意识复杂，跨文化教育难上加难

由于双重的民族意识主要体现在受教育者跨文化教育模式的特征上。跨文化教育是指某个文化环境中生活成长的人到另一个语言、风俗、习惯和价值观、信仰都不相同的文化环境中去接受教育，或专门设置跨文化的环境，让受教育者接受非本民族语言、风俗、习惯和价值观的教育。少数民族预科生与主流文化背景中成长的汉族学生之间有着不同的文化经历，从而也就形成了自己独特的思维方式、情感爱好和知识储备。预科阶段是大学生理想信念、知识结构培养的一个重要时期，如何使学生的思想政治教育工作和文化知识的学习有机地结合在一起，如何使少数民族预科生进入大学后以健康之人格适应多种民族文化背景下不同民族文化和风俗习惯的融合与碰撞，多年来我们一直在探索。因为，学生构成的多民族性时学生的民族自尊得到强化，学生的民族心理和民族文化被放大，而学生的思想意识、价值取向、心理素质和行为特性呈现出多元化与复杂化的特点。民族预科学生大多来自老少边穷地区，对于许多学生来说进入预科学习是他们第一次离开家乡、离开父母进入大学。因为，他们经历了高考的失败

而虽说已进入了大学校园，但他们还不是"名正言顺"的大学生。他们虽然进入了大学但又没有正式的专业，故不能和别人在同一起跑线上拼搏，因而常有一种难言的失落感、自卑感，大多数预科生的心理素质、自律能力、人生观、世界观、价值观都存在着缺陷。

3. 对症下药是良方，强化教育很必要

我们针对预科学生的诸多特点，在每年新生入学之际，进行的思想政治教育工作中要做的第一件事便是聘请有关专家、学者开办相关讲座，努力加强了马克思主义民族观、宗教观和党的民族政策为主要内容的民族团结教育和爱国主义教育。爱国主义教育是思想政治教育的核心内容，既是新时期凝聚民族精神、推动经济、政治、文化、社会发展的巨大力量；也是实现中华民族伟大复兴事业的精神支柱。由于爱国主义教育的研究和弘扬是高校学生思想政治教育工作的重要课题，因为预科生来自多民族的特殊情况而存在着一种较奇特的现象。譬如，特殊的民族文化背景与双重的民族意识，使他们对爱国主义的认识有时仅局限在其民族归属感的层面。因而在教学中要尽可能避免纯概念的灌输，要面向生活、面向实际并以宽泛的视野，挖掘、弘扬民族文化，突出各民族共同团结奋斗、共同繁荣发展的主旋律，使少数民族预科生通过学习，很快就能找到本民族作为中华民族大家庭一员的历史价值。结合少数民族预科教育的特点，在教学中弘扬主流文化传承、增强主流文化认同感的同时，要同时彰显出各个少数民族的独特文化传承。民族传统文化是宝贵的民族财富，是各民族精神上的支柱和寄托，丢失民族的传统文化，就会使整个民族在精神上失去尊严和自豪感，造成精神空虚。因此，民族团结教育和爱国主义教育要从多民族国家发展的层面上强化，与中华民族"多元一体"格局的理论相回应，以此焕发出中华民族"多元一体"的情感。中华民族的爱国主义是在中华民族数千年的历史进程和文明创造活动中，把个人和祖国生存利益一体化而形成、巩固起来的热爱、忠诚、保卫和建设祖国的生命情结。民族精神以爱国主义为核心，以国家统一为乐，以天下分裂为忧。使学生了解民族精神的内涵，中华民族与各民族之间的渊源，引导广大青年学生树立民族团结是福，民族分裂是祸的意识。紧紧围绕民族团结教育的主题，深入进行爱国主义教育。我们以课程建设为切入点加强学生德育和思想政治教育时，充分发挥了课堂教学的主渠道作用，以课堂为载体，从知识传授入手，把握原则，活跃思维，提升精神境界。使民族团结教育、爱国主义教育进教材、进课堂、进学生头脑。寓爱国主义教育于民族团结之中。通过民族团结加强爱国主义信念，通过爱国主义教育促进民族团结。增强对祖国的认同，对中华文化的认同，使汉族离不开少数民族，少数民族离不开汉族、各少数民族之间也相互离不开的"三离不开"思想观念扎根于心中。使思想政治教育工作与课程教育结合在一起。

4. 认清教育对象是关键，渗透中华优秀文化教育是目标

在民族预科教育中，人才培养的目标是为高等教育培养合格的受教育者使之将来能更好地接受高等教育。为了从人的转型和人才培养需要与发展出发并从兴趣或责任出发来进行教育是关键。由于预科学生的年龄一般在18—19岁，他们正处于生理发育的成熟期和心理发育的过渡期，是个急于成熟而又难于成熟的时期，在走向成熟的过程中要让学生的非智力因素（个性特征、意志品格、人际交往等）得到充分的开发。同时，因预科学生100%均为少数民族，预科教学和教学管理中存在的问题主要表现为生源结构参差不齐、知识结构不均衡，低起点与高等教育人才培养高层次、高要求之间的矛盾比较突出。同一班级中，高考成绩有的相差多达一二百分。另外，因受不同民族的文化差异、心理差异和风俗习惯的影响，聚居地与城市散居以及民考民、民考汉等整体综合素质教育的差异性等都不同程度地对预科学生的思想和行为产生重要影响。所以，为使预科生的思想政治教育工作和文化知识传承得到有机结合，于2010年我们申报了《"传统文化"课教学与民族预科生健康人格教育之探寻》的校级教改项目并获得立项。根据项目组成员的特长，按照计划进度实施项目，主要通过课堂教学来完成，融课堂教学、讨论、交流、质疑、争鸣为一体。在教学过程中，渗透了对中华优秀文化传统的教育，有时就某个学生们关注的热点、难点问题展开讨论，让学生各抒己见，不仅可以活跃课堂气氛，而且能够帮助学生在争论和比较中得到真理性的认识。在三年多的教改活动中，通过对该门课程的教学研究，按照学生的兴趣点设计教学内容，积极引导学生主动进行学习和思考。让学生在轻松愉悦的心情下，领悟出生活的价值和人生的真谛，自觉地提高人文素养。

总之，由于思想政治教育工作中如何创新是高校的永恒话题，尤其是根据民族预科生的思想政治教育实际，我们又面临着当前人们的价值取向多元化、文化选择多样性和思想意识复杂化的挑战，为了实现传统文化的主导价值观与当代中国现实价值导向的有机结合，我们不能仅靠抽象、空

洞的理论来说教和灌输教育。所以，在近年来预科基础教育学院明确地提出了"适应性教育"新理念，让学生先适应大学的学习生活环境，接受大学教育的理念，感受大学的文化氛围，掌握大学的学习方法，不断开阔视野为基点，同时学院也明确了教师与管理人员的教书育人目标：要重点帮助学生解决好学习目的、学习态度、学习自觉性和学习方法等；积极引导学生自觉培养其责任和道德主体意识，为进入高等院校本科学习打下良好基础；努力从根本上转变观念和解放思想；要深刻认识少数民族预科生是大学教育中的一个重要而又特殊的群体，民族预科生文化知识的学习和思想政治工作必须在内容创新的过程中形成"大课程观"，将思想政治教育工作与课程建设工作有机结合，使民族预科学生在充满人文关怀和民族传统文化的环境中接受熏陶，在潜移默化中自然而然地接受主流文化，认同主流的价值观，塑造健康之人格。因此，从 2010 年开始预科基础教育学院在每届预科学生结业时，都要开展"预科教育与我的成长"征文比赛活动，学生们在文章中感叹地说："预科，大学里第一个接纳我的地方。我怀着一颗感恩的心来到预科，来到这片陌生的土地，是你让我不再感到孤单、害怕，是你让我感到家的温暖，是你让我提前感受到大学里的丰富生活。""预科，大学里让我学习知识的地方，给我丰富生活的地方，伴我成长，给我力量，让我学到了很多，让我成长了许多。"

　　天空没有翅膀的痕迹，但鸟儿已飞过。预科教学和学生思想政治工作教育，任重而道远。

高校文化维稳：可能性、必要性
与实现路径[*]

岳　彬^{**}　刘先春^{***}

　　高校的稳定关乎万千家庭，更关乎社会的稳定和国家与民族的发展。以"高校文化—高校社会关系秩序"为分析框架，通过研究发现高校文化建设每创新发展一次，高校的稳定就前进一步。由于高校作为特殊的社会单位和社会组织，其社会环境有它的特殊性，其人群来源构成的四面八方与五湖四海特征，同时以其"传授知识、科学研究、服务社会、传承文化"的功能价值取向强烈的家国取向，决定了它的稳定既关乎万千家庭，更关乎社会稳定与国家民族发展。因此，从历史角度看，高校的社会稳定是党和政府、教育界以及学术界关注的热门话题。但梳理已有成果后我们发现已有的研究在很大程度上有意无意地淡化或者是忽视了高校的文化维稳视角。所以，从文化的社会功能出发以"高校文化—高校社会关系秩序"为分析框架，在"高校文化建设加强—社会稳定度提高"的假设前提下，对高校文化维稳的可能性—维稳的根据、必要性—维稳的困境、体制机制—与维稳相关的一系列制度安排做理论上的探索有重要学术价值。

一　高校文化维稳何以可能

　　所谓社会稳定，从表象上看，是整个社会处于稳固、安定、和谐的状

---

　　*　基金项目：中央高校基本科研业务费专项资金课题（ZYZ2011027）。

　　**　岳彬（1967—　），博士，硕士研究生导师，西北民族大学马克思主义学院副教授，主要从事思想政治教育研究。

　　***　刘先春（1963—　），博导，山东省定陶县人，兰州大学马克思主义中国化研究所所长，中宣部马克思主义理论研究与建设工程专家，中宣部思想政治教育研究所特聘研究员，甘肃省理论宣讲团成员。

态，是经济、政治、文化等多种人类活动因素综合作用的结果，是一个历史的、综合的、动态的概念。[1] 从内源动力看，是社会认同。社会认同是个人行为思想与社会规范或社会期待趋于一致，表现为自我特性的一致认可、对周围社会的信任和归属、对有关权威和权利的遵从等等，是实现政治社会稳定的非强制性力量，是团体增加凝聚力的价值基础[2]。从维系手段看：一是道德建设、道德整合，从国家、社会和组织层面构建基础性社会认同；二是制度整合和机制重建，基于社会认同用制度规制社会生活，不断增进社会活力，保持社会必要的张力，实现社会内在的有机联系与协调。任何道德、任何制度都是建立在特定的社会认同基础上的，而社会认同的价值基础的核心要素是文化。从这个意义上看，文化是社会稳定的根本性力量。

文化是什么？文化是人类在长期的生产实践、社会实践以及长期的自我认知、自我实现过程中产生形成的一系列"知天、知人、知己"的思想观点和生活习俗的总和。从存在与意识的关系看，文化产生的基础和反映的深层次的存在，是人的利益。不同的人有不同的利益追求。但从文化形成的社会机制看，它却也是人所特有的社会属性——使人类能够在多样化社会生活的各个领域、各个层面上形成群体行动与目标认同，在观念层面的反映。所以文化从本质上来说，是社会性的、群体性的，既通过个体表达，也由人际横向传播、代际纵向传递，在社会与历史中保持着继承与弘扬，指导着个体价值与社会价值的实现，是维护社会稳定、社会和谐的一种重要精神力量。文化在维护高校社会稳定方面之所以可能，是缘于以下两个方面的缘由。

其一，文化是一所高校的灵魂和旗帜。从文化社会学与文化地理学的角度看，高校文化[3]，包括人文文化、学术文化和管理文化，是高校人群在高校这个特殊的社会环境、地理环境中交互作用的过程中形成的其独特的生活习俗、思想观念、思维行为方式以及各种制度等。任何一所大学，由于其语言的民族性，与知识关系密切的生活方式，功能价值取向的人本性的目的及其成员对真善美的追求等，其文化从产生形成之初，它就有着

---

① 周永康：《关于社会稳定问题》，《学习时报》2004 年 3 月 25 日。
② 张春兴：《青年的认同与迷失》，东华书局 1993 年版，第 27 页。
③ 乔联蓉：《大学文化与高校内涵的发展》，《现代教育科研理论》2012 年第 7 期。

"观乎人文，以化成天下"的强烈的道德功能和社会功能。同时，高校不同于一般的社会组织，其文化人才和文化成果富集的巨大优势，追求真理、崇尚学术、善于独立思考的精神气质，始终坚持价值理性与工具理性并重的育人目标，使它始终能够保持高度的文化自觉和文化自信。而高校文化生长土壤和内生机制的这一特殊性，也使它成为新思想、新文化滋生发育的沃土，所以即便时代变迁，文化总能为其提供维护社会稳定所需的价值系统和强大的精神动力。

其二，高校是历史文化传承和社会主义先进文化传播的重要阵地，中国传统文化中积极因素强烈的和谐倾向，社会主义先进文化所蕴含的凝聚社会的价值系统，决定了它们对高校维稳的不可或缺性。中国传统文化中蕴含的丰富的可资借鉴的稳定和谐的精神资源和人生智慧，对解决当前高校的社会冲突、社会危机是十分有益的。尤其是传统文化中的"知天、知人、知己"之道，"仁者爱人"的基本道德标准，以及"执两用中"、"致中和"的处世哲学，主张通过自我完善、和谐处事，促进人与人之间互相尊重、互相信任，最终实现社会稳定和谐的更多价值的人文精神和人生智慧，对于维护高校社会稳定，具有极其重要的理论与方法论启示。同时，社会主义核心价值体系中马克思主义理论、毛泽东思想和中国特色社会主义理论强烈的意识形态功能和目标导向功能，对于高校的社会稳定更是意义非凡。社会主义核心价值体系是党和国家在我国社会主义革命、建设和改革发展过程中探索出的一套有效的凝聚社会的价值体系。对此，邓小平曾经指出："我们这么大一个国家，怎样才能团结起来，组织起来呢？一靠理想，二靠纪律，组织起来就有力量。没有理想，没有纪律，就会像旧中国那样一盘散沙，那我们的革命怎么能够成功？我们的建设怎么能够成功？"总结经验他认为，最重要的是人的团结，"要团结就要有共同的理想和坚定的信念，没有这样的信念，就没有凝聚力。没有这样的信念，就没有一切"。① 作为涵盖面极广的社会主义核心价值体系，它关照了、协调了不同的利益关系，包容了不同社会群体多方面的价值取向，对于形塑高校社会认同，维护高校社会稳定，具有重要的理论和实践的指导意义。正是基于上述缘由，文化维稳议题历来为党和政府以及高校和社会所关注，尤其是改革开放以来，文化维稳一直是高校社会管理的重要

---

① 《邓小平文选》第 3 卷，人民出版社 1993 年版，第 190 页。

手段。

二 当前谈论高校文化维稳何以必要

历史地看，高校的文化维稳活动是一个历史与时间概念的维护高校社会稳定的社会管理活动。既有承前启后、一脉相承、一以贯之的活动主线、活动内容，不同时期也重点分明。但整体来看，既有的活动是后来活动的基础，给后来的活动提供着可以借鉴的经验与教训。

当前，中国正在经历重要的历史转折与变化，可以说是处在社会大变动时期。这一社会大变动，在高校社会生活带来了活力的同时，也使高校加强社会管理，维护社会稳定的任务比任何时候都更加艰巨繁重。社会大变动带来的后果，尤其是在文化价值层面，随着社会的价值取向趋于多元并且带有明显的功利化倾向，社会面临新的整合的困境，出现了信仰缺少、精神迷茫和社会生活秩序的一定程度的混乱，将是高校在今后一个相当长的时期内所面临的严重挑战。如何积极应对这一严峻形势，特别是在社会管理体制机制不完善、应对不充分的条件下，如何首先对这些变化及其后果作出文化方面回应，是需要高度重视的。

当前，高校文化维稳面临一系列矛盾和问题，主要表现是：第一，随着"以生为本"的教育教学改革的推进，以及彰显个性，追求丰富多彩生活方式的个人生活理念的出现，高校社会生活的自主性开始张扬，这种自主性在带给高校社会生活活力的同时，也解构着原有的高校社会关系秩序，不同的个人在追求自主性的过程中，逐步产生了相互矛盾的利益与认知格局，高校文化开始由一元化向多元化转化，校园内个体认同与群体认同之间的矛盾与冲突开始日益突出，高校"传统"文化与"现代"社会关系之间出现矛盾，文化维稳面临新情况、新问题、新挑战；第二，在全球化、市场化改革发展的大背景下，随着高校社会开放性程度的不断加深，校园外的社会文化对校园社会文化的影响日益深刻。当前，随着校园内外社会文化越来越频繁、越来越多领域、越来越深层次的交流碰撞，两种文化对接的缝隙，"外来"文化与"校园"文化之间的矛盾，尤其是校园外消极社会文化对校园文化的侵蚀乃至破坏作用，引起了校园社会生活、社会关系秩序的内在紧张，客观上要求校园文化要创新发展，为校园内的人群提供新的社会认同，以建构校园社会生活、社会关系新秩序；第三，校园文化建设和校园维稳方面存在的诸多现实问题，使当前高校文化维稳定面临一系列挑战。如在校园文化建设方面，由于重自然科学知识传授、重科学研究、重工具理性培养，轻文化传承、轻人文社会知识教育、轻价值理性培养的人才培养理念的严重存在，一些高校在校园文化建设方面无论是在政策、经费、管理等方面，还是在人文社会学科建设尤其是政治理论课建设方面，都投入不足，导致高校稳定缺少了文化这个最基础也是最重要的精神力量。如在校园维稳方面，由于片面强调制度力量、片面强调教师主体作用、片面强调学生自觉性，忽视文化的稳定作用、忽视学生自组织作用，尤其是忽视校园文化对校园内社会群体社会关系的调节作用、忽视校园文化对校园稳定的价值这样一些错误思想的存在，导致了一些高校在文化建设、文化维稳方面，既重视程度不够，方法、手段、主体、内容形式也比较单一，完全不能适应现实要求。

　　但在看到矛盾与问题，困难与挑战的同时，我们也看到，当前高校文化维稳进一步发展也面临前所未有的机遇，这些机遇主要表现在以下四个方面。

　　一是新的实践呼唤新的理论指导，而当前文化维稳新思想、新理念的出现，也为高校文化维稳进一步发展奠定了坚实的思想基础、理论基础；二是当前国家、社会以及高校文化建设与社会管理总体部署和新格局的确立，已经开启了高校文化维稳历史与现实解读和阐发的研究路向；三是当前高校文化维稳的现实与理想的反差以及文化维稳的现实实践，正在为高校文化维稳的进一步发展提供着新的问题与新鲜的经验；四是当前高校文化维稳客观条件的改善，为其文化维稳进一步发展，实现实践创新和方法创新提供了相当有利的条件。

　　上述这些矛盾与问题、机遇与挑战，反映了当前和今后一个时期内高校文化维稳所面临的形势已经发生了巨大变化，是我们今天讨论高校文化维稳何以必要这一话题的缘由。而这些矛盾与问题、机遇与挑战以及这些变化，一方面要求作为观念形态的文化维稳思想、理论创新发展，另一方面也为文化维稳实践创新提供了必要的物质基础。在文化维稳进一步发展的价值基础、物质基础已经存在或者至少已经在形成过程中的时候，抓住机遇，推动文化维稳创新发展，对维护高校社会稳定来说，具有历史的必然性和现实的重要性。

三　高校文化维稳的实践取向

通过上面的分析我们发现，高校文化维稳面临多样的矛盾和问题，机遇与挑战并存。从总体来看，需要解决"传统"文化与"现代"社会的关系问题、"外来"文化与"校园"文化的关系问题、校园文化与校园社会的关系问题以及校园文化发展面临的各种问题等。这些矛盾和问题的存在，迫切需要我们加强以下三个方面的工作。

1. 深入开展理论研究，加强对文化维稳的理论支持

高校文化维稳活动需要理论的支持，目前的校园文化建设、社会管理、社会稳定、文化维稳理论研究需要高度关注这一课题。近些年来，与此相关的理论研究虽然已经成为理论研究的重点。然而从已有成果来看，基础理论研究部分还比较薄弱，对于涉及的高校文化维稳的概念、特征，以及文化维稳的原则和要求等问题，缺乏透彻的阐述。另外，已有研究对文化维稳活动的一般规律揭示得也还很不够。这就要求今后的研究要转变思维、调整视角，扎扎实实地从基础理论研究开始，尤其要加强对文化维稳活动规律的研究。既要从对经常的、重复的文化维稳活动事实的分析中揭示出活动的各种规律，把握这些规律之间的相互联系，也要在阐发规律的同时，揭示出运用这些规律的方法。

2. 加强道德建设、和谐文化建设和社会主义核心价值观建设，实现价值的重建与社会的整合

当前在我国，与快速的社会转型同步，高校的社会价值观念也处在快速变动过程中。当前在我国社会同时并存的三种价值观形态，即计划经济时代形成的以集体为本位的价值观，随着市场经济体制建立而形成的重功利、重才能的价值观，以及在西方文化影响下形成的极端个人主义、绝对功利主义价值观，也存在于各个高校。① 其中，后两种价值观对前一种价值观形成了强烈的冲击。冲击之下，高校部分个人与组织出现了"价值虚无、无所适从"的状况，造成了价值失范、价值观之间相互冲突和信仰危机的现象，价值观冲突和信仰危机甚至引发了严重的社会矛盾和社会冲突，需要我们加强道德建设、和谐文化建设和社会主义核心价值观建

---

① 袁贵仁：《价值与文化》（2），北京师范大学出版社 2004 年版，第 87 页。

设，实现价值的重建与社会的系统整合。而建设的实质，是在高校日益多元化的价值观背景下，从学校、组织和个人层面重建基础性认同的社会核心价值，以此重新整合高校社会、凝聚社会力量。基本的做法，就是按照党和国家以及高校关于加强道德建设、和谐文化建设和社会主义核心价值体系建设精神的要求，如按照 2001 年颁布的《公民道德建设实施纲要》的要求、按照党的十六大以来提出的关于建设社会主义和谐社会若干问题的相关要求、按照 2006 年全国"两会"提出的"八荣八耻"的社会主义荣辱观的要求等，加强"三德"建设，建设引导人们在遵守基本行为准则的基础上追求更高的思想道德目标；加强和谐文化建设，巩固社会和谐的思想道德基础；加强社会主义核心价值体系建设，培养文明道德风尚。

3. 建立健全文化维稳的长效机制

体制机制是关系高校文化维稳的一系列基本制度和工作程序。高校文化维稳工作的开展，不仅涉及了维稳相关的一系列理论、思想和方法等，而且涉及了与活动密切相关的一系列制度建设问题，这些制度既是活动开展的土壤，也是活动创新发展的保障。在制度设计上，我们需要重点考量三个问题：一是要依据党和国家以及高校关于文化建设和社会管理总体部署的要求，确定活动的内容；二是要确定活动的程序、方法和步骤等；三是要建立活动的保障与支持体系。从相对直接一些的角度考察，推动高校文化维稳活动有效开展，我们需要建立和完善以下体制机制：

第一，建立健全文化维稳领导机制。历史与现实、理论与实践都表明，高校各级党组织和行政部门作为高校社会生活和社会管理中许多规则的制定者，它有足够的能力和手段来维护高校社会稳定。因此，各级党组织必须居安思危，增强忧患意识，深度介入文化维稳活动，强化对文化维稳活动的领导。而介入的根本出发点是促进和放大"社会"的积极性、主动性和创造性的正面作用，抑制和弱化其负面作用，防止"领导失灵"、"组织失灵"与"社会失灵"，促进道德建设、和谐文化建设和社会主义核心价值体系建设健康发展。

第二，建立健全文化维稳自我约束与自我管理机制。从制度与生活之间的关系看改革开放时期的中国高校社会管理改革，制度变动释放社会是改革的目标之一。如今，高校社会生活逐渐走出了制度约束，个人的自主性开始不断增强，人们的思想、价值观念和生活方式等都发生了重大变化，尤其是在个人经济生活、政治生活以及个人思想领域，人们的自由选择空间越来越大。在这种情况下，建立健全文化维稳自我约束与自我管理机制，加强高校个体和各种社会组织自我约束与自我管理，把文化维稳的要求融入日常生活之中，成为日常生活的基本遵循，不断增强"自我文化"、"自我稳定"意识与能力，就成为必然。

第三，建立健全文化维稳支持和帮扶机制。对文化维稳活动的支持和帮扶是高校各级党政机关对校园里的个人与组织开展文化建设和社会管理活动进行教育、管理和服务的活动，其注意力集中两个相互关联的目标上：既关注校园里的个人与组织文化建设、社会管理、文化维稳的能力问题，又关注其能力提高所需要的支持和帮助的问题。目前，进一步加大这一工作的力度，变革和创新支持和帮扶的体制机制，实现支持与帮扶的制度化①，积极帮助解决相关的政策问题、经费问题、人员问题、场地问题等实际问题已经成为一种必要。

第四，建立健全文化维稳的监督机制。严格的监督是校园文化维稳健康发展的保障。主动接受监督和依法依规保护监督，自觉把自己置于各种法律法规的监督之下，是高校内的组织与个人的义务。就当前校园文化维稳监督机制的构建来说，关键要建立和完善学校各级党组织和领导机关监督、个人与社会组织参与监督以及舆论监督的多层次的监督制度体系。同时为使监督有法可依和监督切实发挥作用，还要完善相关的监督法规、监督条例，并建立有效的监督责任追究制度。

第五，建立健全文化维稳的评估机制。文化维稳评估是文化维稳政策制定和管理过程中的一项重要机制，其要义是对校园文化维稳真实情况进行评估，并将评估结果作为决策的主要依据以做到各种评估标准出台前有依据，实施后有明确的责任追究。考察现实，当前校园文化维稳评估机制还存在若干问题，需要完善。一是要加强评估沟通反馈与监督机制建设，既密切评估双方联系，又撇开评估主体与评估项目与评估者之间存在的特殊利益关系。二是要扩大评估参与主体的内涵并保障各方力量对比的相对平衡。此外还要科学、合理设置评估对象内容，并把评估结果作为校园文化维稳支持和帮扶的重要依据。

第六，建立健全文化维稳的奖惩机制。校园文化维稳活动顺利开展，不能光靠所谓主动性、自觉性，还需要从配套政策和激励、奖惩机制上下

---

① 刘先春：《现阶段党内关怀的变化与实践》，《安徽师范大学学报》2011年第3期。

功夫。在活动开展过程中，我们要按照精神鼓励与物质奖励相结合，以精神鼓励为主的原则进行对文化维稳的先进组织和个人进行表彰，激发其政治热情和社会责任感。同时，对那些无视文化维稳的组织，尤其是那些道德理想目标丧失、道德失范、道德情感麻木，一切以自我为中心，无视社会公德的个人，则要按照相关规定予以严肃处理。

马克思主义城乡一体化思想概述

赵夫鑫[*]

我国的改革已进入深水区，各种矛盾集中。由于改革开放30多年来人口红利带来的发展潜力已经消耗殆尽，加快我国城镇化建设已迫在眉睫，从理论根源上梳理马克思主义城乡一体化思想显得特别重要，有利于实现中国梦的路上使民众从意识认同上做到道路自信、理论自信和制度自信，坚定跟着党走中国道路，弘扬中国精神，凝聚中国力量有重要作用。像十八大报告指出解决好农业农村农民问题是全党工作重中之重，城乡发展一体化是解决"三农"问题的根本途径；要加大统筹城乡发展力度，促进城乡共同繁荣；加快完善城乡发展一体化体制机制，促进城乡要素平等交换和公共资源均衡配置，形成以工促农、以城带乡、工农互惠、城乡一体的新型工农与城乡关系。

一 马克思恩格斯的城乡融合思想

马克思恩格斯认为城乡关系是错综复杂的社会生活中影响全局的关键因素。马克思在《哲学的贫困》中写道："城乡关系的面貌一改变，整个社会的面貌也跟着改变。"[①] 由于当时所处时代环境的影响，马克思恩格斯更多地分析了他们所处的资本主义时代的城乡对立，提出了未来社会消除城乡对立、实现城乡融合的思想。其主要内容有：

* 赵夫鑫，山东商业职业技术学院工商管理学院讲师，研究方向为马克思主义基本理论。
① 《马克思恩格斯全集》第 4 卷，人民出版社 1995 年版，第 159 页。

(一) 资本主义社会城乡对立，且城乡对立是可以被消灭的

马克思恩格斯指出，把城市和乡村的对立作为整个社会分工的基础固定下来，是文明时代的一个重要特征。早在古代公社所有制和国家所有制时期，城乡之间的对立就已经产生。资本主义社会同样是城乡对立的，城市在政治上统治乡村，在经济上剥削乡村，"农业服从于工业，乡村服从于城市"。

当时的米尔伯格等一些资产阶级经济学家认为城乡对立是自然的，是历史上形成的，消灭城乡对立的思想是一种"空想"。针对这一错误思想，马克思恩格斯坚定地指出："消灭城乡对立并不是空想，正如消除资本家与雇佣工人间的对立不是空想一样。消灭这种对立日益成为工业生产和农业生产的实际要求。"①

随着社会经济的发展，城乡对立必定会被消除，实现城乡融合。城乡的分离、对立，"只是工农业发展水平不够高的表现"②。城乡的分离、对立，是社会的不协调，社会进步发展的障碍。未来的社会不是固化城乡间的分离，而是实现城乡融合。

(二) 提出"城乡融合"的思想

马克思恩格斯认为，只有在社会主义制度下，才能消除城乡对立，缩小城乡差别，实现城乡融合。所谓城乡融合是指"将结合城市和乡村的优点而避免二者的偏颇和缺点"③。城乡在分离过程中的进一步前进，目标是将社会分工逐步消灭，城乡重新进行"更高级的综合"，形成兼有两者优势又避免两者缺陷的新的社会统一体。

马克思恩格斯认为自由资本主义条件下的城乡对立"把一部分人变为受局限的城市动物，把另一部分变为受局限的乡村动物"，"与集体制的社会制度是相抵触的"，所以在未来共产主义社会里应该被消灭，而且城乡融合也是未来社会的重要特征。

---

① 《马克思恩格斯全集》第 18 卷，人民出版社 1995 年版，第 313 页。
② 《马克思恩格斯选集》第 1 卷，人民出版社 1972 年版，第 223 页。
③ 《马克思恩格斯全集》第 4 卷，人民出版社 1965 年版，第 368 页。

（三）大力发展生产力促进工业和农业结合，共同推动城乡融合

恩格斯曾在给友人的一封信中指出，消灭城乡对立的最重要条件是，不仅使工业生产资料归社会公有，而且使农业生产资料也由社会占有。在此基础上，使工业生产和农业生产发生密切的内部联系，通过把工业同农业结合起来，促使城乡之间的差别逐步消灭。

马克思认为，社会主义工业、农业两大部类是一种相互结合、相互协调的发展的关系。马克思恩格斯在《共产党宣言》中，明确提出"把工业同农业结合起来，促使城乡之间的差别逐步消灭"[①]。在《论住宅问题》中，恩格斯指出，"只有使工业生产和农业生产发生密切的内部联系……——当然是以废除资本主义生产方式为前提，——才能使农村人口从他们数千年来几乎一成不变地栖息在里面的那种孤立和愚昧的状态中挣脱出来。"[②]

马克思恩格斯还重视生产力的协调安排，把"大工业在全国尽可能平衡的分布"看作消灭城市和乡村分离的条件。在马克思恩格斯看来，消灭城乡差别的途径就是要人口和工业尽可能平均分布。要通过大力发展社会生产力，随着工业化、现代化的发展而发展的城市化来最终实现城乡融合。

（四）重视科学技术对城乡融合的作用

科学技术的发展对促进城乡融合的作用是显著的。蒸汽机的发明和应用推动了现代工业如棉纺织工业的迅猛发展，使几个西方主要国家的城市化进程大大加快。城乡之间逐渐改变了数千年来的相互封闭、相互隔绝，彼此之间的联系大大增加。马克思恩格斯指出："（电的）这一发现使工业几乎彻底摆脱地方条件所规定的一切界限，并且使极遥远的水力的利用成为可能，如果在最初它只是对城市有利，那么到最后它终将成为消除城乡对立的最强有力的杠杆。"[③]

---

① 《马克思恩格斯全集》第 4 卷，人民出版社 1965 年版，第 490 页。
② 《马克思恩格斯选集》第 2 卷，人民出版社 1972 年版，第 543 页。
③ 《马克思恩格斯全集》第 35 卷，人民出版社 1995 年版，第 446 页。

（五）高度重视城市和城市化在城乡融合中的作用

恩格斯曾热情地赞扬了城市在提高英国经济实力、创造生产力方面所起到的巨大作用。"像伦敦这样的城市……这种大规模的集中，250 万人集聚在一个地方使这 250 万人的力量增加了 100 倍；他们把伦敦变成了全世界的商业首都。"① 马克思恩格斯认为，城市使很大一部分居民脱离了乡村生活的愚昧状态，城市的发展对人的现代化具有极大的促进作用。"如果没有大城市，没有它们推动社会意识的发展，工人决不会像现在进步得这样快。"② 资本主义生产使汇集在各大中心的城市人口越来越占优势，城市"聚集着社会的历史动力"。城市发展带来的积极作用，马克思恩格斯支持这种城市化的发展。

二　马克思主义城乡一体化思想的进一步发展

（一）列宁的城乡协调发展思想

列宁在经济文化落后国家向社会主义过渡的探索中，在领导苏联社会主义建设的伟大实践中，丰富发展了城乡一体化思想，主要有：

1. 坚持和发展城乡融合的思想

俄国社会主义革命胜利后，当时社会的城乡分割局面相当严重，社会主义事业因此受到严重威胁。为消灭这种对立，建设共产主义，列宁要求统筹城乡发展。列宁认为，消灭苏俄的城乡对立，必须广泛地、有计划地吸引产业工人参加农业方面的共产主义建设，扩大苏维埃政权为此而成立的全国性的"工人协助委员会"的活动等。列宁对这种城市工人支援农民的新事物做了解释，认为它是城乡关系的一个基本政治问题，对苏维埃的整个革命有决定的意义。这与资产阶级国家不同的是，"我们能够而且应当利用我们的政权使城市工人真正成为在农村无产阶级中传播共产主义思想的人"。为此，列宁提倡城市工人与农村雇工之间建立交往、建立友好互助形式来帮助农村的发展。此外，为消除城乡对立，列宁还要求合理地分布俄国工业、农业人口和工业人口，这些有关构建城乡关系的思想无

---

① 《马克思恩格斯全集》第 2 卷，人民出版社 1995 年版，第 303 页。
② 同上书，第 408 页。

疑继承和发展了恩格斯的城乡融合思想。列宁的这些思想不仅丰富了马克思主义的理论宝库，还给当前我国构建和谐城乡关系提供了借鉴。

2. 主张通过工业化发展农业以消除城乡差别

十月革命胜利后，为巩固政权和建设社会主义制度的物质基础，列宁认为必须实现工业化。指出，"建立社会主义社会的真正的唯一的基础只有一个，这就是工业化，如果没有资本主义的大工厂，没有高度发达的大工业，那就根本谈不上社会主义，而对一个农民国家来说更谈不上社会主义了。"对于发展工业化，列宁提出了"共产主义就是苏维埃政权加全国电气化"的著名公式。电气化将把城乡连接起来，在电气化这种现代高技术的基础上组织工业生产，就能消除城乡间的悬殊现象。列宁也特别强调，要创造高于资本主义社会的经济制度的根本任务，就要提高劳动生产率，其中最重要的就是要保证大工业的物质基础，发展燃料、铁、机器制造业、化学工业的生产，并且用工业来改造农业，实现国家工业化，进而再以工业化发展来发展农业，消除城乡间差距。

（二）斯大林提出缩小城乡差别的思想

斯大林提出："要避免工业化时期因农产品商品量不足所产生的城市和乡村之间、工业和农业之间关系破裂的危险，就必须开始认真地在新技术基础上重新装备农业。而要重新装备农业，就必须逐步地把分散的个体农户联合为大农庄即集体农庄，必须在集体劳动的基础上建设农业，必须扩大集体规模，必须发展原有的和新建的国营农场，必须有步骤地把预购这种广泛采用的形式应用到农业的一切主要部门中去，必须扩大那个帮助农民掌握新技术并使劳动集体化的机器拖拉机站系统，一句话，必须逐步地把个体小农经济转到集体大生产的基础上去，因为只有公共的大生产才能充分利用科学成就和新技术，才能一日千里地推进我国农业的发展。"实行农业集体化的好处远非限于此，它还有助于消灭"剪刀差"、消灭城乡差别。对此，斯大林满怀信心地认为："如果集体农庄运动以现有的速度发展下去，'剪刀差'在最近期间就会消灭。由此应当得出结论说：城乡之间的关系问题已经建立在新的基础上，城乡之间的对立将加速消除。"① 根据这样的认识，苏联在城市领导农村的问题上采取的是在农村

---

① 《斯大林文集（1934—1952）》，人民出版社 1985 年版。

普遍实行农庄的办法。城市通过领导集体农庄来领导乡村，带领小农的农村，实现农村的发展，缩小城乡的差距。

斯大林推行工业化符合社会主义和现代化的发展方向，通过农业集体化为工业化积累资本也是社会主义需要跨越的"卡夫丁峡谷"。但是，苏联在社会主义建设过程中过分强调工业化战略，剥夺农民，忽视农民利益，没有实现缩小城乡差距的目的，结果还导致城乡差别扩大。

三　中国共产党历代领导核心对城乡一体化思想的继承与发展

（一）毛泽东的农村工业化和城乡兼顾思想

毛泽东对于城乡关系的论述根植于中国革命的实践过程。这是由于早期我们党的工作重心主要集中在农村，很少涉及城乡关系。到解放战争时期，中国共产党的工作开始转向城市。毛泽东根据当时的需要提出了城乡兼顾的思想。他提出：城乡必须兼顾，必须使城市工作和乡村工作，使工人和农民，使工业和农业，紧密地联系起来。绝不可以丢掉乡村，仅顾城市，如果这样想，那是完全错误的。1949 年 9 月，毛泽东根据新中国成立前后，城市与农村现状，总结道：我们的经济政策是处理好"四面八方"的关系，实行公私兼顾、劳资两利、城乡互助、内外交流的政策。

虽然我国在取得社会主义革命胜利后，工农、城乡之间的对立关系已不存在，但工农、城乡之间的巨大差别仍然存在。在社会主义建设中，怎样才能找到一条既加快我国工业化进程，又能大力提高农民的生活水平，使农村繁荣富裕，消灭工农差别、城乡差别的途径，这是毛泽东一直思考的问题。他提出通过发展农村工业，大量吸收农业过剩人口。面对中国80% 人口搞农业的现状，毛泽东提出："农业人口要减小怎么办？不要涌入城市，就在农村大办工业，使农民就地成为工人。"并且毛泽东初步提出了农村工业化启动和实现的途径。

如何进行农村工业化呢？首先，要使农民就地成为工人。毛泽东说：我国有一个特点，人口有六亿如此之多，耕地只十六亿亩如此之少，不采用一些特别办法，国家恐怕搞不好。中国农村有五亿多农村人口从事农业生产，每年劳动而吃不饱，这是最不合理的现象。美国农业人口只占13%，平均每人有两千斤粮食，我们还没有他们多，农村人口要减少怎么办？不要涌入城市，就在农村大办工业，使农民就地成为工人。其次，人民公社可以进行工业生产。1958 年 11 月，八届六中全会决议指出："人民公社的工业生产，必须同农业生产密切结合，首先为发展农业实现农业机械化、电气化服务，同时为满足社员日常生活需要服务，又要为国家的大工业和社会主义的市场服务。"再次，提出农村工业生产方针。八届六中全会决议指出："必须充分注意因地制宜，就地取材的原则，不要办那些本地没有原材料、要到很远很远的地方去取原材料的工业，以免增加成本，浪费劳动力。在生产技术方面，应当实行手工业和机械工业相结合，土法生产和洋法生产相结合的原则"，"逐步由土到洋，由小到大，由低到高"。最后，农村工业要发展轻重工业生产。

主张城乡协调发展是毛泽东的一贯思想，当党的工作重点转入城市的时候，他在党的七届二中全会上指出："不要忘记农村，要兼顾农村。城乡必须兼顾，必须使城市工作和乡村工作，使工人和农民，使工作和农业，紧密地联系起来。"在社会主义城乡关系中，毛泽东提出了通过"工农产品的等价交换"，通过各方面的政策和措施，逐步缩小城乡差别，使城乡协调发展。毛泽东成功地找到"工农结合"、"城乡结合"、城乡协调发展的具体途径和方法。他指出："工农产品的交换，我们采取缩小剪刀差，等价交换的政策。"我们对农民的政策不仅采取了等价交换的政策，而且采取了优惠政策，就是为了逐步缩小城乡差别。

（二）邓小平发展乡镇企业的思想

所谓城乡一体化，就是改变城乡二元经济社会结构，其实质就是改变乡村落后的经济社会状态，其基本途径就是走工业化、城镇化、农业现代化道路，就是缩小城乡差距，使农村城市化，农民市民化，根本措施是以工促农、以城带乡。邓小平的城乡一体化思想主要表现在以下四个方面。

1. 正确处理工业和农业关系，形成互动协调发展

由于中国特殊的国情，在任何时候都要坚持和强调农业根本地位和农村的基础作用。实践证明，从农村开始的改革，首先解决全国人民的吃饭问题，并且取得改革的经验；然后再转向城市，这个路径是正确的。可以说，邓小平指出农业是根本，农村是基础的思想确保了中国改革的成功。工业支援农业、城市带动乡村。1962 年，邓小平在谈到怎样恢复农业生产时指出：恢复农业的另一方面的政策是工业要加强支援农业。第一，为农业需要服务的工业生产不能减弱，还要改善。第二，工业要着重解决人

民吃、穿、用的问题，减轻农业的负担。工业城市帮助农村发展小型工业。城市要帮助农村进行结构调整，发展多种经营。

2. 发展乡镇企业，走建设中国小城镇化道路

在我国进行工业化过程中，发展起来了许多的乡镇企业和星罗棋布的小型城镇。这是中国改革开放的意外收获，这也是中国工业化和城市化历程中的中国特色，走出了一条符合中国国情的城乡一体化的有效途径。发展乡镇企业，不仅解决了我国农村剩余劳动力转移问题，而且也发展了农业，促进农业和农村大踏步发展，还极大地推进了我国的城镇化进程。

3. 发挥科学技术在推动城乡一体化中应有的作用

城乡一体化并非单纯的工业化和城镇化，而应是一个"统筹工业化、城镇化、农业现代化建设"的多头并进的历史进程。邓小平说，科学技术是第一生产力。在工业化、城镇化、农业现代化过程中，科学技术将会起到越来越重要的作用。改变农村经济社会的落后面貌，实现城乡经济社会发展一体化，不但要靠工业支援农业，最终还要靠科学技术解决农业自身的问题。

4. 充分发挥农民群众参加城乡一体化建设的积极作用

充分尊重农民群众在实现城乡一体化中的主体地位和首创精神。城乡一体化是一个浩大的复杂的长期的社会系统工程。在这一过程中，固然需要以工促农，以城带乡，同时，也需要农业和乡村自身的发展，更充分调动农民的积极性，充分尊重农民的首创精神，就成为实现城乡一体化的决定性因素。

（三）江泽民走中国特色城镇化道路的思想

在新时期，城乡发展不平衡、收入分配制度等，也是形成我国城乡差别的客观因素。农村人口向城市转移是缩小城乡差别的重要途径，也是世界经济发展的方向，但我国的经济社会发展水平决定我国城市化是一个渐进的过程。江泽民在我国面临实现工业化和信息化的双重任务之际，提出了"我国二元经济社会结构的问题，要在工业化、信息化的进程中逐步加以解决"的客观命题。

如何转移农村的剩余劳动力，我国农民在实践中自发创办了乡镇企业，通过农村工业化消解农村富余劳动力。乡镇企业的有效载体是小城镇，但是，我国城镇化发展滞后，制约了乡镇企业的发展。因而，我们迫

切需要发展小城镇。江泽民充分认识到发展小城镇的重要性，他认为：发展小城镇是一个大战略。城乡差距大，农业人口多，是长期制约我国经济良性循环和社会协调发展的重要因素。加快小城镇建设，不仅有利于转移农业富余劳动力，解决农村发展的一系列深层次矛盾，而且有利于启动民间投资、带动最终消费，为下个世纪国民经济发展提供广阔的市场空间和持续的增长动力。江泽民对小城镇建设也做了周密部署，其中他要求把发展小城镇同发展乡镇企业结合起来。在工业化和现代化进程中，江泽民预见到了农村富余劳动力向非农产业和城镇转移是种必然趋势。因此，江泽民指出：要逐步提高城镇化水平，坚持大中小城市和小城镇协调发展，走中国特色的城镇化道路。

我国农村需要向外转移的人口数量极多，仅仅依靠大中城市是不够的，必须采取"两条腿走路"的方针，坚持大中小城市和小城镇协调发展，走中国特色城镇化道路。党的十三届四中全会以来，城镇化问题越来越引起全党的重视，党的十五届三中全会提出"发展小城镇是带动农村经济和社会发展的一个大战略"，十五届五中全会进一步提出积极稳妥地推进城镇化的战略目标，随后，中央出台第一个有关城镇化的专门文件《中共中央　国务院关于促进小城镇健康发展的意见》，"十五规划"把城镇化提升为国家发展的重大战略，也显示出城镇化在我国经济发展中的地位。十六大报告在谈到全面繁荣农村经济，加快城镇化进程时，第一次明确提出"壮大县域经济"。

（四）胡锦涛的建设社会主义新农村的思想

党的十六大根据我国经济社会发展阶段特点明确提出解决"三农"问题必须统筹城乡经济社会发展，缩小城乡差距，努力实现城乡一体化的发展，科学发展观更是将统筹城乡作为"五个统筹"之首。

胡锦涛指出把消除二元经济结构，统筹城乡经济社会发展，缩小工农、城乡差别，加快城镇化建设等，作为深化我国经济体制改革，完善社会主义市场经济体制的重要目标和任务。在 2003 年 1 月的中央农村工作会议上，胡锦涛对十六大报告提出的"统筹城乡经济社会发展"的观点进行了进一步阐发："统筹城乡经济社会发展，就是要充分发挥城市对农村的带动作用和农村对城市的促进作用，实现城乡一体化发展。"这是解决"三农"问题的重大战略，是以胡锦涛为总书记的中央领导集体对统筹城乡发展观的理论阐释。同年 10 月，胡锦涛在十六届三中全会上第一次正式提出了"统筹城乡发展"、"建立有利于逐步改变城乡二元经济结构的新体制"的思想，并将"统筹城乡发展"放在"五个统筹"的首位。在 2004 年 12 月召开的中央经济工作会议上，再次指出，"统筹城乡发展成为我国社会发展和全面建设小康社会的必然选择"，并为此提出了搞好农村富余劳动力向城镇转移、提高城镇化水平、加大对农业的支持和保护力度等措施。根据这一思想，2005 年的中央一号文件明确提出了"坚持统筹城乡发展的方略"。

胡锦涛在十六届四中全会上提出了"两个趋向"的重要论断，即在工业化初始阶段，农业支持工业、为工业提供积累是带有普遍性的趋向；但在工业化达到相当程度以后，工业反哺农业、城市支持农村，实现工业与农业、城市与农村协调发展，也是带有普遍性的趋向。在十六届五中全会上明确提出，要"建立以工促农、以城带乡的长效机制"。可以肯定地说，这一重要论断，是我们党在新形势下对工农关系、城乡关系在思想认识和政策取向上的进一步升华，是胡锦涛"三农"思想及新农村建设思想的理论基石，对于我们科学认识和把握经济社会发展规律，正确处理新时期的工农关系和城乡关系，落实统筹城乡发展方略，切实推进新农村建设具有重大的指导意义。这也是胡锦涛对马克思主义经典作家和三代中央领导集体关于工农、城乡关系思想的重大发展，为我国在新时期新形势下实行工业反哺农业、城市带动农村，制定新的工作思路、新的政策措施，解决"三农"问题、加快新农村建设奠定了理论基础。

2005 年 10 月，胡锦涛在党的十六届五中全会上，明确提出了"建设社会主义新农村"的新命题。全会提出建设"生产发展、生活宽裕、乡风文明、村容整洁、管理民主"的社会主义新农村，是我们党领导社会主义现代化建设的一项重大历史任务。在党的十七大报告中又明确提出了形成城乡经济社会发展一体化新格局的重要理念。对推动新农村建设和发展又作出一系列重大战略决策，进一步强调要"统筹城乡发展，推进社会主义新农村建设"，要"走中国特色农业现代化道路"。党的十七届三中全会把加快形成城乡经济社会发展一体化新格局作为新形势下推进农村改革发展的根本要求，并围绕着统筹城乡规划、产业布局、基础设施建设、公共服务、劳动就业、社会管理等六个方面提出了建立促进城乡经济社会发展一体化制度的政策措施，形成了比较全面的保障城乡协调发展的政策体系。提出了近期任务及到 2020 年我国农业农村发展要达到的中长期目标任务。

（五）新一代领导集体有关城乡一体化思想

新的一届领导集体产生后，习近平与常委们一起参观复兴之路展览，第一次详尽阐述中国梦施政理念。如何实现这一梦想，就要努力实现现代化，实现现代化需要城镇化释放改革的潜力。在两会后答中外记者问时李克强总理强调，新型城镇化是以人为核心的城镇化，必须和农业现代化相辅相成。

李克强总理说："城镇化是现代化的必然趋势，也是广大农民的普遍愿望，它不仅可以带动巨大的消费和投资需求，创造更多的就业机会，其直接作用还是富裕农民、造福人民。我在农村调研的时候，经常和农民们聊天，他们在谈到对未来生活的愿望时，不少人用一句简洁的话来表达，说是希望过上和城里人一样好的日子。这在过去对农民来说是奢望。现在中国城镇化的大门给农民打开了，农民可以进城从事二三产业，而留在农村的，通过适度规模经营，都可以增收致富。现在每年有一千多万农民转移到城镇，这是必然的趋势。"

"城镇化是一个复杂的系统工程，会带来经济和社会深刻的变化，需要各项配套改革去推进。在推进过程中，还会遇到并且必须解决各种问题。"①

党的十八届三中全会提出，城乡二元结构是制约城乡发展一体化的主要障碍。必须健全体制机制，形成以工促农、以城带乡、工农互惠、城乡一体的新型工农城乡关系，让广大农民平等参与现代化进程、共同分享现代化成果。要加快构建新型农业经营体系，赋予农民更多财产权利，推进城乡要素平等交换和公共资源均衡配置，完善城镇化健康发展体制。②

---

① http://cpc.people.com.cn/n/2013/0317/c164113 - 20816690. html，2013 年 11 月 12 日访问。

② http://news.ifeng.com/gundong/detail_ 2013_ 11/13/31201362_ 0. shtml，2013 年 11 月 12 日访问。

浅谈民族院校加强思想政治
教育的新途径

——以西北民族大学的实践教学为例

马福元* 沈 琴**

在民族院校里进行的思想政治理论教育教学中，大多学校既按照教育部等相关单位下发文件精神设置了公共课程，又根据民族院校的特殊教学规律增加了马克思主义民族理论与政策课。同时，为进一步做好民族院校大学生的思想政治教育教学工作，西北民族大学于 2010 年开始就按照中央颁发的《国家中长期教育改革和发展规划纲要》与教育部《关于全面提高高等教育质量的若干意见》，即"把创新创业教育贯穿人才培养全过程。制订高校创新创业教育教学基本要求，开发创新创业类课程"要求前，由于早在 2009 年已开设了《大学生职业发展与就业指导》课。

由于"大学生职业生涯教育作为高校思想政治教育的重要组成部分和特殊的教育表现形式，与高校思想政治教育密切相关"[①]，在两者之间有内在的契合之处。因此，为落实相关文件精神与继续做好思想政治教育工作、把握课程设置状况、师资管理和教学内容及深入了解学生的内心需求。笔者以西北民族大学开展的大学生职业发展与就业指导教学为例，对开设的大学生职业发展与就业指导课程的现状、学生对该课程的反应和教学中存在问题等做新的梳理，为民族院校的思想政治教育与管理工作提供参考价值。

---

* 马福元（1961— ），东乡族，博士，硕士研究生导师，西北民族大学马克思主义学院教授，院长，主要从事马克思主义理论研究。

** 沈琴（1987— ），西北民族大学马克思主义学院硕士研究生。

① 任凤彩：《大学生职业生涯规划教育同高校思想政治教育相结合的价值与实现》，《学校党建与思想教育》2009 年第 12 期（上）。

一　思想政治教育新途径

中共中央、国务院早在 2004 年 10 月 14 日发出《关于进一步加强和改进大学生思想政治教育的意见》。在该《意见》中明确指出要努力拓宽新形势下大学生思想政治教育的有效途径，要深入挖掘各类课程的思想政治教育资源，使学生在学习过程中自觉加强思想道德修养，提高政治觉悟。由于大学生的职业发展与就业指导规划教育是高校的思想政治教育教学和管理工作者结合当前大学生自身条件，以及其所处学习环境、客观情况与实际需要，努力做好思想政治教育工作而帮助学生树立职业规划意识、职业规划方法和确定职业发展方向需要开设的新课程，它既是对未来职业发展做合理规划的新手段，又是当前乃至今后继续做好思想政治教育教学工作的新途径。因此，在我校开设的大学生职业发展与就业指导教育课程作为思想政治教育教学的重要组成部分、特殊教育形式和高校思想政治教育一起发挥了多方面作用。在西北民族大学此门课程经历了如下几个阶段。

1. 起步阶段

西北民族大学早在 2004—2006 年开设了大学生职业发展与就业指导的相关课程，它是我校新增课程中包括职业发展与就业指导课在内强化思想政治教育教学的起步阶段。于 2004 年在全校范围内本科生中就开设了"职业选择与技巧"的选修课，于 2005 年在学校相关部门大力支持下又开通了教育部和甘肃省人事厅推荐的"中国卫星专网"并使用了"北森人才测评软件"①。于是，西北民族大学的思想政治教育中通过网络教育为不同年级在校生提供了职业发展及就业指导的诸多新信息，在一定程度上帮助民族院校的大学生们解决了因信息不畅而就业难的问题。到了 2006 年学校又先后购买了职业发展与就业指导自我测评系统和职前教育网络课需要的新资料，利用校园网络为学生提供了学习的新平台。

---

① 学校先后购买了北京北森公司研发的专门为大学生提供的职业生涯指导自我测评系统和由时代英杰国际教育科技（北京）有限公司与清华大学（就业中心）联合研究开发的职前教育网络课堂。

2．发展阶段

自从 2007 年起直至 2009 年是我校就业指导教育教学的整合阶段。在 2006 年成立了专门管理职业发展与就业指导的机构，专人负责，将大学生职业发展与就业指导课程纳入全校教学计划。于 2009 年 3 月，学校全面更新了职前教育的许多网络教学使网络课程教育教学达 95 门。像增的"西北民族大学中国职业指导教师备课系统"、"职前教育专家网络课堂"和"大学生职业导航系统"等，为学生提供了诸多有效的网络教育途径。根据 2008 年 5 月教育部办公厅印发《大学生职业发展与就业指导课程教学要求》（教高厅〔2007〕7 号）的通知，于 2009 年 9 月经学校召开校长办公会讨论通过并正式印发了《西北民族大学关于大学生职业发展与就业指导课程教学实施方案》（民大发〔2009〕336 号）。至此，以学校文件形式将全程化大学生就业指导以德育教育、专业教育和素质教育"三位一体"要求列入了全校的思想政治教育教学计划。学校不但经常关注学生们的"进口"问题，且更加关注学生们如何"出口"的大问题。另外，在学校的号召下部分学院进行了多次毕业生就业指导与就业政策讲座，同时积极地撰写论文、成立课题组做了相关课题的研究。[①]

3．纳入学分

在西北民族大学开展的思想政治教育中，于 2010 年 3 月开始，在学校以文件形式正式颁布了大学生职业发展与就业指导课程的教学大纲，将该课的成绩纳入了学分管理中，由各学院结合本院专业特点想方设法地聘请了院内外专家，根据本专业毕业生做了多场就业指导讲座；各学院担任此门课程的教师围绕大学生职业发展和就业政策做了大量像职业发展与就业指导概念、自我探索、职业发展准备、求职技巧、就业心理调适、职业社会认知、创业知识与实践指导等专题讲座。在目前我校开设的包括此门课程在内的思想政治教育教学着重采用了多媒体教学手段，以讲授为主。所以，截至 2012 年年底前各学院的党总支书记、行政副院长和辅导员等经参加职业发展与就业指导课培训后，在分别取得了全球职业规划师、国

---

① 曾发表了《少数民族大学生就业问题研究》；成立了专门课题组，完成了《西北民族大学职业指导教学研究与实践》、《西北民族大学本科毕业生跟踪调研》等课题并获得了校级教学成果一等奖。

家二级职业指导师和国家职业测评师等资格证书的基础上，为今后开展思想政治教育教学及管理中发挥了积极作用，许多学生受益匪浅，为他们的就业与发展提供了有益信息，在思想上发挥了重要的引领作用。

二　对新设课程的评价

西北民族大学对各民族大学生进行的职业发展与就业指导教育教学工作，发挥了思想政治教育教学的重要作用，学校为新增课程从日常管理、师资选聘、教材选用和经费投入方面给予保证。但是，学生们对新增课程究竟有何评价呢？为进一步全面地认识学生们所做的客观评价。笔者随机抽取样本，在本校学生中发放了 1000 份调查问卷，在统计分析中收到的有效问卷为 986 份，有效率达到 98.6%。

第一，在本次调查中男生有 620 人，占 62%；女生有 380 人，占 38%，其中 790 人是城市户口，占 79%；210 人是农村户口，占 21%。在族别比例中，汉族占 35%，少数民族学生占 65%；其中藏族占 11%，回族占 25%，东乡族占 8%，其他民族占 21%，见图 1。

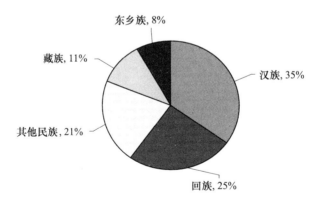

图 1　族别比例

在学科专业方向中工科类占 29%，管理类占 4%，经济类占 4%，理科类占 16%，农林类占 6%，师范类占 6%，文史类占 32%，其他占 4%，见图 2。

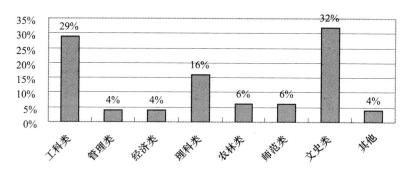

图 2　学科及专业方向

第二，在调查中发现有 16% 的学生希望从事本专业，52% 的学生希望从事与专业相关的工作，32% 的学生希望从事的工作与所学专业可以不相关。同时，期望在发达地区、大单位和条件较优越的部门就业。可见，学生择业盲目性大，不能正确认识社会需求，所学专业与市场需求匹配度低。见图 3。

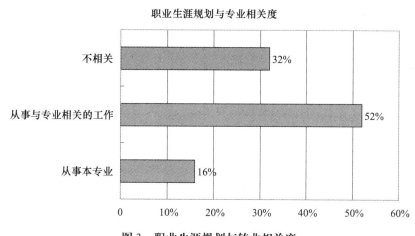

图 3　职业生涯规划与转业相关度

从上图可见造成毕业生知识结构与市场需求不匹配的事实。高校仍在沿袭着传统的培养模式，而培养的学生虽专业基本功扎实，但依然存在着操作能力不强等现象，不能快速适应经济社会发展需要。

第三，在对"将来的择业过程中，学校举办的职业发展与就业指导规划与就业指导课是否会有作用"的调查中，只有 20% 的学生认为没什么作用，同时有 67% 的学生希望授课形式采取体验式教学。从而可知，学校自开设职业发展与就业指导课以来对学生的帮助很大，学生希望学校继续开设类似的课程，并希望进行体验式教学的授课形式以增强自身的就业与创业的能力。

第四，信息需求多元化。在调查中发现有 36% 的学生希望获取相关单位的招聘信息，19% 的学生希望获取应聘技巧，同时发现有 10% 的学生比较了解国家和学校促进大学生职业发展与就业指导措施，绝大多数大学生竟然知之甚少。

三　新设课程中存在的问题

根据当前需要对大学进行职业发展与就业指导教育虽然"不只是一种单纯的活动，一种方法和手段，它更是与教育紧密相连的指导思想，作为一个教育过程，渗透到教育领域的各个方面和各个环节，引导人的固有本性，使之完善发展。作为一种教育，它能从思想和理论上为大学生的就业做指导，而作为一种活动，又能在实践中为大学生的就业服务"。[1] 调查显示发现有 88% 学生认为职业发展与就业指导教育教学工作很重要，对学生的就业与发展从思想上可发挥重要的引得作用；有 75% 的学生经接受新设课程的教育对未来的就业已有明确规划。但是，对问卷数据的梳理及访谈中也发现存在如下问题。

第一，时间不合理。有 37% 的学生被安排在晚间上课，实际上占用了学生的自习时间，教学效果不佳，学生的满意度普遍低。

第二，授课内容单。据调查有 51% 的学生比较满意，22% 的学生满意，只有 2% 的学生非常满意。普遍认为教学内容过于空泛，缺乏针对性、实用性和可操作性，对选用的教材或讲义满意度低。

第三，积极性不高。大多为大班授课，在教学中讲解的知识或介绍性多，能力培养少，上课人数众多，课堂纪律较差使部分学生误以为是知识性讲座，学习热情不高，老师单向传授，学生被动接受，师生互动少，有

---

[1]　刘燕华等：《大学生就业与职业指导研究——以西北民族大学职业指导调查为例》，《西北民族大学学报》2006 年第 6 期。

67%的学生希望进行体验式教学。

四　解决的对策与建议

根据目前我校大学生职业发展与就业指导规划课教学中存在的问题要从如下几个方面多做努力，以便对学生从思想上发挥引领作用。

1. 增加教研室活动

新增课程的教学任务和科研任务要落实到教研室，它既是保质保量完成教学计划、教学任务、课程调整、教材建设，乃至研究教学内容、教学方法和教学组织的基础，又是做好思想政治教育教学的重要阵地。因此，加强相关科目的教研室建设，在教研室组织下积极开展理论和教学研究工作，对教学工作进行评估，定期组织学生和任课教师座谈十分重要。

2. 强化师资队伍建设

在我校目前承担大学生职业发展与就业指导规划的教学者多为行政人员、院系分管学生工作的书记和专职辅导员。虽然，他们工作很勤奋，但因日常学生管理工作任务偏重而难以集中精力进行备课或制作课件。因此，要在建立教研室的基础上强化师资队伍建设，即按相关规定配备足额数量的优秀专业人才，从事专职教学工作、进行学术交流活动和从多方面吸收先进的教学成果，形成一支现代化、专业化和信息化的教学团队，保证从思想上发挥职业发展与就业指导教学工作的有效服务。

3. 改进教育教学方法

由于目前我校的师资队伍分散，讲授内容均由授课教师按所属专业、研究方向和兴趣爱好组织教学，使授课内容不统一，课余交流少，教学效果较差。因此，在加强师资队伍建设的基础上，要统一教学内容，同时要改进教学方法。

（1）理论讲授法，即老师讲、学生听的方法对政策性、理论性、思想性较强的课程进行讲授。

（2）实例教学法，即通过某地区、某本校和某专业的实际例子对就业形势进行分析，使学生更关注并产生兴趣，从而减轻学生的思想负担，增加学生的学习兴趣，提高教学的实效性。

（3）社会调查法，即根据民族院校学生对社会了解少、客观条件较差和就业压力大的实情，设法安排社会调查，从多方面组织较多学生参加社会实践，对社会调查中发现的问题要以实际数据进行阐述使学生增强感性认识、紧迫感和明确学习的目标，提高社会竞争力。

4. 扩大讲座影响力

经过调查发现42%的学生希望主讲人是企业人力资源部门的负责人；有19%和18%的学生学位承担讲座者是事业有成的校友及企业老板。因此，学校聘请有关人力资源专家、企事业单位负责人、管理者和培训员工的负责人，即包括各地市、各企业人事部门的负责人做就业讲座，对拓展就业视野、端正就业心态和认识社会需求都有扩大影响力的作用。

总之，西北民族大学新增设的学生就业相关课程，在很大程度上发挥了思想政治教育教学的重要功能，需要进一步提高和完善其教育教学的相关工作，对民族院校的长远发展、健康发展和可持续发展有多方面重要借鉴作用。有的学者说："在职业生涯规划活动中，蕴含着丰富而生动的思想政治教育资源。深入挖掘、充分利用大学生职业生涯规划教育中蕴含的思想政治教育价值，以大学生职业生涯规划教育为依托，积极开展高校大学生思想政治教育工作，对于拓展高校思想政治教育的平台，增强高校思想政治教育的亲和力、凝聚力和实效性，具有重要的理论和实践价值。"①

---

① 　任凤彩：《大学生职业生涯规划教育同高校思想政治教育相结合的价值与实现》，《学校党建与思想教育》2009 年第 12 期（上）。

后　记

——兼谈《马克思主义理论与实践研究》的背景及渊源

马福元

　　《马克思主义理论与实践研究》一书，是为了进一步加强与巩固马克思主义在意识形态领域的指导地位，对重大理论与实践创新等论题进行阐释、总结和转载的重要刊物；是为校内外专家学者和新生力量进行学术交流、了解学术前沿和强化民族院校马克思主义理论学科建设而搭建的重要平台之一。由于早在 2004 年 1 月，在中共中央发出《关于进一步繁荣发展哲学社会科学的意见》中，曾明确提出要实施马克思主义理论研究和建设工程。随之，中共中央办公厅转发了《中央宣传思想工作领导小组关于实施马克思主义理论研究和建设工程的意见》并做了部署。它既是以胡锦涛为核心的党中央做出的战略决策之一，又是不断开辟马克思主义发展新境界的必然要求，实际上也是全面贯彻落实科学发展观、构建社会主义和谐社会的客观需要，更是进一步加强党的理论建设、保持党的先进性和巩固党的执政地位的重要举措。因此，该工程的主要任务是把邓小平理论、"三个代表"重要思想和科学发展观作为研究的重点，以重大的现实问题为主攻方向，把马克思主义在中国发展的最新理论成果，努力地贯穿到哲学社会科学的学科建设、教材建设中，同时也要进一步增强马克思主义理论队伍建设等。从该工程的具体要求来看需做五个方面的工作：一是加强对马克思主义中国化理论创新成果和重大现实问题的研究；二是加强对马克思主义经典著作的编译和研究；三是建设具有时代特征的马克思主义基础理论和哲学社会科学学科体系；四是编写体现当代中国马克思主义最新理论成果的哲学、政治经济学、科学社会主义、政治学、社会学、法学、史学、新闻学和文学等重点学科教材，形成哲学社会科学教材体系；五是建设一支老中青三结合的马克思主义理论研究和教学骨干队伍。所以，为了大力开展马克思主义理论体系、马克思主义发展史和马克思主义中国化研究，在马克思主义理论学科建设中，我们按照中央实施的工程战略部署和总体要求，对马克思主义理论与实践要进行全面深入的研究。

我们知道，之所以要深化对马克思主义理论及其创新成果的研究，要推动用发展着的马克思主义全面地指导实践，主要是因为马克思主义理论是我们立党、立国和为民服务的指导思想，无论时代如何变化，社会如何发展，亦无论国际风云如何变幻等，我们必须始终坚持以马克思主义为指导的基本原则绝不动摇。像胡锦涛同志说："新世纪新阶段，我们要抓住重要战略机遇期，全面建设小康社会、加快推进社会主义现代化，必须加强马克思主义理论研究和建设，不断开辟马克思主义发展的新境界。"同时，我们还要必须明白"老祖宗不能丢，又要说新话"的深刻内涵，在此基础上又要切实把握将马克思主义基本原理与我国具体实际相结合，不断地推进马克思主义中国化、时代化和大众化的要求，都是中国共产党领导革命、建设和改革事业成功的一条基本经验。

如此一来，我们进行的《马克思主义理论与实践研究》文集，要着眼于巩固马克思主义在意识形态领域的指导地位，要全面地深化对马克思主义基本理论的研究，要深入阐释中国特色社会主义理论体系中的重大问题，要从整体上解读马克思主义理论的重要论题，要进一步推动马克思主义中国化理论成果的学理化、系统化和普及化。因为，在当前多元化社会思潮与形色各异的舆论面前，我们如果不旗帜鲜明地坚持马克思主义的指导地位，人们的理想信念就会动摇，思想防线就会崩塌，马克思主义对我们事业的可持续引领作用就无从谈起。所以，我们通过研究要继续坚持并巩固马克思主义在意识形态领域的指导地位显得非常重要。

由于马克思主义是中国共产党人的命脉和灵魂，它在实践中产生并随实践的发展得到了不断地发展；它紧密结合实际并随着时代前进和实践发展需要又及时地回答了提出的新问题。在当代，中国特色社会主义理论体系就是马克思主义中国化的最新成果，它是适应了时代和实践需要而产生的科学理论，因而能够成为永葆青春活力的科学真理。因此，历史和实践已经证明，我们不论面对怎样的严峻形势，只要坚持运用马克思主义科学原理指导革命、改革和建设就能找到正确的路线，就能解决前进中存在的问题，就能开创革命和建设事业蓬勃发展的新局面。当然，马克思主义也是中国共产党的指导思想，是全党和全国各族人民团结奋斗的共同理论基础，是指引我们从胜利走向胜利的行动指南，它的科学性、开放性和实践性决定了其与时俱进、不断创新和永恒发展的内在品质。于是，习近平总书记强调：要认真学习马克思主义经典著作，在马克思主义经典著作中蕴含和集中体现着马克思主义基本原理，是马克思主义理论的本源和基础。只有认真学习马克思主义经典著作，系统掌握马克思主义基本原理，才能完整准确地理解中国特色社会主义理论体系，才能创造性地运用马克思主义立场观点方法去分析和解决我们面临的实际问题，不断把中国特色社会主义事业推向前进。

由于习近平又强调说领导干部要学习马克思主义经典著作，尤其要注意学习马克思主义哲学。哲学是人类的智慧之学。由此可知，在钻研马克思主义经典著作，研究马克思主义哲学，探究马克思主义的来源时，解读马克思本人同样有重要的学术价值和参考意义。因为，当我国经济社会发展迈入 2013 年，习近平作为国家主席在全国宣传思想工作会议上发表的重要讲话中明确提出：党员、干部要坚定马克思主义、共产主义信仰，脚踏实地为实现党在现阶段的基本纲领而不懈努力，扎扎实实做好每一项工作，取得"接力赛"中我们这一棒的优异成绩。领导干部特别是高级干部要把系统掌握马克思主义基本理论作为看家本领，老老实实，原原本本学习马克思列宁主义、毛泽东思想，特别是邓小平理论、"三个代表"重要思想、科学发展观。党校、干部学院、社会科学院、高校、理论学习中心组等都要把马克思主义作为必修课，成为马克思主义学习、研究、宣传的重要阵地。新干部、年轻干部尤其要抓好理论学习，通过坚持不懈学习，学会运用马克思主义立场、观点、方法观察和解决问题，坚定理想信念。所以，我们正是按照现阶段党中央提出的新要求，在深化学习古典哲学名著、深刻领会和全面解读马克思主义理论时，要从马克思主义理论学科建设出发，经过对马克思主义理论产生的渊源要做的新探讨，集中精力研讨了西方学者中除以往被学界认识的古典哲学家外，对马克思曾产生过重要影响，在当今仍然有重要参考价值的费希特的思想进行了探讨。因为，约翰·戈特利布·费希特（Johann Gottlieb Fichte，1762—1814）是德国哲学家和爱国主义者。他作为一个哲学家寻求的哲学思想与观点，尽管属于自康德开始逐步形成的德国唯心主义哲学体系中占有重要影响或被称为奠基人之一。但是，众所周知，因为在"德国的哲学，主要是指德国的古典哲学。它包括了从康德到黑格尔的唯心主义辩证法的发展和费尔巴哈恢复了唯物主义的权威这两个方面。从康德的二元论、不可知论，经过费希特的主观唯心主义，再由谢林转向客观唯心主义，最后才形成黑格尔哲学体系"。① 所以对西方哲学史上有重要性却被人们所轻视，或被认为是连接康德和黑格尔两人哲学的过渡人物而未给予多加关注的哲学家做解读有价值。

在本集中收录了解读费希特的专题文章，由于从学界近些年来在不同角度下也慢慢地注意到了对费希特提出的对自我意识观点有了深刻的理解，在学界也重新认识了其学术地位，甚至被视为德国古典哲学发展逻辑进程中不可或缺的代表人物之一，费希特的政治哲学与康德、黑格尔的政治哲学一起，共同构成了马克思的政治哲学得以孕育产生的基础。因此，马克思不仅批判地继承和发展了费希特的法权思想中包含的"空想社会主义思想成分"，且也批判地继承和发展了费希特的国家与市民社会相分离的思想及劳动概念，更为重要的是马克思在此基础上实现了政治哲学方法论的突破。因此，恩格斯认为："如果先前没有德国哲学，特别是黑格尔哲学，那么德国科学社会主义，即自古迄今唯一的科学社会主义，便永远不会创立起来。"② 也就是说，对马克思论述的社会主义和共产主义等概念，在当时的西方学界并非属外来的新词汇，而是内生于马克思所批判继承的德国古典哲学体系当中被人们所思考的范畴。于是，在德国的古典哲学中，马克思不仅批判地继承和发展了康德黑格尔等人哲学思想中的辩证法，同样也批判地继承和发展了费希特等人哲学思想中有益成分。如此一来，在学界认为就费希特本人而言，他不仅是民主主义者和爱国主义者，而且是"第一个社会主义者"③，甚至在学界更为重要的是有人提出了新观点，将费希特哲学体系看作"完全论证了社会主义"的学者之一。因为费希特的思想中包含有大量的"空想社会主义"成分，所以，从马克思主义的发展历程看，马克思和恩格斯也曾经"批判地继承了"费希特法权思想中包含的"空想社会主义思想成分"④。因此，探究费希特的

---

① 西北师范学院等：《马克思主义原理》，甘肃人民出版社 1988 年版，第 4 页。
② 恩格斯：《德国农民战争》序言；转引自《马克思恩格斯列宁斯大林论德国古典哲学》，商务印书馆 1962 年版，第 34 页。
③ 《马克思恩格斯全集》第 44 卷，人民出版社 1995 年版，第 595 页。
④ 梁志学：《费希特耶拿时期的体系演变》，中国社会科学出版社 1995 年版，第 2 页。

政治哲学对马克思的政治哲学产生的影响，对我们厘清马克思与费希特的关系，从更为广阔的境域中理解和把握马克思政治哲学在内的马克思主义理论内涵有重要参考价值。